《北魏历史文化名人传记丛书》

编写委员会

主 任

李继忠

副主任

任 勇　唐 胜

成 员

杜有权　侯建臣　于立强　李文媛　庞善强

总策划

任 勇

《北魏历史文化名人传记丛书》
出版项目部

主　任

赵　瑞

副主任

古卫红　刘卫红　孙　茜

成　员

陈学清　樊敏毓　金国安

李建华　刘晓京　王彩花

王国柱　张　丽　邹　伟

　　崔莉英，籍贯山西广灵。供职于大同日报社晚报文教部，资深文化记者。山西省作家协会会员，大同市民间文艺家协会副主席，大同市作家协会副秘书长、传记文学研究会会长。出版有散文集《绝版柔情》、传记文学集《雁北耍孩儿男旦》、地方剧种研究《大同戏韵》等。文学类作品曾获中国煤炭工业改革开放30年文学作品征文二等奖、第二届"金阳杯"全国精短文学大赛优秀奖等奖项。

讲好北魏故事　增强文化自信

　　文化是城市之魂。《北魏历史文化名人传记丛书》酝酿于 2017 年习近平总书记视察山西提出融通中华优秀传统文化殷殷嘱托之后，着手于大同市区划调整平城区设立之时，成书于习近平总书记再次视察山西之际，因此，这是贯彻落实习近平总书记视察大同时提出要充分挖掘和利用丰富多彩的历史文化指示的具体举措。

　　岁月磨去了历史的棱角，也拂去了表面的浮尘，从整体上看，历史的脉络更加清晰了，但时光却离我们越来越远。北魏作为一个重要历史时期，鼎盛繁华，人文荟萃，更应多出一些东西来记载那个时代。《北魏历史文化名人传记丛书》应时而作，为我们拉开了在北魏时期影响巨大的十一位历史人物的舞台大幕，开国皇帝道武帝拓跋珪是第一人，是他选择在平城建都，并建设了平城；一统大北方的太武帝拓跋焘、开凿云冈石窟的文成帝拓跋濬、以改革闻名于中外历史的一代明君孝文帝元宏；中国历史上著名女性政治家、太和改制的总设计师文明太后冯氏；富有传奇色彩的平城前期的汉臣崔浩、贯穿五任皇帝的老臣大儒高允、平城后期实力派改革家李冲；还有当年佛教高僧昙曜、道教国师寇谦之、文学家兼地理学家郦道元。每一个人物，都是一部传奇；每一个人物，都是一首赞歌。他们雄才大略，超群绝伦，或总揽朝政、日理万机，或拳拳事君、孜孜奉国，或安邦治国、抚恤百姓，或补偏纠弊、革故鼎新，在王朝兴衰治乱中尽显英雄本色。

故，延续北魏平城珍贵的历史文脉，传承北魏开放、融合、改革之精神，挖掘北魏平城新的时代精神内核，对于推动中华优秀传统文化创造性转化、创新性发展，推动大同经济社会发展，提升居民的文化素养，都有着不可或缺、无从替代的作用。

北魏平城深藏魅力、大气大美，是一座文化之城。文化决定城市发展的本质特征，是城市内在的美。这里是隋唐文化的母体。魏灭北凉后，把传承中原儒家学问的大家族都迁徙到首都平城，在中原严重沦丧的儒家文化，反而在平城形成了河西儒家学问的流脉，扭转了中华文明的发展史。这里是魏碑书法的源泉。它上承汉隶传统，下启唐楷新风，为现代汉字的结体、笔法奠定了坚实的基础。这里是雕塑艺术的典范。它继承了秦汉以来中国的艺术传统，也受到国外特别是古代印度艺术的影响，保存至今的云冈石窟代表了当时中国雕塑艺术的最高水平，是驰名世界的艺术宝库。穿越历史的长河，大同在历史的迷雾中找到了属于自己的文化坐标和精神高地，那就是要深入贯彻习近平总书记视察大同重要讲话精神，进一步从历史深处挖潜力、找空间，下更大力气在挖掘、活化、利用上下功夫，让大同绵延数千年的历史文化迸发更大活力。

北魏平城繁荣鼎盛、汇集八方，是一座开放之城。北魏时期的大都市——平城，以其开放的视野吸引了世界的目光。汉代以来，平城是丝绸之路的重要起点，当时人口百余万，超过同期的古罗马拜占庭和君士坦丁堡，成为沟通中亚和西亚的商贸中心。唐朝以来，平城作为北方的茶马互市之路的一个中转站和集地，是通往蒙古、库伦（今乌兰巴托）、俄罗斯的重要通道，是中原汉族对外开放的窗口。从五胡十六国，甚至是西域各国、南朝等地迁居而来的归顺者和朝拜者，聚集在平城生产生活、贸易建设、繁衍后代，马邦、驼邦终年不绝，往来接送及延住弥月。当前，省委省政府赋予大同建设区域性中心城市和省域副中心城市光荣使命，这就更需要我们深入借鉴孝文帝"深慕华风""去故崇新"的开放理念，努力构建对外开放新格局。

北魏平城兼容并蓄、海纳百川，是一座融合之城。行走在世界文化遗产云冈石窟，这里的佛像或坐或立，或庄严肃穆悲悯苍生，或拈花一笑普度众生；这里的石壁或深或浅，有瑞气千条、兰指含笑的，亦有衣袂飘飘、抱琴飞扬的，一尊尊，一幅幅，卷着穿越时空的红黄蓝绿，挥洒在这一千米刀刻斧凿的曼妙长空里。名扬中外的悬空寺，迄今已有1500多年的历史，是国内现存最早、保存最完好的高空木构摩崖建筑，也是中国仅存的佛、道、儒三教合一的独特寺庙。诗仙李白游览后，在岩壁上写下了"壮观"二个大字，徐霞客游历到此，称之为"天下巨观"。大同古城中一片片历史街区、一条条古老街巷、一座座传统建筑，就像一部史书、一卷档案，记录着城市的沧桑岁月。近年来，我们秉持"一轴双城"的发展理念，不断平衡保护与发展的关系，把传统的记忆放在古城，把现代的作品置于新区，一座饱经历史洗礼的古城，延续着曾经的辉煌，传递着历史的回响；一座充满创造活力的新区，熔铸着时代的精神，塑造着城市的品格。如今的大同就像曲梦幻的交响，在密集的时空内，新旧交织，碰撞出独一无二的色彩。

北魏平城敢为人先、锐意进取，是一座改革之城。无论是孝文帝的改革、太后冯氏的改制，还是李冲的变革，这种顺势而为的巨擘力作，如果没有创新的思维和胆略是难以有所作为的。北魏平城，当年上演的就是一幕各民族文化的融合变革，生产方式、生活方式的融合，最终是夺取政权之后的拓跋鲜卑人，为了实现这种融合，宁可舍弃自己的游牧习俗、马上文化，宁可牺牲自己的语言、服装、姓氏、婚配习俗等等，全部实行汉化，孝文帝率先改掉自己的拓跋皇姓，改拓跋宏为元宏。这种在变革中发展、在发展中创新的魄力是难能可贵的，也为我们提供了一个以开放促改革的成功范例，对探索新时代全面深化改革大同路径极具参考价值。

让平城再续荣光，是我们共同的心声。就像《北魏历史文化名人传记丛书》一个个鲜活的故事，在今天上演，让明天见证。站在新的历史节点，平城区必将乘习总书记视察大同之东风，传承好北魏历史文化、书写好改革发展篇章，在新时代焕发出更加璀璨夺目的光彩。北魏平城，天下大同，一个迎着朝阳的大同，正昂首阔步走向未来。

是为序。

编委会

2020 年 7 月

自序

崔浩是谁？

他是北魏时一位学冠时彦、文名粲然的通硕大儒。在书坛，他秉承家学，擅篆书、草书、行押书、隶书，开一代书风，是北魏平城魏碑书法的开山祖师；在文坛，他玄象阴阳，百家之言，无不精博，著作等身、荣冠天下，堪称文化泰斗；在著史上，他秉笔直书，务从实录，光耀千秋；在政坛他是旷世谋臣，算无遗策，名震朝野，位极人臣，有北地诸葛之美誉。

可以说我对传主崔浩是带着感情写作的。首先我和他同姓，虽然后人很难知道自己的先祖来自哪里，一段"问我家乡在何处，山西洪洞大槐树"的历史便将今人与古人的历史根脉割裂开来，好在古人还说同姓五百年前是一家。一千五百年前，崔浩生活在北魏都城平城达五十多年，而今我又身在有着大古都美誉的大同，便姑且也将崔浩当作是我的本家先祖，这么说绝对没有高攀古代文化大儒的意思，有诗说得好："旧时王谢堂前燕，飞入寻常百姓家。"这个来自一千五百年前的先贤，今人早已享受不到他头上的光环了，但他的书法却是惠及今人的。如今大同打造"魏碑故里"这一文化品牌，也该跟这一先贤大儒有很大的关系，因为他是当时北魏都城平城的书坛泰斗，独步平城五十多年，他的书法是当时国内文人的法帖，习书之人多模仿学习，从而形成了平城独具特色的书法风骨和书法品格。

平城曾贵为北魏之都，生活于天子脚下的人自然也颇为自豪，就是现在说起来，大同人也会不由得滋生出几分文化自信。基于众多的元素，我对于有关北魏的史籍是特别认真研读的，对于这位有着张良之谋、诸葛之智的先祖是仰望的，从而对这位北魏三朝元老，集文学、书法、天文、历法、计谋于一身的儒臣崔浩的点点滴滴更是特别关注，也是渴望了解的。尽管涉及北魏前期历史，每个版本的史书均绕不开这个人物，多少会有所提及，但总感觉那也只是给他勾勒了个面目模糊的轮廓。而无论是他的是非功过，还是他的人生结局，都让历代读史之人扼腕叹息，也让我这个后生晚辈从中生出许多设想：假如当初怎么怎么样，他是不是会有另外一种圆满的人生结局？然而历史没有假设，他的人生的的确确是以一种惨烈的方式收场，但并不能掩盖他一生的熠熠光华。我不止一次地在各种史书里寻找千年前这位通硕大儒的人生轨迹，也从我生活的大同——当年的北魏都城寻找着与他有关联的蛛丝马迹，想象着千年前他的风姿。

近年来，看到零星存于藏家或者玩家案头的那些带着文字的石块，偶尔听他们给讲那些文字的意思，并断代说是北魏之物，我便想触摸一下那些石上的文字，感受一下千年前的温度，感受那刻在石头上的文字的芳华，想象着残石之所以成为残石背后的故事，并还原着北魏曾经有片林立的石经石史碑林的盛景。凡是与崔浩有关的雪鸿泥爪，我都想探个究竟。因有考古专家认为平城桥头的"二猴疙瘩"有可能是北魏的静轮天宫遗址（或大道坛庙遗址），我无数次站在那里想象着当年崔浩对于道家的虔诚，想象着大道坛庙里太武皇帝登坛受符篆时的情景。当看到嘎仙洞石刻祝文的拓片，看到那上面沉雄方俊的书法，总是想象着那文字肯定也带着崔浩书法的笔意。再读史书，当年平城的文人对崔浩写的《急就篇》是"世宝其迹，多裁割缀连以为模楷"，那祝文上的文章如不是出自他之手，至少他给修订过。因为他一生都在为皇帝撰写诏册章表颂之类的文章，这也有可能是他写过的众多的诏册章表颂中的一部分。书论家康有为的《广艺舟双楫》碑学著作中有"《孝文吊比干文》是崔浩书，亦以筋骨瘦硬为长"的论断。只是稍有史学基础的人都知道，崔浩在北魏太武帝朝时已被诛，此时孝文皇帝还未出生，是康有为在书中没写清楚，或这中间曾有一段曲折故事被历史遮掩？比如崔浩所作的《吊比干文碑》如同平城的石经石史碑一样也是毁于"国史之狱"，孝文帝路过比干庙时生出感慨，再依样让人翻刻呢？再比如那文字是研习崔浩书法的人书丹上去的呢？前朝的事再难说得清楚，至少从《广艺舟双楫》前朝文人的著述中可以知道，崔浩的字是筋骨瘦硬的，就像他的性格，至少那再被宋代或者再后的朝代翻刻流传至今的《吊比干文碑》上的字也有着崔浩书法的影子。有史记载，北魏时的郭祚、黎广、黎景熙等皆习崔浩书法，说明崔浩的书法体例是传至后世的。

我无数次地徘徊在城之南，想寻找北魏时"都街"之南刑场的准确位置，想知道是哪一处地方曾流过崔浩和其族人的血，又是哪里成为他的最后归葬地，总是未果。有一日有学者说，崔浩当年就葬在大同城南的南庙洼，那个地方在明堂之南，那个小庙消失并不多年，南庙洼处的小庙历代都供着崔浩的像，后人将他作为道家的神来供奉。一语惊醒梦中人，曾记得读《新五代史·刘延朗》时，文中说有瞽者张蒙说他侍奉太白山神，太白山神便是北魏的崔浩，因张蒙的预言每每十分准确，后唐末帝李从珂还曾封张蒙为馆驿巡官，历代道家也尊崔浩为第四任太白山神。我宁愿相信，崔浩真的成了太白山神，只有遁世的神仙是不计较个人得失的，只有神的行为处世是远高出常人的。

> 繁华声 遁入空门 折煞了世人
> 梦偏冷 辗转一生 情债又几本
> 如你默认 生死枯等
> 枯等一圈 又一圈的 年轮……

据说这首《烟花易冷》的歌述说的是《洛阳伽蓝记》中的一个凄美故事。而很多山西人听着这首歌，网上晒出了一个相似的故事。说是忻州市繁峙县城东南公主村有公主寺，公主寺里的故事比那个发生在洛阳伽蓝寺的故事更加凄美。

那是一处属于国保级别的古寺庙，公主寺里有个美好的传说，公主寺供的公主是北魏时的诚信公主，公主寺前面的高坡上有一驸马庙供的是北魏崔伯渊的孙子崔恂。传说当年诚信公主与崔恂相爱却被皇帝反对，后来公主远遁出家，因为不说出公主下落，崔恂被打得遍体鳞伤不治而亡。看着公主寺那端坐在神案后面的一尊尊神像，看着驸马庙前那株千年老树，我宁愿相信，那是史书记载之外的另一种补充，有时候野史是正史的史家之笔无法触及的那部分史实。

我有幸能为崔浩这位同姓先祖写传记感觉到十分荣幸，领了任务之后将自己的想法和写作笔记一点一滴存入一个文件夹中酝酿着、构思着，并恶补各种相关史书，以弥补自己文史知识的匮乏。因为工作之便，此前曾多次跟着市考古所的专家们去探访那些北魏墓葬群，看过那个年代的墓葬形制和随葬品以及那些开棺后出现在眼前的北魏人的骨骸，对于北魏时期的建筑形制、丧葬习俗以及那个时代人的身高体长以及身上裹的织物等有了直观的了解。再到博物馆中看那曾经深埋于地下的碑刻、陪葬物品、石雕门楣、造像石、各种俑人或者来自那个朝代的金腰带或者金冠，顿时感觉北魏的历史并不遥远，甚至是触手可及。似乎是沉睡了千年的古人，做了一个长长的梦，便醒来了，在今天和现代人对视。于是那个时代的人物在我的脑海里逐渐清晰起来，北魏时崔浩这个人物形象亦在我的脑海里活泛起来，也从《魏书》的文字里走出来。

我希望这本书能将崔浩写成一位有情趣、有血有肉、有喜有怒、有开心也有烦恼的生活在北魏繁华都城里一位文人高士；也尽可能地复原他作为掌握着普通人生杀大权的有着耀眼光环，既有深受皇恩的尊荣，也深受鲜卑朝臣排挤的朝廷大员形象；尽可能地将传主崔浩置于北魏早期的社会生活环境之下，再现那段波澜壮阔的历史和当时人的时代局限，并剖析崔浩的人生历程，展示其丰富的内心世界，拨开历史迷雾，还原那位早已模糊成符号的通硕大儒的本真原貌。

崔莉英

目录

引子

一怀愁绪

东晋隆安元年（397）早春二月，冀州清河郡东武城下了一场大雪，那场雪下得让人猝不及防，有排山倒海之势，那雪就像是从旷野里窜出来的白毛兽，所到之处随意抖落一身蓬松的绒毛，便将山野丛林掩埋，将世间变成白茫茫一片，将官道和田野连在了一起，这场雪对于一个心事重重的少年来说，更是雪上加霜，这样的天气又平添了一种湿漉漉的孤独。

"高高山头树，风吹叶落去。一去数千里，何当还故处……"不远处有孩童喧闹嬉戏唱着童谣，这些欢快的声音让年少的桃简不胜其烦。

在清河边的官道上，少年桃简心情复杂地等待着官道尽头出现的人，天气虽然冷，但他执拗地站在路边，不时地跺跺脚、搓搓手、哈口气，目不转睛地盯着远处出现的黑影，随着黑影的移近，桃简想，这一个兴许就是爹回来了吧，但等对面走过来的人近了、更近了，他看清楚了，那个人身体佝偻，那走路的身姿并不优雅，而且是背负重物，这样走路姿势肯定不会是他爹。他爹身材修长，走路是优雅的，而且绝不会背上背负那么沉重的包袱，当看清那个人的面貌时，桃简忍不住内心又是一阵失望，便抬头再次望着远方，内心里暗暗祈祷，希望官道上下一个走过来的行人便是他爹。

官道上不时有快马驰过，也不时有各种华丽的马车远道而来，从他的身边经过，那些人也不知身负什么重任，没有人会驻足关注那个道边四处张望着的少年桃简。

路边的树上，光秃秃疏落的树干和枝权上落满了雪，晃得人刺眼，空气里夹杂着荒凉与清冷的气息，更显得天地空旷而寥远，让人顿生寂寞。

几天前，桃简的母亲接到了桃简父亲让人捎回来的口信，说是近日可能要还家，这个消息无疑让焦虑的桃简生起了希望。桃简听到了母亲的话后，他每天早晨起来便到离清河不远的官道上去等待，虽然一连好几天过去了也没有见到父亲的影子，但是桃简固执地想象着父亲此时肯定行走在回家的路上，也许因为天降暴雪才让他的行程受阻，也许是官家的事多，让他推迟了行程，但就是再迟，也该到了吧。没准此时正行走在东武城的某一处路口歇息，再等等便能等到。桃简心想，只要他爹回来了，他内心的焦灼便会如雪后遇到太阳一般，心里所有的阴霾便会融化掉了。

只要他爹回来，他会和他爹说明情况，他相信自己的父亲是通情达理的，他相信父亲不会见死不救，只要他爹点了头，他便可以用他爹行囊里的银钱去救一个人，这不仅关系着那个人的生死，而且还关系着他和那个叫眭陌的女子的将来。只要他爹做主，给把那门亲事订下来，将眭家的燃眉之急度过去，一切就会向好的方向发展。

但是时间一天天地过去了，虽然官道上不时有人踩着积雪而来，但都不是他焦急等待着的父亲——那个身在后燕国任高阳内史的崔宏。在这种等待中桃简第一次知道了什么叫度日如年，也知道了孤立无援的滋味。

那日，桃简一如既往地在官道上等候，忽然，从另一个方向跑过来一个少年，大声叫着桃简，桃简……

桃简答应着，便扭过头，是书馆一同读书的李顺。李顺的爹李系也和他的父亲一样，身在后燕国（为了区别以下均按历史称谓）谋事，是燕国的散骑侍郎，也是东武城令。

不一会儿，李顺跑到了桃简跟前，李顺说他爹有信了，后燕国出大事了，不少官员都离开都城中山另谋出路去了。李顺还让桃简别在那里傻等了，等不回来。桃简从李顺口中得知，眼下后燕国经历了一场重大的变故，后燕国和那个远在草原的代国打起来了，后燕国如今命悬一线，正在倾全国之力打一场国家保卫战，不少看不到出路的官员逃出了中山城，有的降了代国，有的四散而逃。李顺还安慰他说，不管怎样，不管去哪，只要人没事就行。李顺又说先生让他去书馆读书呢。

原以为"愿得一人心，白首不相离"，可是在这个白雪皑皑的早春，少年桃简没有等回他的父亲，他所有的心思和焦虑都像东武城的雪一样化成了雪水，露出了本来的面目。他所有的等待都化为流水，他也失去了心爱的姑娘。那个叫眭陌的女子为了救她的母亲，自作主张将自己嫁了，而她的哥哥也是他的好友眭夸依然没有回来，他虽然一直给眭陌当哥哥，可是在她最需要相助的时候，他却无能为力。

"燕燕于飞，差池其羽。之子于归，远送于野。瞻望弗及，泣涕如雨。

燕燕于飞，颉之颃之。之子于归，远于将之。瞻望弗及，伫立以泣……"

书馆里先生正教他们吟这首《诗经》里的诗，而桃简的内心里却翻江倒海，感觉就好像是专门吟诵给他的。

一吟起"之子于归，远送于野"，那感觉就好像是他要送眭陌出嫁了。一想到眭陌，眼前便出现她那一双清澈、温顺的凤眼，一想到那个名字，内心便有一种百转千回的翻腾，有一种说不出的怜惜。

"梨花开 桃花落。梨花管桃花叫姐姐。"眭陌那清脆的声音好像还在耳边，只是这样快乐的歌谣再也与她无缘了。想她突然遭遇到父亲阵亡，哥哥不知所往，母亲躺在床上行将就木的打击后的惶恐和失意，这种变故对于一个十三四岁的少女来说，真的感觉人生的天空摇摇欲坠。而自己那么在意她，却又无计可施，她需要她的哥哥眭夸回来，他无法出去为她寻找，她需要她的母亲快点好起来，她已经失去了父亲，不能再没有了母亲，可是他却拿不出为她母亲诊病的银钱。

那段时间，从书馆出来之后，桃简并不想回家，而是坐在清河边上发呆，他曾经跟母亲说起过他和眭陌的感情，让母亲答应了他，可是母亲却做不了主。他也知道崔家身为名门望族，历代与之结亲的都是当地的高门大族，可是他自己中意的，他爹不回来点头，一切都无济于事。他目不转睛地盯着那条叫清河的清流，解冻的河水哗啦啦地向前流去，他不时地从地上捡起石子抛向河里，看河面上溅起浪花，内心里愤愤地想着心事，想着自己失落的人生。虽然在书馆里，大家都公认他学识渊博，但是他却没有一个可以施展的地方，他恨自己无能，连心爱的姑娘都守不住，第一次有一种想沿着清河出去走走的想法。

失望中的桃简边回家，边想着心事。此前他的父亲说过，当年他的先祖崔林就是沿着这条官道走向了外面的世界，步行着去邺城上任，此后崔家这一门世世代代在朝为官，从而也坐实了清河崔氏名门望族的称号。可是祖上虽然都是身在乱世，但他们都有一个可以辅佐的王朝来施展自己的抱负，可是自己呢？自己也不小了，该出去做事了，只是连年的战乱已经让他们崔家那个殷实的大家庭，只剩下一个"名门望族"的空虚名号。父亲虽说在后燕国为官，可是眼下的后燕国朝廷无暇自顾了，对百姓来说，战火没有烧到家门口就很不错了，人们哪里还能指望为国效力呢。父亲英名在外尚且如此，自己一个未出茅庐的小子，又到哪里能谋得前程呢。天下江山万里，可是诸家争鼎，这是一个难分正邪对错的动荡年代，中原大地上的五胡十六国你争我夺，每个称之为国的政权好像都是礼贤下士、求贤若渴，可实际上，能给汉家儿郎施展的余地，也是很小很小。

"桃简、桃简……你在哪儿啊……"

桃简听到了母亲的呼唤，他并不想应答，他正沉浸在说不清的伤痛之中。他想着在眭陌的世界里，她那一念成灰的沉默和彻骨的寒凉，顿时悲从中来。

太阳渐渐西沉，又一天过去了。他多想乘一匹快马，飞奔出东武城找到他的父亲，想知道父亲到底在不在中山城，父亲说的要回家为什么就不回来。当然最主要的是让父亲知道他的心思，让父亲替他找来清河郡最好的郎中，医好眭陌母亲，应下他中意的那门亲事。可是，这一切都只能是想想而已，他的母亲不发话，他的父亲不回来，他空有一腔热情，却无计可施。

桃简回到家里，他看到了母亲的恼怒，母亲质问他去了哪里，为什么这几天不好好在书馆里读书，散了学不回家？小小年纪想干什么？对于母亲的责问桃简无言以对。他的苦痛和隐秘虽曾经委婉地向母亲说明，但是母亲似乎对他的话并不懂，虽然母亲也多次去眭家看望眭陌的母亲，但那只是以邻里关系去探望。

母亲让他站到厅堂中祖先的牌位前自省。他知道自己也该收起那颗萌动的春心，六神归位，回归到如常的用功的日子里来。

桃简看着堂前供着的先祖牌位，那是一个家族的荣耀，从他的先祖崔林到他的曾祖父崔悦、再到他的祖父崔潜，那些个名字可都是光鲜亮丽的，无论提起谁都是世人心中的一座山峰，让人景仰，他们似乎每个人都活得很精彩，活出了自我。母亲让他面对祖先牌位自省是想让他明白，身为崔家长子，他得走一条和他的先祖们相近的路子，才能撑起"名门望族"这个名号，而不是沉溺于儿女情长之中。

恍惚中，父亲曾经讲过的故事一一过耳，而他的先祖们似乎从远处一一走来……

第一章　名门望族

崔林：三公封列侯

清河是一条流过冀州刺史部清河郡的河流，《汉书·沟洫志》记载："汉元丰二年河（黄河）复决于馆陶，分为屯氏河。东北经魏郡、清河、信都、渤海入海。"清河郡因了这条波涛汹涌的河而得名，清河北入武城县境老官沟渠。

汉末清河郡东武城，屯屯相连，不少人家依河而居。东武城是战国时赵国平原君赵胜的封地。东武城的街巷大都是青石砌就，主街分为十字形，在十字形的街道上又分出南北许多小街，街道两边的房屋鳞次栉比、高低新旧不一，路边上种有垂柳、枣树之类的树木。麦田、果园、菜圃就在离民居不远处。从汉初崔意如的长子东莱侯崔业迁居东武城开始，他的后世子孙就生活在这里并且开枝散叶，清河崔氏也渐渐地成了东武城的世家大族。崔氏大家族大都住在城北离清河不远的街巷。沿着青石筑就的路前行，有一条幽深的长巷，长巷内是几处宅院，人称崔家大巷，巷内的院子里分处着崔姓几个分支。住最里边院子的这一支是崔琰，崔琰在朝廷里谋事，成为人们艳羡的人家，住在巷口的是士子崔林，崔林文采出众，名气很大，却是在家赋闲，平素以教孩童读书为生。

清河水绕城而过，河面上官舫民船往来不断，帆樯浮动，波光粼粼，河岸边大雁、白鹭时常聚集在河滩的芦苇荡间，有雁落平沙之气象，如此美景自然就少不了识景的文人。清河边上经常聚集着一些文人雅士，听渔歌声声，然后相互诗文唱和，这里面最出名的就是士子崔林。人到中年的崔林儒雅倜傥，满腹经纶。他才思敏捷，同题诗文，往往别人还在打腹稿，他却是张口就来，最后经过相互比对吟诵后，多数时候大家认为当日最出彩的诗文还是崔林的，众人喝彩，崔林自然也高兴。到了中午时分，若是口袋有钱时，便从河边渔家那里买上一条新鲜的鱼，备上薄酒，招呼众文人在家继续喝酒吟诗尽兴。饮酒就是为了解忧，追求日子的逍遥，酒后文人们必定撺掇他弹琴，此时酒至半酣处，兴致却正浓，崔林抱出琴，放到后院古槐树下的石桌前，便弹起了他喜爱的曲子《猗兰操》，边弹边唱：

> 习习谷风，以阴以雨。之子于归，远送于野。
>
> 何彼苍天，不得其所。逍遥九州，无所定处。
>
> 世人暗蔽，不知贤者。年纪逝迈，一身将老。

众人知《猗兰操》是孔子伤身不逢时所作，明白崔林又是在感伤自己，众人便一起打节拍轻吟着，各想心事。

懂得享受生活也是一种惬意的人生，不过人生的豪情往往混沌在与尔同销万古愁的诗酒之中了，虽然文人往来唱和也可以安慰一下自己孤寂的心灵，可是崔林深知手无缚鸡之力的自己除了教书外，在耕种或者捕鱼等维持生计方面会在人前矮了半截，人家耕种耧耙过后庄稼长势喜人，而他则要笨拙得多，收成总不及别人。人家下河总能捕鱼回来，很多时候他则空手而归。在日日下地劳作的东武城人看来，真的百无一用是书生，日子过得那么恓惶，还要仰头而歌。好在崔林这样闲逸的生活随着曹操平定冀州后戛然而止。汉相曹操统领了冀州，并开始吸纳当地名士出仕。曹操是崔林仰视的人，胸怀格局和诗文才情是一流的，虽然曹操挟天子以令诸侯名声并不好，但是眼下的汉朝就像是陷在烂泥塘中的车子，有人能拉着前行总是好的，为他做事自然也是心甘情愿的。东汉建安九年（204）早已过了而立之年的布衣崔林突然接到了上方诏令，征召他为太原郡邬县县长，接令后要求尽快上任。

外面风疏雨骤不再入耳，崔林闲逸地在纸上写下"酒意诗琴谁与共"的句子时，便再难写下一句了，抬头望望窗外，不知何时雨停了。夕阳给院落笼罩上了一层朦胧的色彩，院子里的青菜长得绿油油的，一畦一畦，齐整分明，院子里的桃树枝叶茂盛，桃子从绿叶之间冒了出来，一个个圆溜溜的，弱冠之年植下的桃树，如今伴随他十多年了。多少年了，他守着一窗山水，守着一方老砚、一壶淡酒闲散地度日，虽说腹有诗书、名声在外，但并无遇上让他可仕的明主，因此更愿偏安于一隅，教东武城的孩子们读书识字换点散碎银钱，过着半耕半读的平淡生活。虽然他的堂兄崔琰说他一身才气，不会久居人下，肯定会大器晚成，只是日子一天天过去了，人过中年，看淡了那份出仕之心，身在乱世能有一方安身立命的地方也不错，种点地、捕捕鱼、读读诗文、写写字、教教顽童，未尝不是一种好光景，却不想有一天朝廷还是注意到了他。只是从清河郡东武城到太原郡邬县（介休）有千里之遥，如果是有钱人家，会骑马或者坐车带着童仆去上任。崔林环顾左右，家无财帛，到处是书籍，没有哪件东西能卖了置车马。入夜妻子给他收拾好了换洗的衣服，备好了路上的干粮和要带的书，天一亮他就只身徒步去任上。

虽然是一路艰辛，一身疲惫，但他知道自己的命运从此得到了改变，他一身的才学开始施展，在徒步到太原郡邬县境内，崔林并没有急着到任上，而是以代写家书先生的身份游走于街市，在给人代写家书的当儿，悠闲地和人们拉着家常，询问当地的各种情形，把个邬县的情况了解得差不多了，才到了邬县官衙。

因为胸有成竹，在邬县任上时间不长，但却把个邬县治理得井井有条。曹操询问地方官吏中品德政绩突出的人，并州刺史张陟推荐了崔林，曹操又将崔林调为冀州主簿。回到了家乡附近做官，崔林将冀州那些像他当年一样的寒儒推荐出仕。建安十八年（213），魏国建立，崔林官至御史中丞。魏文帝曹丕称帝后，崔林出任幽州刺史，虽然出仕多年，但崔林依然保持着初入官场时不媚俗、不曲意逢迎的节操。

崔林所在的幽州与夷狄接壤，修好与夷狄的关系是他在任上主抓的事，崔林一上任就拿出诚意，和夷狄人和平共处，双方相安无事，崔林对内让百姓安居，对外则是恩威并施，让夷狄人不得扰乱边界，要求幽州境内大小官员不能搜刮侵扰夷狄人，百姓不得越界做掠劫偷盗之事。虽然幽州治理有方，但是他不谙为官之道，因此并不被上司看好。

那日，崔林的副官在跟崔林闲聊时有意无意地和他讲了个故事以提醒他。副官说："那日涿郡太守王雄曾对下官说：'皇帝的宠臣北中郎将吴质，统管黄河以北的军事，别人都争先恐后地去拜见，而崔使君却从来不和人家联系，也不表衷心，如果吴质不高兴以不整治边塞的罪名杀你，崔使君又怎能保护得了你呢？'"接着副官对崔林又说："之所以跟崔大人说这些，无非就是想提醒大人，刚到幽州不知晓本地的官场世故，以后应多注意点上下级关系，咱们管理起边塞也更方便些。"崔林听副官这么说当下就恼了，站起身来很严肃地对副官说，"我把脱离幽州刺史这个官职，看得如同脱鞋一样，又怎能牵连到你呢？上司怪罪下来，也得先处理我这个幽州刺史，你害怕什么？"

崔林的旷达放逸、恣肆情性的结果是，虽然边界太平，百姓安居，但他无故却被降为河间太守。谁都知道这是不去找吴质走官场人情的后果，别人都在为他鸣不平，崔林却笑一笑到河间赴任。离开官衙，当地好多百姓去送他，送了一程又一程，副官忙从后面赶上来，深有感触地说："崔大人，我终于明白你了，从百姓对你的留恋中，我看出了做个一世好官应该有的样子，为官一任，造福一方，你做到了，看来明理的人都拿得起放得下，佩服大人的洒脱。"崔林淡淡一笑拱手作答。

好在崔林的胸襟、谋略、才情是北中郎将吴质的阴云遮不住的，之后不久，崔林被朝廷升任为大鸿胪。龟兹国国王派儿子到朝廷朝贺，朝廷赞美其远道而来的忠诚，奖赏龟兹王的礼物很丰厚。之后不久，其他西域属国的使者也相继到朝廷。使者接连不断地造访，这让大鸿胪崔林心生疑惑，他细问一些来使，诸如属国宫廷里的人与事，来人大都回答得支支吾吾。崔林明白了，肯定是朝中有人指使一些往来于两地经商的胡人，让他们假冒属国使臣来朝贺，主要是为得到朝廷丰厚的馈赠来中饱私囊。于是崔林发文书到敦煌都护处说明意图，让他们把各国情况以及出使的使臣名单报上来，崔林还抄录前代接待各国或丰厚或简约的旧例，使接待之礼有固定的标准，这样那些想占便宜的朝臣便打消了这个念头，假冒使臣的情形才杜绝了。

景初元年，司空一职空缺，太尉、司徒、司空为东汉三公。散骑常侍孟康向魏明帝举荐了崔林，吏部尚书卢毓也推荐崔林。不久崔林就升为司空，受封安阳亭侯，邑六百户，后又晋封为安阳乡侯。任三公还被封为列侯此前无先例，至此崔林跻身于魏晋士族之列。

崔浩记得父亲跟他讲列祖崔林的故事后，曾说过崔林最欣赏的是三国时吴国武将太史慈的"丈夫生世，当带三尺之剑，以升天子之阶"的爽朗豪气。崔浩知道，父亲之所以多次讲起崔林的故事，是希望他成年后，如果身逢乱世，当提三尺剑，立不世之功。若遇盛世，当饱读诗书，封侯拜相，以道侍君。

崔悦：孤鸿泣血

崔林身处汉末和魏晋两朝，虽是乱世，却依然享受着为人臣子的无上荣光，集尊荣于一身，可是到了下一代便不行了。正始五年（244）崔林过世，崔林的长子崔述，承崔林爵位封为安阳乡侯。次子崔随在朝为官，担任的是晋朝的尚书仆射，也是一代名士。可是不幸的是，恰逢赵王司马伦逼晋惠帝退位自立为帝，对为臣子者来说，反正是司马家的江山，谁在那个龙位上坐着也差不多，却不料宫廷将领王舆和晋宣帝司马懿之孙司马澹等人又将赵王伦拉下皇位，扶立晋惠帝复位，侍奉司马伦的大臣全部斥免，崔随也受到牵连，不仅被免了官，还遭到禁锢，不久就病死了。崔随之弟崔参亦受到此事的牵连，辞朝回到了东武城不再出仕，从此世间功名利禄与己无关，无官一身轻，也给了崔参远离朝堂纷争的自由。

　　从持续百年的内战中走来的晋王朝，朝野上下纵情享受着盛世繁华，人们沉迷于鲜衣怒马、纵情酒色的物质享受和玄谈空论的精神慰藉之中。到了崔参之孙崔悦的青年时代，西晋王朝世相已乱，虽然崔悦满腹经纶，可是他感觉到报国无门。先是陇西边疆的匈奴、羌、月氏、卢水胡发动叛乱，战争如飓风一般席卷了北方，内迁关中的氐、羌人也群起响应，还拥戴氐族酋长齐万年称帝。西晋王朝花了很大精力历时几年终将这股叛乱镇压下去，但是战争的火焰却已燎原，朝廷的形势是按下葫芦起了瓢，既要平叛，还要安置四散的流民。外部的问题还没有彻底解决，天子却压不住皇宫的阵脚了，宫廷内皇家子弟开始觊觎朝堂上那个宝座，都想到上面坐坐。天下乱局已现，晋室皇族子弟不顾兄弟情分自相残杀，诸侯王爷之间也是拉帮结派相互厮杀，内讧成了西晋一朝的痼疾。此时北方外族趁晋室同室操戈无暇顾及江山社稷的当儿相继起兵逐鹿中原，战争将所有无辜的人都席卷入内，此时的天下用"铁血"二字形容也许最合适。那是一段历史上政权更迭最频繁的时期，此起彼伏的吞并，连绵不断的战争，城头不时地变换着的大王旗，快速变幻的世道，让人心生惶恐。那个时代并不像当时文人们写的骈体文那样清丽绰约、音韵铿锵，也不像那个时代名士们的书法那样笔势飘逸、清淡多情。百姓裹挟在乱世的洪流中，身不由己，士子们不知哪个王朝会更长久一些。匈奴、鲜卑、羯、羌、氐五个崛起的游牧部落纵马横行在长江以北地区安营扎寨，画地为营，称霸中原。那些无辜的汉人小民要么被奴役，要么拖家带口参加乞活军，世家大族有的人结坞屯堡以自存，草莽英雄纷纷起兵，想分天下一杯羹。士大夫们要么忙着随波逐流、投机政治，要么退守乡野明哲保身，当然明哲保身最好的办法还是伺机赌一个政权择主而仕，以求自保。

　　晋惠帝光熙元年（306）九月，西汉中山靖王刘胜的后裔晋光禄大夫刘蕃之子刘琨出任并州刺史。刘琨少时与好友祖逖枕戈待旦、闻鸡起舞之事成为天下美谈，刘琨又因文采出众、武艺超群成为晋朝"金谷二十四友"里的成员。此时东海王司马越击败诸王，把颠沛流离在外的晋惠帝接回洛阳，晋室又出现了暂时的风平浪静。

当时的并州治所晋阳城早就被旧官吏抛弃了，城内的百姓无官兵庇护难以存身纷纷出逃。刘琨只身前往，凭借自己的名气沿途募得千余兵士，一路上边平叛乱边招抚外逃的人们回归。因了刘琨的到任，残破的晋阳城出现了生机，众多士家大族纷纷投奔晋阳，百姓也闻讯渐渐回到家中来。都说富贵险中求，年轻的崔悦听了祖父崔参的话，从家乡东武城出发投奔在并州的姑父刘琨，想助力姑父成就一番事业。

崔悦独自一人行走在苍茫的路上，只见山形灵峻，道路盘曲，一望无垠的荒野峰岭耸峙，日光将身影拉得瘦瘦长长，他深邃的眼睛里流露出无比孤单的表情。一路上目睹了中原到处兵连祸结，灾民流离失所，在徒步向并州行进途中，他又观察了并州四周的地形，发现了姑父刘琨的眼光的确独到，京城洛阳，诸王争霸，朝廷内讧，其实是个是非之地。而并州却是国之重镇，并州离洛阳并不远，周围还有几条山脉纵横蜿蜒，这座城占据了交通要道，南望国都洛阳，西通关中秦川，东北临幽州，北接朔漠，可以说是晋国国都洛阳的咽喉要地。治乱必据重地。当然他也知道身在乱世人如飘萍，此去晋阳身负的使命和重任。

到了并州太原郡晋阳城，崔悦被任命为从事中郎，也就是给刘琨做幕僚。崔悦看到晋阳城是天下士子争相效命的地方，于是给身为晋国太子右卫率的伯父崔玮写了封信，表达了刘琨招贤纳士匡扶晋室的想法，让赋闲的本家伯父前往。只是崔玮的命运有些不济，在从洛阳起程赴晋阳的路上，途经阳邑（太谷）时，被匈奴人刘聪之子刘粲劫掠到汉赵国的都城平阳，晋阳去不了了，崔玮只能出仕了匈奴人建立的汉赵政权，被刘聪封为皇太弟太傅。崔悦闻报后难过不已，只能安慰自己，只要伯父有事做就好，不少汉人出仕的也是异族政权。可是不久表兄卢谌从汉赵那里逃脱出来到了晋阳，带来了伯父可靠的消息，因为汉赵国内乱，崔玮和卢谌的父亲卢志被杀，这让崔悦十分伤感，觉得对不起伯父。

此时在晋阳，可以说是文人高士荟萃，大家形成了一个以刺史刘琨为中心的圈子，当然这个圈子也是崔悦的姻亲圈子，在这里让孤独的崔悦感觉到了舒心。崔悦的祖父崔参有三女一子，他的三个姑姑分别嫁给了刘琨、以书法出众的尚书郎卢志（卢谌的父亲）和河东太守温襜，只是崔悦的父亲因病早逝，因此并无声名在外。

在晋阳城崔悦与刘琨之子刘群、从事中郎卢谌、司空左长史温峤是姑表兄弟，他叫刘琨为姑父，而卢谌和温峤称刘琨为姨父。大家忙的时候各自忙碌，闲的时候聚在一起诗文互答。这些人中，刘琨虽为长辈，但他练达、豁亮，才情四溢，不仅诗赋写得好，还擅长音乐，也没有长辈和长官的架子，座中都是上客，经常是刘琨赋诗一首，要众人对答。崔悦除了文采斐然，书法是这些人中最出众的，众人还跟着崔悦习字。崔悦的书法取法卫瓘的隶书及章草，又兼习索靖之草，融会贯通而自成一家。虽然每个人都有"北眺沙漠垂，南望旧京路"（卢谌《赠崔温诗》）的惆怅，但是同年上下的兄弟们在一起还是感觉很温馨的。虽然诗文唱和的雅集没有刘琨他们此前的"金谷二十四友"在金谷园举办诗文雅集时那种气派："有清泉茂林，众果、竹、柏、药草之属，莫不毕备。又有水碓、鱼池、土窟，其为娱目欢心之物备矣"，但也有当年雅集时其乐融融的氛围，诗酒琴茶的短暂逍遥，这也是忙碌之余众人最开心畅快的事。

西晋永嘉五年（311）六月，汉赵刘聪攻破洛阳，生擒了晋怀帝，晋室朝廷没了，西晋王朝也相当于名存实亡了。虽然皇太子司马邺不久又在长安即帝位称为晋愍帝，但是天下百姓感受不到来自朝廷的庇护了。只是崔悦他们这些忠心耿耿的晋臣觉得只要有君王在，自己依然是晋朝的臣子，只要晋阳城在，为人臣子就存在着匡扶晋室的念想。

此时的晋阳城豪强围境，南面是匈奴汉赵，北面是正在崛起的鲜卑代国，东面是和段部鲜卑结盟的幽州刺史王浚，刘琨权衡之后和拓跋鲜卑首领拓跋猗卢结为兄弟，并把儿子刘遵作为"任子"（人质）送往拓跋鲜卑部。

大家深深感到时乱世危，朝廷不振，山河荒凉满目，国将不国，但身为晋朝臣子还得强撑着。此时晋阳守军最主要的战事是和南面的汉赵对战，那时节温峤带兵驻守晋阳城，崔悦和卢谌主理内务，众人一心，晋阳城相对平安，大家虽然奉晋愍帝诏，想要"扫除鲸鲵（指赵汉），奉迎梓宫（怀帝的棺木）"，想要发兵直取平阳汉赵，但却兵稀将寡有心无力。在嘉平二年（312）晋阳城反被汉赵刘聪攻下，城内守兵逃离晋阳，好在因了盟友拓跋猗卢的助力，刘琨很快又夺回了晋阳城，只是为了安全起见，众人移府治到了晋阳城北侧的阳曲城。当然让盟友出兵援助代价也是很大的，刘琨上表请朝廷封拓跋猗卢为代公，拓跋猗卢嫌代郡的封邑离驻地太远而不快，无奈之下，刘琨答应把楼烦、马邑、阴馆、繁峙、崞县的百姓南迁，把空出的土地让给拓跋猗卢。崔悦代刘琨起草了《上言请以楼烦等五县地处索头猗卢》的上进表，不久拓跋猗卢派兵接收了五县。

西晋愍帝建兴二年（314）二月，刘琨被新主晋愍帝司马邺拜为大将军、都督并州诸军事，让众人又看到了重振晋室的一线希望，崔悦还代刘琨写下了奏章，表示了要攻赵汉的决心："臣与二虏（刘聪、石勒），势不并立，聪、勒不枭，臣无归志，庶凭陛下威灵，使微意获展，然后陨首谢国，没而无恨。"几年来，晋阳城中陆续回来的民众也就数万人，想招募个青壮年投军谈何容易。崔悦多次建议刘琨，靠别人远不如靠自己，上一次将五县划给了索头鲜卑人，下一次再遇上同样情况，再无五县可以划拨。眼下最要紧的是，修筑坍塌的晋阳城，广招天下勇武之士，重用忠心耿耿的奋威将军令狐盛父子，远离通晓音律既无谋略也不威猛的重臣徐润，只是前两条刘琨都接纳了，后两条却难以定夺。因为令狐盛直言敢谏偶尔还会在用兵方面顶撞刘琨，而徐润却会讨巧，又是每次雅集时少不了的人物而备受刘琨青睐。

愍帝建兴四年（316），崔悦听到下人的奏报，手中握着的毛笔一下子跌落在地上，又一个让人心惊胆战的消息从下人口中传了出来，晋愍帝见到晋廷穷途末路，城内粮贵似金，再难自保，也不愿意再消耗下去了，便按照传统的国君投降的仪式，乘羊车、肉袒、衔璧、舆榇出城投降了汉赵刘聪，并被刘聪押解到平阳，朝廷是彻底地没有了，国已无主，良将忠臣还孤悬在北方。

　　当时朝中众臣把最后的希望聚焦在琅琊王司马睿身上，崔悦还代刘琨写了进言书，希望司马睿撑起这支离破碎的西晋江山，并在长安即位。琅琊王司马睿是想上位，但却不想步愍帝后尘，听了朝臣进言，便把中原百姓丢下，带着晋室皇族南迁，在建康（原来的建邺）即了晋王位，偏安江南，相当于对中原的战乱不管不顾了，把他的百姓们丢在了长江的那一头。这个消息对于崔悦而言，与当年听到师父卫瓘满门遇害一样让他目瞪口呆，师父卫瓘的书法天下人知，为官清正，可是却惨死于皇室的宫廷内斗之中，众多像师父一样的忠臣良将惨死，导致了"八王之乱"的洪峰呼啸而来。如今皇室南渡，留下了众多百姓在外族逐鹿中原的角力场中无力招架，平民被异族称为两脚羊，人们像无助的羔羊一样任人宰杀。西晋王朝在黄河以北的势力只剩下并州的刘琨还在死守着，城头上悬挂着晋国的旗帜，让人们对于这个国家的复兴还存留一分念想，中原志士想要报效的国家却难以寻觅，见到的处处是割据的异族王朝政权。

　　麻绳总是从细处断，本来晋阳城就岌岌可危了，那一年十二月，刘琨盛怒之下还错杀了守城将领令狐盛，令狐盛之子令狐泥带兵出逃到了汉赵石勒部，羯人石勒部有备而来，晋阳城无良将防守，不堪一击，让崔悦感觉到心灰意冷。

　　入夜，崔悦走上城头，望着城外，城外石勒部的篝火星星点点，看得出大兵把晋阳城围困了，但也看得出城外的士兵围城就像是群狼围困住孤羊一样，把握十足，但并不是防守十分严密。眼下最要紧的是杀出一条血路来，让主帅突出重围，以求东山再起。这时，崔悦突然听到了屋外一声声卷叶胡笳的声音，他知道是刘琨在吹奏，那声音辽远空旷，在深夜里徘徊、蔓延，有如朔风阵阵吹来，让人顿生感伤，崔悦听笳声感知了刘琨的忧伤，笳声中有些幽愤，也有些许绝望，这种悲情是此前从来没有的，就是那年晋阳城失守，刘琨的父母被杀了，刘琨吹的胡笳曲是悲苦的，但并不失望，但这一次崔悦从乐声中意识到了刘琨的孤绝和失意，也明白了刘琨对于错杀主将的懊悔。大战在即，主帅却绝望了，这绝对不是个好兆头，突然间崔悦想到这乐声既然能让他感伤，那么城外围困的大兵可能也会感伤。他不忍打断刘琨吹笳的兴致，马上提笔写下了两句诗："四面楚歌惊项羽，一曲胡笳可救城。"然后将这两句诗递到了刘琨跟前，正沉浸在伤感中的刘琨一看这句诗，当下明白了崔悦的意思，顿时停顿了下来。

刘琨马上去调兵遣将，崔悦组织众乐手上楼吹笳，吹给城外的石勒部众听，让他们放松戒备，要求声音洪亮，吹笳的时间不能少于一炷香的时间。刘琨喜爱音乐，身边不少人跟着他学吹胡笳，一唱众人和，此时这些人正好派上用场。

夜半时分，月亮清冷地挂在城头上，有乌云笼罩着。城头上的兵士吹着《胡笳五弄》的曲子，那是刘琨的自作曲，闲暇时教他们的，那曲子在夜深人静时突然响起，听起来哀伤、凄婉，有一种无垠的荒凉，那声音直抵人心，能让人想起来远在他乡的爹娘和妻儿。乡愁是一剂温甜的药，此时此刻月上中天，众人抬头望着同一轮月亮思念着远方的亲人，就是再冷漠的人，他的心中也有软肋，而那亲切的胡笳曲便是乡音，那声音让人沉浸又迷离，忘了手上还握着刀剑，忘了战争的残忍。《登陇》《望秦》《竹吟风》《哀松露》《悲汉月》一支接一支的曲子，城外的匈奴兵有的吹着口哨回应，还有人低低啜泣。

这边一支大军悄然出城急急地突围，等石勒兵从感伤的音乐声中反应过来擂起战鼓时，那边刘琨率兵已突破几道防线了。崔悦跟着刘琨突破了重围，向蓟城方向奔去，投靠了幽州刺史段匹磾。段匹磾虽是辽西鲜卑人，但一直忠于晋室，晋阳兵败，有唇亡齿寒之感，段匹磾热情地接待了刘琨，两人还歃血为盟，结为兄弟，相约共讨汉赵，崔悦等一干人在蓟城暂时立住了脚。只是段部并不是上下一心，而是几股势力你争我斗，崔悦明白在那里也只是权宜之计。

建武元年（317），司马睿在建康称晋王，但并未称帝，因为废帝晋愍帝还在汉赵刘聪处，但已经更改了年号，称帝是迟早的事。刘琨再派温峤南下江东送劝进表，让晋王早日即位称帝，崔悦代刘琨写下了劝进表，表示了对新王登基的拥护之心："或多难以固邦国，或殷忧以启圣明……"劝进表文采飞扬，打动了司马睿，司马睿加封刘琨为侍中、太尉，只是加封刘琨的官职却让身在江南的朝臣王敦嫉妒了。此前司马睿南下江东，朝廷大权主要由王敦、王导执掌，形成了"王与马共天下"的局面。虽然升官了，这一边司马睿并未放急于北归的使者温峤离开，而是强行将他留在了建康。那一边刘琨也只是空有个侍中、太尉名头，依旧寄居于段匹磾部。

那日段匹磾哥哥辽西公过世，段匹磾从蓟州出发去奔丧，刘琨让自己的儿子刘群沿途护送，途中奔丧之人遭到了段匹磾的弟弟段末柸的袭击，段匹磾掉转头逃回蓟州，不幸的是打前站的刘群却被对方擒获。段末柸让刘群写信给刘琨，信中说只要刘琨愿意合作，消灭段匹磾，便保举刘琨出任幽州刺史，并还刘群自由，两部共同结盟而讨段匹磾，让刘琨为内应。无论内心如何不情愿，但刘群为了保命还是依命照样写了，只是信并没有送到刘琨手中，送信人却被段匹磾的巡逻兵截获了，信到了段匹磾手里，段匹磾听了部下的教唆将刘琨下狱。

那些日子崔悦他们一行深深体会到了寄人篱下的滋味，虽然他们带来的人马还单独屯兵于蓟州征北小城暂时无恙，可是主帅已经下狱了，他们能安然吗？崔悦组织人马决定铤而走险把主帅从狱中劫出来再做打算，众人定下了劫狱的时间和出逃的线路，摸清了监狱的情况，还花重金买好了监狱里的内应，准备在次日夜间子时动手。可是就在这当儿，南边的使臣来了，来人是王敦，大家一看南边的使臣到了，还以为事情有了转机，想先接触一下使臣再做打算，崔悦想办法接近王敦，但都被段匹磾的卫兵给拦截了。当日午时，段匹磾向众人宣布奉了王敦带来的皇帝诏，说是刘琨企图自立为帝，犯上作乱，判为死罪并立即执行。

一段白绫结束了一代英雄刘琨的性命，也让崔悦这些日子的营救计划落了空。

一只孤鸿呱呱叫着飞过，声调凄凉悲怆，崔悦放眼张望，原野茫茫，残阳如血，草木萧索，一颗心感觉到欲泊无岸。草草埋葬了刘琨，崔悦悄悄地把眼泪擦干,他知道这个时候绝不是流眼泪的时候,那么多士兵望着他,现在是群龙无首了,此前他一直是刘琨的主要谋士,他得强撑着给众人指出一条路来,这支残余部队才有集结在一起的希望。

崔悦跟士兵说,现在主帅已死,咱们不可能再留在征北小城,眼下大家唯有找到刘群,奉刘群为主帅,再寻找生机。看到崔悦发了话,士兵们多数表示愿意继续跟着崔悦寻找出路。崔悦分析说,眼下南下之路已经被石勒部阻隔,不可能向南投奔晋朝,只能向西逃奔辽西依附段末柸,当初也是因为段末柸,刘琨才出的事,众人也只有去那里看看情况再做打算,毕竟刘群人还在那里。于是众人集结好向段末柸大营方向走去,行至离段末柸军营几里处安营扎寨。崔悦写好书信,让人送到了段末柸大营中,段末柸亲自出城门迎接,崔悦等人在段末柸部暂时安顿了下来,崔悦出任了段末柸的佐史,一营人也算有了个落脚处。

东晋大兴四年(321)段末柸正式与东晋通使表示了臣服于晋,崔悦写了奏表,表明事情的原委,并请朝廷给惨死的刘琨个名分:"匹磾之害琨,称陛下密诏。琨信有罪,陛下加诛,自当肆诸市朝,与众弃之,不令殊俗之竖戮台辅之臣,亦已明矣。然则擅诏有罪,虽小必诛;矫制有功,虽大不论,正以兴替之根咸在于此,开塞之由不可不闭故也……"奏表写好后,托请前往建康的使者捎带表文递呈给朝廷,还将一封私信写给温峤。温峤获悉几位兄弟窘迫之状,马上向皇帝上奏表称:"姨弟刘群,内弟崔悦等,皆在末柸中,翘首南望。愚谓此等并有文思,于人之中少可愍惜。如蒙录召,继绝兴亡,则陛下更生之恩,望古无二。"皇帝下诏征刘群和崔悦等人南下建康出仕,但是段末柸却称南下道路艰难险阻,并未放他们南行,还将崔悦晋升为司马。人在屋檐下,不得不低头,这样的结果让崔悦南下报晋之心再一次泯灭了。

先前汉赵因为刘聪的过世,内部也产生了分裂,石勒称大将军、大单于、领冀州牧、赵王,并于襄国即赵王位,正式建立赵国(后赵)。东晋永昌元年(322)石勒灭了辽西,辽西公卿多数被杀,崔悦等人封了段末柸的府库,派官吏接近石勒，崔悦、卢谌和刘群作为中原名士得到了礼遇，三人便一起出仕后赵，崔悦担任司徒左长史、关内侯。到了晋明帝太宁元年（323），不仅崔悦的家乡清河郡和他出仕过的原属晋朝的幽、并二州都归石勒，北方的东半部除辽东慕容廆和鲜卑段部、宇文部以外，都是石勒的天下了。身为文人，崔悦多么希望能做一个中原豪侠慷慨之士，以东晋为正朔，但东晋遥不可及了。

秋凉了，崔悦抬头望着天空，成群的大雁排着整齐的人字形雁阵，鸣叫着向南方飞去，它们一边飞着，一边不断"嘎、嘎"地叫着。大雁知秋，它们可以成群结队地寻找温暖的地方，而自己呢？自己就好像是离了群的孤雁，找不到回家的路。低下头，崔悦在纸上写下一行行凄凉的诗句，再想又不妥，便将那纸揉成了一起，感觉到了世间空虚无依的孤寂，此前在晋阳，无论前景再暗淡，但是日子也有诗文相伴，还有亲友在侧，感觉到是温暖的，而现在也只能是安慰自己但求活着。

东晋咸和九年（334），赵国又是石勒堂侄石虎掌权了，石虎并不像石勒那样政治清明，国内安定。石虎大权在握便广派官员到民间搜集美女，供其淫乐，致使许多平民家庭分崩离析。赵武帝石虎还将都城迁到邺城，大量建造宫殿，催逼百姓交税，滥抓百姓服劳役，致使百姓流离失所。这样的朝廷让崔悦彻底失望，在东晋永和五年（349）冬天，崔悦终于有了一次外放的机会，朝廷让他出任新平（陕西彬县）相，新平郡领四县，崔悦很愿意就任。这样就可以名正言顺地远离朝堂，可以不用再看到朝廷的各种乱象。诏令一下，崔悦草草收拾了东西，带着一丝轻松离开邺城向新平郡方向走去。崔悦是只身一人到任，让崔悦没有料到的是，他到了新平郡之后，既没有下官出官署相见，也没有百姓出迎，这让崔悦略感诧异，他没弄明白，为什么自己这个地方官初到任就这么不受人待见，以后还怎么施政？他并没有意识到新平郡人对于这个羯族人建立起的暴政有多么愤恨，更没有意识到当地人把他的到来看作是他代表着那个赵武帝石虎发号施令来作威作福的，人们恨那个残暴的皇帝，但是皇宫离得远，皇帝不是谁想见就能见到的，萌生反意的人们集合成一个反石虎的武装，而恨这个赵政权最便捷的做法是迁怒于刚刚上任的新平郡的最高长官。

第二天一早，到任的崔悦还没有看到署衙差役到来，便准备自己出去了解一些当地的民情，还没来得及出门，却看到有众多的人围住了新平郡署衙。崔悦想正好将这些人让进来问问情况，只是那些人像潮水一样涌了进来，众人的怒吼大叫声让崔悦没有听明白出了什么事，但他的声音早已淹没在那些愤怒的声音洪流之中了。

崔悦被那些人围住了，就像是进了一个由手执棍棒的暴徒围成的包围圈中。他终于听明白了人们对他愤怒的原因，听命于残暴皇帝的官肯定不是什么好官。有的人让他交出被差役掳掠走的女人和家产，有的人让他交出被征走修宫殿的兄弟。他也终于明白了，为什么这个郡没有了郡守，而且朝中没有人争这个位置，却让他一个司徒左长史的文人前来。

一个手无缚鸡之力的文人，遇到的是一群被贫穷和暴政激怒并发了狂的人们，他有嘴难辩，难以驾驭眼前的形势，且身边无兵无将帮他抵挡，那情景就好像羊入狼口，虽然崔悦高声说话举手示意让人们安静下来，但那些人并不听崔悦的辩解，也不问青红皂白，还有人突然举起大棒向他脑后砸了过来……

可怜崔悦还没来得及施展自己的抱负，甚至都没看清楚自己要管辖的这个郡是什么样子，便灭顶于反苛政的洪流中，做了后赵皇帝的替罪羊。这一切有着太多的偶然，也有着太多的必然，命运就是这样奇妙而残酷。当然赵国也在崔悦死后的两年，被冉魏政权所灭。

崔悦死后的几年，关中的苻坚称"大秦天王"，得名相王猛相助，开始整治秦国（以下称前秦），得使前秦蒸蒸日上。而燕国（以下称前燕）皇帝慕容儁将山东纳入燕版图，使前燕的南部疆界自黄河推至淮河以北地区，此时的前燕与晋（以下称东晋）隔淮相望，后赵之后的天下基本上是三足鼎立的局面，中原有慕容前燕，关中有苻氏前秦，江南是司马家的东晋。

崔悦有四子，崔浑、崔潜、崔湛、崔液。四子崔液入长安，出仕了前秦，苻坚任秦王后，封崔液为尚书郎，崔液说，杀父之仇不共戴天，想回冀州领一支人马踏平新平郡，找出杀人者，让他们为父亲偿命，之后才可安心出仕。苻坚说你父亲被新平的暴徒所杀，你又不能杀尽所有的新平人，这个仇我来替你报。苻坚命人将新平城拆去一角，以示对新平人的惩罚和羞辱，也让愤怒的崔液与新平做了个了断，以告慰故去的崔悦。而崔悦的二子崔潜，后来投奔了前燕国慕容暐，在邺城做了黄门侍郎，崔潜秉承了父亲崔悦的书法才能，他的隶书浑融方峻，直率古拙，气韵恣肆而粗犷，世人争相模仿。大哥崔浑过世了，崔潜为兄长写的诔文，打的草稿也被人索了去，作为书法珍品收藏了。前燕也是个短命的王朝，东晋太和五年（370）苻坚把前燕国皇帝慕容暐及其王公以下的臣僚族人、平民百姓等四万余户迁徙到长安，前燕国宣布灭亡，慕容暐做了秦的官员，被封为新兴侯、尚书。崔潜骨子里是个闲散之人，在红尘里翻滚过了，出仕的心也就淡了，于是收了心，回到东武城，守着一窗山水，守着窗前的一方石砚，写写字，读读书，酒茶墨香，散淡的日子散淡地过，也是惬意的人生，恬淡是最安稳的归处。

崔浩的父亲跟崔浩讲起祖上崔悦的故事时，看得出父亲满怀忧伤，父亲说："我的祖父遇八王之乱，晋室王朝互相残杀，兄弟相残，祖孙互斗，百姓有被国家抛弃了的无奈，可怜祖父一代名士，就好像飞过天穹的凄惶孤鸿，始终找不到可以栖息的地方，辗转多地，最后寄身于后赵朝廷，却又心怀幽恨，不想还遭遇不幸，死得可怜。我的父亲崔潜虽也曾出仕前燕国，但是几经挫折之后，看明白了天下的形势，虽为一方名士，但是厌倦了这种小王朝的时兴时衰，你争我伐，不再出仕，守着家小，过着安静的日子，写字度日，才将儿女们抚养成人，也才有了你父亲的今天。"

崔宏：良弓藏亦无伤

　　在崔悦还在后赵为官的时候，崔潜的长子出生了，在过周岁生日的时候，崔悦专程从邺城回到东武城，仰头望见蓝天白云，鸿雁高飞，崔悦感觉是个好兆头，心里十分愉快。回家看到这个白白胖胖的小孙子十分开心，孩子眼角微微上挑，眼睛清澈无邪，特别可爱。崔悦为孙子取名宏儿，希望这个孩子长大后能成就一番宏业。

　　年少的崔宏并没有辜负祖父的期望，幼承庭训，跟着父亲学诗文、学书艺，偶尔祖父还家，也是教他读书习字，六岁时崔宏就能出口成章，不时与祖父或者父亲吟诗对句，就是写在纸上的字也有模有样了。那一年祖父崔悦突然遇害，家里人在忙着为祖父办理后事，此时天色将晚，屋外细雨霏霏，风吹得树枝摇摇晃晃，送祖父归来的车子就停放在大院的外面，屋子里亲人们哭哭啼啼，忙碌着布置灵堂，无人顾及小崔宏。年少的崔宏看到祖父躺在停在堂屋的棺木里面，面盖白纱，一动不动，再也不能像以前一进门就喊他宏儿、宏儿了，顿感人世哀凉，于是回到屋内铺开纸，笔墨挥洒，提笔写下了一首十分伤感的诗句，尽泻心中苦楚：

　　　　风吹雨过老枝残，鸾铬音尘静悄然。
　　　　怨嗔生死别离苦，思亲不在欲孝难。

　　他将这张写有诗文的纸放到了祖父的棺木边，跪下来大哭："祖父呵，我写给您的诗，您起来给我看看呵。祖父，我还等着和您诗文对答呢，还想跟您学写字呢，您起来呵，跟我说话呵，为什么躺在那里面一动不动呢……"本家人在灵前忙碌的时候，有人注意到了跪在灵前号哭的崔宏，并看到了他写的诗句，再看看写在纸上的字十分地周正，落款写上了祖父给他取的字"玄伯"，一问才知那诗正是那个跪地号哭的七岁的少年崔宏所写，众人纷纷称赞崔宏真乃"冀州神童"，也有的人说，这孩子真孝顺，祖父没白疼他。

突然间感受到了生死离别，也突然感觉到了人生的脆弱，很长时间崔宏沉默不语，默默地想着心事。清河水色空澄，天空朵朵白云从远山飘过头顶，河岸边芦苇荡不时有啾啾鸟鸣，他喜欢一个人在河边静坐沉思，回想和祖父在一起的过往时光，感觉到了太多的情绪涌上心头却又杂乱无章，祖父的教诲萦绕在心头，等回到家时，他将那些涌上心头的诗句一一写在纸上，然后才觉得内心平静了下来。

祖父留下的难懂晦涩的那些书，他将其一本本读了下来，并一一做了注解。在读祖父的那些书和祖父写的诗文的时候，他也读懂了祖父身处乱世的避世之心和为了全家人生计飞鸟乱投林的无奈。

青年时代，崔宏结识了写《浮图赋》的前秦宣昭帝苻坚的小弟苻融，两人相见恨晚，相谈甚欢。崔宏不仅诗赋文章写得好，书法造诣也高，而且对长辈极其孝顺。苻融虽然是皇帝的亲弟弟，但并没有皇室子弟的放浪，身为阳平公的苻融位高权重，但是对人却很好，多年随秦相王猛学习为政之道，对王猛十分敬重。前秦建元八年（372），苻融出任冀州刺史，治所在信都。派人到京都长安询问母亲的身体情况，有时一天两三次，苻坚认为问安太频繁不好，让他一月问一次安，后来苻融上疏以母在京不远游为由，请求放弃职位回京侍养母亲，但苻坚不许。苻融请崔宏出山做事，崔宏很爽快地答应了到州府里做事，除了跟苻融合得来，他还特别感恩秦帝苻坚当年能削去新平城一角为祖父鸣不平。苻融任他为侍郎，兼任冀州从事，掌管征东记室，相当于冀州内外事务总管，他也成为苻融的座上宾。苻融的知遇之恩，崔宏竭尽全力以报答，他处理各种政务井井有条，从来不拖延，也从来不误事，深受苻融的赞赏。有时候崔宏为苻融出的计谋，也与苻融不谋而合，有崔宏在苻融在任上省了不少事。有一次，苻融回京探望母亲，和兄长闲聊起冀州任上的事，苻融说许多事他都托付给了他的侍郎来料理，肯定能靠得住，认真又细心，也让他放心。苻坚此前也听闻崔宏文采出众，还是前赵新平相崔悦之孙，又听苻融说到崔宏的书艺超群，做事尽心尽力，为人坦坦荡荡，便有了提拔崔宏之心。

那一日苻坚召崔宏入朝，封他为太子舍人，让他到长安赴任。崔宏跪地谢恩，并推说家母患病，身为人子母在不能远游，请皇帝收回成命。苻坚再一次听到了有人以"父母在不远游"为由不愿升官，上一次是自家弟弟，这一次是弟弟的侍郎，这些人真的是不可理喻，当下有些恼怒，便将崔宏降为阳平公府著作佐郎，崔宏领命而回。

苻融也知道崔宏并不想离开自己，虽然官职降了，但对崔宏更加器重。那一年崔宏听从父命，取卢偃之女为妻。崔家和卢家可谓世代姻亲，他的祖父崔悦和卢偃的父亲卢谌是姑表兄弟。妻子卢氏秉承家学渊源，也写得一手好字，而且知书识礼，相貌端庄，有妻子卢氏在家里料理家务事，照顾老人，崔宏在任上就很安心。

时光荏苒，岁月匆匆，转眼崔宏和苻融在一起共事就八个年头了。前秦建元十六年（380）朝廷有许多新的策略，那一年前秦国为了控制大漠南北，决定分三原（陕西三原）、九嵕（九嵕山，陕西礼泉县）、武都（甘肃成县西）、汧（陕西千阳县）、雍（陕西凤翔附近）十五万户氐族迁移到关东，分置于各要镇，还移乌丸府于平城。苻融随口跟崔浩讲起，平城那个地方特别寒冷，冬天滴水成冰，估计要是把冀州官员派去，人们会受不了的。崔宏对于苻融所说并没有很在意，因为那么遥远的地方，他压根儿就没想过这一生会和平城有交集，只是说了句："像我这样的家雀，还是守在冀州这里比较合适。"苻融说他本来就是高飞的大雁，非要守在屋檐下当家雀。崔宏笑着说："谁说大雁一定就比家雀好？家雀有家雀的好，顾家、爱家。"两人的说笑也没几天，突然苻融接到让他回京城的诏令，虽然此前苻融一直想回京照顾母亲，但是后来也适应了冀州的生活，在这里远离朝堂也很畅快，羁绊也少，就不想走了，只是皇命难违。苻融想让崔宏随他同去京城就职，但是崔宏并不愿意离开家乡随行。苻融说他这是良弓深藏，崔宏笑笑只回了句："良弓藏，亦无伤。"苻融知道人各有志，不能勉强，便不再说了。

多年共事的好友却要离别了，总不免让人感伤。在离别的酒宴上，崔宏提议，请苻融吟唱一首他的新作，苻融为了调节沉闷的氛围，也不推辞，他引吭高歌：

> "男儿欲作健，结伴不须多。
> 鹞子经天飞，群雀两向波……"

苻融说："我的座上客，虽然并不多，但都是鹞子，也希望大家经年之后能在京都再聚首。"崔宏当即也唱和了一首：

> "健儿须快马，跸跋黄尘下。
> 作别冀州去，鹞子向天涯……"

众人听出前两句取自《折杨柳歌辞》，后两句为崔宏心声，于是众人跟着击节唱和，自编自唱，不知不觉一餐酒宴吃到了晡时，苻融看到天色不早，便辞别众人，骑马转身离去。

崔宏站在高坡上相送，苻融临别时以"大丈夫抱经世奇才，岂可空老于林泉之下"之语相赠，这是刘玄德对诸葛亮所言，他明白苻融此意，希望崔宏能像前朝的诸葛亮那样出山，入朝辅佐他的哥哥苻坚。刘玄德曾经对诸葛亮说"愿先生以天下苍生为念，开备愚鲁而赐教"，而皇帝苻坚也曾召他入朝，只是他婉拒了。崔宏告诉苻融，等再过些年吧，眼下他得服侍自己的母亲，让母亲颐养天年。

看到苻融一行人骑着马踏起的烟尘，峰回路转，再看不见人影，只见夕阳西沉，天边一片棉絮般的白云渐渐地散开了，各自飘散，外出寻食的鸟儿们陆陆续续地归巢了，眼前的情景让崔宏等一干旧人黯然神伤。

前秦皇帝苻坚庶长子苻丕升为都督关东诸军事、冀州牧。崔宏仕前秦的这些年，朝堂上有良相王猛辅佐，王猛清廉严肃，褒贬鲜明，天下初安，虽然并不在一起共事，他对王猛还是特别佩服，这些年前秦地盘也在不断扩张，先是攻败了前燕，之后又攻灭仇池国、灭了前凉，还攻击了代国，苻坚将代国分为两部分，两部力量微弱可以忽略不计。天下两分，前秦国与偏安江南的东晋以淮水为界，南北对峙。东晋那边，以名士谢安为司徒，谢安处事公允明断，在任期间，调停朝廷内部各种关系，并任用侄子谢玄，挑选精兵良将训练了北府兵镇守边防，使得国家安定和平。谢安出仕前，时人有"谢安不出，将如苍生何"的呼声。谢安出山后，南北方各有名臣良相辅佐朝政，而且无论是江南还是关中，百姓口口相传的谚语是："关中良相有王猛，天下苍生念谢安。"可知这二人在人们心中的分量。安贫乐道的日子，是崔宏喜欢的日子，也是天下苍生盼望的太平日子，对崔宏来说，他和父亲一样，是个散淡超脱之人，于政治无所措意，本来他可以跟随苻融进京谋职，那是众人求之不得的事，但是，他害怕困守京城和朝臣斗心斗智的生活，人生就是一场孤独的旅程，他权衡再三，想明白了以他恬淡的心性，可能并不适合待在离权力太近的地方，那会没有了自我。

闲暇时，听几声蛙鸣，看月转星移，入夜静坐在窗前习字作文，这样的日子真的很好，在内心里崔宏并不想做满天飞的鹞子，守在离家不远的地方谋个差事，做个群雀里面并不为人知的那一只雀，安稳度日未尝不是一种惬意的生活。他喜欢这种安静而从容地做事，喜欢将一杯茶喝到无味，而他的书法早已有了自己的格局，一招一式都尽显平淡真味，有着不着痕迹的骨力，就像他的人一样，不动声色。

第二章　少年桃简

降生乱世

东晋太元六年（381），身在江南的文人们经常郊游、畅饮、酤歌、写字，山水有被阳光和梅雨洗濯过的通透。这一年身在江南建康的晋孝武皇帝开始笃信佛教，在殿内设立佛教精舍，允许佛教僧侣居住。而身在长安的苻坚看到长安城外既有山岭高峻，又有清流激湍，感觉到日月静好，惠风和畅，也开始接受让心宁静的佛教。这一年高僧释道安赴长安，苻坚邀请释道安在长安五重寺讲学，听讲的僧徒有数千人。这一年高僧法显也慕名到了长安，遍访长安城内的高僧大德，研习佛教经典，但是让法显略感失望的是长安的佛经残缺，众多僧侣对于他请教的佛教问题也是知其然不知其所以然，而且最致命的是，各个寺庙都没有完整的律藏，没有律藏自然就不能有效地约束僧众的修为，这让法显特别感到苦闷和彷徨，于是萌生了去西域求取真经普度众生的想法。

而在冀州，前秦宣昭帝苻坚的庶长子苻丕任征东大将军、冀州牧也一年有余了，他还奏禀皇帝给任劳任怨的崔宏升了职，崔宏被任命为征东功曹，除掌管人事外，还要参与冀州的政务。

只是这一年却不是个好年份，整个夏天骄阳似火，天旱不雨，庄稼歉收，秦地百姓已有饥馑之相。可是处于深宫里的苻坚皇帝并没有感受到这些，他心心念念的是如此大好的江山，可惜大秦只拥有半边天下。他想扫平江南，让自己真正成为天下的主人。于是苻坚不停地调兵遣将，苻丕想觐见阻止这场一触即发的战事，却又不知该怎么去说，苻丕请崔宏给看看天象，崔宏连续观测了几夜后，对苻丕说："臣夜观星象，发现有奔星向东南运行，经过翼、轸二宿，隐约伴有如雷之音。查占卜之书可知这预示近期有战争，但是声如雷是将帅愤怒的征兆，或者预示战争对我军不利。再者今年天下荒旱，战争需要足够的粮草，而战粮一下子难以筹集齐全，牲畜的草料也有短缺，粮草充足是打仗的先决条件，因此万望将军前去进言，一定要谨慎出兵。"

冬十一月，大雪飘飞，天寒地冻，苻丕一脸冷峻地从长安返回冀州任上，崔宏从苻丕沮丧的表情中知道大事不好。苻丕说此去劝谏彻底失败了，崔宏还听苻丕说荆州刺史已经派出两万精兵攻打东晋的竟陵，东晋率水陆两万兵马应战，而冀州城也将进入到战前的准备状态。听到这些，崔宏仰天长叹一声，不再说什么了，唯有长时间的沉默。他对这场战争的前景有说不出的担忧，可是担忧又无济于事，只恨自己位卑人微。

与冀州信都的紧张气氛不同的是，家乡东武城一片宁静祥和。傍晚时分，太阳像个橘色的圆球挂在半天上，一抹晚霞残留在西方，霞光万道，夕阳的余晖映照在崔家大巷的墙壁上，整个大院笼罩着一片绚烂柔和的光泽。崔家大巷巷口的大宅院里，人们进进出出地忙碌着，忽听接生婆大叫"生了，生了，是个小子，蛇年生子，金蛇含珠，天遂人愿，恭喜夫人，贺喜夫人"。婴儿响亮的啼哭声，让大汗淋漓、疲惫不堪的卢氏长出一口气，也让忙碌的家人们为之兴奋。接生婆将孩子洗过、包好，放到了卢氏怀前，婴儿小脚有力地踢着襁褓的包布让卢氏特别开心。

东武城家里派人送信给崔宏，告诉他夫人卢氏顺产生下了儿子，夫人请他抽时间回趟家，无论是否回家，但一定为孩子取个大名。战争在即，崔宏哪有时间回家，他望着城内白茫茫一片宏阔的原野，而城内的兵士们在冒雪操练，顿感世间浩浩荡荡，天地无疆。他在纸上写了：《书·尧典》浩浩滔天，又饶也;《礼记·王制》曰: 用有馀曰浩。夫人生子，可取名为"浩"，乳名请夫人自取。崔宏将信写好后交给下人，并让下人转告夫人信都城里的情况。这一年十二月，前方的战事终于结束，是以前秦国的失败而告终，前秦军阵亡七千，被俘获上万人，可以说荆州刺史派出的两万兵回来的寥寥无几。

在东武城的崔府，夫人卢氏看到了崔宏的信，知道了丈夫崔宏在任上忙碌着，他给儿子取的名是浩，也合卢氏的意愿，只是还得给孩子起个乳名。这时卢氏侧过头来看到墙上挂着的那枚桃木朝简，那是哥哥卢毈用她家院里的桃木为她制作的，哥哥信奉天师道，哥哥给她制作了一个桃木朝简，为是的辟邪之用的。卢氏望着那微弯的桃木朝简，再看看睡在她旁边的儿子，顿时灵感一闪，孩子的乳名有了，那是现成的，就叫桃简吧。儿子就像自己握在手中的朝简，日日可见，而且桃简最主要是辟邪保平安的，她只期望生于乱世的儿子能平平安安长大成人。

半年后，这边崔宏再次看到夫人的来信，说儿子都会爬了，而且她还给儿子起了个小名叫桃简。"桃简"，多可爱的名字，他想到家里墙上长年挂着的那枚桃木朝简，那是斋醮时用来朝谒祖师、天尊的法器，夫人给儿子取名桃简，想来也暗含了古代大臣上朝拿着的笏板，亏夫人想得出，给孩子起了这么个现成的名字，既期望孩子能平平安安长大，也期望孩子有一天能陪王伴驾，手持笏板上朝。

崔宏很急切地想回家看看这个叫桃简的小东西长什么样，是不是像那枚朝简般瘦弱？他每天算计着日子，算计着行程，想着儿子都半岁了，说什么他也得回去看看。终于得闲请假回了一趟家，进门就看到了躺在那里的儿子：宽大的脑门，高耸的鼻子，浓密的头发，一对乌黑的大眼睛，十分可爱。崔宏的母亲说，桃简男生女相，是富贵相。崔宏笑着说："我就怕他长成墙上挂的朝简那样子，又瘦弱又单薄。不过还好，小家伙胖乎乎得挺可爱，生于乱世的人，相当于偷生于锋刃之际，喘息于马蹄之下，不求大富大贵，只愿他平安长大成人就好。"

趁着在家闲暇之际，崔宏忙着给孩子写《急就篇》，写《家戒》。夫人卢氏笑着说："老爷，看把你急的，孩子离认字还早呢。"崔宏笑着说："夫人你也知道，我这一走哪一次也是一年半载的，提前给孩子备好，到时候夫人可以教他。我在外的时候多，启蒙儿子的事也只能烦劳夫人了。"崔宏写下了启蒙识字的《急就篇》，除了教孩子认字外，还希望孩子将来也能秉承崔家书法，照此习字。写下的《家戒》是希望孩子不管以后能身逢盛世还是乱世，一定要像他笔管下的汉字一样，横竖撇捺存身正，然后再论筹谋、任经纬胸中绕。

前秦建元十九年（383），苻坚面对群臣的规劝再也听不进去了，他是铁了心要南攻晋国了，此前能劝谏皇帝的老臣王猛已经故去有七八年了。王猛临终时曾对苻坚说："晋虽僻陋吴越，乃正朔相承。亲仁善邻，国之宝也。臣没之后，愿不以晋为图。鲜卑、羌虏，我之仇也，终为大患，宜渐除之，以便社稷……"这些逆耳忠言苻坚也遗忘得差不多了。在苻坚眼里，此一时彼一时，在长安城里走一圈，他看到的大秦国是百业兴旺，繁荣昌盛的，大秦也是兵力强盛，战马健壮，自然也是天下无敌的。东征西讨了这么多年，灭了前燕、出兵前梁、北取代国，平定了北方，如今天下只剩东南一角不在大秦国的疆域内。经过了多年的韬光养晦，以大秦之强一统天下应该是指日可待了，他不能再等了，再等就老了，再等就没有心气了。

朝堂上苻坚雄心勃勃地对王公大臣说："他晋有长江天堑又如何？以我百万之众，可以投鞭断流，跨过长江，南取晋国指日可待。"阳平公苻融却很失望也很着急，急忙请皇帝信任的高僧释道安进宫去劝谏，也不管用，于是苻融急忙给崔宏写信，让崔宏想个劝阻皇帝南伐的策略。

崔宏看到了苻融的来信，长叹一声，他把自己对天下形势的分析和战争的后果都写了出来，让人快马加鞭送到身在京城的苻融处。崔宏在信中坦言伐晋有三难："一是天道不顺，晋本身是正朔，伐晋恐不得人心。二是晋室君臣一心，孝武皇帝信任谢安，谢安经营东晋多年，军队训练有素，南方水草丰茂，粮草充裕，国力并不弱。三是大秦连年征战，平定了北方，虽然京城繁华富庶，但也只是表象，秦军将士并未得到休整，也没有进行过精心操练，粮食歉收战粮还很难一下子征调得上去，这是兵家用兵之大忌。如今民思息肩，兵求罢戍，两年前的交兵是前车之鉴，秦军大败便可知士兵需要操练，如今再转运千里出兵多有叵测。"

苻融进宫去将崔宏的话转述给苻坚，只是苻坚战意已决，反命阳平公苻融为前锋出征，带二十五万兵马前行。君令如山，苻融含泪接过了兵符。

佛家有言，人有三毒：贪、嗔、痴。而一个国家如果也犯了这三毒，则天下再无宁日，苍生受折磨。天下呈现的平和安乐的世象，由于一场倾其国力的战事就把整个局面改变了。虽然前秦帝国兵多将广，可是苻坚没有预料到他的士兵是那么的不堪一击，他们遇到的是训练有素的谢安的北府兵，这边秦军将士拼死冲杀，那边谢安一边下围棋，一边排兵布阵，羽扇轻摇之时，谈笑风生之间，一场战事结束了，淝水之战，晋以八万军力完胜八十三万秦军。

苻融在决战前将他写的一首《企喻歌》以及他珍爱的随身之物让人给崔宏送了去，请崔宏代他保存。诗也只有四句："男儿可怜虫，出门怀死忧。尸丧狭谷中，白骨无人收。"后面是几句对崔宏的问候和让他代为收存的叮嘱。这诗是战场写照，崔宏不知道苻融在前方曾经历了怎样一场又一场惨烈的战事，目睹了秦军兵败如山倒的场景，这封信刚刚到了崔宏手中，他还没有细细体会到苻融诗中的真意，不知身为前秦国前锋的阳平公苻融，是如何在战场上挥戈击剑、浴血厮杀，他又看到了堆尸若山的战争场景，是在怎样的绝望中有感而发写出来的这样一首歌。当然这歌自然不会给他的皇帝哥哥看，那会让军心不稳，可那是苻融的真情实感，他肯定会送给旧交故友为之保存。

战争就是如此残酷，不容仁爱的存在，苻融是个有情有义的男儿，很多时候需要崔宏的提醒，崔宏恨自己的自私，在苻融最艰难的时候，自己作为苻融最要好的朋友却守在冀州，而苻融却在战争最惨烈的时候，把他最真实想法和随身所带之物设法送到自己面前，让自己给珍藏。在崔宏拿着那张四句诗的纸还在细细揣摩时，苻融阵亡的消息也传到了冀州，崔宏走出信都城，向着淝水的方向遥祭苻融。

城外河水波光粼粼，西天残阳如血，格外惹人愁绪。回想起当年冀州任上的点点滴滴，崔宏泣不成声，他知道他的祭奠不仅祭奠故友苻融，也是对于这个秦国天下的祭奠，文韬武略俱佳的秦国柱石苻融都阵亡了，这个大秦还能有安然太平的日子吗？皇帝苻坚此前半生征战无败绩，可是这一次八十三万出征将士化为尘土，一个国家无兵可用，无将可遣，还能成为国家吗？崔宏清楚地知道，他所仕的前秦国也很快会随着苻融的阵亡而奄奄一息。

崔宏慨叹人的命运就是随着国运瞬息万变。乱世和征战却以无法抗拒的力量将无辜的人席卷入内。"君子于役，不知其期，曷至哉。君子于役，不日不月，曷其有佸。"古老的歌谣，触动了人心中最柔软的地方。当战争连绵不断，国家即将衰亡的时候，每个人都会面对着重新选择。风起云涌的战争，志士都想有一种力量去解救那些身处战争旋涡的人，也解救自己。面对满目疮痍的家园，人们做不到无动于衷。当年祖父崔悦一直想效忠晋室，渴望南下，可是阴差阳错，却先是逗留在鲜卑段部、然后又出仕了后赵国，几次想南下寻找晋衣冠却没有机会。而他的父亲出仕了前燕国，只是燕国又内乱不止，等到燕国败亡，皇帝慕容暐做了前秦的官员之后，北方的天下便是秦的了。好在秦国天下初安，他身在冀州，最初是一心为阳平公苻融做事，也只是择主而仕，因为苻融有知遇之恩，因为对皇帝苻坚的感激，不愿进京为官主要是不想离权力中心太近，也不想离家太远，只是那么强大的大秦，一仗便将国家打丢了。崔宏明白，文人士大夫只不过是当权者手心的一枚棋子，翻云覆雨间生杀予夺均身不由己。

眼下家门口战火连天，先前归附了前秦国的前燕国皇子慕容垂趁乱脱离苻坚北上，之后在中山建立了新的燕国，时人也称后燕国。淝水之战后，这个前秦国真的是无暇自顾了，反秦政权蜂拥而出，黄河以北再次陷入分崩离析、政权割据的状态，百姓好不容易出现的平和日子又没有了。

前秦建元二十一年（385）秦国新主苻丕即位，苻定为冀州牧，苻绍为冀州都督，在慕容垂的进攻之下，两人又全部投降燕国。

这种情况下崔宏无事可做了，他想到树挪死人挪活，这次他想按照自己的想法过后半生，也想完成祖父的心愿，南下建康。晋王朝虽然偏安于江南，但身为文人，江南文人荟萃，诗文唱和、茶棋相娱的优雅生活让他心动，他也想寻找一个属于自己的文人圈子，去找和崔氏有姻亲关系的温峤的后人。

想到由于战乱陆路已经行不通了，崔宏想越过齐鲁走水路南下，却不料事非所愿，纵然他把自己装扮得像个行路老农，刚行至泰山时，还是被东晋的守将张愿部看到并扣留了。他见到晋守将满心欢喜，报上名姓，并说出了自己南下仕君的愿望，想让东晋将领助力自己南下，却不料张愿早已降了丁零人翟钊，崔宏只能叹息时运不济。张愿将崔宏押至翟钊处，翟钊听说是前秦的旧臣崔宏时，露出了得意的笑。翟钊的父亲眼下正缺辅臣，大征天下奇能异士为其效力，又哪能放声名在外的崔宏远去，当下要崔宏为翟辽做事。翟辽部可以说是凭借着城池之险而建起的小部落，翟辽祖辈是北海附近的丁零人。在交谈中，崔宏感觉到了翟辽也是个心胸狭窄而且为人凶暴的粗人，料到他难成大事。此时纵有满腹的不愿，但却不能言，眼下的崔宏只有一条路可走，想要活命那就只有赔着小心为翟辽做事，如果露出一点不情愿，大刀可能就朝着脖子上横扫了过来。

人在屋檐下，不得不低头。崔宏人在翟魏部所在地黎阳（河南浚县东），日子过得如履薄冰，眼下只能是保住性命慢慢再寻找机会逃脱。他想到了徐庶进曹营一言不发的典故，也深深体会到了当年徐庶身在曹营心在汉的良苦用心。在黎阳崔宏常常彻夜难眠，夜起写《自伤诗》，写自己的不得志，写自己的人生苦闷，写思乡之苦，写过后披衣靠在窗前，抬头望着屋外渐渐地天空放白，再看太阳渐渐升起，只是他感觉到太阳的光辉照不到自己身上。他想到汉人王粲的《登楼赋》："钟仪幽而楚奏兮，庄舄显而越吟。"自己眼下的处境与依附刘表的王粲和被幽晋国的钟仪以及越国的庄舄又是何其的相似。在黎阳崔宏十二分地小心，从来不多说一句话，从来也不主动为翟辽出谋划策，只是按吩咐做份内的事。那些日子，他感觉到了压抑，也感觉到渐渐地失去自我，更感觉到了生命的空虚和无常，这样羁留的日子可谓是度日如年。他渴望像父亲那样做个远离朝政的文人，寄情山水，闭门读书，约几个好友一起啸歌伤怀，抚琴而歌，可那是多么奢侈而遥远的事，这样的事也只能在长夜里想想而已。崔宏的并州好友郝轩听说了崔宏的下落后，恨他明珠暗投，深感痛惜。郝轩对人们说："崔宏可以说是鸿鹄与燕雀同室，屈才了。"

白天看群鸟起落，晚上望满天星光，无事的时候只有抬头望着外面出神。上一次离家前，夫人告诉崔宏她已有身孕，孩子出生时自己又不在跟前，如今孩子也该蹒跚学步了吧，可是他却不知孩子是男是女。小桃简又长高了吧，也不知道他现在是不是开始习字了，他愿儿子能做个有风骨的人。身在黎阳，孤立一城，家乡再无片语可来，他也难以将眼下的情况告诉给家人，每每只能靠回想旧日的情景安慰自己空虚的内心。

日子翻到了东晋太元十二年（387）的四月，崔宏抬头望着天空的燕子，燕子排成了"一"字形飞过了他的头顶，崔宏想起自家的屋檐下也有一窝燕子，想来那窝燕子也该归来筑巢了吧，可是自己却没有燕子那么轻松地飞去飞来，也没办法让这些飞过头顶的燕子给家里捎个信，告诉家里人自己的消息。

"悲歌可以当泣，远望可以当归。"无人的时候，崔宏无数次地吟唱着《悲歌行》，望着家乡的方向出神。

几天后崔宏看到翟魏部众忙碌了起来，有消息传来说燕国国主慕容垂亲率大军向黎阳进发，翟辽的部众中有一些将士也是冀州不同郡县的，因了乡情平日里也都有往来，听说燕国前锋慕容楷率军到了，那些和崔宏交好的将士悄悄地告诉崔宏说："咱们重生的机会来了。"大兵围城之后，他们让崔宏见机行事。

翟魏兵士本身战斗力不强，再则那些被强征来的士兵压根就不愿和燕兵对阵，虚张声势地排开了阵势，城门打开之后，冲出城的士兵不约而同地放下兵器倒戈，表示愿意归顺慕容楷，城门大开，趁此机会崔宏便跟着翟辽的部众一起出城，终于离开了黎阳。

那感觉有如困鸟挣脱了樊笼，重返自然。

那感觉犹如纵马狂奔南山，无缰无羁。

千古兴亡，多少过往事悠悠。战争为人们揭示了一个冰冷的真相，那就是身在乱世为了活命，人们可以抛弃太多的东西，而在性命面前，道义又是很微不足道的，人们随时会背叛旧主跟随新主，节义更是无从谈起。

对于燕国，崔宏是有感情的，当年父亲出仕的就是燕国，自己兜兜转转又来到了燕国，虽然此燕国不是彼燕国，但毕竟都是慕容家的天下。慕容垂也是一代英主，当年慕容垂离开前燕国，是因为他遭到了皇室兄弟的妒忌才远走避难秦国的。慕容家族的血液里都有着不安分的因子，无论秦国国王对慕容垂称兄道弟待他如何好，但是匡扶皇室大业比起兄弟情分来，那是微不足道的。慕容垂趁秦国国力衰弱时毅然决然地离开苻坚，重建了燕国（史称后燕），后燕国也是蒸蒸日上一番大国气象。国家在用人之际，崔宏受到了国主慕容垂的礼遇，出任吏部郎、尚书左丞、高阳内史。

那是可以长出一口气、畅快呼吸的日子，感觉有点像是与失散的旧时光重聚，也有点感觉像是回到了冀州在苻融麾下谋事的日子，只是如今官却比以前做得更大了。虽然身居高位，但他知道眼下的日子来之不易，在后燕国，他立身雅正，不贪不占，谨慎守礼，行事端庄，他经手的事很少有差错。《论语》有言："清正在德，廉洁在志。身有正气，不言自威。"无论给谁办事，从不索取，也不求回报，自然就没有多少余俸给家庭补贴，而身在东武城的家人不免忍饥挨饿。受人知遇之恩，当涌泉相报，崔宏希望能在后燕国任上多做点事，所以他很少回家，只是太平的日子总是感觉太短暂。

勤学不倦

那几年崔宏身在翟魏与家里难通音信，而在东武城的家里，小桃简却在一天天地长大，按照崔家的传统教育，孩子四岁开蒙识字，小小年纪的桃简就显示出颖悟机敏、记忆过人、长于思辨的禀性，孩子们一起玩的竹马、击壤游戏，多是桃简取胜，母亲卢氏教他四字句的《苍颉篇》：

> 苍颉作书，以教后嗣。幼子承诏，谨慎敬戒。
>
> 勉力讽诵，昼夜勿置。苟务成史，计会辩治……

小桃简很快就背会了，后来母亲拿出父亲为他写的七字的《急就篇》，让他熟读，母亲还要求他一笔一画地照样子写下来。

晋太元十二年（公元387），桃简七岁了，丱发初笄、面色粉润，明眸皓齿，着一身长衫，显得儒雅可爱。他坐在桌前摇头晃脑地背着《急就篇》里的句子，背书的声音清脆悦耳："急就奇觚与众异，罗列诸物名姓字，分别部居不杂厕，用日约少诚快意，勉力务之必有喜……"桌子上放着的《急就篇》是父亲专门为他写的，但是父亲好几年没有回家了。母亲说父亲在外做事，身为长子，他要好好做功课，等父亲回来，不要让父亲失望。母亲还说，等他把这一千三百九十四个字能写下来的时候，父亲肯定就回家来了。

教认字写字自然也是桃简母亲最拿手的事，母亲卢氏是卢偃之女、卢谌孙女，卢偃、卢谌都是当时有名望的书法大家，门生不计其数。卢氏从小就跟着父亲和祖父练习书法，写得一手好字。桃简父亲这边书法师法卫瓘和索靖，而来自母亲卢氏的书法则是师法钟繇，两家都得书法大家真传，崔家和卢家都是以善书名扬天下。桃简一年前就开始一笔一画地描红了，等到描得熟练些了，母亲教他描写"崔浩"这个父亲给他起的名字，之后就开始练习《急就篇》里的字了，一年下来，在母亲的教育下字也写得有些模样了。

那一天母亲说父亲捎回信来了，父亲从丁零部挣脱，跟随丁零部众一起归附了后燕国，出仕慕容垂，并到中山城就任，安顿好之后就可回家。这可是个天大的好事，桃简从母亲喜悦的表情中得知，父亲一定是过上了他想要的生活。而此前他从母亲的愁眉不展中看得出来，不知道父亲下落的日子有一种坐卧不宁、寝食难安之感。但是母亲从不把自己的喜和怒表现出来，每天都是平静如水，让小桃简过着安稳的日子。只是有一次在他睡醒后，听到了母亲嘤嘤地哭泣，他坐起来问母亲怎么了，母亲看到他醒来了，便赶紧擦擦泪，吹灭灯说："睡吧，明天还有针线活要做。"他知道肯定是母亲想父亲了，只是不肯说。

那日就在桃简背书的时候，厨房里飘出了一股菜的清香、肉的美味，诱惑着他饥肠辘辘的肚子，他知道今天是祖母的生日，母亲买了鱼和肉，这些美味是每一个吃粗茶淡饭成长的孩子难以抵御的诱惑。桃简大声叫着："母亲饭做好了吗，孩儿饿了。"看到里屋无应答，桃简把书桌边正仰着头看他背书的弟弟览儿叫过去，耳语了几句。弟弟览儿三岁，是个身体壮实的小家伙，览儿跑进里屋大声叫饿，不一会儿母亲走出来，看了看一脸期待的桃简，顿时脸一沉，大声说："弟弟要鱼吃，是你捣的鬼吧！"一脸期待的桃简看到了母亲生气的样子，顿时低下了头。母亲沉下脸来说："我一天怎么教你的，要学会长幼有序，鱼和肉祖母还没动筷，你怎能撺掇弟弟要来先吃呢，书白念了。从现在开始面墙站好，把《急就篇》里我让你背的全部背下来再说吃饭，连这点诱惑都经不住，将来能做成什么事？"弟弟看着这架势吐吐舌头先跑了，只有桃简面壁不停地背着，闻着里屋不时飘出煮肉的香味，咽下口水。

村里人说三岁看大，七岁看老。七岁的桃简在村里人看来，少年老成，遇事谨慎周全，非常聪明伶俐，偶尔还有点小淘气。小桃简的玩伴最好的有眭夸，还有散骑侍郎、东武城令李系的儿子李顺。眭夸比桃简长两岁，他的父亲眭邃，也在燕国做事。隔一条巷子的本族小伙伴有崔模，比桃简小一岁，他的父亲崔遵身在燕国，崔模是曹魏名臣崔琰的哥哥崔霸的后代。住在那条巷子里的崔颐，比桃简小两岁，他是崔逞之子，小名周儿，这一门是崔琰之后，周儿的父亲崔逞，在燕国官拜黄门侍郎兼著作郎。年龄相当的五个人经常一起玩耍，他们的父亲都在后燕国做事，家境也都差不多，先后都到了东武城的书馆里读书，闲暇时到清河边上玩耍。

如果说桃简是那种年少灵秀型的，文采飞扬，书法俊逸，少年的眭夸却有几分潇洒不羁、放旷自得，不拘小节，喜欢清啸。李顺有点少年老成，而且还很有心机，眭夸就和李顺合不来，很少跟李顺来往。崔模和崔颐则属于少年意气风发，最羡慕做游侠，也喜欢舞枪弄棒，大家虽然爱好各不相同，但并不影响几个人结伴玩耍。几个玩伴中眭夸和桃简最要好，在桃简父亲长时间没有音信的日子里，桃简一家人的日子过得特别紧张，眭夸家里有好吃的，总是叫上桃简。在学堂里，有人对身材单薄的桃简动手，眭夸总说，你们谁敢欺负桃简，就得先试试我的拳头。桃简家里的书，也只有眭夸可以随便翻看，桃简父亲或者母亲为他写的字帖，他总是分一些送给眭夸。

那日先生给他们讲了一个故事，先生说曹魏时期，有一童子叫何晏，少小聪明伶俐，经常出入于曹操府，曹操很喜欢这个孩子，想认作养子，何晏当下在地上画个方框，再画个小人，说是自己就居住在里面，别人不许进来。曹操问这什么意思，何晏说这是何氏之庐也。曹操摸了摸何晏的头笑了笑，再无下文。讲过这个故事之后先生让每个童子发表感言，并说如果他们是何晏该如何做。眭夸说，这个何晏肯定嫌官府里不自在，想回自己家，要是我，也希望回到自己家住，不愿受拘束。崔模说，何晏身受恩宠，有官家宅院，有锦衣玉食，何必画一个自己的草房子，还不让人进来，多此一举。周儿说何晏肯定是想让曹丞相赐他一处宅院，等以后居住。李顺说这个曹丞相惜才如子，有这样的人做养父，哪用自己去盖一房子。这个问题最后问桃简，桃简反问先生："先生，自古民间子弟一般不会出现在权贵府邸里，何晏成天出入丞相府，想知道他和曹丞相是什么关系？知道了背后的事，才能知道何晏的真实想法。""这个……说来话长"，先生没想到小小的桃简会问这样的问题，于是先生给孩子们又隐晦地讲了何晏的家事。何晏母亲尹氏在丈夫故去后，入曹府为妾，曹操很喜欢骨骼清奇的何晏，没想到何晏却以此方式拒绝。听过之后，桃简说何晏的选择没有错，虽寄人于篱下，却尊重内心的选择，正如孟子所云：'富贵不能淫，贫贱不能移，威武不能屈'，此之谓大丈夫也。

先生说，老人们经常说三岁看大七岁看老，从你们这几个娃娃对这个故事的反应看，眭夸比较喜欢悠闲自在的生活，可做高士，崔模、崔颐和李顺可做个忠君的好臣子，而桃简会想到故事背后的故事，思路清晰，可成大事，从此便对桃简高看一眼。再后来童子们作诗对句时，对别的童子只要求诗韵，但要求桃简的诗要有诗境。

先生本是避世的文人，看到这几个娃娃机敏，也特别上心地教。

那一年八月，东武城崔家宅院，窗明几净，风送馨香，栽在院子里的树形成了绿荫，小桃简在幽径边的石几上看书。"桃简……"只听得一声悠长的呼唤声远远而来，伴着呼唤声的是眭夸从外面飞奔进来。眭夸说远处官道上有个人往村子的方向走来，好像是你父亲。桃简大喊了一声，"娘，眭夸说好像我爹回来了……"说罢两人起身就往村外跑去。

离家数年的崔宏回来了，背上背了个包袱，急急地走来。桃简接过了崔宏背上的包裹，拎着向前走去。崔宏头戴幅巾，身着宽博衫子，边走边用扇子扇着头上的汗。虽然风尘仆仆，但依然能保持着清秀儒雅的风仪。八岁的桃简和父亲长得像极了，细眉俊目，唇红齿白，身材修长，父子俩行走在街上，行人都会侧目。

桃简的几个伙伴听说桃简的父亲回来探家，也纷纷跑到崔家，崔宏把从中山城带回来的饼分给几个孩子，大家缠着崔宏讲故事，讲讲他们各自父亲的情况。崔宏把自己知道的他们的父亲的大致情况向每个孩子讲清楚，让孩子们欢欢喜喜回家报喜。

在父亲探家为数不多的日子里，父亲看桃简写字，桃简的字已经写得比同龄的孩子周正多了。桃简拿出几年前父亲给写的《急就篇》，那里面的字已经大都能识别，而且像《六甲》《九九》《急就篇》也不能满足桃简了，桃简看到父亲欣喜的样子，自己也开心。父亲坐在桌前认真写字，桃简仔细地看着，他知道，父亲是给他写下一个阶段应该练习的帖子。

除此之外，桃简就整日缠着父亲讲他这几年的经历，讲他所知道的天下才俊的故事，崔宏讲得比较多的是秦相王猛、阳平公符融还有他知道的南边晋国的谢安,讲他们治国理政上的一些理念。桃简的弟弟也围在跟前听,但他更喜欢听父亲讲一些天下奇闻逸事,而不是天下的争斗,后来桃简把父亲带给自己的好吃的让给了弟弟让他到旁边去吃,趁此机会,桃简让父亲给他讲讲他所经历的国事、战事,崔宏给他讲起了秦晋淝水之战,讲解注重从天道、人事上分析秦国的得失,小桃简听得特别出神。

桃简和父亲说,他经常跟眭夸和李顺他们玩棋子,但总是不得法,没人教他下棋,总是下不过他们。崔宏想了想在纸上给儿子桃简写下了马融的《围棋赋》:"略观围棋兮,法于用兵,三尺之局兮,为战斗场。陈聚士卒兮,两敌相当,拙者无功兮,弱者先亡……"崔宏要求桃简把这篇文章背下来,把他写的字好好临摹,最主要的是要体会出赋中的攻守中和之道和搏杀之理。崔宏说,棋子虽多如果没有战略配合,就如群羊相聚,无力自保。战局不利时可先下手为强,进攻敌方虚弱部位,这是扰乱对方内部的好战术啊。围棋虽然只是模拟的一种博弈游戏,但也是谋略的运用,等你棋下熟练了,就可悟出其中之道。父亲的一席话,让桃简对父亲佩服得五体投地。他想着,要是父亲经常在家多好,他有了什么问题都可以及时地请教父亲。

探家生活转瞬即逝,崔宏说许多该探访的故交旧友还没来得及去拜访,想替母亲和妻子做的家务事还都没来得及做就得走了,一脸的歉意。

桃简把父亲送上官道,看着父亲的背影,被斜斜的日光拉长,好像一步一步地也把思念拉长。父亲走远了,更远了,那个背影渐渐地变成了一个黑点,然后彻底望不见了。

父亲走了,让桃简惆怅了好几天,而父亲的博学多识为他树起了标杆。他明白身为崔家长子,必须得秉承家学,学有所长,这是他无论是在书馆学习还是在家读书自觉或者不自觉刻苦上进的动力。在书法方面,母亲卢氏教他拿手的钟繇的《戎路表》《力命表》《还示帖》。父亲回来之后,每天夜里为桃简写字,写鸟篆、草隶和行狎书,每种书体都写下范本,让他此后两年的时间去临写。

每日早起习书，夜里再习书，这是母亲为他定下的规矩，无论再困再累，不临习完成不能入睡。几年书法临摹下来，落在纸上的字也有了看头，起落转折处着实，内收外放，既有锋芒外耀，又有筋骨内含，给人一种笔力雄强之感，而他的诗文也在日益精进，辞藻清绝，将情感与诗意相融合。

在桃简九岁的时候，他的三弟出生了。二弟名叫崔览，小名简儿，比桃简小四岁，三弟名叫崔恬，小名为小白。身为长兄的桃简不仅自己读书习字，还担负着教授两个渐渐长大的弟弟读书识字的任务。

旧木逢春

日子就在曲曲折折中穿行，人们总以为经历了风雨，彩虹就会在眼前，只是那锦绣华年却越走越远。日子翻到东晋孝武帝太元二十年，也是后燕武成帝建兴十年（395），五月的一天，崔宏抬头望了望窗外，只见天空乌云密布，大风裹挟着尘土翻卷而来，给人一种山雨欲来的预感。极目远眺，平野苍翠之景却灰蒙暗淡，一如他此时的心情和仕途，一如国之前景。面对眼前凄凉之景，虽然心生愁绪，却又无可奈何，崔宏暗暗埋怨燕国国主被乌云遮蔽了双眼，他恨自己身为汉人臣子在关键时候说不上话。在仕燕的日子里，他最要好的朋友便是散骑侍郎李系，有了什么急难之事，两人总是相商着行事，两人断定前秦国因淝水之战而让国家衰微的命运又要在燕国重现。

当年后燕国复国时，远在牛川的鲜卑人什翼犍的孙子拓跋珪也即代王位，宣布复国，称为代国，因为力量羸弱并不被人重视。因为有亲戚关系，当时代国还与后燕国相互交好，互派使者往来。拓跋珪的祖母慕容皇后是慕容皝的女儿，慕容垂是慕容皝之子，慕容垂是拓跋珪的舅爷。国与国之间没有永远的友好，只有永远的相互利用，父子都可以反目，何况亲戚。

经过几年的励精图治，代国日渐兵强马壮。拓跋珪风华正茂，就像是羽翼丰满的草原雄鹰，渴望一飞冲天。可是岁月无情，一代雄主慕容垂却进入老迈期，太子慕容宝虽正值壮年，但却又没有其父亲的雄才和胆略，而且久居深宫养成了刚愎自用的性格。双方的国力是此消彼长，代国与后燕国早过了柔弱时的依附期，也过了两国旗鼓相当时相交的试探和猜忌期。几年前慕容垂还以舅族之尊让代国进献良马，却被拓跋珪这个后生小辈漫不经心地拒绝了，随后双方进入了绝交期。等到慕容垂攻伐了慕容永燕国（西燕），中原大地较大的政权也就剩下后燕国和代国时，慕容垂渴望给后辈儿孙留下一个版图相对完整的中原大国，只是强悍起来的代国经常进犯那些臣服于后燕国的边塞诸部，这让后燕国的君臣十分恼火，这样的局势让身为后燕国臣子的崔宏十分着急。代国日渐强盛，就好像是来自北方的狼群，人家没有找上门来觅食已经不错了，眼下燕国还以为代国还是当年那个仰人鼻息的柔弱小国，以燕国目前的国力哪还有实力去灭了代国完成中原一统的宏图大业呢。崔宏多次委婉进谏无果，与他同朝为官的散骑常侍高湖因为直言苦谏还被免了官，于是朝臣无人敢谏。崔宏恨自己无用，内心满是颓丧。他从未对自己的能力产生过质疑，可是眼下的情景却不知道该怎么办才能力挽狂澜。

之后不久，后燕国太子慕容宝率领八万大军北上五原与代国寻仇交战，想教训一下这个不念旧好的草原小子拓跋珪。燕军和代军在参合陂遭遇之后展开了一场恶战，最后燕军大败，数万燕国降卒被代国国主拓跋珪悉数活埋。如果就此打住，认清天下形势，从此休养生息，可能还有翻盘的机会，可是太子慕容宝不甘心败在一个黄口小儿手里，到了次年更是好了伤疤忘了疼，便撺掇慕容垂亲自出战，以雪参合陂之耻。崔宏等一干老臣含泪劝阻，但是求胜心切的慕容宝哪里听得进去呢，又哪里能咽得下那口恶气。三月一天的清早，等慕容垂领兵上马的那一刻，崔宏看到了慕容垂动作的迟缓和出行的彷徨，崔宏带头在马前跪下了，他这一跪是跪谢慕容家的恩情，他在吏部郎任上已第九个年头了，燕国国主待他不薄，可是他能看得到的燕国的危机，而这个老迈的国主却因为爱儿子变得看不明白了。崔宏又恨自己无苏秦、张仪的口才，无法说服国主改变主意，他以跪送的方式作别垂垂老矣不堪长途跋涉的慕容垂，今日就此别过，明日世事两茫茫，再见不知是何年，只是这话却无法说出口。

只是大军出发在即，崔宏以这样的跪谏方式表达着自己复杂的心情的确不妥，但是那边急于出师的慕容垂如箭在弦上不得不发。他大喊一声出发，拨转马头，头也不回地走了，也许他想等班师回朝之后再找这些拦路的老臣的麻烦。崔宏暗自叹息，天命难违不由人。

慕容垂一路北行，大军复仇心切，勇猛的将士们甚至攻取了平城，距离上一年大军惨败的参合陂战场也就百里之遥，只是千不该万不该，有人动了去祭祀参合陂那些死难将士的念头。

古道上荒草萋萋，山沟里尸骨露野。将士们看到一年前死难将士横七竖八堆积的尸骨便悲从中来，虽说是"男儿要当死于边野，以马革裹尸还葬耳"，但是眼前如此惨状实在让人难以接受。这堆积的尸骨里，有的是将士们的父亲的，也有的是兄弟的，原来的愤怒变成了悲痛，将士们顿时由掩面抽泣，变成了号啕大哭，由一小撮人在哭变成了整个出征将士的集体哭号。此情此景让坐在马背上的慕容垂悲愤交加，内心一急，热血上涌，顿时口吐鲜血，倒伏在马背上……朦胧中慕容垂也许回想起崔宏等一干老臣在临行前以跪别的方式进谏，但是他却头也不回地走了，如今真应了那些老臣所言。面对此情此景，面对昏迷的慕容垂，燕军急急在距离平城西北三十里的地方筑起燕昌城让慕容垂调养，并请随军郎中为慕容垂诊治，但看到郎中轻轻地摇头，慕容宝知道无力回天了，便让大军启程，但慕容垂到底还是没能熬到返回中山城，在路上便闭上了眼睛。

慕容宝回到中山城后即位，才举国发表，崔宏既伤心也失望。后燕国的前路身为谋臣的崔宏也已经看得很清楚了，以慕容宝的才识和用人之道，也支撑不了几个年头。回想起自己逃脱翟辽部出仕燕国，如今9个年头过去了，虽然忠心耿耿，遇事多直言进谏，小事犹可，大事上一旦与慕容垂意见相左时，他很少能说服得了国主。如今新国主是好大喜功的慕容宝，而且慕容宝又喜欢亲近那些奉承之徒，虽然慕容宝并未大量调整他父亲留下的朝臣，但是崔宏感觉到自己说的话明显在新主面前没有分量，崔宏更是谨言慎行。文人多忧怀，自嗟自叹息，崔宏知道，再多的愁苦只是内心的感受，不能表露在外。

后燕建兴十一年（396）八月，代国首领拓跋珪率四十多万大军攻伐后燕，首战夺了北陲晋阳城，并在晋阳设立台省，置百官，封拜公侯。代国有诏令，凡有燕国的士大夫相投，无论年少年长，都能引入大帐赐见，如果有才能会量才叙用，这一诏令很吸引人，让后燕国守城将士不再守土恋战。十一月初，拓跋珪带兵到达真定（河北真定）和常山以东一带安营扎寨，随后攻下了常山这一燕国的南部屏障后，后燕国常山以东的冀州各郡县官吏知道这个国门守不住了，这个国家再无希望了。不久后燕国除了中山、邺城、信都三城外，其他城池都被代国攻克。

十二月的一天，北风呼啸，天寒地冻，中山城城门大开，天子慕容宝带兵出征去了。众多失望的百官趁着城门大开之际四散而逃，各寻生路。崔宏跟随众人出了中山城，与众多臣子选择弃暗投明不同的是，他选择了一条小路独行，像当年取道齐鲁欲南下一样，他向海滨方向逃去，他想走海路到南边晋国。

那边大获全胜的拓跋珪询问后燕国降将都有谁，下属回报说有慕容宝的尚书闵亮、秘书监崔逞、太常孙沂、殿中侍御史孟辅、散骑侍郎李系等。拓跋珪想了想又说，听说燕国有个吏部郎叫崔宏，怎么不见这个人来投。有降臣回报说城门开了的时候他就逃了，不知所往。拓跋珪再问那些降来的城门守将，崔宏往哪个方向走了，走了有多长时间了。有人回复说好像是向东逃去了。拓跋珪立即派遣兵将追赶，并叮嘱士兵，崔宏是国之股肱，一定得保证毫发无损，不能伤了他，并将其请到。

这边崔宏急急向东前行，慌不择路，多年前离开前秦国，一路南逃时被泰山守将张愿扣留的一幕不时从脑海闪过。他恨命运无常，这样狼狈逃跑的事，会再一次落到了他的头上，而且情景又是如此的相似。那一次想南下赴晋，却不料兜兜转转落到了丁零人翟辽之手，好容易挣脱，归到了燕国慕容垂麾下，此前还曾暗自庆幸，得遇明主，以为这一生能在中山城安心做事，谁知道十年一梦，燕国便到了国灭臣散、众鸟各投林的凄凉境地，而自己不得已再次南逃。

崔宏一边跑一边暗暗祈祷，这一次一定要逃到一个安全的地方，这一次一定不能落入能活埋数万士兵的杀人如麻的代国大军手中。那边拓跋珪派遣的将士快马加鞭急急追赶，当崔宏跑到了章武县海边，连忙招呼船家，刚刚坐在船上，便气喘吁吁地让船家开船先离开海岸，心里正要松下一口气，只见后面一队快马卷着尘土飞奔而来，转眼间便有人围了上来，崔宏知道自己又一次在劫难逃，他不想再像当年在翟魏部那样蹉跎岁月，过着身不由己的日子了，于是心一横闭了眼，便纵身往海中一跃，想从此一了百了。只是说时迟那时快，早有一位武士飞身上前，只拦腰一抱，便将身体临空的崔宏拖回到船中，武士说了句：“大人何必想不开，我们大汗有请，还特别叮嘱千万不能伤了大人。”

崔宏心里想，败军之臣被人擒拿，犹如羊入狼口，他想着此一去，不知道会是什么下场，大不了横竖也是一死，只是士可杀不可辱，到了那里看情形再做打算吧。既已落入他人手中，他知道多说无益，于是不言不语，也不反抗，任骑士将他带到岸上，岸上有车子接应，崔宏坐在车子里一直被送至拓跋珪的大营。

拓跋珪马上召见他，笑着说：“刘备是三顾茅庐才请出的诸葛孔明，本汗根本来不及三顾，先生已经遁逃了，也只能让一队快马将先生请回来，有冒犯先生的地方还请见谅。”崔宏站在那里并不言语，也不下跪。拓跋珪又说：“如今我代魏国初创，正需要先生这样的大才来辅佐，先生的同僚闵亮、崔逞、孙沂、孟辅、李系都已经为我所用，本汗也为他们加官晋爵，希望先生能为我代魏国出一份力。”崔宏抬头看了一眼眼前的拓跋珪，只见对面这个人，高鼻深目，双目炯炯有神，一脸英武之气。再听拓跋珪一席话，倒也真诚，但一想到拓跋珪能将数万后燕国降兵活埋，又有点不寒而栗。便低下头说："回禀汗王，下官乃是亡国之臣，哪堪贵国重任，只愿取道回乡安度残年。"拓跋珪说："先生说笑了，本汗早就听闻先生大名，如今燕国将亡，良禽择佳木而栖，贤臣择明主而仕才是正理，以先生之大才，哪里能一叶扁舟，做个闲人隐士呢。本汗封你为黄门侍郎，和张衮轮流总管机要事务，制定法令制度。如果先生在本国待一段时间，还是觉得代魏水土不服，不是先生的落脚之地，本汗特准先生回乡。"话已至此，崔宏再无推托的理由，再说一个亡国之臣，哪里由得了自己的选择，也就点头算是答应了。

东晋隆安元年（397）一月，崔宏跟随魏军驻扎在杨城（河北宁晋县）的时候，代魏国拓跋珪的叔父突然降了后燕，国内突然出了这么大的变故，拓跋珪无心恋战要急忙带兵北归，并派人向慕容宝求和，希望双方就此休战。有一天崔宏在路上遇到一个熟人，急忙中让那人给往家捎个口信，一是跟家人报个平安，再则想着拓跋大军急于北归，两国和好，他们这些手无缚鸡之力的文人们便自由了，不用跟着去遥远的代国了，他便可回家了，只是怕家里人担心他眼下的处境，也没有跟报信的人细说他降代魏的情况。只是最终的情形并不如愿，两国未能罢兵重修旧好，慕容宝摆开了战阵，两军于曲阳的柏肆对峙。柏肆之战，慕容宝却不敌代魏大军，燕军在风雪中抛仗弃甲逃命。当初慕容宝调集的步卒十二万、骑兵三万七千人，仅带二万骑兵逃回中山城。拓跋珪大军班师回朝，崔宏无奈便跟着大军到了草原盛乐，这下离家乡就更遥远了。

随后不久代魏大军平定了中山城，还获得燕国所传皇帝玺绶、图书、府库珍宝，造册登记的奇珍数万件，崔宏暗自叹息，后燕国真的亡了，而他不想远离家乡也不行了。

次年六月，东晋的司马德宗派遣使者出使代魏国都城盛乐，以示交好。拓跋珪当下召集众大臣，商议国号的事，到底以代国还是魏国的名义来接见使臣。众多鲜卑老臣们认为："我代国百世相承，开基代北，叫代国是顺理成章的事。"崔宏作为黄门侍郎,拓跋珪把征询的目光扫向崔宏,崔宏躬身行礼后进言说:"三皇五帝确立国号,有的是借用所出生的土地,有的是使用封国的名称。从前汉高祖为汉王时平定三秦,灭掉楚国就以汉为国号。我国虽然统辖北方广袤地区,到了陛下时,应天命登大位,虽然是旧国度,但受命革新,所以登国初年,改代为魏就很好。《左传》说晋侯赐毕万封地为魏,晋国的卜官卜偃认为万是满数,魏是高大之意,具有美好的意味,现在称魏国这是改朝换代的征兆,也是皇帝即位的吉兆。臣下愚见应称国号为魏,如果称代有附晋之嫌。"一番引经据典的话说出口,那些鲜卑众臣都不再说话,拓跋珪听后也很受用,当下就定下了国号为魏国,并以魏国的名义接待来使。崔宏看到了东晋的使臣,内心感慨万千,他兜兜转转几十年,但还是与晋廷无缘,命运就和当年祖父一样,内心期盼这个能听得进自己建言的国家,也能容得下中原之士。

之后,众朝臣开始商议将都城从盛乐迁往从前的南都平城的各种事宜。崔宏暗暗感受到,看来这个国主对他是以诚相待,而且他在魏国的境遇远比在翟魏好,崔宏望着自己所居的院子里的一株大树,有一种陈花重放、旧木逢春之感。

梨花开 桃花落

梨花开　桃花落
梨花管桃花叫姐姐

一群孩子们口里哼着儿歌,从桃简家巷口经过,那清脆的童声打破了巷口的宁静,随后便有人推开了桃简家的大门。

"桃简哥哥,桃简哥哥,你看到我哥了吗?"眭陌人还未到,声音先到了。桃简迎出门去，看看眭陌笑着摇头。眭陌快人快语："怎么可能呢，你俩不是形影不离吗？"桃简让眭陌进家，眭陌却说要急着找她哥哥去呢，说是她妈找他。桃简问眭陌，刚才听到巷口有一群孩子们唱着什么，很好听。

"梨花开，桃花落，梨花管桃花叫姐姐。"眭陌告诉桃简，桃简看眭陌因为跑得急，小脸通红，好像是搽上了女孩子们常搽的胭脂腮红，便想到要逗逗眭陌："不对，我咋听得是'眭陌哭，桃简乐，眭陌管桃简叫哥哥。'"眭陌一听桃简在逗她，便伸出小拳头向桃简背上打过去。桃简笑了笑说："你敢打我，女孩子出手这么快，看以后嫁不出去的……"眭陌把伸出的手缩了回去，"桃简哥哥真坏，我哥还总夸你好呢。不打你了，告诉我，我哥到底哪里去了。"

桃简说从书馆出来，两人就分手了，还真不知道他去哪里了。眭陌瞟了他一眼，撅起了嘴："你这话跟没说一样，还奚落我半天，不理你了。"看到眭陌转身要走，桃简说："等等，眭陌小妹，我欺负你了，我家树上的桃子熟了，我给你摘两个，也算我向你赔礼了。"桃简跑到桃树下，将离地面最近的两个大桃摘下给了眭陌，眭陌手捧着桃子朝桃简伸了伸舌头做了个鬼脸跑了。桃简望着身穿淡黄色葛布襦裙的眭陌出神，这个小妮子跑起来身姿十分轻盈。

母亲问桃简是谁在家门口，桃简说："是眭夸的妹妹，来找眭夸的。"

眭夸祖籍是赵郡高邑，因为此前父亲眭邃在东武城做事，全家移居东武城，之后眭邃又出任后燕国任中书令。眭夸比桃简大两岁，两人在书馆读书时，性情相投，就成了形影不离的好朋友。

到书馆里读书的娃娃们，渐渐地都开始称呼官名了，桃简也渐渐地习惯人们称他为崔浩或者崔伯渊，叫官名的时候也就表示成人了。步入青年行列的崔浩既有才学，人长得也出众，自然为东武城人侧目，也不时有媒人上门提亲，但是崔浩心中对眭夸的妹妹眭陌暗生情愫。眭夸的妹妹比崔浩小两岁，她微笑的模样让人想起陌上的花开，她是那种秀美中带着几分野性的女孩子，虽是女子却喜欢读哥哥的书，跟哥哥一起探讨诗文，那种扬眉轻蹙的模样可爱极了。眭陌喜欢穿紫色衣服，那一次崔浩在眭家写字，正好眭陌在旁边，崔浩便信手写下了"紫陌妆红"四个字，眭陌说："桃简哥哥，这是给我写的吧！"崔浩说你喜欢便拿去吧。每次看到眭陌，崔浩心里总是想起"关关雎鸠，在河之洲，窈窕淑女，君子好逑"的诗句来。每一次崔浩到眭家，眭陌总会留下来，给他们沏茶倒水，然后插嘴跟两人谈论诗文，或者对他们两人写的字评头论足，有时候就是有邻家女约她出去做女红她也不去。眭陌的心思，崔浩明白，看得出她的哥哥眭夸也是心明如镜，看到妹妹为他们沏茶、研墨的时候，眭夸有时候忍不住打趣说："眭陌，咋哥自己在家写字的时候，你从来就不给你哥研个墨呢？"眭陌也会对答："哥，你啥时候字写得像桃简哥哥的一样好的时候，我就给你研墨，你看不出来，我是想跟人家桃简哥哥学字、求字呢。"说得眭夸哈哈大笑，这样的奉承崔浩自然也受用。有一次趁着酒兴，眭夸轻轻地用手指着妹妹的背影问崔浩有什么打算，崔浩用司马相如《凤求凰》里的诗句"凤兮凤兮归故乡，游遨四海求其凰"来回答眭夸。然后崔浩一本正经地说："弟的心思，想来你也知道，弟中意眭家小妹，只是得等我父和你父回来，我会求父亲请媒人来眭家求亲。"眭夸说："如此甚好，咱两人本来亲如一家，如果你再娶了我妹妹，我成了你的大舅哥，咱可真的成一家人了。等今年年底，等你父和我父回家来，我跟我父亲去说，把这件事也就定下吧，女大不中留，你不见我那妹妹，看到你恨不得把家里最好的东西拿出来给你。"崔浩说："令妹的确可爱，既会写字，又会女红，还会哄他哥哥开心。"

　　虽然书馆里的人们对于时局、战事也是窃窃私语，但是大家都是一厢情愿地往好处着想，没有人相信，这强盛的、地域辽阔的后燕国，说亡就能亡了。对于外面的战事，虽然书馆里的学子因为他们的父亲大都在外面谋事，也都会担心家人的安危，但更多的是期盼战争快点过去，他们的父亲可以过年回家来。崔浩也想着无论是他爹，还是眭夸的爹，都是后燕国的文职官员，没有上战场的可能，后燕国就是再有争战也相对安全些。他内心里还嘀咕，他和眭夸说好了，单等两家的当家人年底回来，让父亲做主找人提亲，将眭家小妹给定下来，他也到了该谈婚论嫁的年龄了。

只是年过了，他们的父亲都没有回家来。

那一天周儿急急地上门告诉崔浩说，刚才路过眭夸家，听得眭夸号啕大哭，好像家里出事了。崔浩急忙跑到眭夸家去看，只见眭家上下乱作一团，眭夸母亲一急便晕过去了，众人忙着揪耳朵、掐人中，好容易才清醒了过来，躺在床上，眭陌忙着给母亲喂水，那边眭夸一边抹泪一边忙着招呼上门探望的人。崔浩从探望的人口里得知，身为大燕国中书令的眭邃在柏肆之战中亡故了，只是尸骨难觅。崔浩看到眭夸面容十分憔悴着急得鬓角竟生出了白发，眭夸的妹妹更是哭得梨花带雨的，特别让人怜惜。崔浩安慰两人说："身逢乱世，世事难料，伯父遭逢不幸，着实让人难过，只是人死不能复生，请节哀。"崔浩把眭夸拉到一旁，悄悄问眭夸，"伯父战死的这个消息是否可靠？伯父身为燕国的中书令，也是个文职官员，一般不会上战场，就是上了战场，像他这种官阶的，也不会亲自征战，再说也没见到尸骸，也许还有生还的可能。"眭夸抽泣着说："燕国也不成其为国了，谁还去管死难的将士，只是可怜我的父亲下落不明，死不瞑目，这个消息是父亲的一位好友传回来的，应该不会有错，那位传信的就是从柏肆的战场上逃回来的。"

崔浩从眭夸断断续续的叙述中知道了个大概，代魏派兵攻打并州，骠骑将军慕容农领军迎战吃了败仗，单骑逃回中山城，慕容宝在东堂召见群臣商议对策，中书令眭邃献计："代魏军大多是骑兵，军队行动迅速、勇猛，但骑兵携带的粮草，不能超过十日，这是他们的致命之处，眼下应该命令各郡各县将千家编为一堡，深挖壕沟，高筑壁垒，清除郊野的野草来对付代魏军，使敌军来后没粮草，无处得到食物供给，不超过两个月自然会自动退去。"慕容宝听了眭邃的话认为可行，于是下令让各郡修筑加固城墙、积累粮草，准备长久和魏军对峙。因为中山城内中书令眭邃是主战派，慕容宝先是派眭邃负责督促修筑城墙，代魏军攻打中山由于城高池深没有成功。这一仗的小小喜悦还未退去，慕容宝便急于收复失地，当听到代魏国内乱，拓跋珪叔父投奔燕国，便不顾拓跋珪的求和，立即倾全国兵力出征想剿灭代魏军，共派出步兵十二万人，骑兵三万七千人，眭邃随军出征。早春二月大军驻扎曲阳境内的柏肆，两军在滹沱河夹岸对峙，后来燕军与代魏军相遇展开激战，这一战纵然兵多将广但却终不敌代魏军，慕容宝、慕容农等人看出败局已定又急着逃生，舍弃前方作战的步兵，只率两万轻骑逃遁了。当时正逢风猛雪大，眭邃等人带着前方将士与代魏军苦苦对战支撑着战局，只是天寒地冻，风雪交加，将士们既无后援补给，也无厚衣加身，还没有撤退的命令，有的人在两军对战中战死，也有的人在后退逃亡路上被冻死，沿途都是死伤的燕国将士，可怜的中书令眭邃就是在这一场战事中失踪的，具体死在了哪里没有人能知道，只是慕容宝逃回去之后清点两万将士时，知道眭邃没有回来，可惜堂堂的中书令，连个尸骨也没有留下。

大家按照眭邃阵亡了的情况对待，眭家给眭邃摆了供桌，崔浩帮眭夸料理这场后事。当然，他和眭夸一样，都是心存疑问，万一、万一，眭邃没有死，万一在哪个地方受伤了正养伤，万一投了哪个政权，不为他们所知呢？

之后不久，眭夸便不见了。眭夸的妹妹跑到崔浩家里来求助，说是哥哥不见了，而母亲又病重了，眼下不知该怎么办。崔浩暗暗怪怨眭夸行事孟浪，就是去哪里也该跟他说一声，有事商量一下。而此时眭母却因为丈夫生不见人、死不见尸，儿子又不知所往，受不了打击一下子又起不了床了，且水米不进。眭陌脸色憔悴不堪，崔浩给请了个郎中，把手上的钱交给了眭陌，眭陌每日里熬药，服侍母亲吃药。

那段时间，除了崔浩，李顺也经常到眭家看望眭陌和她的母亲，只是眭陌每次都是低着头不言语。

那日崔浩去看望眭母时，眭陌对崔浩抽泣说："桃简哥哥，这日子可怎么过了，眼下我再也想不出办法来了，家里这么一折腾，一下子就成了空架子了，母亲的病还得治，哥哥也不回来，我也只能靠你了，你能否给想想办法，坚持到哥哥回来，或者你能否告诉你的母亲答应咱们的事，让你的家里人给想办法，我真的不能没有了母亲。"崔浩说他回家去和母亲说说。他明白眭陌一个那么羞怯的女子，能对他说出这种话来，肯定是被生活逼急了。

崔浩回家后和母亲说了眭陌的艰难处境，母亲说了婚姻大事，必须你父亲回来才能定下来，再说了，你爹也许很快就会回来。借钱的事，母亲没有张口，只是默默地拿出她的一些积蓄递给崔浩。崔浩将那些银钱交给眭陌，便每日到官道上等他的父亲，等他的朋友眭夸。因为此前有人捎回口信来，说是两军要停战，他爹很快就会回家来。

"梨花开，桃花落，梨花管桃花叫姐姐……"

崔浩跺跺脚，想着眭陌面如桃花的样子，想起了村子里孩子们吟唱的童谣。

"眭陌哭，桃简乐，眭陌管桃简叫哥哥。"他想着自己逗眭陌时，眭陌小拳头举起，故作愤怒的可爱模样，内心里便特别焦急。

从听到口信的那一天起，崔浩便站在官道旁望着远方，希望远处那个越来越近的影子是他的父亲，他从来没有这么急躁过，也从来没有这么焦虑过，他恨眭夸的冒失，把一大家子扔下说走就走，也恨自己的无能，他多想在眭陌最艰难时解囊相助，可是他却囊中羞涩。等来等去官道上除了皑皑白雪，便是与之毫不相干的行人。

一个半月后，眭夸回来了，只是沉默不语。崔浩问他去了哪里，他只说沿着父亲的征途去寻找父亲的尸骸，可是茫茫路途，哪里还能寻得到征人的尸骨，有的地方阵亡者已经被当地人掩埋，也有的人冻在了路上被大雪覆盖，还哪里能找得到自己的父亲。

这场变故，崔浩明显感觉到了眭夸的变化，一下子变得沉默寡言，对什么事也提不起兴趣，对功课更是不再上心。说到将来，眭夸摇了摇头，他说他已经失去了父亲，他也只能照顾好母亲，只能求母亲好起来，不能让母亲伤心，其他的事得从长计议了，他是家中长子，眼下就得负担起养家的任务。崔浩心想，眭夸回来了，也许事情还会有转机。

只是不多久，眭夸告诉前去探望眭母病情的崔浩，说是眭陌要出嫁了，在他不在的日子里，眭陌答应嫁人了。崔浩感觉好像听错了一样！"什么，你说什么？"眭夸低头说："我妹妹要出嫁了。"崔浩急忙问："嫁谁，怎么会变化这么快？我不是一直在等我父亲回来的呀，我不是一直在帮她的呀，她要嫁给谁，总得提前告诉我一下吧。"眭夸摇摇头，一声叹息："迟了，都怪我，都怪我不声不响地出去一个多月，我不知会发生这么多事。妹妹为了给母亲治病，自作主张嫁人的，可我也没能找到父亲。她说可嫁的人一个就是李顺，李顺曾经也悄悄地去过家里求过亲，另一个就是嫁给给母亲治病的郎中的儿子，抵顶药钱，她说他不喜欢李顺，她说愿意嫁一个桃简不认识的人，这也是她命苦，她认了。"

眭夸还说，他回来后，听说妹妹为了给母亲看病要嫁给那个郎中之子，眭夸当即要找郎中拼命，被眭陌拦住了，眭陌说家里出现那么大的变故，自己也配不上桃简了，不嫁桃简，嫁给谁都一样，她只要母亲好起来。

崔浩想起某天眭陌慌慌张张、惊慌失措的表情，可是她并没有告诉他她有了什么新打算，他也大意了，他为等不回来父亲沮丧，也为母亲为此事做不了主而气馁，没有家人的同意，他也无法对眭陌承诺什么，而可能眭陌以为他对她的事袖手旁观。此后虽然也去看望过眭母，每一次看到眭陌不是熬药就是为母亲洗衣服，因为眭夸不在家，他和眭陌老在一起也感觉到不自在，虽然两人都知道对方的心思，可是又没有婚约在手，也没有大人许可，怕因为眭夸不在，引起别人的闲话，毕竟眭夸的小弟弟还小。只是他不知道那段时间眭陌是如何煎熬，又如何心不甘情不愿地咬牙舍弃了自己的幸福，答应嫁给一个陌生人，那家人乘机让一个十几岁的小姑娘答应下婚事，才帮眭家渡难关继续医治，无异于趁火打劫。

崔浩恨自己书生气，自己自诩聪明，却连这些危机也没有窥破，连这点事也处理不了，如果他知道眭陌以这种方式处理事情，他会跪求母亲四处告借，解了眭陌的燃眉之急，母亲也许不会对此事无动于衷。

那日崔浩去眭家，眭陌躲在小轩窗后面不再出来，眭夸说眭陌还想请崔浩为她写几个字，当作嫁妆。崔浩红着眼答应了，当下崔浩在眭家用眭夸的毛笔写下了两句："原上有时芳菲尽，眭家有花紫陌开。"落款是哥哥眭夸、桃简赠。这两句诗有鼓励眭陌的意思，人生就得像原上草、陌上花一样，无论雨打风吹都得生存下去。落款写上眭夸、桃简，一是为让眭陌把他当成和他哥哥一样的亲人，二是也为了避嫌。

回到家后，崔浩很长时间不愿去眭家的小巷，感觉到那巷口清冷，不愿回想起眭陌那憔悴的容颜和无助的眼神，内心只有懊悔。这也是崔浩成年后的第一次觉得贫困的无奈和心酸。

他无数次地在纸上写着"紫陌花开人未归，一腔相思知为谁"的句子，想着眭陌那无奈而期盼的眼神发呆，有时候望着巷口的树影孤独地摇曳，抬头远望，巷子里再也不会有眭陌那低眉浅笑，蹦蹦跳跳的样子，她已为人妇。

"梨花开，桃花落，梨花管桃花叫姐姐……"远处这首童谣如轻烟一般飘入崔浩的耳际，是眭陌吗？好像不是，她好久就不再出现了，但是那声音是那么清脆又是那么熟悉。日子还是那如常的日子，只是因了突然的变故，巷口也不会再跑进来那个身穿淡黄色葛布襦裙的小姑娘。"眭陌哭，桃简乐，眭陌管桃简叫哥哥。"怎么会一语成谶呢，她最终成了他的邻家小妹。

朝阳越过了地平线，温情脉脉地照在墙头上、树梢上，但在崔浩眼中，抬头望见的不是往昔大如圆盘的暖阳，伤心东望，人世间的一切依旧郁郁苍苍，这一切感觉与他无关。

一片黑云拂过太阳，也笼罩在他的心上。

第三章　芳华灼灼

远赴平城

东晋隆安二年（398），那一年崔浩十八岁，二弟崔览十四岁，三弟崔恬九岁，三人也都能为母亲做事了。崔浩每日还去书馆读书，也经常写些出奇的诗句，深厚、广博的知识和笔底生风的文字功底让人惊讶，书法虽是一门孤独高深的学问，可他秉承家学，书艺超群，那是在无数个寂寞夜晚苦苦练习法帖的结果。在众学子看来，这也是一种崭露头角的征兆。学得文武艺，效力帝王家，读书至仕，光耀门庭是每个读书人的追求。闲暇之余，崔浩还帮着母亲和祖母做点家务事，打理园子里的菜，一家人生活得平静安宁，是一种喧嚣世外的清静。只是父亲远在拓跋鲜卑部所在的盛乐做事，久不回家也让人心生遗憾。

纵然书生不问政事，但是各种各样的消息还是传到了崔浩的耳中。先是听说代魏主拓跋珪攻占了燕国都城中山，后燕国是彻底完了，但是又听说后燕范阳王慕容德率众四万南徙滑台（河南滑县）自称燕王，建立起新的燕国，时人称之为南燕。想来这慕容家族人才济济，叱咤风云，但却不以苍生为念，人人争当皇帝，一直生活在光复社稷与丢失江山之间，这天下让慕容家族搅得还真是够乱的。

崔浩接到父亲的来信，知道父亲出仕的代魏国把都城迁到了平城，朝廷要求官员把家眷也迁去平城，这样朝臣就可以安心做事。为了方便各路人士通行，此前不久代魏国主还调拨士卒一万人，开通了一条从望都（河北保定附近）到代郡（河北蔚县）的直道，并把恒岭也凿通，方便人们到平城。信中还说，让全家人做好迁移的准备，他跟着国主要巡游邺城，但估计没有时间还家。

那年正月国主拓跋珪巡游邺城，崔浩的父亲崔宏也跟着巡游，并观看邺城的亭台楼阁、宫殿、城池。这邺城是曹魏、后赵、前燕的都城，只见邺城里的建筑雕梁绣柱、琼楼玉宇、翘角飞檐、朱牖迎风。虽然邺城中轴线分明，王宫、街道整齐对称，结构严谨，城高池深，有着皇城气象，但是在此立都的国家都是国祚不长。拓跋珪问崔宏缘由，崔宏回答说："天下之大，有德者居之，无德者失之。"这样的回答让拓跋珪特别受用，君臣从邺城返回到平城之后，代魏便按照邺城的模样建造平城。

那年秋天，拓跋珪专门给崔宏准假，让他回乡搬迁家眷。

看到父亲回家来，全家人都感到十分高兴，但一听崔宏要全家人真的搬去遥远的平城，崔浩第一个反对。他说："咱武城隶属过晋、后赵、前燕、前秦、后燕，高祖父身在乱世，出仕后赵，在赴平新相任上，因为平民暴乱枉送了性命。祖父仕前燕，前燕散了之后，安身立命在家乡，得以终老。眼下父亲已经兜兜转转几个王朝了，这些王朝也都貌似强大，实则改朝换代也快，此前都是父亲只身前去，为什么去魏国不到一年，却要把全家人的命运赌定这个鲜卑人建起的王朝？这个王朝可是灭了燕国的王朝，如今天下四分五裂，不知道哪个王朝能立国更久一些，此前投魏的咱本家人崔逞就是只带着周儿去的平城，他的妻子张氏与另外四个儿子就留在家乡。目前咱家这片还不真正属于魏国，父亲却要全家人都去北地，父亲不是让逼迫着才出仕魏国的吗，那个鲜卑政权可靠吗？要么我跟父亲前去，让家里人留下，再观望几年可好？"

面对崔浩的发问，崔宏笑笑说："浩儿，你想得很周到，也问得很对，看来是真的长大了。父亲至今出仕过秦国、翟魏和燕国，如今又到了遥远的魏国任上。此前不管去哪里，都没有带过家眷，此次父亲虽然到了魏国时间不长，本来应该看看情况再决定。但是孩子，任何世道都是大乱之后必有个承平之世。春秋战国之乱后，有了秦朝的平静，秦朝倾颓之后又有两汉享国四百年，三国分立之后便有了晋室的安宁，五胡乱华的乱世也乱得够久了，俗话说，天下事合久必分，分久必合，如今的乱世也该到头了，也得出个雄霸天下的新主了，为父看大魏国的皇帝便是那个可以平定乱世的主，因此愿意把你们带到魏国，相信那里还是相对平安的。再说你们兄弟们也大了，也该出仕了。虽然此前文人大都愿意南下建康，以晋为正朔，包括父亲也曾有那个心思，只是那里一则路途遥远，再则门阀制度会让那些新投靠的平民阶层上升无门。眼下中原这几个国家，相比较之下还是魏国相对合适一些，把你们带到平城，也是父亲几经思考过的。"崔浩听到父亲这么说，便不再说话了，不太情愿地开始收拾东西。不过他相信自己的父亲，以父亲的阅历和睿智，迁移全家肯定也有过认真的考量。

与当年他的祖上崔林徒步去邬县上任一样，他们这一大家子也没有钱置一辆车去遥远的平城，只有崔宏骑回来的一头牛，可以让崔浩的祖母和母亲轮流坐，家里可用的东西都背在众人身上，剩下的就放在家里了。时候不早了，母亲要把家门上锁的时候，崔浩从眭夸家那边告别后跑过来，便又将锁上的院门打开了。

崔浩推开那扇木门，走进院子里，闻到了院里花的阵阵幽香，他想再看一眼院子里的情景，院中间的槐树、桃树长得郁郁葱葱，那窗前的花也开得正艳，园子里的菜还在地上长着，绿油油的，都没来得及收，槐树下的石桌、石凳上空空的，似乎等着主人回来坐，这一切都让人恋恋不舍，一家人看那院子里的情形，感觉就好像只是出趟远门，不久还会回来。母亲边锁门边说："等过些年，你父亲老了，我们还回来住。俗话说，破家值万贯，那纺线机、那些农具，都用惯了，也都送人了，那些东西可是一点一点置办下的，还有一些大件的就放家里了，等我回来还能再用。"母亲的话让崔浩眼圈发红，他马上掉转头，跟父亲说："把钥匙留到眭夸家吧，让他有时间给照料一下院子，时间长了没人打理看荒了的。"父亲点点头。

此前崔浩跟父亲说，想邀请眭夸一起去平城谋取仕途，因为两人曾说过以后一起出仕，有福同享有难同当，他走了眭夸孤苦伶仃太苦了，崔宏答应了。

那日崔浩跑到了眭夸家，告诉眭夸他们全家要迁往平城，让眭夸也一起走，他说他也跟自己的父亲说好了，到了平城眭夸就吃住在他家。但是眭夸很坚定地摇摇头，他以母在不远游为由拒绝了崔浩。崔浩着急地说："虽然咱们的父亲都曾出仕燕国，可是现在的燕国也亡了，晋室又太过遥远，中原大部分地区归入魏国，出仕魏国也算不错的选择，我相信我父亲不会看错。"眭夸凄然一笑说："桃简，你的好意我心领了，可是父亲却是和拓跋鲜卑人争战死的，父亲刚死，哪有儿子马上就跑去人家军中，为杀了父亲的人效力的。再说了母亲有病，身为家中长子，我怎能丢下家人不管而外出谋取前程呢，我对远离家乡谋求生路再无兴趣，无论冀州这片天下姓什么，我也只能守着这一方土地，守着母亲和弟妹们，让他们安然是我最大的责任。"

崔浩看着眼前这个一起长大的伙伴，他面容清瘦，眼神冷峻，看得出脸上写满了孤寂和失落，这让崔浩与眭夸有一种不忍离别之感，只是所有的情谊却执拗不过命运。

从东武城到平城，在从没出过远门的崔浩看来，那距离就像横绝的沧海，两个人以后只能各自成为彼岸。一串带着铜铃铛的钥匙交到了眭夸手里，两双手紧紧地握在了一起。

纵然眼里无泪可心里有泪，纵有万语千言，此刻也难于说出口。眭夸转身背起地上崔浩的包裹，扭头走在前面，他将崔浩送了一程又一程。出了东武城境，眭夸把包裹卸下来递到崔浩手里，让崔浩背好，并把他从山上采的茶递到崔浩手里。"拿着吧，去到北地里可能喝不着，那个地方的人多喝酪浆不一定能喝到茶。"只此一句，便让崔浩哽咽，好友想得如此周到，可是崔浩感觉自己什么也为他做不了，自己走了，却留下孤独给眭夸。

上坡、下坡、蹚过河流，东武城已经很模糊了，崔浩背后还听到了眭夸的清啸，眭夸用清啸送了崔浩一程又一程。从前的日子，只供回忆了，他不知道，此时的眭陌在干什么，想起眭陌内心里便感觉隐隐作痛，他知道自己有愧于眭家。

虽然有新开的直道可达平城，但是因为路途遥远，一家人走得也特别辛苦，走走停停。大家每走一步都感觉气喘吁吁，最主要的是连续几十天的行走有些路段荒无人烟，有些路段山道险峻，找不到可以打尖休息的地方，一家人只能吃点饼喝点冷水充饥，但是干粮也得节省着吃，得盘算着剩下的路程，够坚持到平城。在寂寞的路上行走，好在沿途都有往平城方向行走的人，不时可以结个伴。那一日好容易望到了恒岭，只见这恒岭重峦叠嶂，云雾缭绕。崔浩看到这山岭难行，腿如灌铅一般，便带头一下子坐在了小径边上，两个弟弟也顺势坐了下来。父亲崔宏说，过了这个恒岭离平城也就不太遥远了，但是天黑之前必须翻过这座山，否则山上有野兽，又没有寺庙或者人家可借宿的地方，夜里行人少不安全。话是这么说，崔宏自己也累得够呛，便也坐了下来，大家围坐在一起吃些干粮喝些水，不觉便见日头有点西斜。

坐下来休息的时候，远远地望到山下旌旗相望，一队队骑兵见首不见尾，队伍向恒岭方向走来。崔宏赶紧催促家小走在这些人的前面，趁人多时翻过山岭，可以壮个胆，如果等这队兵马过去后再走，天就快黑了。山路崎岖难行，崔浩扶着他的母亲，而他的父亲崔宏搀扶着他的祖母很艰难地翻山越岭，众人把包裹放到了牛的背上。

那队兵士走得近了，更近了，崔宏惊喜地发现，原来是大魏国的皇帝带着军队出征返回，恰好走到恒岭处。骑在马上的拓跋珪看到崔宏一家人艰难地搀扶着前行，便让人赏赐给他们两头牛和一袋子粟米。有了牛骑，感觉一下子方便了许多，倒也不再感觉特别累。给他们一家赏赐了牛和米之后，拓跋珪还下令，沿途上凡是看到那些难以行走的老人，马上给配上牛或者车子。有了牛骑，众人很轻松地穿越了恒岭，有了粟米，剩下的路程解决了温饱，不久全家就很轻快地到达了平城，大魏国皇帝的这个举措让崔浩感觉到了温暖。

陌生的平城有一种说不出的气场。他们一家人遇到了平城最好的季节，仲秋的阳光劲足，浑厚温暖，但并不觉天气热得慌。平城风物有一种说不出的气场，雕梁画栋、气派的大宅院、车马并行的繁华街道和东武城的景致不大相同，那城墙虽然有些破败倒也厚实，入眼的平城有一种百废待兴的感觉，到处都有人在盖房子。父亲说过，平城是汉时雁门郡的一个县，属并州刺史部，也是东部都尉治所所在地，并不是一般的边塞小城。如今变成了都城，国有国魂，都有都魂，城市山水格局自然也要别具一格。

平城内，皇宫宫城的范围已经划定，将原来的汉代修的平城县截取了一多半作为皇城，另一半作为内城，主要是官署。父亲说人们把城之南这一大片统称之为中城，他们将来就会住在中城里。眼下皇家给他家找了几间房子先安顿下来，说是给官宦们盖的宅院很快就会盖好，会统一拨付。

中城内布局清晰，横贯东西的大街把城市分割成城南和城北，商肆、作坊、平民在城南，园圃和正在盖着的朝廷要员的官邸在城北，连日来行走在城南的胡同院落，看高士流民，看市井声色繁华，那都是沿途经过的城市不可比拟的。

皇宫众多的殿宇和太庙的木架构已经完成，宫苑华美，这皇城大兴土木，呈现出盛世皇城气象，崔浩内心暗自思量着。父亲说皇家的建筑规制是按照邺城的宫殿建的，端门附近有太庙和太社，宫里头还另立宗庙。父亲说过皇宫里天文殿、中天殿等主要建筑已经建好了，这是定下迁都平城后让匠人提前建的。七月宣布迁都平城之后，皇帝和众大臣们就有了上朝的地方。其他的布局按照邺城的来，父亲说过邺城很有皇城气象，只可惜那座城池自己没去过。

刚刚到了平城，崔浩有几分好奇，那些天便是带着兄弟们四处走走，京城里越往南走，越有经年累月的市井繁华之象。平民说着各种各样的方言，街摊上会飘过一阵羊肉的腥膻味和酒的醇香。崔浩注意到，平城人穿的衣服也是各式各样，有像他穿的那种袖口似规、领方似矩的深衣的，也有穿薄罗衫子的，还有穿夹领小袖、头戴尖顶帽的，最常见的是上身穿齐膝大袖衣，下身穿大口裤的袴褶骑装的人们。衣服的面料粗厚的毛布、纱、罗都有。一些手拿农具的人身穿短上襦和裤子，平城人称之为襦裤，是干活时穿的如常的衣服，那些裤子有的是窄腿，还有的是宽腿束口的，也有从膝盖处绑腿的裤子叫缚裤。鞋子也是各不相同，有脚上穿翘起来的履头鞋，也有穿长靴子和木屐的，从衣服的穿着上基本上可以判断出这个人是来自中原还是来自北地草原的。看得出平城这座城市有众多的从不同地方迁居来的人，那些身材魁梧、长得彪悍且辫发披肩的不用问肯定是北边来的鲜卑人，想来这应该是个不排外的城市。

走出城外，崔浩望着远山茫茫，看如浑水波澜不惊，清波微漾，河岸垂柳凌空，枝条婆娑，树上鸟鸣清脆。树下有人在观景，有人在临水自照。他想看看山，有人告诉他说，城外不远处有山名曰白登山。崔浩知道，那便是当年汉高祖刘邦被匈奴人围困的山，也是西晋刘琨《重赠卢谌》诗中"白登幸曲逆，鸿门赖留侯"诗里提到过的白登山，因了刘琨与祖上崔悦的关系，崔浩很小的时候就会背那首诗。

走到山下，只见那白登山山形灵峻，巍峨峻拔，山上有白云飘过，一副水墨丹青的样子。他突然意识到，迁移到平城对他而言感觉就是从守着一条清河到了守着另一条叫作如浑水的河流的生活。

极目远眺，但见暮云千里，不知几重山、几重水之后才是家乡，他心里更多的是对这个陌生地方的忐忑与期待。落日、长河、孤烟让人孤独，崔浩暗暗地将入眼的景物与家乡做比较，相比较家乡的空气是湿润的，山水是阴柔的，而这座城市干燥、粗粝，就连如浑水的水流也比家乡的清河水气势磅礴，就是在树上安窝的鸟儿的叫声也是大嗓门的，不像家乡清河边的鸟儿的鸣叫那么低回婉转。这是个天高地阔的城，这城就像是那些马背上张弓搭箭的鲜卑男子的个性。崔浩突然想起了他的儿时伙伴，不知睦夸过得怎样，也不知睦陌出嫁后的日子是否如意，他心底里那点"执子之手，与子偕老"的念想早已遥远了，他像惦记一个远方妹妹样的惦记着她。他甚至不知他走后，睦夸那么清高冷傲的人是否还有其他的玩伴，能为睦夸开导，让他能尽快走出丧父之痛。他知道的是，李顺的父亲也出仕了魏国，李顺他们一家人已先于崔浩他们一家搬到了平城。他、周儿、李顺三个人也能经常相见了，遗憾的是他最好的朋友睦夸却不在身边。

随着日子一天天地过去，天气渐渐冷了，从清河郡东武城迁到平城的崔浩和家人们很快就感觉到了诸多的不适应。首先是季节，他们刚到平城时正是秋季，天气舒爽怡人，阳光明媚，和东武城并没有太多差异。但是很快就进入冬季，那日晚间突然下起雪来，先是屋外的雪细如绒毛，三弟小白还将小手伸出门外去，让雪下在手上，然后再看雪花化成水点。但很快，大雪纷纷扬扬，小白便赶忙关紧了门。虽然母亲给买来了皮褥子，凌晨时分崔浩还是被冻醒，看到母亲缩手跺脚起来生火，而窗外是呼呼狂吼的朔风。寒风凛冽、冰冻彻骨的冬天，似乎盖多厚的被子都抵御不了寒冷，穿多少衣服都感觉到全身冻得战栗，白天全家人都挤在火盆处烤火。崔浩突然明白了，为什么北方人习惯穿靴子，习惯于穿窄袖衣服，膝盖喜欢裹个绑腿，冬天喜欢穿皮裤，睡土床，人得适应气候，然后才能有其他的想法。母亲照着当地人衣服的样子，给每个人做了一身厚棉服御寒。平城人家喝的腥味浓重的酪浆让一家人难以下咽，崔浩便拿出眭夸给他带的茶，一碗茶汤入口，茶香入鼻，心里的杂念，便在吐纳之间平息，这时他才知道眭夸的良苦用心，这里真的没有茶可喝，每喝一杯茶，便想起在家乡的日子，就像茶香样馥郁。弟弟和妹妹除了喊冷，就是表示吃的东西吃不习惯，还直问他，咱什么时候回家呀。

回家，这可是个难题，父母在哪里，哪里就是家，崔浩知道，虽然眼下有诸多的不适应，既然全家人迁到了平城，大家必须尽快适应新的生活，然后才能安下心来。父亲在朝堂上忙碌着，早出晚归，也没有时间过问崔浩他们哥仁的心情。

寒冬过去，全家在平城过了年后，崔浩想着故乡老宅院里的桃树不知返青了没有，从这一年开始，那些桃花将不知为谁开放。他独自感叹，有时人真不如燕子，还能春去秋归，南来北往，走到哪里都能有个窝。

父亲的言传身教

大魏国在平城忙碌地营宫室、建宗庙，平城宫正在紧张修建中，皇帝给朝臣们拨付的院子在中城的北边，距离平城宫说远不远，说近也不近，崔家宅院是一排前廊后室一斗三升拱式的房屋，看起来很气派，还给圈了一个大大的院墙，以后可以慢慢续建，一家人就算是安顿了下来。因为上个冬天挨了冻，母亲出去找匠人帮忙给盘上了平城人家那种带着烟道的土床，睡在温热的土床上，入夜才能忍受北地刺骨之寒。虽然北地寒冷，生活上有许多的不适应，但是全家人可以生活在一起，崔浩和他的弟弟们早晚能见到父亲，也可以随时随地聆听父亲讲他的所见所闻，这是让他很欣慰的地方。母亲按照东武城家的样子布置着新居，给新居也种上了槐树和桃树，再在槐树旁边安置了石桌、石凳，还在院子里按照家乡的样子，用土埂围起一块块菜畦，并在菜畦里种上不同种类的菜，给一家人营造了一种身在故乡的感觉。

崔浩读了不少诸子的学说和战国兵书，也喜欢与父亲谈论一些军国大事。那日父亲不朝，父子俩书房内一杯清茶，对坐而谈。崔浩想听听父亲对于三国良相诸葛亮的看法，但是崔宏却说想给崔浩讲讲百姓口口相传的"关中良相有王猛，天下苍生念谢安"谚语中的两个名人。崔宏说："诸葛亮六出祁山，北伐中原，终未能完成统一大业，饮恨陨落五丈原，确有许多遗憾。而王猛和谢安却是现世的诸葛亮，这两个人之所以能为百姓所念，自然有其为人臣子的过人之处，你将来有机会要读读燕人和晋人写的关于他们的文章，认真揣摩一下这两个人的治国之策，揣摩透了，便可入仕。"崔宏还说，当年他在冀州阳平公苻融麾下时，王猛是秦国的丞相，苻融常说王景略（王猛字景略）乃一方奇士。秦主苻坚登基之时，可以说是天下三分，晋、秦、燕鼎峙，当时北有代国，西有西北的各路诸侯，国内还面临着两大问题，一是朝廷内权贵不守法，二是民间叛乱迭起。在这个时候，苻坚起用王猛，王猛采用治乱世宜用礼、理乱邦须用法的原则，先是彻查害民乱政的功臣宿将，法办了姑臧侯樊世和强太后的兄弟特进强德，可以说是杀鸡儆猴整肃朝纲，对于违法乱纪的朝臣做到"有罪必罚"，同时大量选拔有才能的文臣武将，做到"有才必任"，通过整治，秦国国力蒸蒸日上，那些年是"田畴修辟，仓库充实，盗贼屏息"。到王猛去世前，南方的蜀地、西方诸侯、东边的前燕国都被秦剿灭，彼时天下九州，秦有七州，可以想见其强大。只是王猛临终时也有担忧，便叮嘱苻坚不要伐晋，再是劝苻坚杀掉投靠秦的前燕国太子慕容垂以绝后患。但是苻坚这两样都没听，伐晋的结果是大秦再次陷入内外交困中，纵容慕容垂的结果就是，最终让秦国陷入灭顶之灾的正是慕容垂。

崔宏谈论过王猛之后，崔浩将茶再斟满，听父亲说谢安。崔宏说淝水之战晋相谢安以少胜多成为天下美谈，这场战事其实并不是侥幸取胜的。天下人都知道，战报传来时，谢安正在与人下棋，而且弈棋如常，这气度与诸葛亮羽扇纶巾，联孙吴抗曹操取得赤壁之战胜利不相上下。淝水之战不是谢安沉得住气，而是他提前做了认真安排，谢安了解了苻坚的军情，谢安任用作战勇敢、忠诚可靠的谢玄、谢石，此战用的是训练有素的北府兵，这些前课都是提前做好了的，所以他才能神闲气定地下棋。正是谢安的运筹帷幄，让他在波云诡谲的宫廷政治斗争中，一次次地从刀光剑影下惊险脱身，也让晋王朝在惊涛骇浪中躲过了灭顶之灾，谢安也成为力挽狂澜于既倒、扶大厦之将倾的国之擎天柱。

说过这些旧事之后，崔宏拿起此前写好的书法，徐徐展开，并语重心长地告诫崔浩："孩子，为父希望你细细体会刚才跟你说的话，你的人生才刚刚开始，做谋臣也就像写书法，刚柔相济才能在复杂多变的宫廷之争中站稳脚跟。早年为父在秦国，只愿在冀州任上，不愿去京城就是感觉为父不太会处理朝廷内复杂的人事关系，所以想离朝廷远点，即便后来还是进了燕国和大魏国的朝堂，也是时时处处小心。"

崔浩问父亲："那在魏国，父亲也算身居高位，怎么与鲜卑皇帝和同朝大臣相处呢？"崔宏说："孩子，无论燕国还是代魏国，都是鲜卑人治理下的国家，咱是汉人臣子，在朝堂上与那些说话随意的鲜卑大臣还是有差别的，鲜卑大臣马上征战靠军功起家自然有优越感，但是无论在哪里为臣，为父谨遵对皇帝恭谨有度，可诤谏不奉承的原则，以理服人，为父是想把自己的半生所学带给所仕的王朝。我儿将来入仕，一定谨记为父的话，方可立身朝堂。还有王猛早年隐居华阴，谢安隐居于会稽郡山阴县之东山，他们都是以出世之心入仕方能守住济世之心。"崔浩说："孩儿记住了，孩儿会谨遵父亲的教诲。"

迁都平城之后不久，大魏国设有外朝官和内朝官，外朝官中设立尚书、中书、门下等官署，并让一些汉人才俊按照自己的特长各司其职。当时尚书吏部郎中邓渊典官制、立爵品、定律吕、协音乐。仪曹郎中董谧撰郊庙、社稷、朝觐、飨宴之仪。三公郎中王德定律令、申科禁。太史令晁崇造浑仪、考天象。崔宏升为吏部尚书，朝廷礼仪、音乐，制定的法律条令、申明的处罚禁令等，都由崔宏总管并最后裁定。

当时与崔宏一同在平城为官的还有本家崔逞，渤海人高湖和封懿，西河宋隐等人。李系的官职相对小些，为平棘令。崔逞的经历也跟崔宏差不多，当年崔逞被翟魏皇帝翟辽虏获，曾任中书令，后来出仕后燕国，任吏部尚书，再后来后燕国即将国灭时，崔逞投奔魏国，受到大臣张衮的推荐，任尚书之职，朝廷把政事委任给他，让他总领三十六曹，职务在崔宏之上，只是不久又改任御史中丞。崔逞来平城时，只带了幼子崔颐（小名周儿），他的妻子与四个儿子留居家乡。周儿经常到崔浩家找崔浩玩，崔浩有时也去周儿家，同为尚书府邸，明显能看出来崔逞家的陈设要比崔宏家讲究，而且吃穿用度也比崔宏家好。

崔宏每日里步行去朝堂，来回没有车坐，而与崔宏同级别的官员大都有华美的车子坐着上朝，崔逞还劝崔宏先配一辆车子上朝吧，这样往来便利点，好歹也是一人之下万人之上的尚书大人。崔宏笑笑说不用，多年步行习惯了。由于府邸离朝堂较远，崔宏每日里很早就出门，迟迟地回家。崔家的日常生活依旧是清淡饭食，与在东武城时的情景没什么两样，他家的吃穿用度主要依靠每季度皇帝的赏赐。

后秦国姚兴发兵侵犯东晋的襄阳城，戌将郗恢派使者到常山王拓跋遵驻地请求援兵，拓跋遵将求援的邸抄呈报给拓跋珪。拓跋珪看到邸抄里有"贤兄虎步中原"之句非常愤怒，认为这句话有悖于君臣之礼，有轻慢他的意思。当下让崔逞和张衮替拓跋遵起草书信予以答复。并特别叮嘱，找个合适的词贬损一下晋国朝臣不懂礼数，最好能用上个比较高雅的但却有明显贬义的词侮辱一下晋国皇帝，以出这口恶气。接到命令之后，张衮提笔写下了"时无英雄，使竖子成名"，崔逞看过了摇摇头，张衮也觉得不妥。两人斟酌再三，觉得两国书信往来，是要显示国之气度，称人家为"竖子"这不是打嘴仗吗，因为口舌之争两国起了争端也不合适，如果用词不当，损人一千自损八百。于是商议觉得信中以"贵主"这样的外交辞令称呼晋君王，并没有贬低，也没有拔高对方。只是没想到拓跋珪看到拟好的回信后拍案大怒道："朕叫你们贬他的国主来回敬他，你们竟然称呼他为贵主，这称呼如何比得上人家称朕贤兄呢！"当下就问这封信是谁执的笔，崔逞赶紧跪在地上说："回陛下，是小人执笔，与张大人一起措辞，有什么不妥当，我们两人再改。"拓跋珪当下脸色铁青道："不用改了，你连这点小事都做不好，要你何用，来人，将崔逞推出去斩首。"在众人面面相觑中，崔逞被侍卫拉出了朝堂，一干朝臣刚刚跪地想为崔逞求情，拓跋珪脸色铁青，说："不用为他求情，崔逞该死，他轻慢朕，这不是第一次了，朕早就忍无可忍了。"等崔逞被拖走之后，当下又贬张衮为尚书令史。

下朝之后，崔宏把崔逞之死告诉了家人，并让家人多接济一下可怜的周儿。崔浩问父亲："为什么写封信就赐死一个大臣呢，写不对可以更改，这样的朝堂以后谁还敢待下去？"崔宏对崔浩说："孩子，古语有伴君如伴虎之说，马上皇帝大都杀伐随意，这是共性，因为民心不稳，叛乱经常出现。但是无论是秦国的符坚、还是燕国的慕容垂还有当下的大魏国皇帝，立国之初，他们也都急切需要一批知晓古今旧事、了解王者制度的汉人臣子辅佐。崔逞兄之死父亲也很难过，他那么有才情。他之所以被赐死，可能与他平日说话比较随意有关，让皇帝感觉到受到轻慢。同样的事张兖也只是被贬了职。为父估计近日连续发生的诸多事刺激了大魏皇帝。前不久，中山太守仇儒、清河太守傅世反魏，崔逞的妻子和四个儿子南奔青州，仕慕容德去了。当年崔逞只带着小儿子周儿前来，皇帝认为崔逞投奔大魏国左右摇摆，并不是全心全意为大魏国做事，才有今日之祸。浩儿，凡事多从自己身上找找原因。你眼下能做的就是多安慰一下可怜的周儿，在平城他只剩下一个人了，你要把他当弟弟看待，等过些时候，为父为他谋个差事，他也能自食其力了。"

那一日，崔浩祖母七十岁寿诞，崔宏跟同僚信口说了句老母寿诞，想提前回家，因此回家要比平日早了些。在尚书省办事的一位左姓凫鸭（诸曹走使）听到后，提前出来到集市上买了些吃食坐着车子送到了崔府，等崔宏步行回家时，那位凫鸭也刚刚到，崔宏看到对方手里拿着各种肉食和饼食，说是来为崔母贺寿的。崔宏顿时脸色一变，一定要左凫鸭把那些吃食拿走，把东西拿走后，中午可以请他一起吃饭，否则不能上门。左凫鸭说："这只是属下的一点心意，看到大人辛苦，所以就代为采买了些，为崔老夫人贺寿，此前同僚中也有这样礼尚往来的事，这本是人之常情，再说吃的东西买上了就是您不收也退不回去。"崔宏说："人常说'张口难辱谦卑者，出口难拒送礼客'，这么吧，你花了多少粟米，我付了之后才能请你进家，算是你替我采买的寿诞礼物。"崔宏叫出崔浩，要崔浩把家里那半袋子粟米送给那位凫鸭，崔浩嘟囔了一句："这下好了，下半个月就得吃糟糠了。"崔宏似乎没有听见，做出了请的姿势，三人一同进门。凫鸭看到崔宏的家除了基本的生活陈设，还有一些书，家里没有一件像样的东西，就是院子很开阔，院子里还种着各式各样的蔬菜。

此时崔宏之妻卢氏正好把饭菜端了上来，桌上依然是一盆热菜，几个凉菜，每人面前一碗饭，崔宏把左凫鸭采买的现成的饼食、肉食端了上来，才给母亲行了大礼，众人祝老夫人福寿安康。卢氏将自酿的酒拿了出来，大家边吃边喝，那酒清冽可口，甘醇香甜。左凫鸭问："崔大人，这是从哪里买的酒呵？这味道真好，好像不是平城酒肆里卖的酒。"崔宏端起一盏酒，淡淡一笑说："左凫鸭说笑了，这是你家嫂夫人自酿酒，哪能比得了酒肆里卖的。"

左凫鸭由衷地说："崔大人真是高人啊，为官不贪不占，对同僚都一视同仁，家里母慈子孝，嫂夫人还能做得如此美味，酿得如此美酒，做官当如崔大人呵。"

崔宏说："母亲说过咱可以吃得清淡点，穿得寒酸点，但是全家人守在一起就很开心。母亲常告诫说，贫者食糟糠不是不孝，而做出有损国家的事才是真不孝，所以不贪不占是本人的处事准则。"左凫鸭听了之后不住地点头，说崔大人之言，让下官受益匪浅。

又过了几天，长孙嵩迁左凫鸭带着一个仆人来到崔府，说是长孙嵩大人听说崔府内是崔夫人带着孩子们种蔬菜、酿酒，长孙大人特命他送一个仆人过来，帮助打理一段时间菜园子，仆人是长孙大人家的，不用在意工钱。

崔宏当下又将仆人亲自送回长孙府，崔宏说："长孙大人的大恩，崔宏铭记在心，但是崔宏一家老小操劳惯了，根本用不着仆人，再说了崔家清贫哪能养得起仆人呢。"看到崔宏说得真切，长孙嵩便不再说什么了。崔浩感觉到奇怪，便问父亲："咱家和长孙大人平素并无交情，为什么长孙大人要送一个仆人到咱家呢？咱家也没说过需要个仆人呀？"崔宏反问他："浩儿，你仔细想想这些天发生的事，你就应该明白为什么长孙大人要给咱家送个仆人，长孙大人是皇帝跟前的人。"

崔浩问是不是跟崔逞大爷的死有关。

崔宏说："浩儿你能想到这一层，说明长大了，能看明白一些事了。咱是汉人臣子，投魏本来就受到鲜卑人的猜疑，崔逞被处死，外面风言风语说荆州刺史司马休之本来要投魏，听到崔逞出事的消息之后，又投奔他处。

鲜卑人肯定是想看看咱家有什么打算，是一如既往地尊君干事，还是受此事影响有了别的想法。此前上门的左凫鸭，便是亲近长孙嵩的人，他来家送食，并不是想巴结为父，而是想到咱家看看情况，这就是为什么为父不能把他拒之门外，而让你给他付了半袋子粟米，才让他进来并请他吃饭的原因。此次送一个仆人来，也就是想看看咱家的一言一行，但是这个仆人绝对不能要。为父一生坎坷，出仕过多个政权，个中滋味，也只有为父清楚。如今受大魏礼遇，为父早已把个人生死、家族兴亡置身事外，谨遵皇命把全家老小都迁了过来就是表示此生再无二心，但是这不等于鲜卑人包括皇帝知道咱这份忠心，等明日为父上朝把这事挑明了，也省得那些鲜卑臣子们老是在皇帝面前饶舌。"

崔浩心里想，自己每天对天气、住地不适应生发感慨，而父亲虽然身在高位，还得防备别人的中伤，看来这官真是不好做。

第二日，崔宏上朝，拓跋珪询问崔宏古代如何处理好边关之事，崔宏则利用《汉书·娄敬传》所载的事，向拓跋珪讲了当年汉高祖刘邦被匈奴围困平城，解围之后采用娄敬的建议，将鲁元公主和亲匈奴，并制定出诸公主要嫁于宾附之国的制度，崔宏解说得比较详细，拓跋珪也听得特别认真，随后表示魏国将来也要执行这项制度，以安四周。最后拓跋珪说："崔卿真是博古知今，是辅佐朕的股肱之臣。"崔宏上前进言："臣受陛下隆恩，自然是尽心辅佐陛下。"

要下朝了，拓跋珪问众卿还有事吗，崔宏突然跪了下来："臣有一事，不知当不当讲。"拓跋珪说："崔卿平身，有什么事但说无妨。"崔宏说："臣首先要在皇上面前，感谢一下长孙嵩大人对臣的关心，听说臣家里没有仆人，前几日还要送臣一个仆人打理菜园子，但臣全家也就微臣一人朝堂侍君，养活全家人，的确有点力不从心，哪里还能雇佣仆人呢，用长孙嵩大人的仆人实在是过意不去。臣以为，臣的长子崔浩今年虚岁十九了，也读了些书，有些见识，臣想让陛下为犬子谋一份差事养家，这样全家人的生活可以改善一些，如此一来也就不用长孙嵩大人牵挂臣的家庭了。"拓跋珪一听，当下便说："崔卿明天上朝就把爱子带上朝堂，朕看看他的才能再说。"

下朝之后，崔宏跟崔浩说："浩儿，你的性格有些耿介，为人处事不会拐弯抹角，这是为父对你最不放心的地方，还应该多磨炼几年再入仕，可能朝堂上的事会看得更明白些。为父今日在皇上面前急急为你谋份差事，也算正式带你入仕魏国，也省得因了崔逞兄之死，让鲜卑君臣揣测咱家是否忠于魏国。如今咱父子同朝，绝没有再投别国的可能，就是皇帝也不再疑惑了。为父不担心你的德行和才能，而是担心你年轻气盛，锋芒太露，会伤了自己。朝廷里的事，为父也多次跟你说过，一定要谨言慎行，才能自保。"崔浩点头称是。

父子同朝

崔浩听了父亲的话，十分高兴，十数年苦读，不就是等着择一明君而仕，只是到了平城，父亲身为高官从来也没有为自己的子女进过一言，他纵有一腔激情，纵有一身才学，但是父亲总觉得自己缺乏历练，缺乏应对朝堂上复杂人际关系的能力，总希望他能像王猛或者谢安那样，以出世之心入仕，看淡了仕途的升升降降方能以不变应万变。崔浩觉得父亲其实有点多虑了，可能父亲在不同的王朝侍奉不同的君王，才养成了谨小慎微的个性，如果不是因为伯父崔逞出事，鲜卑臣子想看看父亲是不是真心侍君，也许父亲还不会在皇帝面前提起自己。

那一夜，崔浩早早地将第二天要朝见皇帝要穿的衣服整理好，心里一遍遍地想皇帝会问什么问题，朝堂上面君的礼仪等，为了平复心情，又把案头上的那些书又翻了一遍才睡。第二天，他早早就起了床，梳理好了头发，将衣服穿戴整齐，吃过早饭后便与父亲一同步行去朝堂。

到了朝堂外，崔宏先进去了，拓跋珪和众朝臣处理完当日的政务后，崔宏说："启禀陛下，陛下昨日让微臣把犬子带来，臣已经带来了，能否让他进来？"拓跋珪点点头。当下宫人把崔浩宣进殿来，堂下众朝臣的眼睛一齐向崔浩看过来，崔浩目不斜视，直接走到朝堂前跪下，并朗声说道："小人崔浩叩见陛下，恭祝陛下圣安。"拓跋珪赐崔浩平身，让他站起来说话。拓跋珪说："朕听说崔家书法世代家传，个个了得，不知道爱卿学得怎样？"崔浩躬身说："回陛下，小人从小受家父所教，一直学书不辍，虽不能说已得崔家书法之精华，但也不至于辱没了祖上名声，一直尽心竭力在研习。"

那边侍卫早将书桌摆好，并铺上纸，瓦砚内盛了研好的墨。拓跋珪手一指，说："你到那里随便写几个字来。"

崔浩以为皇帝会让他吟诗作对，没想到却让他随意写几个字，他知道这几个字既要符合此时情景，还要体现出书法功力，他略一沉吟，便将即兴的四句诗写在了纸上，用的书体是笔画方整、结体茂密的隶书书法。众位朝臣围了过来，有的轻声吟诵诗句，还有的专门欣赏书法，不少人点头称赞。皇帝拓跋珪看了面向崔宏说："崔卿家有如此才俊，为何不早点向朕推荐，你知道朕举贤不避亲嘛！"崔宏当下点头称是，并不想多说。拓跋珪说："从即日起，赐崔玄伯爵白马侯，加周兵将军，与庾岳、奚斤等位列同班，封崔浩为直郎，出入朝堂写字记事。"

父子两人一同谢主隆恩，罢朝回家，惹得一干鲜卑老臣羡慕、嫉妒的目光。崔浩回家后看到父亲沉默不语，并没有为儿子在朝堂上的出色表现表露出开心的样子，他体会不到此时此刻父亲崔宏那种复杂的心情。崔宏只说："今日之事，只是把因为崔逞之死而引起的皇帝对汉臣的信任危机才度过去了，只是把你早早推到朝堂之上，谋了个官职，对于将来是好是坏也难说。"崔浩知道父亲想说，虽然自己天资聪慧，博学多才，但是没有经过最底层的人生历练，不知世事艰辛，直接登上朝堂，将来是吉是凶难说，仕途之路乍看繁花似锦，可在如锦的景象之后又有多少荆棘密布，经过多年的升沉荣辱，才能游刃有余地把握。

可是朝堂上不也有那么多的年轻人呵，崔浩内心里埋怨父亲对他了解不够。

那日，崔浩看到父亲下朝回来，桌上放了一张写满字的纸，人在地上不停地走来走去。崔浩不知道父亲在想什么，便走了进去，问父亲遇到了什么事。崔宏说："浩儿，你先看看那张纸。"崔浩拿起来看，看了两行，便知是拓跋鲜卑人日日唱的《代歌》，便不解地问父亲，这不就是鲜卑人每天唱的《代歌》嘛，上叙祖宗开基所由，下及君臣废兴之迹，凡一百五十章。崔浩接着说，拓跋人不为文字，刻木记契，这些文字也就是用汉字记下的音而已，父亲有什么疑惑吗？崔宏说："为父不是让你看这些，就像安置一个家，先要备下锅和灶，然后添置瓮盆碗盏，那一个国家立国之初首要做什么？"崔浩说："历代中原各国立国之初都要确定封畿范围，划定郊、甸地域，端正测量方法，设立道、里的标记，平均五权，校正五量，审定五度，之后才是典官制，立爵品，定律吕，协音乐。父亲一直不是都在操持这些事吗？"

崔宏说："事实上眼下也正在做这些事，为父我主管这些事，也不是什么发愁的事，让为父真正发愁的是立宗庙之事，汉人都是父传子制，而鲜卑人既有兄终弟及制也有父传子制，眼下宗庙社稷已经建造，建好后肯定存在着该谁进祖庙的问题，按照《礼记·王制》：天子七庙，三昭三穆与大祖之庙而七，鲜卑人已经面向中原建都称帝，虽然他们的行为和他们的心思，仍在茫茫草原上，可是眼下的皇帝是奉天承运的开国之君，肯定要按照汉人的规制来规范拓跋氏祭祖的旧俗，从鲜卑远祖成帝毛至今共有几十位帝王，这就得从众多的首领中寻找合适的传承世系，只是草原民族各种婚姻形式错杂并存，还有若干君主身世不明，众多的兄终弟及，其间又多篡弑争攘分头并治之局，为父是从这《代歌》中找出些拓跋鲜卑人谁该立祖，谁该进宗庙的头绪。"

崔浩说："孩儿觉得这个并不难，先说宗庙的规制，虽然历朝历代多是天子七庙之制，但是曹魏就用过'王者'五庙之制，可以用五庙制来取代七庙制，这样就可以少选两位先人，除了给当今皇帝留一个虚位，皇帝的父亲必须进庙，然后按照父子相传的关系往上捋。哪天皇帝问起来，父亲可以问问他，拓跋力微神元帝的母亲曾经说过神元帝'这是一位帝身，子孙相承，世为帝王'的话，大祖是否立神元帝？"崔宏点头，对儿子露出赞许的目光。

两人又按照《代歌》里所唱的众多的拓跋鲜卑人的祖先里挑出了多个父传子继的世系，最后确定为神元（拓跋力微）—平文（拓跋郁律，神元帝拓跋力微之孙，思帝拓跋弗之子）—昭成（拓跋什翼犍，平文帝拓跋郁律次子，烈帝拓跋翳槐的弟弟）—献明皇帝（拓跋寔，拓跋珪父亲）—当今皇帝（为虚位，为拓跋珪虚留一庙）。解决了谁入祖庙的问题，也就解决了当今皇帝的正统性地位，其他的问题也就迎刃而解了。

解决了这个大问题，崔宏十分开心，连连称赞："浩儿聪明，没想到父亲头疼了好几天的问题，跟你一商量，马上就理出头绪来了，太庙刚刚开建时，皇帝曾问为父这个问题，为父说，汉人礼制传统与拓跋族君长世系不同，一定得理清楚头绪，太庙里迎接的先人既符合汉制也不违鲜卑礼制。如此一来，神元为'始祖'、平文帝为'太祖'、昭成帝为'高祖'、献明帝为皇考。"

又过了一个月，果然拓跋珪又问起了崔宏谁该入太庙的问题，崔宏便按神元—平文—昭成—献明皇帝—当今皇帝（为虚位）的次序进行禀报，拓跋珪听后十分高兴，觉得迎接这些先人进祖庙，是对君长世系制的摈弃和对父传子制的继承，也是自己入主中原，把奉天承运的正统君王地位定下来的主要依据，然后才能让自己所开辟的帝业合理地传诸子孙后代。

崔宏又建议，可在南正门端门内祭"祖神"，这个祖神包括了所有的拓跋先祖，这样每一位拓跋子孙都有祭祀祖宗的地方。拓跋珪采纳了崔宏的建议，并提出了在后宫中再建个祖庙，这个庙供的完全是先祖，其中加入了思帝拓跋弗，这个五帝之庙祭祀的是神元帝、思帝、平文帝、昭成帝、献明帝。这些庙建成之后，还规定了乐用八佾，舞用《皇始》之舞，每一场祭祀都是特别隆重。

当时大魏国划定的畿内范围是东至代郡，西及善无，南极阴馆，北尽参合。并划定了郊甸，上古时国都外百里以内的地区都称为"郊"，周时距离国都五十里的地方叫近郊，百里的地方叫远郊。离京城五百里的区域称之为甸。"端经术"就是着专人进行五星运行之术及天文历法的推算，还有在道里、度量衡以及律吕方面的制度和规范。崔宏审定的除了这些，还有各种诸如皇室及百官迎春于东郊、迎夏于南郊、迎秋于西郊、迎冬于北郊等礼仪。这些繁复的仪式都是兼顾了汉制和拓跋氏的习俗，理清楚了再上奏，而这些礼仪都考虑得特别妥帖，无人有异议。

这边崔浩要撰写各种制定好的诏令，每天特别忙碌，不过忙碌的生活对他来说也是一种安慰，他不再思乡，也没有时间想起眭夸和眭陌。

历朝历代认为为王者受命于天，以五行之德为运，金木水火土各有定位，并以五行生克来推测王朝的兴衰。拓跋珪在召集百官议定金木水火土五行的次位时，身为尚书的崔宏上奏："我大魏是黄帝的后裔，自然应该继承黄帝的土德，再说我大魏是上承曹魏，当初曹魏受汉禅，定土德继汉火德。"崔宏还建议祭祀的服色宜用黄色，数用五，祖祭以未时，腊祭以辰时。祭祀的牲畜用白色的。在五郊立气，宣布时令，颁布历书，使用夏历，百官也觉得崔宏所言有理，这些议定好的条款，都是崔浩先记录下来，然后再正式写下来，呈给皇帝。明礼仪也是大魏国定都平城后的一个重要举措。

仪曹郎中董谧撰写好郊庙、社稷等礼仪条款之后，经过崔宏等人的最后商议，最后定为西郊祭天，南郊祀上帝，北郊祭地，东郊祭日，另外还有日月、山川、风雨雷电诸神祭仪。西郊祭天礼中的"天神"，是鲜卑族信仰的天神，祭天的地方在郊天坛，郊天坛为方形，上面置有七个木人，代表宗室七姓，祭祀时选择皇族中的七人执酒，祭天时间选择在四月四日。南郊的祭祀主要是郊祭和圜丘祭祀。祭祀的主神是上帝，兼祭风伯、雨师、司中、司命等神。祭祀的日期定于正月或冬至。南郊祭上帝的地点在平城南十里，郊所距京城里数由城门算起，都是五的倍数。北郊祭后土神。在东、南、西、北、中五郊不同方位迎不同的节气，并有相应的颜色与之搭配，其中五郊迎气中又以迎春礼最为重要。

崔浩不解地问父亲，"既然是制定祭祀制度，为什么不能按照汉制或者曹魏时的礼仪制定呢？"崔宏说，这一套礼仪虽然大体上是仿周代祭祀礼仪制定的，但是也得考虑到鲜卑老臣的感受。选择西郊祭天，而且祭祀的日期或者形式，都是依据拓跋力微三十九年（258）的祭天仪式来制定的，并保留下女巫参与祭天活动的程式。大魏国新创，虽然需要一套汉人的礼仪程式来治国，但是还得把鲜卑人的习俗礼仪加进去，这样朝堂上下才能没有异议。

参与定律吕、协音乐的邓渊是后燕赵郡内使邓翼之子，为人谨慎，而且博学多才，了解汉、魏的各种规章制度，熟悉音律。拓跋珪任命他为尚书吏部郎中，邓渊将历代皇帝祭祀的形式，加上鲜卑族人的舞乐，形成了一套独特的祭祀礼乐，并分为宗庙之乐、郊祀之乐等。在追尊皇曾祖、皇祖、皇考诸帝的祭祀中，乐用八佾，舞《皇始》之舞。宗庙之乐，皇帝入庙门时，奏的是《王夏》乐，太祝迎神时，奏神曲。皇帝行礼七庙时，奏《陛步》，出门时奏《总章》、次奏《八佾》；郊祀之乐：孟秋祀天要去西郊，奏《八佾》之舞乐。冬至时祭天要到南郊圜丘，乐用《皇矣》，奏《云和》之舞乐，之后奏《维皇》，这一套繁复的皇家音乐，大都是选择了鲜卑族最有代表性的礼乐，这些礼仪程式虽然参照周礼，但也都吸纳了鲜卑族原有的礼仪、音乐、舞蹈，因此这一套程式的编撰，得到了上至拓跋珪、下至鲜卑群臣一致的同意，崔浩也暗暗佩服自己的父亲遇事想得周到而且细致。

迎春礼与五郊迎气虽然由有司主持，但那些祝辞都是由崔浩撰写的。崔浩虽然刚刚出仕，但是却参与了各种大型的祭祀活动，也让他眼界大开。各种大型的祭祀活动，要起草各种文告，众臣便想起崔浩，而崔浩也不负众望，不多时，一篇妥帖的文告便写了出来，而且还用很规整的字体写下来。

北魏天兴二年（399）的冬季十月，太庙建成，皇帝将神元皇帝、平文皇帝、昭成皇帝、献明皇帝的牌位迁到太庙，至此大魏国一套完整的礼仪程式基本完成。

天兴三年（400）十二月，拓跋珪召来崔浩，让崔浩起草一个诏书，他想震慑一下群臣。因为众多的鲜卑朝臣并不习惯平城的朝堂这种规矩刻板而且有诸多束缚的生活，不如此前在草原上自由自在，有敌情，振臂一呼，上马就战，打胜仗了掠夺战利品那么痛快。还有一些老臣认为自己战功高，得不到应有的赏赐或者提拔，从而出现了猜疑、忌恨。就是拓跋珪的同宗兄弟，也是颇多微词，认为皇帝重用汉人，忘了祖宗基业。拓跋珪说："朕是大魏国的一国之主，不再是旧日代国部落联盟的可汗，朕得对大魏国所有子民负责，你把这些意思给朕委婉地写出来，朕诏告天下。"

崔浩苦思冥想了好几天，又跟父亲商量，几易其稿，终于把诏书写了出来，一共拟写了两道，让皇帝自己选择，拓跋珪一看，觉得都不错，两道诏书都能用上，也都可以颁发。"世俗谓汉高起于布衣而有天下，此未达其故也。夫刘承尧统，旷世继德，有蛇龙之徵，致云彩之应，五纬上聚，天人俱协……""上古之治，尚德下名，有任而无爵，易治而事序，故邪谋息而不起，奸慝绝而不作。周姬之末，下凌上替，以号自定，以位制禄，卿世其官，大夫遂事，阳德不畅，议发家陪，故衅由此起，兵由此作……"这两道诏书，文辞出众，又切中要害，而且字也写得漂亮，让皇帝特别高兴，当下将崔浩升任为给事秘书，半年之后又升任著作郎，在朝堂上崔浩虽然年少，但是职位却不低。

行走在平城的大街上，崔浩看到平城经过两年的营建更漂亮了。城外的武州川水分流到了宫城内外，宫里宫外都修建了鱼池，城南还开凿了城南渠。行走在街上，山环水绕，弱柳荫街，长塘曲池，景象特别地美。两年来又相继有山东六州及徒河、高丽民吏及杂夷、百工技巧十万余人相继迁移到了平城，平城的人口更多了。为了崇尚儒学，皇家还设立了国子监，招有太学生三千人。崔浩内心暗暗寻思道："这个看起来有点彪悍，有点粗粝的王朝，却是有着无尽的活力，看来父亲的确有独到的眼光。"

第四章 门当户对

风吹蕙花香

平城的春天，飘絮飞花，只是早晚还是带着丝丝缕缕的寒意。闲暇的时候，崔浩无数次地想起山那边家乡的人和事，特别是少年伙伴眭夸，还有那个无奈出嫁的眭夸妹妹眭陌，眼前总是出现眭陌乌发轻扬，面庞圆润，弯眉凤目，走路轻盈的样子，想起她找他帮忙时的仓皇和无奈，内心便有一种隐痛，不由得走出家门去，站在高坡上，远眺故乡，仰头望着天空中高飞着的鸟儿，羡慕那鸟儿的自由自在，低头看着如浑水里游来游去的鱼儿，是那般的无拘无束。再回想自己心底的思念和无言的牵挂，内心是深深浅浅的忧伤，也是无数个当初如果是那样结局就不会是这样的遗憾。无数次，崔浩望着快要落山的夕阳，盯着西天那轮发出瑰丽光泽的落日发呆，想象着眭陌可能此时此刻也在盯着同一轮夕阳看。有时候想一纸素笺遥寄，提起笔却不知该如何落下，只能化作一篇又一篇的诗文，安慰自己孤独的心，想来古人那么多读来让人潸然泪下的诗章，不知有多少是在那种无助的情形下写出来的。眼下自己需要做的事还很多，不能总是沉沦，也只能将愁思放到内心深处最不容易触碰的地方。从此，崔浩将心门深锁，一副漠然的表情，纵有上门提亲之人，也是摇头拒绝，转眼便是弱冠之年。

男人最吸引人的是气度沉稳、处事得体，如果文韬武略出众，那更是"有匪君子，终不可谖兮"。平城的天气渐渐转热，那日崔浩穿上母亲做的青紫薄衫上朝，虽然是寻常衣服，穿在他身上却也十分地合体，薄衫虽然还是在冀州时男子们平常的那种宽袍大袖的长衫，但是因为身在平城，穿窄袖的人不少，故而母亲也将袖子往窄了裁剪了些，穿在身上十分合体，再加上他黑发如墨、面白如玉，表情中还有一点淡淡的忧郁，那俊逸的风仪把个入朝觐见帝王的并州别驾郭逸惊呆了，崔浩在朝堂上注意到了有人在不时地看他，但他也没有多想。

半个月后，有人来家找崔浩的父亲吃茶、聊天、叙旧。因为并不熟悉，崔浩径直回自己房间了，刚刚拿起毛笔还没落到纸上，母亲便过来叫他："浩儿，你父亲让你过去一下。"崔浩便搁了笔过去陪坐。崔浩行过礼之后，父亲说："这是为父的老朋友并州名士郝轩，郝轩叔之所以远来平城，一则是北上叙旧，再则是受了并州别驾郭逸之托，想成就你和郭逸家大女儿的婚事，那日并州别驾在朝堂上看到了你，认为你与他家女儿般配，便托了父亲的老朋友来找父亲提亲。郭家是并州大族，郭家姑娘也是知书达礼的大家闺秀，这门亲事为父替你应下了，所以叫你过来，想听听你的意见。"崔浩说："父亲大人，郝叔，我刚刚入仕魏国，并未成就什么功业，以前也曾跟父亲说过，想先谋些功业再考虑个人的事。"

郝轩点点头笑着说："崔家公子果然是少年才俊，难得有这种想法，只是此前不久，别驾郭逸在朝堂上看到公子风度翩翩，行事儒雅得体，认为与他家女儿可是天配的一对，郭家女惠凤儿在并州也是有名的才貌双全，所以才托我上门。别人来说了，估计你父亲肯定也不相信，但以郝某和你父亲的交情，你父亲肯定信得过我，郭家这门亲事一定不会让公子失望。"

崔宏转头对崔浩说："为父知道郭逸是曹魏名将郭淮之后，郭夫人王氏是南边晋朝镇北将军王懿的姐姐，崔家和郭家都是名门之后且都是诗书传家。当年王懿也出仕秦国，淝水之战后秦国衰微，王懿和为父一样也是准备南投晋国，不料被丁零人翟辽截留，任为将领。我和王懿虽然都在翟辽处为官，可是一个是文职一个武将，没有过多交集，不过对王懿这个人的印象不错，想来他的外甥女也不会很差。这门亲事为父替你答应了，你也不要过多推辞。"

崔浩见父亲已经应允，再多说也无益，怕伤了父亲的心。况且平城这地方，十五六岁的男子大都陆续成家，自己也早已到了成婚的年龄，也该考虑成家的事儿了。父亲做事向来慎重，这次能这么痛快地应允，想来有他自己的考量。崔浩便对父亲说："孩子的终身大事，一切听父亲的就是。"

看到崔浩也答应了，郝轩让崔浩送点东西做定情礼物，他也好回复郭逸。崔浩便解下腰间佩玉交给了郝轩。不久两家人又看好了黄道吉日，这一切都是双方家长在忙碌，崔浩每日除了上朝，便是一头扎在书房看书或者写字，把成家这件事完全没有放在心上。虽然他对眭陌也不再有念想，但心底里还是想找一位有眭陌相貌、有眭陌聪慧的女子为伴，可这样的女子却是可遇而不可求的。对于这门由父亲定下的亲事，他不知父亲基于郭家是并州大族来联姻，还是郭家女儿真的如郝轩说得那样好，心里虽有期待，但是对于这个婚姻并不上心，看着家里人忙进忙出，收拾房子、缝制新衣，还有一系列婚前的纳采、问名、纳吉、纳征、请期等各种琐事的六礼，崔浩心里有一种置身事外的感觉，很少去过问。

亲迎的日子定下来之后，崔浩按照母亲的要求，骑马去并州迎娶新人。一切都按照程式进行，他的脸上始终是不喜不忧，内心里他却希望这事有眭夸在他身旁做参谋，内心里也暗暗期待，新娘子无论品行还是相貌，要是像眭陌该有多好，但他知道，那只是一厢情愿了。

"丝罗共结，百年琴瑟。"喜娘指引着一对新人牵红线、拜天地、行合卺之礼，入洞房，新娘子惠凤儿就端坐在婚床上。崔浩应酬过前堂的酒宴，喝了些酒，但并没有醉意，回到新房，看到新娘端坐在床上，脑子里突然闪出了眭陌满脸忧伤的模样，她不知面前端坐的这个女子，是否有眭陌的善解人意，是否有眭陌的聪慧可爱，心里顿时涌上一阵感伤，想到将与这个陌生的女子共度一生的时候，那份感伤让他连过去揭开遮盖羞颜的盖头去求证一下的想法也没有了，而是静坐在桌前写起了字。洞房里红烛高烧，但却安安静静，等到二更已过，崔浩扭过头来，看到郭氏女依然是端坐无言，并不曾睡去。崔浩内心里觉得自己有点过分了，于是停下笔，走了过去，坐在床前，把盖头揭开。

郭氏女抬起头来，眼里噙着泪水，泪珠儿挂在长长的睫毛上，有一种梨花带雨的表情，仅那一瞬间，那双盈盈泪眼就让人心疼，也让崔浩愧疚。崔浩看着妻子，云鬓乌黑、双眉如黛、杏脸桃腮，虽然眼里噙着泪水，但并无抱怨的表情，那神情透露着大户人家子女的那种气质娴雅、矜贵娇美。

看到崔浩一脸歉疚地看着他，惠凤儿全无抱怨的神情，而是擦去泪水，一脸娇羞。崔浩忙说："对不起，冷落夫人了，朝里有公事没有处理完，趁夜里先赶出来，也就可以消闲几日了。"惠凤儿浅浅一笑说："我理解，相公是朝廷中人，官身不由人，先忙正事儿。"说着便伸出手将系在自己腰上的彩色丝带绾着的美玉解下来，伸到崔浩面前，那玉是崔浩交给郝轩的，如今她将丝带绾着的美玉递给他。崔浩明白，妻子这是向他表述"何以结恩情，美玉缀罗缨"之意。看来自己的妻子真如郝轩所说的不仅貌美，而且还饱读诗文。崔浩走到桌前，想熄灭桌前灯，看到瓦砚上还有墨，便又提笔在纸上写了一句"风吹惠花香"，之后便扭头看着跟在身后的惠凤儿。惠凤儿沉吟片刻，知道崔浩是把他的姓与她的名嵌于句中，于是接过笔补了下句：凤临伯渊渡。

崔浩看着惠凤儿用丝缨束住了发辫，便将其解了下来，长长的秀发如瀑布样垂肩而下，有一种说不出的娇媚。崔浩一脸的愉悦，她的长颈，温暖滑腻，她眼波流转，笑意益然。一瞬间，冰封的情感突然之间解冻，这样的人儿，就是他冷漠疏狂多年要等待的妻，那一刻，他重归那个意绵绵、情切切的少年郎。

虽说春花软柳、佳人如玉，注定是要被宠爱的，但是婚后的惠凤儿，并无官宦家小姐的骄奢之气。每日在家里侍奉公婆，收拾家务，还给崔浩研墨，与他寻章对句，让崔浩欢喜不尽。如果说婚前，崔浩心里总有一抹愁云，可是惠凤儿是聪慧的，观物入心，她只随手一抹，便拂去了他心底的阴翳，而且是不动声色。某日在她晨妆之间，两人打趣、谈笑、戏谑，惠凤儿只轻轻一问："相公，还在想着故人？何不请来一叙，还用得上新婚之夜彻夜读书怀旧？"崔浩藏在青春岁月里的那点私密和隐情，其实早被妻子窥破，于是他也笑笑，坦荡地说了。他说了那夜的心情，也说了他的少年玩伴眭夸和眭夸的妹妹眭陌，但他和眭陌，是向阳花木早逢春，但却抵不过倒春寒。虽然一个有心、一个有意，可是有缘无分，她已嫁人，他也远走。如今他有了丰裕的日子，也娶了娇妻，却不知在遥远的家乡，他的少年玩伴生活得怎样，所以在新婚夜很伤怀，当然也只是伤怀而已。惠凤儿说："相公的亲人，自然就是为妻的亲人，以后有能力，咱们也可以接济他们一些，以弥补相公内心的遗憾，难得相公不忘旧情，为妻应该与你一起面对呵！"一席话说得崔浩既感动又惭愧，原来自己小瞧妻子了，她是那种冰雪聪明之人，敏感明洁的眼睛细致入微，自己在新婚之夜冷落她，她早就猜出来了，并以她的大度和善解人意渐渐抚平了他内心的忧伤。惠凤儿是那种亦柔亦刚的女子，外开花蕾，内蕴力量，这样的妻子无疑是适合他的。

日子虽然琐碎，但却充实。春光和煦的时候，两人相偕走出郊外，到如浑水畔游玩，看远山近水。行走在郊野，看田间劳作的人们，看青青的禾苗。一池碧水、一捧春花，他流连于郊野的时候，她静静地陪在他的身边。仰头望一窗明月，看着他诗意大发之时，她会捧上砚瓦和纸笔。长夜里她是他的伴读，素手研砚，红袖添香；疲累时，她为他端上一盏清茶，他还她一个轻笑；拥被夜语，听屋外风雪打窗，感觉生活是那样的静美。有时他写诗时，想起了上句，正思索下句时，她已对上了，而且那意境正是他之所想。婚后的生活是清闲优渥的。朝堂上，他凭借自己的一支妙笔，辞赋文章气势磅礴，感情充沛，得到了上至帝王下至朝臣的称赞，可以说是意气风发。回到家，妻子安静温婉，给了他一个安稳的大后方。那些日子，父母身体硬朗，兄弟们日渐成人，在平城的日子，可谓顺风顺水，春风得意。

十月怀胎，女儿小惠降生了。

两人的日子变成了三个人的组合，也平添了些许忙乱，自然肩上也多了份责任，看着那个温香软玉可爱的女儿，崔浩一回家就想先抱抱她，亲亲她。

月缺花残心冷

崔家父子同朝为官，而且还被皇帝信任着，这份荣耀在大魏国也是独一份的。偶尔崔浩和父亲两人一起上朝，崔浩能感觉到路上行人的侧目。父亲身在朝堂，虽然官高位显，但是行事谨慎，皇帝赐其白马侯爵位，加周兵将军，和开国之臣庾岳、奚斤等同列，父亲生怕辜负了圣恩，每日里兢兢业业，恪尽职守，一切以朝堂为重。父亲的下属中，崔浩和尚书吏部郎邓渊走得比较近，也意气相投。邓渊是大魏国有名的才子，儒雅博学、能诗善文，音韵弈棋，无所不能，还会占卜。在崔浩升任著作郎的几年时间里，邓渊将鲜卑人一代代传唱的《代歌》整理了一百五十章出来，后庭里有乐人从早到晚在唱着。《代歌》唱的是拓跋部落先祖的事迹，上叙祖宗开基所由，下及君臣废兴之迹，还配上丝竹合奏，传唱《代歌》是要告诫后人不能忘了祖上创业的艰难。那些年，邓渊还受命收集整理国史《代记》，每日里上奉王言、下询国俗。由于鲜卑人没有文字，所有的旧习俗、老故事都装在老人们的肚子里，偶有一些文字记载，也是在晋朝或者前秦国和前燕国的国史里，为了把《代记》写好，邓渊每日埋头于旧纸堆里，从里面寻找代国旧事。《代记》写得很艰难而且缓慢，但是邓渊每每为找到一个重要史证而开心，有时还会请崔浩到府上小酌。

那日下午崔浩看到邓渊闷闷不乐，便约邓渊到他家小酌，席间他先敬了邓渊一杯酒，表示对他那么辛苦修史的敬重。邓渊说，眼下他著的《代记》写了约有十余卷，也就是记载了一些历代帝王的起居行事，这并不太合他的意，他想写成《史记》的体例，这样也就完整了，但是资料来源实在是太有限了，写史就得有史实，就是有人给讲了一些代国旧事，还得再找人印证、甄别，进展一直不大。崔浩说："看你整日愁眉不展，不知道遇到什么为难事，说出来，看看小弟能否助你一臂之力。"邓渊苦苦一笑："前几天皇上北巡犰山途中，以骄奢的原因突然诛杀了平原太守和跋，之后和跋兄弟和毗等人逃离了大魏国，逃奔长安降了秦国，有人弹劾说是堂弟邓晖暗中护送出平城的，现在也将邓晖抓了起来要问罪。身为兄长，如今却不知如何救他性命，其实他也是被冤枉的。"崔浩说："等父亲回来，我告诉父亲，看看有无解救之策，设法让皇上查明真相，还你兄弟一个清白。"邓渊说："但愿是这样，只是咱们是汉人臣子，就是不知皇上能否下令彻查。"两人又喝了一会儿酒，那里邓渊千恩万谢走了，直到邓渊临走时，也没见到崔宏回府来，崔浩说等父亲晚上回来跟父亲说一声，明后天上朝时见机行事吧，看看皇上的态度，也许还有挽救的可能。

崔宏从宫里回家时，夜很深了，崔浩和父亲说了邓渊来家喝酒之事，还说了他堂弟被人诬陷，邓渊渴望能设法让皇上彻查一下，还他堂弟的清白。崔宏说："你也知道，涉及叛逃的事，历来处理得很严厉，为的是杀一儆百。皇上为邓晖之事已经发了雷霆之怒，这阵子没人敢说此事，如果不是当下下诏处理此事，过段时间等皇上平息了怒火，可能会听得进劝谏。"

第二天早朝，当处理完朝臣的奏报，拓跋珪将目光转到邓渊身上，大喝一声："吏部郎邓渊！"邓渊一哆嗦，便出列跪倒在朝堂前。拓跋珪问邓渊："你堂弟邓晖暗助和毗逃离大魏，你是否知情？"邓渊哆嗦着回答："回陛下，臣与邓晖分族别居，邓晖之事完全不知情，臣以为邓晖虽然与和跋交好，但是也不会违背国法助他人外逃，一定是有人挑拨离间，希望陛下明察……"那里邓渊还在低头述说，拓跋珪猛地拍了一下桌子，大声呵斥道："够了，大胆邓渊，你是说朕不明是非，错关了你的兄弟不成？在朕看来，分明是你知情不报，还想堂上狡辩。来人，将邓渊拉下去，和邓晖一起处置，杀无赦。"朝堂上众人面面相觑，崔宏马上上前躬身上奏："启禀陛下，邓渊作为微臣的下属，平日里忠诚老实，是否能看在邓渊为大魏国定朝仪、定律令、修国史没日没夜辛劳的份儿上，免除其死罪，贬为庶人让其思过。"谁知拓跋珪并不领情："崔爱卿，叛国之罪不可轻恕，知情不报，同样处罚，以儆效尤，否则朕处理一个有罪的，就会逃跑一批，就会有一批人暗中护送，大魏国成何体统。"拓跋珪手一挥，崔浩看到了邓渊被堂上的武士拉住了胳膊，看着邓渊被拖出朝堂，看着邓渊用求援的眼神看着他……可是他内心除了惋惜和惊惧，什么也做不了，身为尚书的父亲也尽力了，但是却不能让皇上改变主意。

　　下朝回到家里，崔浩内心说不出的伤感，父亲看到崔浩沉默不语，把崔浩叫去自己的房里。崔浩跟父亲说："看不明白邓渊之死，按说他们又不是亲兄弟，还分族别居，这事跟他完全扯不上关系，可怜邓渊前一天还想救他堂弟，后一天自己也跟着做了冤死鬼。"崔宏说："孩子，邓渊之死，为父也很难过，只是为父觉得定邓渊知情不报之罪，也罪不至死，或者这背后还另有原因，只是为父揣摸不透他到底哪里冒犯了天颜，大魏国皇帝也有他的容人之量和善解人意之处。孩子，你刚刚入仕，朝堂里有些事看不明白，历朝历代的皇帝都称自己为孤家或者寡人，身在高位的他们总揽的是全局，所有的臣民都是皇帝棋盘上的棋子，并不会在意每一个个体的感受。咱们做事，唯有以国家为重，不谋求私利，不对为上者阿谀奉承以邀宠，不对下属尖酸刻薄以显尊贵，方能保全性命。"崔浩第一次觉出了朝廷里的官真不好做，不仅是不小心会没了命，有时是怀揣着小心糊里糊涂就没了命，像崔逞、像邓渊。他突然明白了为什么父亲在朝上，每说一句话，每做一件事，都是掂量再掂量，这可能也是父亲在不同的朝廷为官揣摩出来的为官之道。只是崔浩觉得一个泱泱大国，应该是有法度可依，按律法从事，才能让百官在朝堂上尽心尽力，才能让平民百姓安居乐业，而不是随皇帝个人的喜怒而随意杀伐。有时候夜里做梦，崔浩好几次梦到了邓渊，邓渊那惶恐惊惧的眼神和被拉下朝堂的表情让他惊醒后再难入睡。

　　每日里在朝堂上尽心竭力、小心翼翼会心累，好在他下朝后有一个温暖的家和善解人意的妻子，让他感觉到轻松。回到家里，入夜他仰望星空，感觉到夜空因繁星而美丽，次日清早，又感觉到了清晨因旭日而生彩，便心情大好。在居家的日子里，崔浩经常诗兴大发，写诗、作赋，与妻子说说朝廷里的事，看着一天天长大的女儿，感觉到了居家日子的惬意。

不久之后，崔浩因为博学还兼任了身为齐王的太子拓跋嗣的侍讲。日子过得真快，不知不觉来到平城也五六年了，崔浩的两个兄弟也长大了，二弟崔览的书法也是秉承了家学，以草书见长，有着与众不同的飘逸，而且崔览也是饱读诗书。

公元404年，大魏国改元天赐，筑成西宫，那一年的十一月，皇帝拓跋珪坐在西宫内大选天下才俊，让众朝臣保举。崔览因为书法、文采出众，被推举为中书侍郎。之后不久崔览娶了李顺的妹妹为妻，不幸的是，一年后李顺的妹妹却死于难产。隔年崔览又改娶散骑常侍封恺之女为妻，封氏也是平城有名的才学不让须眉的才女，婚后与崔览经常诗文唱和，一家子也是其乐融融。封恺的父亲封劝，曾任后燕慕容垂的侍中、太常卿，封恺的妻子，是卢玄的姐姐，和崔家也有关联。三弟崔恬成年后，出任给事中，娶了崔浩的小姨子，郭逸的次女为妻。兄弟三人都成家了，原有的房子住四大家子显得有些拥挤了，兄弟三人便在父亲的大院后面提前预留的空地上又各自盖起来一处院子，各自圈了院墙，都是独门独院了。过时过节，兄弟仨都回到前面的宅院里欢聚，兄弟一家亲，妯娌赛姊妹，一家人红红火火，其乐融融。

这期间平城皇城里的殿宇也是日渐增多，紫极殿、玄武楼、凉风观、石池、鹿苑台……皇宫里修建得雕梁画栋、宫苑华美。中城内，也有一条水溪引入城内，蜿蜒向南流去，溪上架起了桥，城内有东西鱼池相望，鲜花、绿树点缀在街上，宫城和中城之间相距并不远，但有宫墙相隔。

天赐五年（408）十一月的一天，西北风疾驰过原野，让人感觉到寒风刺骨。崔宏从天安殿出来，回到家里沉默不语，崔浩和崔览过去询问情况。崔宏说："为父刚从天安殿里出来，皇帝风气外邪之病侵入肌理，又服寒食散炽盛不解，有些神志溃乱，独语不止，近来太医换了一个又一个。白天皇帝服药后，精神稍微好些时，却又召为父进宫，让给讲讲汉武帝杀钩弋立子的旧事，为父虽然简单地说了说，但也说了此事的弊病，而且这一旧制在汉代并未行得通。为父也疑惑不知皇帝是不是也起了这种念头，为父回来后一直感觉到心神不宁，不知又会有什么事要发生。"崔浩安慰父亲说，皇帝也许只是疾病发作后，胡思乱想的。崔宏摇摇头，说："为父觉得不那么简单，皇帝虽然有时行事怪诞，但是他清醒的时候，思路还是清晰的，只是不知道此事该如何劝解。"后来皇帝再未问起来此事，时间一长，崔浩内心里想，肯定皇帝也是随口问问，或者问过后也就忘了。

天赐六年（409）注定是个多事的年份。年刚过，崔浩的夫人惠凤儿突发疾病，便血不止，整天卧病在床，可是身为朝臣的崔浩却有些无暇顾及，为夫人请了郎中，小惠一直守候在母亲跟前。他得早出晚归，还不时地在下朝后等待皇帝召见，因为皇帝经常会想起什么让崔浩记录下来，如果让人传时不到，怕又惹怒了喜怒无常的皇帝。这一年朝堂上的事凶险不已，先是投魏的慕容氏一族想要南逃，不料却因为人多心思杂走漏了风声，被拓跋珪下令处死，这一案有三百多口人受牵连被赐死。又不多久，拓跋珪的堂弟拓跋仪在拓跋珪有了皇孙的那天被召进宫，拓跋珪告诉他皇孙儿出生了，看拓跋仪的反应，拓跋仪听后立即起身下拜，且歌且舞以示恭贺，两人很和气。回家后拓跋仪心生不安，感觉到皇帝对他有所怀疑，估计到下一个被清算的人就是他，因为他是皇弟。代国曾经有兄终弟及制，按照鲜卑人的习俗，他是有继位的可能，可他早没有争皇位的野心了，但他还是看出了皇兄的疑忌。那一日拓跋仪单骑匹马一个人离开了平城，第二天上朝时朝堂上不见了拓跋仪，皇帝发怒，便派人将其追回赐死。无论是皇亲国戚，还是普通朝臣，朝堂上人人自危，没有人敢轻易请假，也没有人轻易发声，唯恐招惹皇帝发怒。

春三月，驻守恒山的官员奏报，恒山出现了山崩，烟尘四起，山崩地裂，发出的声音如雷震。朝堂上拓跋珪询问群臣是什么征兆，众臣都低头不语，皇帝让崔宏做解释。崔浩为父亲着急，他知道恒山曾于汉延平元年（106）出现过山崩，当年八月殇帝刘隆归天，但是这话是没法说出口的。只见崔宏低头回复说："回陛下，历朝历代均有山崩，这是一种自然灾害，未必关乎人事，唯愿陛下修身养性，体恤百官和黎民，天降的灾异，是可以以德化解。"这话劝谏得委婉而得体，崔宏说完之后，皇帝坐在那里沉思。

西宫的天安殿位于天文殿的后面，是西宫宫区中比较靠北的一处寝殿，黛瓦青墙，翘角飞檐，天安殿左右两侧还配有云母堂和温室。那年四月的一天，忽然天色突变，乌云密布，大雨滂沱，闪电划过长空，沉闷的雷声不时炸响，之后随着震耳欲聋的一声霹雳，红火球般的惊雷滚落到了皇宫屋顶，将天安殿的东墙震塌一角，也让那些雕着"皇魏万岁"等字样的瓦当倒伏在地上碎了。那日拓跋珪就在西侧的云母堂中歇息，这一声惊雷让拓跋珪感觉到惊惧。等到大雨过后，出门看到天安殿的残败模样，让他脸色大变，当即下令让左校卫用攻城的冲车将天安殿东墙和西墙全部撞毁，之后让人重建天安殿。大臣中悄悄传言，这应该是皇上杀戮太重的缘故，只希望皇帝能内心省醒，但是在朝堂上关于这件事，大家都三缄其口。那段时间，崔浩每日虽然身在朝堂，恪尽职守，但时刻都在牵挂妻子的病情，恨自己分身乏术。

那年七月的一天，天快黑了，天阴郁着，还下起了蒙蒙细雨，崔浩下了朝，顾不上避雨，便急急地往家赶，他知道惠凤儿久病在床，好几天饭也吃不进去了，估计是时日不多了。他虽然牵挂妻子，可是朝堂上那种情形，让他开不了口，只能每日按时上朝、下朝，对于妻子无暇顾及，内心除了焦灼，就是愧疚。

惠凤儿躺在床上，女儿将她的头发梳理得整整齐齐，而且为她换上了干净的衣服，他看到惠凤儿形销骨立、双目放光，知道是回光返照，便难过得握住了妻子的手，她的手瘦骨嶙峋。崔浩难过地说："这些天朝廷里的事太多，没完没了的忙，没有时间陪伴夫人，夫人可是好些了，明儿个再换个郎中给夫人看看？"惠凤儿轻轻地摇了摇头说："不必了。生死契阔，与子成悦，执子之手，与子偕老，这是我这辈子所渴望的，能陪伴相公，这是为妻的福分，可是我福薄命短，无缘陪君一起变老，生死别离是谁也左右不了的。我走后，请善待我们的惠儿，她还那么小……"她还想再多说几句，可是累得上气不接下气了。两人就静静地对看着，他握着她的手，直到她的手一点点变冷、直到一点点变僵……

夜阑尽处，闪烁着微弱的灯火，他呆呆地坐着，无语、无泪。

青山隐隐水迢迢，秋尽平城草木凋。曾以为是一生一世一双人，两人会终生厮守，却谁知星河岸阻断了双星，伯劳东飞燕西飞，终生不再相见。

想到她永生不能再见，想到好夫妻不能相守到白头，他心痛到无言。"长夜难眠灯如豆，拥衾无梦月偏西。"桌案上他写下了一行字，便又坐在那里发呆。

城东择墓，匆匆地办理了后事，崔浩又匆忙回到朝堂上，朝堂上却又发生了让人惊心动魄的事儿。

皇帝拓跋珪突然决定要效仿汉武帝杀钩弋夫人以阻止子少母壮的后宫悲剧，宣布赐死太子拓跋嗣生母刘贵人，以防母亲家族干政，刘贵人是匈奴部落首领刘头眷的女儿。那日在朝堂上还宣布从此开始，大魏国都要按照这个规矩来，并让崔浩将这一条记录下来，昭告天下。太子拓跋嗣面色发白，当下跪地求情，表示自己宁可不当太子，也不愿失去母亲，希望父亲能收回成命或者另选太子。崔宏等老臣也纷纷进言为刘贵人求情，但是皇帝的话那是一言九鼎，话语既出，再无更改的可能。后宫里，绝望的刘贵人大哭一场后悬梁自尽了，拓跋嗣闻讯后赶到后宫，却已经迟了。身穿孝服的拓跋嗣守在西昭阳殿母亲的房间里，伏在母亲身上大哭不已。母亲被安葬后，他依然每日里去西昭阳殿抱着母亲用过的旧物哭泣，毕竟他还是个十七岁的孩子，社稷江山远不如亲情更让人暖心。

那日崔浩跑到东宫安慰太子，让他先冷静下来，此时下人又传过话来，说是拓跋珪听报说拓跋嗣思念母亲痛哭不已，让人传拓跋嗣过去喝问情由。拓跋嗣慌乱中看着崔浩，不知道该怎么办。崔浩想了想，说："自古以来孝子事父，小杖则受，大杖避之。皇上现在正在气头上，而太子又深陷思母的苦痛之中，这两人见面自然不会有好结果，古人云三十六计走为上，皇上现在还有病，发起病来控制不住自己，一旦说不好发起怒来，更是不计后果，不如暂时出宫去躲一躲，再做打算。"拓跋嗣觉得崔浩说得对，便又商量了可容身的地方，拓跋嗣说有个很忠实的随从王洛儿家在城郊车轮山附近，那里离城不远，躲在王洛儿家里应该安全。崔浩说："既然王洛儿家离车轮山不远，还是住在山上的寺庙里比较安全，住在村里难以避开村民，容易暴露。车轮山山高，山上树木茂密，有了情况易于逃脱，太子正好住在山上的寺庙里，为母亲超度，僧人们不大理会世间之事，也易于藏身。"崔浩又叮嘱说："出宫必须得易装出行，不能让宫里的侍卫们看出破绽。就是到了山上，也只能是常服，扮成香客的模样，只带王洛儿和车路头在身边，这两个人忠勇可靠，王洛儿对那里的地形熟悉。别的侍卫可以住在王洛儿家里，随时打探各种情况，这样才不会有破绽，往来传话也方便些。"拓跋嗣认为这样做比较稳妥，当下点头答应了。

那边宫人到朝堂上回复说太子不在宫中，另一边拓跋嗣急急换上了宫里人的衣服，跟随王洛儿等人出了宫，因为王洛儿在前头，侍卫没多注意便开门放行，一行人悄然出宫而去。崔浩想了想此时跟随太子一起出宫并不合适，怕引起人们的猜疑，他是太子的侍讲，出入宫门很是方便。等太子走后，崔浩从东宫中出来，转身向西宫的中天殿方向走去，走到中天殿外，他跟守门官说，他给皇帝写的诏令已经写好了，想让皇帝看看合不合适，不知皇帝在哪个殿内歇息，请通报一声。

此时拓跋珪刚刚在中天殿内服下寒食散，又饮过热酒，全身难受，内心不快，正训斥下人。听到崔浩求见，便说进来吧。崔浩看到皇帝满脸狂躁之色，说是燥热难耐，全身有酥麻而又尖锐的刺痛感，这种感觉让人烦躁。崔浩便建议皇帝出殿外行散，拓跋珪应允了。两人走出中天殿，在宫里信步而行，宫里不知是哪个殿里有琵琶的弦音飘了过来，仿佛山泉水一般，但看得出皇帝并无听的兴致，便又继续往前走。

拓跋珪问崔浩："崔卿既然知今通古,可知道这寒食散的来历？"崔浩说："回陛下，关于寒食散《史记》有记载，西汉时，齐王身边一名叫遂的郎中，得病后服用自炼的五石散，病情加重了，于是请来太医淳于意。淳于意审察他的脉象说：'你患的是内热，药石是药中刚猛之品，服后会导致小便不通而加重病情，千万不要再服。'那位叫遂的郎中不以为然，并举例反驳说：'扁鹊曾言，阴石以治阳病，阳石以治阴病。'淳于意莞尔一笑说：'你说的话，不无道理，扁鹊虽这样说过，但治病必须详细诊察病情，医理医法，根据患者的体质、病情用药，才能药到病除。'淳于意预言遂郎中不久就会体上生痈。果然百余天后，遂乳上生痈，不治而亡。汉时这寒食散是药，只是到了曹魏时，尚书何晏开始服用，何晏还对人说过：'服五石散，非唯治病，亦觉神明开朗。'此后才开始大行于世。"

拓跋珪说，他每每吞食寒食散之后，全身发热，内心有如火灼，吃了冷饭也不管用，不吞寒食散更是全身发冷，由内而外的寒冷，感觉有如置身冰窖中。自从太医令阴羌死后，这种状况越来越厉害，数日不食不知饥，达旦不寝不知困，虽然焦急但却不知如何缓解。崔浩回复说："要不皇上下诏，诏令一些民间良医来平城，配些良药，慢慢调养，眼下也只有将行散的时间再延长些，饮的酒再温和些。"拓跋珪说："已经找过很多了，无济于事，眼下周澹给配上新方，感觉比以前好一些。"

等拓跋珪走累了，回去喝了热酒之后，得知崔浩没有吃饭，便让侍臣端上粥来，吃过之后崔浩才出宫，回到家里已是夜深了，心里暗暗估计太子也走远了。虽然那日皇帝并没有发病，也没有发怒，两人相随而行，崔浩处处赔着小心，生怕皇帝问起太子的情况来，让他无法应对，好在谈论的中心都在寒食散上，从皇宫出来，崔浩手心里捏着一把汗。

转眼就到了十月，妻子的百日也就快到了，崔浩内心算计着给妻子刻一通碑，等百日时立在坟上，并到坟前和惠凤儿说说话。十月天的平城，天气异常寒冷，如浑水早早就结了厚厚的冰，呼啸的西北风撞击在城垣上，又倒折而回发出呜咽之声。入夜家里感觉到了清冷，看着女儿睡了，崔浩却习惯性地睡不着，妻子离他而去，在人前尚能保持冷静，夜深人静时，便一点点地想起惠凤儿的好，想起两人在灯下寻章对句的温馨，只是如今妻子独自一人深埋于旷野之中，自己孤独凄冷。羊油灯不时噼啪地爆出轻微的响声，空气中弥漫着浓烈的腥膻气味，火苗不时往上冒，不知为什么，崔浩内心总是感觉隐隐不安，眼皮还不住地跳，除了思念妻子，他也在想着朝堂上近日的事，他不知道太子到底能逃多远，是否就住在王洛儿家，是听了他的建议住在车轮山上，还是又逃到了更远的地方去了，也不知道什么时间朝堂上能平静下来……

第二天早上，崔浩虽然夜里没睡好，但还是按时起来，虽然天气有些阴郁，仍照旧上朝。到了朝堂外，感觉到了朝堂出现了异常。早来的朝臣都聚集在皇宫的司马门外，司马门的大门不开，也不见宫里人出来宣布早朝或是散朝。大家站在司马门外面面相觑，议论纷纷，老臣们窃窃私语，揣测是不是皇帝有什么事了，病重了，还是……但是"驾崩"这样的词儿是不能说出口的，只能很隐晦地表达。议论最多的是，现在宫里面是啥情况？太子又不在宫中，宫里谁会主持发话，为什么连个宫人也不出面，这么冷的天，这朝是上还是不上，不少人边搓手边哈气。崔浩低声问父亲怎么办，崔宏告诉他说，不要猜疑也不要议论，静观其变，现在太子不在宫中，就是得赶紧想办法让太子知道。众人感觉这一上午的等待，比一年都要长。崔浩还听得有人嘀咕着，今天是十月十四日，看来有大事要发生。

快到中午时分，只听得"吱"一声，司马门终于开了，宫人站在司马门外，面无表情地拉长声音说："圣上有旨，百官到西宫端门前等候，有要事宣布。"说完又见大门关上了。不管怎样，宫里终于有了动静，这葫芦里卖的是什么药，很快也要知晓了，大家谁也不说话，很安静地相跟着从司马门往端门处走。

进了止车门，里面很安静，过了高高的门阙，也没有看出有什么异样，再过了太庙和太社处，依然是静悄悄的，众人你看看我，我看看你，谁也不发言，而且步子迈得很轻，人也走得很慢，然后便到了西宫端门前，众人按照朝堂上的规矩排好，面北而立。

不一会儿，只听得紧闭的端门发出了"吱呀"的声音，崔浩的心提到了嗓子眼，只见大门徐徐打开，但并没有全部敞开，也只是开了个门缝，门口露出清河王拓跋绍的半个身子。拓跋绍看了看安静站立的大臣怯怯地发问："我有父亲，也有哥哥，公卿们你们准备跟谁？"这话问得蹊跷，这话也是话里有话，崔浩望着父亲，父亲转身向他轻轻地摆摆手，他明白，此时他们汉臣是不宜出头的，只能静观其变。这个发问的清河王拓跋绍，是太子的异母弟弟，为人凶恶残忍、轻狂恣肆、阴险叛逆，是个让皇上头疼不已的人物，也早恶名在外。拓跋绍不仅以出宫到京城内肆意砍杀射击百姓的猪狗为快，还曾将孕妇逮住了，按到地上开膛破肚观看胎儿逗乐，皇帝听报后非常气愤，曾把他倒悬在井中以示惩罚，可以说清河王拓跋绍是和他哥哥截然不同的两种人，如果皇帝遭遇不测，如果这个凶神恶煞的清河王登上大位，今后大魏国的情形将不堪设想。

众大臣谁都不先表态发言，只是静静地看着拓跋绍。这时站在最前列的南平公长孙嵩走上前一步大声说："臣等不清楚皇帝的情况，请清河王告知详情，如果皇帝宾天了，大家愿意拥护清河王登上大位。"清河王拓跋绍面带笑容，往前迈了一步，走出了大门，露出了整个身子，站在台阶上，身上穿的是很靓的衣服，这时候他的声音也洪亮了起来："既然南平公代表众卿发话了，众卿都同意本王承继大统，那好，本王在登大位前要犒赏百官，让众卿家跟着本王有福同享。"

等候了一上午，终于听到皇帝拓跋珪故去的消息，人群中突然有了哭声，崔浩扭身看，是阴平公拓跋烈放声大哭，并掩面转身离去，他是皇帝拓跋珪的堂兄。

当日，拓跋绍下令从宫中取出布帛赏赐王公大臣，按照品阶高低行赏，赏赐多的有几百匹，少的也有几匹，百官高高兴兴地领上了赏赐坐上车子回家，轮到宦官将布帛赏给崔宏时，崔宏深施一礼拒绝了，他说："先帝驾崩，皇家现在正需要大量的布帛办丧事，臣身为大魏国的官员，应该为国尽力，而不是先拿赏赐。请收回臣这一份，臣依旧为国尽忠。"一番话说得宦官无法驳斥，只得拿着那些布帛接着赏赐其他官员去了。

一朝朝堂风云变，令人防不胜防，虽说皇位更替是帝王家的事，但是随着权力的更迭，则权力重心也会跟着移位。大魏国朝堂上虽然表面上波澜不惊，可内地里却暗流涌动，荣华显赫的背后是刀光剑影，为官亦是如履薄冰，每件事都跟政治风向有着千丝万缕的联系，京中出现了风声鹤唳、人人自危的态势。有的人会相机行事，马上为拓跋绍出谋划策，准备得到重用，有的人是敷衍了事，静观后果。拓跋绍也有了不少文臣和武将的心腹，还派出大队人马到处搜捕太子。

那夜，崔浩和父亲两人本想在灯下探讨时局，却又相对无言，沉默良久，父亲只是给他写了"心存事外，勿与时俯仰"几个字就走了。"心存事外，勿与时俯仰"，崔浩默默地念叨着这几个字，揣度父亲的心思。

崔浩官职低微，并不被人注意，他暗中找到跟王洛儿联系较多的东宫侍卫，让他设法转告太子想办法赶紧回来，并与手握兵权的朝臣取得联系，否则会夜长梦多。同时也让侍卫转告太子，听说肥如侯贺护在安阳城北，点起烽火反抗拓跋绍登基，贺兰部的将士也即将到京城，其他那些部落也都各自把部队集合在一起，看着朝堂上的动静。这些反应都对太子有利，不过那边拓跋绍也派出大批人马，到处重金搜捕太子，让他千万小心。不久，崔浩得到回复，太子与北新侯、安远将军安同取得联系，让崔浩提到嗓子眼的心放回到肚里。

安同将太子迎回，众官员出城西迎驾。二十七日，拓跋嗣回宫宣布登基，并下令赐死拓跋绍母子，并将拓跋绍手下武士以及做内应的宦官、宫女、嫔妃等十几人押解到城南诛杀，一场皇宫的谋变到此平息。

如血的残阳照在宫廷里，余晖里映照出曾经的血腥和屠戮。

朝堂上恢复了安静，崔浩回到家里看到家凄凄冷冷，忽然间坐在那里思念起过世的妻子来了。以前每到深秋，她便会说"天冷了，加件衣裳"，他会顺从地穿上，那针线、那样式，都是特别合适他的。每年到了换季，他都会听到妻子柔柔让他穿换季衣服的声音，然后递过来叠得整整齐齐的衣服。曾经姹紫嫣红的日子，蜷缩成心口的绞痛，但是这种痛不能言讲。本想一世携手同行，谁料想却是有始而无终，九年夫妻情分，朝朝暮暮相对，九年来崔浩安心地享受着由妻子打理的舒心日子。他习惯了她的温存，习惯了她做的可口的饭菜，习惯了饭后由她端上的泡得浓淡适宜的茶，习惯了下朝回家看她安静地做针线活，习惯了她教养女儿，更多的时候，他安然地享受这种习惯。由于朝堂上忙碌，他安然地享受着妻子为他营造的这个安谧的后方，抚平了从朝堂上带回家的那种焦虑情绪，以至于他很少过问妻子有什么需求，也很少注意到妻子由十指不沾阳春水的纤若柔荑的双手，不知何时变得粗糙，妻子那曾经婀娜娉婷的身姿不知何时不再妖娆，只是偶尔妻子回并州探望父母，他会感觉到孤独，会有期盼，也有小别胜新婚的喜悦之情。可是不料有朝一日，这种习惯了的安然却戛然而止。此时家里生活也算优渥，也有了奴仆，但很多时候都是妻子惠凤儿在操持，哪个季节该换什么衣服，哪个时节该请一大家子一起聚聚，这些都是惠凤儿在处理。虽然两个弟弟都也成家，一大家子相处得和和睦睦，她这个长嫂处处得拿出风范，对公婆孝顺，与妯娌相处谦让。惠凤儿像风一样离他而去，家里却处处是她的气息，每日里一回家，便勾起了他内心缱绻的感受，想寻找那份再也难觅的熟悉。旧日柔软的时光，不知不觉间有了锦缎成灰的心境，而他也成了一个心存恋旧之人，虽然此前他觉得自己不会为一人一物所系。

"吾妻，郭氏惠凤，自幼聪慧，德行均淑，待人宽温，远近亲疏，相助倾力……"百日就要到了，他写下这一行字后，想起妻子的容颜，便难再下笔。他用了两个夜晚，流着眼泪为妻子写好一篇墓志铭文。找来工匠，将碑刻好，他蘸朱砂墨将写好的铭文书丹于碑上，篆书题额，这是崔家所长之鸟篆，书迹精巧，碑文为隶书，结字宽博，疏秀静穆，体态严整，再找平城最好的工匠刻上去。他能为妻子所做的也就是这些了。百日那天，他让人将那通刻好的石碑立在妻子墓前，让那通碑日夜陪伴妻子，让她沉睡在荒郊野外不孤寂。

道家云，人初生以七月为腊，一腊而一魄成，经七七四十九而七魄具；死则以七日为忌，一忌而一魄散，经七七四十九日而七魄泯。如今百日已过，妻子已经化为一缕轻烟，相见只能是梦中了。

续弦小郭氏

　　日子在昼夜相承中过去，回首又是一春。平城的春天虽然来得迟，但是还是来了，离家不远的河岸边，桃花开了，有人在河边唱"桃之夭夭，灼灼其华。之子于归，宜其室家。桃之夭夭，有蕡其实。之子于归，宜其家室"。朝堂里的同僚，又有年轻人成家了，也有人好意为他撮合新人，崔浩都摇头拒绝了。

　　梦里几番欢乐，醒来几番哀愁，过往如云烟，回想起来却真切，他觉得自己亏欠妻子的太多。娶妻容易，但是娶一个能知他、懂他的人很难。

　　那日崔浩的岳母王氏从并州过来，还带着她的小女儿。王氏来到平城，住在二女婿崔恬家里，崔浩听得岳母来了，下了朝便带着女儿朝弟弟家走去，那日他还看到了郭家小女儿、他的小姨子青凤，青凤一身粉装，就好像是盛开的桃花，十分清艳，那个在他们成婚时还是蹦蹦跳跳的小孩儿如今长成大姑娘了，眉眼竟有几分和惠凤儿相像。都说二八女多娇，那双无邪的明眸善睐的双眼，有如一湖春水。他忍不住多看了妻妹两眼，再看却不是心底里潜伏的那个影子，妻妹似明艳的桃花，而妻子惠凤儿却如幽兰。不料只那一眼，便让眼尖的岳母王氏看在眼里，喜在心上。崔浩的女儿跟着姥姥说了一会儿话之后，不大一会儿便缠着小姨问长问短。

　　饭后，王氏很慎重地将崔浩留了下来。

　　王氏问过他的近况，问过他对于将来的打算，崔浩以为王氏怕他忘了惠凤儿想早早成家。他回答说，这些年惠凤儿操持家务，相夫教子，夫妻恩爱，如今惠凤儿不幸早逝，哪有心思再考虑其他的，等小惠大点再说吧。

　　王氏说得很干脆，她说身为岳母，知道自己的女婿眷恋故去的女儿，这让她很欣慰，女儿泉下有知，也当含笑。但是男人家身边不能没有个知寒问暖的人儿，惠凤儿已走了，再想念也难以回来，但孩子不能没有母爱。再说以他的情况，想嫁入崔门的也很多，能如惠凤儿的却未必有。她家小女儿青凤今年年方二八，长得也过得去，性情品格与她的长姐无二，如果他不嫌弃，可以考虑续娶三姑娘青凤，这样小惠有她小姨照顾，也不会受到后娘的虐待。

崔浩听后，大觉诧异，首先是惠凤儿离去的近一年里，他的心是乱的，还没有从丧妻之痛中走出来。其次是他从来没想过再续娶小自己十几岁的小姨子为妻，她毕竟还是个孩子。但是岳母很认真地提了出来，他必须得很认真地回答。从内心来说，眼下他真的不想再娶妻，他想理清楚自己的头绪，等惠凤儿过世满了一周年再说，这样也对得起惠凤儿了，但是，既然岳母愿意将自己的小女儿嫁他，青凤恍惚间那眉眼又好似惠凤儿，还青春艳丽，这样的婚事又让他难以拒绝，还有岳母最后一句说到了他的心上，她说到他的女儿小惠，无论他将来娶谁，对孩子而言都是后母，但如果是青凤进门，身为小姨的青凤和孩子自然很亲近，肯定也不会亏待了孩子，这也不失对女儿缺失母爱的弥补。

想到这里崔浩对岳母说："岳母大人考虑得的确很周到，只是崔浩也已年近三十，而小姨却正值妙龄，应该有个和她年龄相仿的少年来伴她终生，岳母这样安排会亏了小姨青凤的，此前我一直把她当小妹妹看待。"岳母王氏说："自古婚姻大事都是由父母做主，青凤虽然比你年龄小些，在家还是老小，的确是娇生惯养了些，不如惠凤儿明理，但她也是个好孩子，知书达理，容貌也不输她姐姐，这事要是你没有意见，就这么说定了，郭家那边我说了算。"

崔浩说一切由岳母做主就是。

商定了日子，不久青凤便过门来，年轻貌美的郭家的又一只"凤"嫁入崔家，只是她是郭家的小女儿，嫁了崔家长子崔浩，而青凤的二姐翠凤却嫁给了崔家三公子崔恬。

明艳的姑娘的确能让人多看几眼，但是有了婚约，过着举案齐眉的日子，那就是另一回事了。婚后崔浩很快就感觉出了姐妹俩的差异。青凤儿是娇艳的，就如同早春盛开的桃花一样，她全身充满了青春、活泼的气息，需要一个年少的夫君去欣赏、去娇惯、去纵容，她心里才是有激情的。而身为人父的崔浩宫中事务繁忙，回到家里，需要的是一个能懂他、能知道他心里寂寞的人来陪伴，他看到了她的一双大眼睛明眸善睐，但他的余火不能点燃起她心中青春的火焰。他看得出她也在努力地学着长姐的柔情似水，但却是一副小女儿态，她伏在他胸口呢喃软语，跟他撒娇，而他心里却在想着朝堂上的事。每日里朝堂上诸多事装在心中，需要他去应对，根本无暇顾及年轻妻子的心思和她的需求。无论她娇情也好、噘嘴也罢，在他眼里其实也就是比小惠大不了太多的孩子，而他的心却裹了层层铠甲，他可以给她想要的锦衣玉食和优渥的生活，内心里只要她对女儿好就行了，他也明白，他眼里流露出的冷淡却又挫伤了她。

曾经他对惠凤儿的感情，那是春风与春草的触碰，溪流对山石的叩击，他和她有那种心有灵犀一点通的默契。雁归有时，春来冰融，明月落了还能再升起，唯独她不会再回来。续妻青凤，也可以说是一个善解人意的妻子，对待他的父母和他的女儿都很好，但他对她的情感，掺杂了同情、怜惜的成分，但绝不是一个成年男子对于他爱着的异性渴望的那种感情，或者他一直没有走出此前她是他的小姨子的定位。只是既然娶进了家门，他也只能纵容她、呵护她。人生如行棋，落子无悔，过往的事不由人，眼前人却不似旧时人那样知他懂他。而青凤看他，他也感觉到似有一种敬畏在里面，是小心的或者客气的，这绝对不是寻常夫妻应该有的样子。更多的时候，青凤跑到她二姐翠凤那里去玩耍，估计到他快要回来，才极不情愿地回家，有时脸上还挂着泪痕。入夜，两人也多是相背而眠，久久无言。

书家王羲之曾言，“向之所欣，俯仰之间，已为陈迹”，多合适此时的自己，每个人对感情的需求或者索取都是持续而贪婪的，夜里回到家来，崔浩在他的书房里写下了王羲之之句，不由得静默沉思。他看书、写字，从笔下寻找一种合适的抒情模式，笔花四照，物我两忘，因而一写便是深夜。

有一日和同僚在外面饮酒对诗后,回到家,突然间有一种想写诗的欲望,提笔写下"文士满华堂,寂寞深锁藏"的句子后,便再无语。

一年之后,小郭氏青凤也生下了一个女儿,有了孩子的青凤,把所有心思都用在养育孩子上面。

第五章　跻身朝堂

书劝农诏

硝烟散尽，水落石出，帝王家的皇位争夺终于尘埃落定，平城上空再次出现了旭日暖阳。崔浩注意到家门口不远处的溪流裹挟着沉寂的冰层，顺着深壑流去，发出了轻快的声响，内心顿时一阵轻松，感觉如流水般流逝的还有那些表面上平静实则如履薄冰的朝堂侍君的日子，那段日子大臣们苦不堪言，一言不慎可能就看不到太阳再次升起了。也有百官奏事的时候，朝堂上皇帝拓跋珪会突然想起其过往缺失，便会突然暴怒，暴怒之下就再也听不进百官的劝谏，立即命左右拖出去斩首，斩首之后还呈尸于天安殿前，搞得朝廷人人自危。好在他们父子知道这是皇帝服食寒食散过量导致的精神病症，因为他看到拓跋珪在清醒之后，便会为错杀朝臣后悔得捶胸顿足。父子两人在那段时间既不近前悦君，也不再劝谏君王，小心地度过了那一段艰难岁月，只是没想到堂堂的大魏国国主会死于他的儿子清河王之手。不管怎么说，如今朝廷不再有皇帝发病时随意处罚大臣让人心惊胆战的日子，也消除了清河王拓跋绍叛乱带来的影响。拓跋嗣登上大宝，少年天子聪明睿智，宽厚弘毅，此前老臣们在殿前不敢说的，现在都可以说。先帝喜怒无常，动辄贬谪大臣，而新皇帝却又将他父亲贬回家的老臣悉数起用，所有人觉得现在朝堂上是温馨的，也是可以放心或者放手做事情的。除了这些，新皇帝对崔浩又十分信任，这也让崔浩信心满满，期望做个好臣子。

这一年拓跋嗣改年号为永兴，称拓跋珪为宣武皇帝，庙号烈祖。

家贫出孝子，乱世显忠臣。此前拓跋绍赏赐布帛笼络群臣，高官中只有崔宏不受赏赐在那时也是需要勇气的，因为谁也不知道明天会发生什么，谁也不知道手握皇权的拓跋绍会如何行事。但如今看来崔宏这种品格和情操无疑是高尚的，也是胆略过人的。提及此事，朝堂上新皇帝拓跋嗣自然十分高兴，而群臣们大都羞愧不已，虽然当初是不得已接受的，如今却不知该用什么办法来撇清和拓跋绍的关系。好在拓跋嗣是宅心仁厚的，他心里有数也有度，崔浩和他的父亲并没有为此而沾沾自喜，别人也都知道崔宏向来为官清廉，不贪不占，也不以此向皇帝邀功请赏，并没有给别人带来很大的压力，所以满朝文武都在心底里暗暗感念崔宏。拓跋嗣以崔宏不受拓跋绍的布帛为由，特赐帛二百匹作为奖励。

朝中事安排妥当之后，拓跋嗣带着崔浩和王洛儿等人，去车轮山祭祀，在众人看来，这个车轮山真的是保佑皇帝安全的神山。而且当初外出躲藏时，崔浩提议让拓跋嗣住在山上，不能住在王洛儿家里，村里闲杂人多，容易暴露，那个提议又是那么的正确，村里为他们悄然提供食物的王洛儿邻居李道，被拓跋绍查了出来并斩首，如果当初拓跋嗣躲在王洛儿家里，后果真是不堪设想。

不几日拓跋嗣宣布任长孙嵩、安同、崔宏、奚斤等八公听理万机，并让他们选贤任能，整理人伦纲常。同时升任崔浩为博士祭酒，并赐爵武城子。那一年还将国子学改为中书学，国子学为西晋武帝咸宁二年（276）始设，是专为五品以上官僚子弟设置的官学，与太学并立，大魏国沿袭西晋的教育规制，博士祭酒为中书学之长官，领五经博士，掌管中书学。中书学生也有品阶，学成后可入仕，崔浩少年时的伙伴李顺任中书博士。

下朝回家后，崔浩掩饰不住内心的喜悦之情，早年间父亲常常跟他讲起王猛辅佐苻坚的故事一直刻在他的心中，而这些年他精读史书、研习易学，想有朝一日做个王猛那样的忠臣谋士。虽然与父亲他们八公比起来，自己这个官职微不足道，但是在同龄人之中，他也是人中翘楚了。

历朝历代，无论哪位皇帝，想要做一世明主，成就一番事业，离不开运筹帷幄的谋国之臣，比如周武王得姜子牙而得天下，刘邦有了张良、萧何等人的辅佐，开创了大汉江山，刘备因为有了诸葛亮、庞统等才能三分天下。如果王猛不是早亡，前秦皇帝苻坚的下场也许不会那么悲惨。当然，如果想成为"卧龙""凤雏"那样名扬天下的谋臣，皇帝的信任自然是少不了的。崔浩再分析自己，他并不缺皇帝的信任和赏识，在别人眼里，而立之年的他有了爵位，又身在朝堂，可以说是要风得风要雨得雨了。对崔浩来说，博士祭酒一职，除了管理好中书学，他也有随军赞划、议定礼典的职责，就是眼下也有许多大事需要他来做。中书学的中书博士既要为学生讲授《五经》，还得能训导国胄，甄明风范。先皇时，集众多博士儒生编定了一部四万余字的《众文经》成为中书学生学习的字典。

皇帝拓跋嗣也重视鲜卑子弟的学习，又特别推崇儒学，喜欢看一些前朝史传等书籍。崔浩经常为皇帝讲授经书，拓跋嗣看了汉代儒士刘向采撷先秦古籍和汉代史料编撰的儒学经典《新序》和《说苑》，读过之后觉得其中的不少观点与他的想法有悖，便动手写了三十篇《新集》。崔浩将皇帝写的《新集》都让中书博士教授给了中书学生，崔浩偶尔亲自授课，除了教授儒家典籍，还教他们研习书法。

虽然担任了博士祭酒一职，但崔浩更多心思都放在如何为君分忧上。眼下还处于天下分立的格局，魏国南有东晋，东北面有北燕，西与夏和后秦为邻，这两国以西还有西秦、南凉、北凉、西凉政权，北面还有来无踪去无影的柔然，魏国想要强大起来，自然得先破除诸国分立的格局，先形成北方的一统，才有可能和南边的晋国平起平坐。新登基的皇帝是有雄心之人，而皇帝又对自己颇为信任，这让崔浩有一种重任在肩的感觉，每晚崔浩都坐在桌前，熟读兵书，并加以研究或者推演。

在一次进宫讲学中间，拓跋嗣问崔浩，眼下咱大魏国最要紧的事该做什么。崔浩说："臣以为，大魏国周边有几个王国存在，但是国力都不如魏国强盛，眼下对咱大魏国还不会形成危险，可以采用远攻近交的办法来保持边境安定。当然，眼下最当紧的是得解决国库空虚、民有饥馑的问题。先皇时期，虽然陆续有人口内迁，但经过多年征战，许多原来粮草丰茂的地区已经荒芜，就连京畿之地，也是撂荒地多，耕种的人太少。一夫不耕，或受之饥，一女不织，或受之寒，眼下宜发劝农诏，恢复农业，让百姓休养生息，可让国力强盛，兵精粮足，才可以图谋大业。"

拓跋嗣说："爱卿所言，正合朕意，爱卿是朕之良师，应该对朕知无不言，言无不尽，以爱卿之大才辅佐朕，相信会让百姓衣食无忧。"崔浩回家之后，还为此写了专门的奏章上呈，大意是：衣食充足，然后知荣辱进退。大凡人饥寒交迫，只担心朝不保夕，所着急的只是温饱而已，哪有时间顾得上仁义的事呢？如不是夫耕妇织，内外相辅相成，拿什么来做到自给自足呢……不久之后，朝廷颁发诏令，塞外鲜卑人及其他胡人内迁到关东地区，按人口分给他们住房、农田、农具，让汉人教他们耕种，这样能够使饱受战争摧残的地区快速恢复原有的富庶繁华。

永兴三年(411)春，皇帝再下诏，将宫里闲杂人员放出宫，该娶妻的娶妻，该嫁人的嫁人，让他们自食其力，过上平常人的生活，也减轻后宫的压力。

这一年朝廷还制定了大使出巡制，第一批出巡的大使是北新侯安同等人，他们持节巡视并、定两州以及山居杂胡、丁零人所居之地，问民疾苦，同时也巡查地方官员贪污害民的问题。朝廷还规定百姓如果发现地方刺史、守宰不守法令，可以直接进宫告发，持节巡视的官员如果查出有哪些不依法行事的地方守宰，让崔宏和宜都公穆观最后审定。南平公长孙嵩、任城公稽拔和白马侯崔宏在朝堂上，提审囚徒公开处理，三人的审定，最后意见统一了再行处判，其间无论受到判决的还是旁观的，都感觉到崔宏他们处理公道，大家都很服气，皇帝赐给三人数量不等的布帛。

为了解决京畿人口少、土地撂荒的问题，拓跋嗣还让各地豪门士族带头到京畿，给他们优厚的待遇，但是人都有故土情结，有些人并不想背井离乡，但是地方官员为了完成任务，限制时间强逼遣送，强制冷硬的做法引起了人们的愤恨。有的百姓四散而逃，还有河西、建兴等地有人聚众叛乱，地方守宰们一时之间又难于平息，眼看内乱四起，皇帝便召崔宏和北新侯安同、寿光侯叔孙建、元城侯元屈等问计。崔宏请求朝廷宣布大赦以缓和与平民的对立情绪。元城侯认为："擒贼先擒王，先捕获首恶，再赦免同党人。"崔宏上奏说："帝王治理天下，以安定民心为本，这些人叛乱也许有苦衷，应该大赦他们，如果大赦之后仍不悔改，再杀也不迟。"皇帝听从了崔宏的建议，宣布大赦叛逆之人，许多人看到大赦的布告后不再与朝廷作对，安心做个顺民，也只有为数不多的人继续对抗朝廷，拓跋嗣派黑槊将军于栗䃅领兵前去征讨，很快就平息了，一场迁移的风波总算平息了。崔宏升任为天部大人，改赐爵位为白马公。

朝廷宽宏量大，自然天下归心。不久之后，昌黎、辽东百姓二千多家归顺，西河胡人张贤等率领部下归顺。那一年北方的柔然犯边，长孙嵩出征，却被柔然追赶并围困在牛川，皇帝拓跋嗣闻报后御驾亲征，解了牛川之围，柔然逃遁，柔然斛律宗室的吐觝于率众归顺。

朝堂之上，皇帝提倡广开言论，大家知无不言，言无不尽。朝廷还下诏，大魏国有文武才干的人或者先贤的后代，都可以到京师谋一份差事，朝廷依才录用。

古人云："农，天下之大本，民所恃以生"，农谚说"雨落四月八，蔬畦苗垄好发芽"。春天一场大雨，让农民生出了许多丰收的期望。崔浩行走在平城郊外，抬头眺望远处的山峦，高高耸立，景象万千，仰头看天空湛蓝、白云悠悠，如浑水的流淌声清脆悦耳，崔浩的心中洋溢着一种说不出的喜悦。他在如浑水畔的大片田地里看到众多的农民赤着双脚，在地里低着头、弯着腰清除杂草，田地里起垄，一垄一垄的禾苗嫩绿青翠，人们看着田地里的禾苗，眼里饱含着喜悦。看到这样的情景，崔浩为大魏国高兴，也为自己高兴，他感觉到了自己在最好的年纪，遇上了最好的君主，可以尽自己之所能，做个辅佐君王的好臣子。

阻止迁都

神瑞二年（415），这一年虽说有东晋琅琊太守刘朗率领两千多家百姓投降了魏国，河西一带的胡族首领刘云等带着数万户百姓降了魏，让朝臣振奋，也让崔浩觉得大魏国呈现出了"民尊亲其君，天下归慕"的盛景，但这一年却是个荒旱的年份，也是一个让大魏国君臣慌乱不已的年份。前一年秋天，庄稼快熟的时候，来了一场霜冻，让农人们的粮食减产了不少，这一年春天，却没有春光明媚的气象，而是北风遍野，飞沙走石，令人备感荒凉。虽然七九过了，但是一场又一场的倒春寒，让人们难以换下身上的冬装。人们等待的春暖花开的春景还没来，大风却来了，而且这风刮起来没有停的迹象，街上风沙肆虐，尘土和沙粒随风飞扬，大风将街边的树摇晃得东倒西歪，而树上的绿叶也是稀稀疏疏。由于天旱，地里的野菜、野草也是零零星星的，行人走在路上，感觉狂风肆虐无处藏身，崔浩上朝每日必须戴着风帽，否则无法出行。清明过了，依然不见下雨，谷雨过了，干旱龟裂的土地，让人看得心发慌。往年这时节，风也清了，日光也暖了，杨花开了，柳絮也飞了，春雨过后，田地湿润，种到地里的种子很快就长出了青苗。但这一年，农人们准备好的种子就是种不到地里去，一些小河也干涸了，如浑水也不像往常那么迅猛，而是水流迟缓。突然某一天，寒冷又一下子随风而去，骤然而来的是骄阳似火炙烤着大地，本来人们上一年就秋粮歉收，等着春天地头田垄间生出野菜尝鲜，填饱肚皮。但是由于干旱，田里的野菜稀稀落落，榆树上的榆钱儿也不稠，集市上很少有粮食出售。人们为天旱无法下种忧心如焚，除去向上苍求雨，再无他法。也有的人家看着种子种不到田里，眼看春种的季节就过了，不得已把留下的籽种也就吃了，先顾眼前饱。有的养牛羊的人家，牛羊吃不上青草，眼看着牛羊瘦得皮包骨头，虽然着急，却无计可施。为了鼓励人们耕种，拓跋嗣本人也亲自下农田补种成熟期短的庄稼和蔬菜，侍从们从河边挑水浇田，百官臣僚都紧随其后，一场晚春种植成了平城宫廷里的当务之急。崔浩还进言，让拓跋嗣下令让涉农部门劝勉指导人们从事农业和种桑养蚕，拨下粮种让人们种植，让如浑水灌溉田野。

各种办法能想的全都想到了，只是到了秋天，人们并没有往年那样收获了希望，秋粮大量减产，也有春天种子没种到地里，秋粮颗粒无收的人家，也有种到地里只是粮食并不饱满，收获到家的粮食难以维持一年的口粮。

有消息传来，代郡一带百姓有因饥饿而死的，朝廷下诏开仓放粮救济受灾的贫苦百姓，诏令为："古人有言，百姓足则君有余，未有民富而国贫者也。顷者以来，频遇霜旱，年谷不登，百姓饥寒不能自存者甚众，其出布帛仓谷以赈贫穷。"朝堂上每天针对如何度过眼下危机的讨论也是争论不休。专司天文历法的太史令王亮和苏坦向皇帝进言道："国都附近久旱不雨，百姓难以果腹，总是开仓放粮也不是办法，皇家也得留下足够的粮食应急呢。臣听说谶书有言，今年宜迁都。不如按照谶书的说法，我们把都城迁至邺城，那是几朝国都，那里土地肥沃，衣食相对富足，眼下的难关便可挺过去。"

博士祭酒崔浩和太医令成德侯周澹同时提出了反对意见："迁都于邺城，可以救今年之饥，但并不是久长之计呵。"拓跋嗣一听急忙问为什么。崔浩回复说："迁都邺城的确能在短期内聚集起大批粮食，以供养皇室、贵族、官员、军队解决饥馑。但是一直以来崤山之东的人们，认为大魏国百姓居住在辽阔的大漠之上，以为魏国人口众多，牲畜难以计数，因此，他们说：'大魏国天上的星星多，地上的牛羊多。'咱魏国一旦迁都到邺城，自然要留下一部分军队戍守平城，也只能分出一部分军队和民众向南迁移，这些南迁的人不可能住满邺城附近的州县，只好与汉人杂居在各郡各县，这样，我们人少的劣势就会暴露无遗，四方邻国也渐渐会知道魏国真实的情况而鄙视我国。我们现居北方，假如现在崤山之东有什么变乱，朝廷立刻派遣轻骑进攻，把部队分布在林野中间，没人知道我们人数的多少，对方看见万马奔腾驰骋前行时卷起的尘埃就会畏惧敬服。还有我们的士兵大多来自游牧部落，喜欢身着羊皮袄，肯定不适应邺城夏日炎热的气候，会水土不服，人是这样，牛马等牲畜也是这样，兵雄天下主要靠马，铁骑长途奔袭是大魏国的长项，士兵和马匹如果得病、死亡众多，对大魏国也是一大损失。再者，平城的守兵减少之后，北边的防守空虚，北边的屈丐、柔然部就会有进犯我们的想法。假如他们倾全国之力前来进攻，云中、平城一带会发生危机，南迁后的朝廷由于有恒山等山脉阻隔，很难及时营救，这样的话，魏国也就处于危险的境地了。"

周澹补充道："现在我们居住在北方，有畿内之田可种，有阴山、大漠之野可狩，有勾注等高山有险可据，有桑干水可饮，这是表里山河的形胜，其实我们遇到的也就是眼下的困难，而迁都则动的是国家根基。只要度过今年冬天的饥馑，等明年春天到来之后，杂草生长起来，家畜吃饱，牛奶乳酪等也便可以供应上了，再加上蔬菜水果，可以维持到秋天粮食成熟的季节，我们面临的这些暂时困难也就迎刃而解了。"太医令成德侯周澹此前曾为皇帝拓跋嗣医好了头眩之疾，很是受宠，位至特进。两人说完之后，朝臣们都觉得有道理，便不再言语。拓跋嗣说："两位爱卿言之有理，只是朝廷赈灾之后，现在国库也空虚了，其实库存粮是没有办法等到来年秋天的，如果明年继续出现荒旱，我们将怎么对付呢？"崔浩回答说："陛下，眼下应该把那些家无过冬之粮的饥馁人家挑选出来，让他们去太行山以东的地区去谋生，自行解决吃饭问题。如果明年再闹饥荒，到时候再想办法，只是眼下不宜迁都。"拓跋嗣一听不用兴师动众地迁都，还能解决百姓没粮食吃的问题，自然非常高兴。他说："两位爱卿与朕的想法一致，眼下也只有采取这个办法了。"当下让地方官员挑选百姓中最贫寒的人前往定州、相州、冀州三个州去谋生，并派左部尚书代郡人周几统率军队镇守鲁口，并沿途召集安抚饥民，提供饭食，保证他们顺利到达山之东。

那日下朝之后回到家里，崔浩的母亲跟崔浩说："听你二弟说，皇上要迁都，是你阻拦着迁都邺城。可是娘觉得，如果大魏国真把都城迁到邺城，那你们父子很自然地就会到邺城任上，那离咱东武城的家多近呵，娘也能回家住了，那该多好呵。"崔浩听到母亲这样说，便面带愧色地对母亲说："孩儿知道母亲的想法，孩子也思念故土，从家庭角度来说，孩儿也知道迁都到邺城对咱们从冀州那边迁过来的人大有好处，可以说解了思乡之苦。可是母亲，孩儿也是大魏国臣子，迁都之事，一着棋错，会满盘皆输，那是关乎万千人的大事，关乎国家的根基稳固，孩儿不能以一己之私而冒天下之大不韪。"崔浩的母亲说："娘知道你说得对，也知道迁都这么大的事，不可能说迁就迁，可娘就是想家了，叶落归根呵，只是顺理成章的迁都回乡的好时机错过，再想回家可就难了。"崔浩看到母亲头上的白发和期待的眼神，内心特别难过，他知道人老客居他乡更会思乡心切，更会思念故土。人一出生，那个地方赋予人们的阳光、空气和居所等，那就是家乡的气息，那也是先祖们享受过的阳光雨露，那便是一个人的根基。无论走到哪里，那个叫作故乡的地方永远会魂牵梦萦，也是叶落时要归的根，可是，他从小的教育中一直是以国事为重的，也只能辜负了母亲的期望，世上少有两全之法，他做不到既不负国也不负家。

观星象知天下

古人讲究天人合一，认为天象与人间的关系密不可分，冥冥之中总有一种力量，支配着季节更替，也支配着繁星运行的轨迹，同时还左右着人世间的吉凶祸福，天象异常会出现王朝更迭、帝王殒命等人间灾祸。古人为了便于认识星辰和观测天象，把若干颗恒星组成一组，每组用一种事物命名，这一组就称为一个星官。又把若干星官组合在一起，形成星官区域，分别命名为紫微垣、太微垣、天市垣"三垣"，还把命名的四个方位东方苍龙、南方朱雀、西方白虎、北方玄武称之为四象。三垣中的紫微垣、太微垣、天市垣，分别代表皇宫、朝野、集市。

那一日崔浩跟着拓跋嗣前往白登山，在山下检阅大将奚斤带回来的降户，查看堆成山样的各种物品，然后走上白登山四下眺望，只见归雁高翔，鸟鸣山涧，山上层峦叠绿，芳草无边，别有壮美震撼之处。南望平城，宫城门前的双阙高高，城墙巍峨，那是一座多么雄伟的城池呵。白登山下百姓来来往往，不徐不疾，从容自然。检阅过降户，论功行赏之后，拓跋嗣转过身来，低声对崔浩说了句："朕看着这世道太平、天下归心，心里痛快，走，回宫给朕讲经去。"

　　跟着拓跋嗣进了宫到了西宫的书房，崔浩刚刚拿起搁置在书案上的书，拓跋嗣摆摆手，急忙说："朕今天召你来，不想听你讲《周易》和《洪范》之书，朕最近心里有事，你给朕占卜一下吉凶。"看到拓跋嗣一脸严肃，崔浩忙问："陛下请讲，微臣会尽力求解。"拓跋嗣说："昨日下午太史公上奏说在匏瓜五星之中的荧惑星（火星），忽然不知去向。依照推占常法，这是国家危亡的先兆，可是朕自登基以来，勤勉于朝，唯恐辜负先帝厚望。今日站在白登山上，朕看到咱大魏国草木欣欣向荣，泉水涓涓而流，黄发垂髫，怡然自得，是朝气蓬勃之象，不似亡国之兆。你说这个荧惑星失常，会对大魏国不利吗？朕听奏后，一夜没睡好觉。"崔浩想了想肯定地说："陛下不必惊慌，下官揣测荧惑星一定是进入秦国，主秦主不利。微臣听说如今秦主姚兴重病缠身，太子羸弱，皇子强势，且觊觎皇权已久，陛下可派人去打探，结果应该不久就会见分晓。而我大魏国，皇上正值年富力强，朝堂上君臣一心，眼下国势蒸蒸日上，士马桓桓，师旅充盈，正是图谋大业的好时候。"拓跋嗣有点疑惑地说："但愿是这样，那朕等着看结果吧。好了，这个疑惑暂时解决了，陪朕吃酒吧。"崔浩知道，再是称孤道寡的皇帝，也是怕寂寞的，皇帝也是人，身边也需要一个对酒当歌的人。

　　又一个月朗星稀的夜晚，崔浩正在自家院子里仰头观星辰，这时大门外传来了一阵叩门声，下人开门，一看是宫里来的公公，便请进来了，崔浩看到了宫人进来，便上前打躬，并邀请宫人进屋里坐。宫人说："不必了，皇帝宣你进宫，让你解答疑惑呢，赶紧走吧，咱家在外相候了。"崔浩换了身衣服就跟着宫人进宫了。

　　等崔浩进了宫，皇帝在西宫里等着他，一见崔浩，便让他进来。崔浩行过礼后，低声问："皇上，夜里召微臣进宫，有什么要紧的事吗？"皇帝笑了笑说："也没有多大的事，就是朕有个特别疑惑的问题，你不给朕解决，朕又会是一夜无眠。有宦官奏报说近日有人夜间在宫里看见有兔子出入，而且不止一人看见，朕查问守门的，几个守门的都说后宫禁卫森严，别说是兔子，就是有苍蝇飞进去了，也能逮得住。朕觉得奇怪，不是从门里进来的，那又是从哪里来的，是妖孽吗？你给朕推断一下它是吉是凶，如果是灾祸应该应验在哪？"

看到皇帝着急的样子，崔浩认真地想了想，突然想起一年前后秦姚兴派遣使者朝贡时，曾经说过想要进献女子。于是他笑笑说："恭喜陛下，瑞兔属于吉祥之物，瑞兔出没在后宫中，有可能邻国会进献像嫦娥一样的美女来，这应该是好事，天降祥瑞，陛下大可不必担忧，如今大魏国也是蒸蒸日上的光景，虽然大魏北有柔然、东北面有冯跋建的燕国（北燕），西面与夏国和秦国接壤，两国以西还有西秦、南凉、北凉、西凉，不过都是弹丸小国，也不足为惧。如今像慕容德建的燕国不就让晋国刘裕灭了嘛，还有的国家不战已生内乱，只要咱君臣同心，国家不愁不强大。"一席话说得拓跋嗣好开心，他说："朕就等着你说的话应验呢，你不来朕会胡思乱想的。"

话说也就说了，崔浩觉得不过是为了解除皇上的疑惑，让皇帝睡个安稳觉，事后崔浩把这事基本忘了个干净。

几个月后有探子来报，说秦地大旱，是赤地千里的那种干旱，长安城里的昆明池水也见底了，当地童谣四起。一到了谣谶四起的时候，一个国家便离灭亡不远了，看来后秦真的要衰微了。崔浩少时读诗经"倬彼云汉，昭回于天"的句子时，父亲就开始教他如何夜观天象，这些年通过观察天象，他对于天文气象、地理历数的分析很精准了，所以当时皇帝问他天象的事，他会毫不犹豫地说出秦地会出现旱情。

神瑞二年（415）冬天，后秦姚兴让人进献了西平公主以示好大魏国，公主貌美聪慧，一笑百媚，让拓跋嗣特别喜欢，并以皇后之礼聘纳进宫来。只是按照大魏国旧俗，后宫嫔妃想要当上皇后，必须杀白马青牛，筑坛祈祷，祭拜天地，并令西平公主手铸金人以纪其事，只是这个金人屡铸不成，无奈只能封其为贵人。

年刚过又有消息传来，还是关于后秦的，说是后秦太子姚泓与皇子尚书令姚弼，一个想要保住太子的地位，一个看到太子懦弱想要谋夺太子之位，而且两人都有支持者，为争夺皇位一直骨肉相残争战不休，后秦国内乱不止。皇帝拓跋嗣听到这个消息后，突然想起了此前崔浩的判断，而且他的预言就跟后来发生的事一模一样，这些事就好像是崔浩亲眼看见的一样，这让皇帝对他刮目相看。

那日天色已晚，皇帝处理完奏章，立即起驾到崔浩府上，想吃吃崔府美味，也想和崔浩秉烛夜谈。朝里的宦官前来告诉崔浩说，皇帝正在来他家的路上，要到他家里用餐，这让崔浩特别紧张。他说："公公，崔府向来都是粗茶淡饭，而且提前也没有准备，这怎么可以呢，这样会不会慢待了皇上？"宦官说："不打紧，皇帝这算是微服出巡，并不是为了吃饭，主要是听说你对宴飨馔食方面有研究，你不是说过美食要使清者配清，浓者配浓，柔者配柔，刚者配刚，方有和合之妙。因此皇上就想来尝尝你的和合之妙。"

崔浩对于美食的讲究，是来自于他的母亲，母亲能把很素淡的食物做得香醇可口，而且酿酒也是她很拿手的。仓促之间，崔浩将家里的各样食物让人赶紧准备好，把自酿酒端了上来，皇帝就到了。崔浩到大门口接驾，拓跋嗣将他扶起，边往里走边说："朕听说你还会做美食，今日特来品尝。"崔浩赶紧说："回陛下，都是些粗茶淡饭，恐怕会让陛下失望，臣惶恐。"拓跋嗣说："不打紧，不打紧，朕吃腻了宫里的饭，就是想到你这里换换口味尝尝鲜，品品你的和合之妙。"

一会儿饭菜端了上来，用酱清腌制过的鸡，蒸炖的雪白的乌鱼，胡麻羹汤，另有一些清爽可口的小菜，还有家酿酒，主食是他家乡的馎饦。虽然崔浩感觉这些食物也都是临时准备的有些难为情，但是拓跋嗣一尝："呵，还真是不错，清淡但美味。"并问他主食叫什么，此前在宫廷里并没有吃过。崔浩说："回皇上，臣家乡人称馎饦，也就是将豆面、谷面等多种面混合在一起，切成小方块，再用拇指一个一个搓压成馎饦状，比北方人常吃的水引略为讲究些，入口滑爽。"拓跋嗣说："朕虽然吃遍了宫中的各种精细餐宴，也常吃汤饼，但是卿做的这种馎饦真没吃过，还有你酿的酒也好喝。"

两人边吃边饮边聊，在崔浩看来，两人虽然是君臣，但是此时此刻，却是相交多年的故友，无话不谈，这一刻没有了君臣的界限，这一刻只有一杯清酒尽兴。两人边吃边聊不知不觉便到了深夜，拓跋嗣酒足饭饱之后，才一身轻松地起驾回宫。

钦赐美妾

阿莘来，阿莘来，

十有一拍拍莫催。

壮士卷芦叶，夜吹簌罗回。

胡霜凋折柳，边风吹落梅。

龙城寒月覆如杯，阴山狐狸奉首哀。

真人作，统九垓，

一拍始，天地开，五拍六拍奎斗回。

合歌金槽双椤梢，黄宫大弦声若雷。

驾鹅颈，羧勃胎，

鲜卑齐上万寿杯，大驾岁还龙虎台……

平城宫外，崔浩听得军士们操练之后唱起的鲜卑语歌曲《阿莘来操》，再以簌罗回伴奏，有一种北风浩荡，慷慨豪壮之感，让他听得特别激奋。

神瑞三年（416）清风拂过城堡，有鸟儿飞过，谷雨过后，一场春雨应时而下，干渴的田野重生了，不久田野长出了青苗，崔浩看到手里拿着农具奔向田野的农人们眼里有了亮光，当一场夏雨飘向黍田、菜园，黍苗青青，菜苗碧绿，百姓一丝不苟地侍弄着他们的庄稼时，崔浩心里长出了一口气。他知道，前一年由于干旱和大风带来的危机就这么过去了，一场由他和特进周澹持反对意见的劳师动众的迁都风波也算过去了。

从春天开始皇帝便四处巡游查看灾情，并为各个州县减了赋税，查看百姓中是否有因贫穷而无法耕种的，同时也监察各州县守宰的行为。皇帝大赦天下，还将年号更改为泰常元年。京都平城平稳度过了灾荒之年，迁都的事也没人再提了，到了秋天，秋粮也归仓了，平城里的百姓欢天喜地。崔浩信步走在大街上，他看到一对年轻夫妻在他的前面走着，男女都身负重物，两人并排而行有说有笑地向家的方向走去。这时崔浩突然听到了有人唱小曲："天生男女共一处，愿得两个成翁妪。黄桑柘屐蒲子履，中央有丝两头系……"他扭头看到一处临街的院子里，一个喂马的汉子一边给马厩添草料，一边大声地哼唱着，一股马粪和草料混合的气味从开着的大门里飘了出来，马厩旁边的女子手里端着盛放草料的筐箩，两人配合默契，这和睦的情景虽然是一晃而过，但却深深地打动着崔浩，他觉得平民人家也有着不为人知的快乐，而他的生活中却总感觉缺少点什么。

再前行走到五级大寺的寺庙前，寺庙外的高台上正在演着酬神的百戏，扛鼎的、顶竿的、寻撞之类的玩意儿，台下众多的男男女女在观看。寺庙不远处的店铺里有卖酒的吆喝声，也有卖各种小玩意儿的，店铺里也大都是夫妻两人在忙碌着，再看看附近人家的屋顶上有炊烟袅袅升起，他知道该回家吃饭了。只是他并不想回家，自从大郭氏离世，小郭氏进门后，他就不太想回家。大郭氏在世的时候，两个人有说不完的话，就是在书房里他写字的时候，大郭氏也会为他研墨，有时候他写出一句诗文的上半句，大郭氏能为他对出下半句，两人可以诗文唱和，那个时候他感觉家是很温暖的。虽然小郭氏和过世的大郭氏一样温柔、美丽、善良，可是她却不是她姐姐的翻版，两个人有着不一样的性格。很多时候他与小郭氏相对无言，而且小郭氏虽然有姐姐的美貌，却没有姐姐的灵性，他的书房她一次也没进去过，不知道从什么时候起，她喜欢上了诵读佛经，整天在佛龛前祈祷，这是让他很看不惯的。所以走在街上，他看到那些相互协作的夫妻，心里就有一种莫名的悸动。穿过了城南的街衢回家，先到了父母住的前院看望过父母之后，便径直往自己的书房里走去，他要为皇帝起草一份诏书，虽然那份诏书并不急。

第二天早朝，皇帝拓跋嗣得报如今秋粮归仓，大魏国迎来了一个丰收之年，基本解决了京畿百姓吃不饱饭的问题，上一年的危机就算过去了。上朝后的第一件事就是论功行赏，要说阻止迁都，那是崔浩和周澹力谏的结果，让百姓外出就食，解决了当下的饥馑，是崔浩想出来的法子。当下宫人拉长了声调朗声念道："赏阻止迁都的博士祭酒崔浩妾一人，御衣一套，绢五十匹，绵五十斤，钦此！"让崔浩意外的是，这一次的赏赐很特别，崔浩有点愣神，一同得到赏赐的太医令周澹拉了一下他的衣角，崔浩顿时回过神来，两人一起跪在地上谢主隆恩。

因为没有俸禄，百官之中赏赐布帛、粮食的时候多，而赏妾的先例很少，这一次是钦赐美妾，让崔浩真的没想到。娶进门才知这个赏来的妾柳氏是河东人氏，河东三大望族便有柳家，而且柳氏一门也是世代官宦。此前皇帝几次去过崔浩府里，可能也看出了他们夫妻不太和睦，便挑选了一个准备入宫的会弹琴还识字的女子给他，以弥补崔浩人生的遗憾。

柳氏有个好听的名字柳菁，她面若芙蓉，素色衣装，长裙曳地，下摆宽松，头梳高髻，怀抱瑶琴，袅袅娜娜地迈进了崔家府邸，让人想起如浑水边上那些有着一抹风情的窈窕绿柳。"有美一人，清扬婉兮。"只那一眼，崔浩便想起诗经里的句子。十六岁的柳菁双颊红润、眼眸清纯、唇角微翘，她的双手纤弱白皙，似春笋般细嫩，仪态端庄又妖媚。

入夜，崔浩听得柳菁在弹唱着好听的曲子：

秋夜入窗里，罗帐起飘扬。

仰头看明月，寄情千里光。

金风扇素节，玉露凝成霜。

登高去来雁，惆怅客心伤。

她的琴艺精妙，他知道她弹的应该是首清商曲辞，听到这么美妙的声音，他闻声而去。等崔浩过来时，柳菁停止了弹琴，捧起一盏茶来，浅笑盈盈，有一种相逢却是曾相识之感。

音韵和诗情是相通的，而他和她的心智也是共通的，酒中诗意，琴中知音，一刹那，似乎又回到了无边风雅的从前，她身上流露出的清凉出尘的气息韵致，是他所欣赏的，他遇上柳氏，顿感人生有了另一种轩敞明亮。古人说，乾坤分阴阳，天为阳、地为阴，男为阳、女为阴。这世界上美丽有才情的女子和才华在身、有情怀的男子，那一定是一见倾心，两情相悦的。

崔浩一回家便是先到书房内，柳氏偶尔会挑帘而入，静静地看他写字，听笔摩擦纸张的声音，柳氏也喜欢崔浩那独特的锋如刀芒的字迹。她知道崔浩得一口气写完一首诗或者写完一张书法帖子，才会停下手中的笔，等他把笔搁在一旁，他才会抬起头跟她说话。有时候就是不说话，也是两看不相厌，她的行为举止，在他的眼里，如玉生香。而看她杨柳细腰、袅袅娜娜的风姿和抚弄琴弦的样子，感觉像一幅意境疏淡的图画。一身才情的崔浩无疑是心高气傲的，而他身边需要一个懂他的人，柳氏无疑是她的解语花，身体的契合和精神的愉悦，让他的人生十分地饱满。

那日在宫里闲聊，拓跋嗣还笑着问崔浩眼下的家庭生活，钦赐的美眷是否如意。崔浩说："谢陛下，柳氏精通音律，也粗通文墨，是个懂我的女子，这婚事的确是称心如意，知我者，陛下也。"拓跋嗣哈哈一笑说："朕还不了解朕的博士祭酒的心思，你文采出众，自然得挑个才貌双全的名门闺秀让你满意，你喜欢就好。"他对皇帝的赏赐充满了感激之情，内心感觉也唯有尽全力辅佐朝廷才能不辜负圣恩。

献妙计坐收渔利

泰常元年（416）秋天，有小道消息不时传来，说是东晋国调兵遣将想要出兵攻打后秦国会途经大魏国，一种紧张的气氛笼罩了整个平城。那日朝堂上皇帝拓跋嗣看着奏报，脸上也是布满了愁云，一份信函是东晋来的，说是东晋太尉刘裕要兵进被后秦占据的洛阳，清扫晋室的祖先陵墓，想借道魏国，请魏国高抬贵手放行。另一份信函是后秦国主姚泓派遣使者送来的，说刘裕要攻打后秦国，后秦与大魏是姻亲之国，求救于魏国。

后宫里拓跋嗣贵妃姚氏得知了秦国使者求助的消息，也眼泪汪汪地请求拓跋嗣出兵救自己的国家。眼下的情况是，如果不同意借道，救助后秦国与东晋为敌，东晋国伐秦之后，两军对战也就为时不远了。如果借道给东晋国，东晋军要是突然发难，也会令魏国措手不及，无法招架。这种两难选择让拓跋嗣为难，于是召集群臣商议。

谁都知道，眼下东晋到了最强盛的时期，一向内讧不止的东晋国突然之间杀出一员北府名将刘裕，全国军力皆由太尉刘裕调遣。东晋义熙六年（410）刘裕北伐灭了南燕，使得东晋直接与魏国在山东接壤。义熙九年（413）东晋灭西蜀，同年仇池国称臣，可以说攻伐后秦取得长安这是东晋君臣最大的心愿，也是偏安于南方的东晋国时时想要收回的晋愍帝时的旧国都。

魏国的朝堂上群臣在争论，刘裕到底是真的想要借道，还是假借道趁机攻伐魏国。这年八月，刘裕下令北伐并率军从建康出发，还分派几路大军水陆并进。派遣晋国名将王镇恶、檀道济率步兵为前锋，自淮水、泗水一带向许昌、洛阳进发；沈林子率水军自汴水入河（黄河）向洛阳行进；朱超石、胡藩率军由襄阳赴阳城，策应主力，从南面进攻洛阳；沈田子领兵由襄阳趋武关，掣肘关中的秦军；冀州刺史王仲德统领前锋诸军，开通钜野淤塞的故道入黄河，率领水军逼近滑台。几路大军浩浩荡荡齐头并进，士气高昂。

朝堂上群臣表示，晋军水陆并进，如果从河北岸登陆入侵大魏国，其实也很容易，有可能伐秦只是幌子，用的是声东击西之计，目的是迷惑魏国，魏国至少要在大河北岸布下重兵。

崔浩对此提出反对意见，他说："微臣觉得，刘裕此行一定是去攻伐秦国的，此前几年刘裕兵伐南燕，继而收复西蜀，这都是在剪除后秦国的左膀右臂啊。如今，雄才伟略的姚兴过世，眼下的秦国主少国疑，朝臣内心不服，国家内乱不止，外患不绝。而晋国刘裕兵精将勇，伐秦绝对有胜算。咱们在河北岸屯兵，威胁到晋军的前行，很可能会将矛头转向大魏，如果是这样的话，相当于代秦国出兵了。可如今北地的柔然还在不时进犯边境，魏国国内粮食短缺，如果再与晋国起了冲突，柔然军就会乘虚而入，咱魏国是腹背受敌。眼下不如做个顺水人情，借给刘裕一条水道，放他西进，然后发兵断绝其东归之路，这才是上上策。如果晋军得胜告捷，会感激我们借路之恩，如果他们伐秦失利，我们也会有援救秦国的美名，这是比较折中的办法。"

司徒长孙嵩认为崔浩的主张是书生之见："晋军西入潼关，怎么能不担心咱们会切断他的退路，这样一来他就腹背受敌了，要是他渡河北上攻伐大魏国，秦国姚氏则一定不会从潼关出兵救援咱们，晋军运用声东击西之计，他的目标恐怕还是咱们大魏。"拓跋嗣觉得长孙嵩说得也有道理，认为秦国在潼关布防有重兵，刘裕的水军很难攻破，加上晋军的粮草全靠水运，一旦后援不继，岂不全军覆没，咱也可以坐收渔利。

拓跋嗣当下决定发兵，并赐给长孙嵩符节，督察太行山以东军务，可调兵遣将。崔浩便又进言："朕下，微臣觉得长孙嵩大人督察军务会有不妥，因为长孙大人长于政务，而很少在前线排兵布阵，咱大魏国面对的是久经战场的北府兵，如果此战不能胜出，真的是白白替秦国损兵折将。不如放刘裕西行入关，就是他们拿下了秦国，其实刘裕未必有时间打理，刘裕志在谋取晋国的江山，秦国的这片土地一定会落入近邻夏国赫连勃勃之手，但是赫连勃勃凶暴之名外露，民心不附，我们伐夏相对容易得多。"

长孙嵩听得朝堂上崔浩当众说他长于政务，疏于战事，便气不打一处来，当下回击道："崔大人，本公跟随先帝南征北战，剿灭黎部茂鲜、尹国反叛的时候，崔大人还是三岁顽童玩尿泥呢吧。本公北伐柔然之时，崔大人还在书斋里子曰诗云摇头晃脑读诗书呢吧，崔大人不必灭自己人志气，长他人威风，我长孙嵩还真想去会会刘裕这个北府兵。"

崔浩一看长孙嵩恼羞成怒，知道自己说话不小心得罪长孙嵩了，可他也知道事实胜于雄辩。于是拱手抱拳道："长孙大人，下官并非是有意说大人的不是，大人的英名大魏国妇孺皆知，只是想说此战凶险，晋国的北府兵是出名的能征惯战，而且以阵法见长，下官也只是担心魏军此行如果出师不利，会折损大人英名。"崔浩又转身对拓跋嗣说："臣唯愿陛下安兵息民以观其变，秦地将终为我国所有，咱大魏可坐收渔利也。"

拓跋嗣见状，当下发言："众卿不必争论了，此事就这么定了，司徒长孙嵩总督山东诸军事，加派振威将军娥清、冀州刺史阿薄干，率领步、骑兵十万人屯军大河北岸，此举既可以隔岸观火，也可以两军对阵，大家见机行事，小心点总是好的，不会出现关云长大意失荆州的情景。"

那一刻，崔浩感觉到了人微言轻，他悄悄看了一眼他的父亲，父亲崔宏虽然此时贵为八部大人中的天部大人，但是却在朝堂之上默不作声，并没有出面为他说话，也没有说出自己的看法，好像他们之间的争吵他没听见一样，这让崔浩感到疑惑，也觉得父亲确实是老了。

回到家中，崔浩问他父亲，怎么看待今日的朝堂之争，崔宏说："浩儿，你所说的没错，你预料的事肯定也是正确的，只是今天你锋芒毕露，为父只能沉默。对于皇帝来说，他若不派兵驻守大河，一则怕晋军突然发难，再则回到后宫无法与姚妃交代，毕竟两国有姻亲关系，恐唇亡齿寒。派出老臣长孙嵩肯定是失利时多，得胜时少，鲜卑人多勇武却缺少智谋，但是你直言不讳地进谏，初衷是好的，但肯定是得罪了老臣长孙嵩，希望我儿以后遇事能想得周全些。"

可是正值血气方刚的崔浩虽然认可父亲的说法，但以他的个性，很难做到看出了问题却不说出来，这一仗肯定是损兵折将无功而返，自己明明看出来此战的弊病和结症，朝堂上的文武大臣，却要用将士的身躯去求证，这是让他最痛苦的地方。

黄河岸边，两支强劲的军队隔河摆出了阵势。

刘裕率水军入黄河逆流西行，北岸魏军见此情景，便以数千骑兵随刘裕水军西行，不时袭扰，以阻挠晋军西进。当时，河中风大浪急，有时候船上的纤绳突然崩断，由于多数时候刮的是南风，船只会被风吹到北岸，守卫在北岸的魏军将船上的物品劫掠，将人杀伤。刘裕派兵到北岸攻击，魏军立即退走，当东晋军退后，魏军再来，大魏国的这种游击戏斗战术，让东晋将帅十分恼火，也延误了进程。那日，晋军那边派出战车和精兵抢渡了北岸，并快速建立前沿滩头阵地，还布下了以战车为主体、以盾牌为防御、以水师为阵脚的弧形却月阵，这个阵似弯月牙形，两端靠近河岸，骑兵在前，步兵在中间，水兵在河中，晋军主帅在高大的战船上俯瞰战场，整个战阵不足三千人，只等魏兵前来。

这边长孙嵩不知晋人在玩什么花样，他觉得那些南人都是花拳绣腿，不足为惧，便抽出他的宝刀，那刀寒光闪闪，映照人影，他挥舞大刀，大喊一声"将士们，杀呵……"三万铁骑呼啸而来，出击对方的战阵。一时间，魏军对东晋的"却月阵"形成三面围攻之势，战船上，东晋军将领将令旗一摇，前排的阵中将士弓箭齐发，并用强弓大弩猛射，一时间魏军人马纷纷中箭落地，那些战马失去主人的，也是悲鸣不已。魏军前锋有点儿慌乱，但是仗着兵多将广，依然是前赴后继，继续往前冲。随着双方距离的缩短，晋军弓弩逐渐失去作用，这时只见令旗再一摇，顿时"却月阵"后又闪出上百辆战车上前，车上装着短槊，晋兵抢起大锤猛击战车一端，便有无数支三四尺长的短槊飞射出去。这种短槊杀伤力非常强，一支就能射穿三四个人。还有手持长槊，身着铠甲的骑兵同时出击，他们一往无前，挺刀向魏兵杀过去，魏军纷纷后退。魏军前锋主将阿薄干在一次指挥冲锋时，被晋军的短槊射中马，倒在地上，又被对方将士的长槊插在背上，当下死去，长孙嵩看到数千将士惨死，马上下令收兵后撤，这一仗以魏军失败而告终，东晋军遂得以沿黄河西上，不久到达洛阳。

那日崔浩上朝，便有前方战报传来，崔浩沉默不语，他看到了朝堂上拓跋嗣的表情，脸色极其难看，众人小心翼翼，崔浩知道皇帝后悔了，可是后悔也迟了。

把酒论英雄

到了第二年（417）五月，当东晋军前锋攻至潼关，即将进入后秦时，太尉刘裕亲率的水军从淮、泗入清河，溯黄河西上也进驻了洛阳，后秦主姚泓不断接到后秦军失败的消息，慌忙派使者再向魏国求援，但是拓跋嗣有了上次的教训，并没有表态。这时候，东晋齐郡太守王懿却突然降了魏国，这个消息也让人感觉到喜悦。多年以来，中原人以晋为正朔，如今东晋的太守也降了过来，那么秉承曹魏基业的大魏国自然也是天下人的安身之所，这样的消息也让大魏国君臣兴奋不已。

那日崔浩在宫里给拓跋嗣讲史之时，宫人进来说王懿求见，拓跋嗣让王懿进来。在后宫王懿把他了解的东晋方面的情况告诉了拓跋嗣，并建言说，魏国可趁刘裕驻兵洛阳之际，发兵绝其归路，便可不战而胜。崔浩看到拓跋嗣将征询意见的目光投向他，便轻轻摇了摇头，拓跋嗣见状，便让王懿先行告退。

王懿走后，拓跋嗣问崔浩："爱卿，王懿之见如何，依卿看来，刘裕伐姚泓之战持续近一年了，你觉得刘裕肯定能取胜吗？"崔浩说："回陛下，微臣觉得，晋国兵精将勇，又趁秦国衰微之时攻伐，肯定能取胜，对于晋人而言，秦国的田野是晋朝旧土，伐秦就是收复旧山河。对于秦国而言，最弱的果子应该最先落地。当然刘裕此行伐秦，其志不在攻城略地，而在于壮其威风，刘裕平定了国内的各种内乱，挤走了同党，成了一人之下万人之上的权臣，刘裕有胸怀天下的野心，臣认为他有个更大的抱负那就是篡位自立。其实就是刘裕攻下秦地，那个地方戎夷混杂，能攻下也难以固守。他们若想将荆扬的教化行之于三秦之地，犹如无羽鸟想飞，无足兽想走，那是不可能的，眼下我们可静观其变，练兵备战，休养生息，只等刘裕南归，咱们得秦地会如探囊取物般容易。"

拓跋嗣点点头后又问崔浩："依卿看来，刘裕的才能与慕容垂相比如何？"崔浩说："刘裕才能应该更高一些。慕容垂凭借的是父兄的基业，他是皇子，身份尊贵，他振臂一呼，归附他的人如夜蛾扑火般多。慕容垂只要稍加用力，便能立功。可是刘裕不同，他出身寒微，从小砍柴、种地、打鱼和卖草鞋，无一尺土地可依，也无一兵一卒可用，但他素有大志，从一个小兵起家，收降纳叛，讨伐四方，振臂一呼而平了桓玄之乱，又北擒慕容超，南摧卢循，晋皇室衰微，刘裕一步步掌握了朝廷的朝政大权，这样的人自然有其过人之处。"

拓跋嗣又说："朝臣有多人进言，说是应该趁刘裕入关进退两难之时，大魏可调遣精骑拿下彭城和寿春。"崔浩说："以微臣愚见，如今北方的柔然对咱大魏国虎视眈眈，西有夏国就等着咱出兵，他们可坐收渔利，陛下不可轻易离开京城，咱也不可轻易再战。如今大魏国虽然兵多将广，可是却并无韩信、白起那样的领兵之将可用。长孙嵩有治国之才，但是领兵打仗又不是刘裕的对手，黄河边的对阵已见分晓，微臣觉得，咱还是再等等吧，不劳兵马，作壁上观，能收渔利，才是上上策。"

拓跋嗣想想崔浩说得的确在理，而且那份深邃和周到的确朝中无人能比，于是拓跋嗣由衷地说："还是崔爱卿想得周到，看得全面，朕就依你。"

天色将晚，皇帝谈兴正浓，拓跋嗣示意下人摆上酒茶，边吃边聊。抛开在刘裕伐姚泓之事上到底再出不出援兵的问题，拓跋嗣让崔浩说说他心中的治世之才。崔浩说："当年符坚之所以拥有秦国一统中原的基业，多亏了良相王猛，王猛好比齐国之管仲。而不负使命的燕国太宰慕容恪，虽为皇子，但他以德治为基，构筑了慕容暐时期燕国（前燕）最大版图，却又无私心，有汉朝霍光之才。这些人都是微臣特别仰慕之人。"拓跋嗣说："那爱卿认为刘裕可比何人？"崔浩略一沉思，回答说："微臣觉得，刘裕好比汉末曹操，不过他不止挟天子以令诸侯，以他的野心，肯定会废晋自立。"拓跋嗣乘兴又问："那爱卿是怎么看待朕的父皇的？"听到皇帝这么发问，崔浩把刚刚端起的酒杯又放下，拱手答道："陛下难为臣了，微臣是在管子里看天，咋能看到宇宙的宏阔呢。不过臣想说的是，先帝带着鲜卑族人离开了草原南下中原，移风易俗，恩泽四海，当然可以与伏羲氏、神农氏同列了。"拓跋嗣示意崔浩拿起酒杯，两人再喝一杯，放下酒杯时拓跋嗣又问："那卿说说夏国的赫连屈丐。"崔浩说："微臣觉得，夏国赫连屈丐，孑然一身时依附于秦国姚氏，受姚氏封荫。但是他却不思报恩，劫了秦八千兵马称雄自立，这种小人行为，虽能横行一时，但终究是要被人灭掉的。"拓跋嗣笑着说："所有的帝王都是称孤道寡，但是帝王也有帝王的寂寞，朕也需要谈得来的知心人，今夜与爱卿谈古论今便感觉十分愉悦。"

夜已深，两人抛开了君君臣臣的尊卑，无所不谈。临走时，拓跋嗣赐予崔浩御用的醪酒十觚，水精戎盐一两。他说："朕品味爱卿的话，好比这些盐和酒，所以朕要与爱卿共享它们的美味。"

拓跋嗣赞同崔浩的策略，并不拦阻东晋国的任何行动，只派长孙嵩、叔孙建各率精兵监视刘裕军的进程。刘裕进至洛阳，为防止魏军的袭击，在洛阳停军两个月，部署后方的防御。那年八月，东晋将领王镇恶领军攻入长安城，后秦主姚泓出降，被解送到建康斩首，后秦灭亡。后面的事正如崔浩预料的那样，刘裕取得长安后，唯恐大权旁落，匆匆率军南返，只留下亲信善后，但是关中形势复杂，刘裕手下人却对当地诸事处理得并不妥当，造成上下矛盾重重，他们自己也难以立足，夏国因了近邻后秦国的便利，乘机出兵摘取了东晋的战果将长安城占据。此时天下的格局除了东晋和魏国雄峙天下外，关中有夏国，西北凉州有北凉和西秦，阴山北边有柔然，辽东有北燕国。

只是夏国可以拥有后秦的领土，却难拥有人心，当年十二月，便有后秦豪强徐骇奴和齐元子带着雍城三万部众请降魏国。后来雍城一带逃亡到河南、荥阳、河内三郡的流民有好几万户。还有原来降了后秦的东晋国皇室子弟司马休之、司马文思、司马道赐以及辅国将军温楷等几家数百人也一起归附魏国，大魏国一时天下归心。当然此次争战的结果是，魏国和东晋隔黄河接壤，虎牢、滑台、洛阳、碻磝四个重镇却被东晋国趁机占领，黄河水域辽阔，滚滚天堑也阻隔不了两国的冲突。这个时候，大魏国占有河北、幽州、并州等中原大多数地区。拓跋嗣出巡时带着崔浩，崔浩感受着各地的风土人情，感受到了大魏国的山川清秀，土沃人实，民风淳厚，大魏国可谓占尽天时地利人和，而崔浩也觉得自己有了用武之地。

泰常三年（418）十二月，早朝上，观星相的太史令上朝奏报说，如今天象异常，天上出现了彗星，彗星扫过太微星，经过北斗星，又靠近了紫微星，犯天棓星，八十多天后不见了。按照古人的说法，彗星出现主祸殃，彗星过紫微星，会对天子不利。天棓星属三垣之中的紫微垣，象征在天上守卫紫微垣的兵器，犯天棓主夷兵起。听到这些奏报后，拓跋嗣以为眼下又要战争四起了，便急忙召集朝中儒生、方士询问，众人一齐推举崔浩作答。

崔浩说："天灾异变的发生，通常对应地上人间的事变，如果国家各方面都没有问题，又有什么值得恐惧的？《汉书》记载王莽篡位前，有彗星出入，轨迹与现在太史令说的大致相同。如今大魏国上下有序，民无异望，那些灾祸肯定与咱魏国无关。倒是现在南边晋国主弱臣强，皇室日趋没落。太尉刘裕专权，晋国的情况与当年汉平帝时差不多，彗星出现，将来可能应验的是晋国将灭，刘裕篡位吧。"

拓跋嗣说："那朕就等着爱卿的预言实现的那一天，到时朕邀你痛饮三大杯。"

第六章 似锦流年

父亲的忠告

五月的一天，崔浩跟随皇帝拓跋嗣出巡濡源和甘松刚刚回到平城，夕阳的余晖洒落城池，天空中薄雾笼罩，这初夏阳光和煦，微风拂面而来，舒适惬意，崔浩骑在马上，跟着队伍缓缓前行，这一行人刚刚进城，城中百姓就在道路两旁好奇地看着出巡的仪仗队回京。这一次巡幸，也让各地百姓见识到了大魏国皇家的威仪。

骑在马背上，走在夕阳的余晖下，崔浩饶有兴趣地看着这座他已经生活了二十年的都城，经过这些年的兴建，平城布局清晰，横贯东西的大街把城市分割成城南和城北，城南有里坊式格局的民居，此外还有商肆、作坊。城北有殿堂、楼阁、台榭、廊苑和朝廷要员的官邸。他跟着队伍穿城而过，正沉浸在欣赏京都景象的时候，突然远处跑过来一个人，是他家的下人，下人急急地跟他招手，说是他的父亲崔宏病重，让他赶紧回家。崔浩一听，急忙拜别皇上，赶忙转身向家里奔去。

记得一个月前他走时，父亲身体硬朗，还安顿他放心外出，切勿牵挂。虽然一年多了，父亲身体抱恙，很少参与政事，也不怎么上朝了，没想到他走了一个月，父亲却病倒了，躺在床榻上。入眼的父亲须发皆白，面色苍白，身体消瘦，双目紧闭。崔浩忙跪在床边，大声叫着："父亲，不孝儿崔浩回来了。"听到崔浩的呼唤，崔宏吃力地睁开了眼睛，想坐起来，崔浩急忙给父亲身后垫了个长枕。

不一会儿，天黑了，屋内点起了油灯，灯火豆粒大小，屋子里一股药味。父亲身为魏国的天部大人，其权势之大，让无数人仰慕，可他不争不吵，一直默默地守护着朝堂，为大魏国呕心沥血，如今病了，也是默默地熬着。崔浩急忙近前问："父亲这是怎么了，一个月前还好好地呵。"二弟崔简说：

"父亲是偶感风寒，请过郎中，也吃过药了，可就是不见好转。"崔宏向在地上站着的孩子们送上一个浅笑："为父老了，有点病吃了药也见效慢，为父一直担心等不到你回来，你回来了就好，为父有话要叮嘱你们，看哪一天糊涂了，想说也说不出来了。"

崔浩把水递到崔宏嘴边，让崔宏先喝了口水，崔宏又靠在长枕上闭了会儿眼，不大会儿再睁开，看到三个儿子都在跟前，便说："孩子们，为父想叮嘱你们的是，食君之禄，为君分忧，如今你们兄弟仨都身在官场，仕途一路顺畅固然好，能把为官的尊荣坚守到老，全身而退，这是每一个身在官场的人最好的结局。但是你们要知道，你们面对的是高深莫测的帝王之心和虎视眈眈的左右同僚，皇权至高无上，可依附皇权而存在的一个个官员们却各有心思，派系林立。那些身在朝堂的官员，官场却不是为官者的最终归宿。无论你官有多高，位有多尊，权有多大，你都是个过客，要做到进不骄、退不馁。为父一生出仕过几个王朝，总结出来侍君之道，那就是遇事要忍、处事要稳、与人相交要让，身处逆境要待时而动学会等，你们兄弟如果都能记住'忍''稳''让''等'这四个字，并做到不党不私、不偏不倚、不急不躁，这样可安稳度过一生。"崔宏停顿了一下，又看着崔浩说："尤其是浩儿，你虽然聪慧多智，谋略过人，也官职不低，但是身处庙堂之上，锋芒太露容易得罪人，要记得话到嘴边留三分，从来都是祸从口出。览儿成熟稳重，恪守本分，在官场淡泊宁静，虽然官职不高，但也可养家度日，为父不担心你。小白在地方为官，远离了朝堂纷争，倒也清静。"说完这些有些气喘，崔宏又闭了眼歇息了会儿，挥挥手让他们兄弟离开，兄弟三人沉默无语，慢慢地离开父亲的房间，往各自的院里走去。崔浩明白父亲是那种深藏不露、有大智慧的人，有父亲在朝堂上，崔浩和众兄弟们感觉自己有依赖，关键的时候会点拨他们，可是父亲的话，似乎有安顿后事的意味，让崔浩感觉有些不妙。

入夜，崔浩服侍父亲睡了，自己却没有睡意。夜，沉寂无聊，也让心如暗夜。回想起父亲将一家人从清河郡带出来，安家于平城，出仕于魏国，一转眼就二十年了，如今父亲身染沉疴，而他们兄弟却无计可施。崔浩剪断了指甲和头发，夜晚在庭院中祷告，恳求各路神祇保佑父亲好起来，他愿代父亲生病。

此后几日，崔浩一直陪在父亲身边，天气好时，也搀扶着父亲到院子里走走，在院子里的石桌前坐一会儿，感受着阳光的温暖，但是看得出父亲的身体却是一日不如一日，到后来，连出门晒太阳的气力也没有了，只能躺在床上。无论崔浩怎样尽心和祈祷，父亲还是像一盏油尽的枯灯一样，生命的火苗日渐暗淡。皇帝拓跋嗣听说天部大人崔宏病重，先是让御医去诊断，然后自己亲自去探望。皇帝亲自过府探望，这让崔浩感到十分过意不去，也让崔宏感激涕零。在父亲大限的那一夜，按崔宏的要求枕的枕头换成了从东武城带来的旧枕，崔浩知道父亲思乡了，可也不能提出。皇帝派遣了好几拨人前去探视。

崔宏一再叮嘱崔浩，他一生都主张节俭，他的身后事一切要从简，并特别叮嘱，把从东武城带来的东西随葬，看着那些东西就好像回乡了一样，崔浩点头称是。父亲故去后，皇帝拓跋嗣下诏，追赠崔宏为司空，谥号"文贞"公。经天纬地曰"文"，清白守节曰"贞"这是对为人臣子最高的褒奖，长子崔浩袭爵白马公。丧礼完全依照安城王叔孙俊之例办理，命群臣和归附的各附属国首领都来参加葬礼，除亲王以外，所有人都要送天部大人最后一程，灵柩用辒辌车装载，卫士在前引导，众人随从，丧事办得隆重而风光。

丧事办完后人们都走了，坟丘前只剩下崔浩他们兄弟三人，三人都默不作声静伫着，静静地望着眼前突起的坟包。崔浩坐在那里，静静地回想，回想当年父亲教授他"蓼蓼者莪，匪莪伊蒿，哀哀父母，生我劬劳"时的样子，如今父亲归于黄土，从此他们少了一座像山一样可以依靠的人，从此世间少了一个能看出他们行事差错的人，从此冷暖自知。崔浩兄弟三人默默地在坟前将父亲从东武城带来的旧物焚烧了，那缭绕的烟雾飘荡在空中，给人平添了几分悲伤。

崔浩仰头望着家乡的方向，除了云山苍苍、流水泱泱外什么也看不到。父亲临终前并未提起回故乡，但是他知道父亲肯定也想家了，可是归葬家乡那只能是想想而已，毕竟太过遥远了。

滔滔逝水，急急流年，岁月不经意间就在弹指间飞过，几十年光阴似前梦一场。在尘世里颠簸久了，高贵尊卑、功名利禄皆沉重，早就身不由己地选择了忘却，人长大都能学会与生存的环境平和相处。漫步在红尘的烟火里，谁不是心怀惆怅的过客，人们把人生起点地方称为故乡，但几世过后，故乡也就只剩下一个埋在心底里的种子。想通这些，崔浩才感觉自己心里好受些。

刑罚磨奴

时间如流水，岁月本无声。日子不紧不慢地翻到了泰常五年（420），这一年五月的一天，突然城外有几位骑马的人向平城方向飞驰而来，一连串嗒嗒的马蹄声引起了守城军士的注意，也引起了民众的惊慌。

崔浩上朝时，看到了皇帝拓跋嗣脸上的怒意，皇上一脸阴郁，宛如天空中积聚着厚厚的乌云，似乎狂风暴雨就要来临。一份淮南公司马国璠和池阳子司马道赐要叛逃大魏效力刘裕的奏报压在宫廷大堂的几案上。三年前司马国璠带着百余口人来降魏，也曾轰轰烈烈，引得许多南人效仿投奔，如今这些人不知受了什么委屈便要急急地离开大魏国投奔刘裕，如果这些人不重重处罚，那么那些归附的人稍有不如意便会南逃，那还了得。崔浩在朝堂上不仅知道事情的来龙去脉，还被指派参与处理叛逃一事，依据大魏国律令，谋反、降叛者一律诛族。

先帝道武帝时期，国家使用的是《天兴律》，这是由崔浩的父亲崔宏总裁定的，是在代国时期的律令基础上做了修订的。父亲生前为八大人官的天部大人，与长孙嵩、奚斤、安同等既要处理朝堂上的大事，还要平断刑狱，但是父亲过世之后，天部大人那个位置一直空缺，并没有补上。此时出现了司马国璠等人叛国的大事情，因为崔浩熟悉律令，拓跋嗣让崔浩参与处理此事。

这是崔浩第一次参与处理刑律方面的朝堂大事，他先是厘清了事情的起因，起因是淮南公司马国璠等人萌生了南去之意后，喝醉了酒，并把自己的想法告诉了一同喝酒的本家人司马文思，司马国璠说的是醉话，但听的人很清醒。司马文思假装关心此事，表示愿意一起干，并问同行的还有谁，如何出关等，司马国璠说当年与他们一起归附的人多数也愿意一起外逃，过关的事已经买通了平城的一些望族，他们表示愿意给出力。第二天一早，司马文思便将这一消息直接上报朝廷，拓跋嗣听后大怒，并下令彻查到底，牵扯到谁，不能有人说情，谁说情一律按同案犯处理，京城里互相揭发，牵扯的人越来越多，这件事搞得京城人人自危。章安侯封懿之子封玄之也因为此事受到株连，按律也当诛族，临到行刑前，皇帝拓跋嗣突然想起了封家有功于魏国，便心生怜悯，告诉崔浩可赦免封家一子，以免封家绝后。拓跋嗣问封玄之，赦免哪一个，封玄之说，他的弟弟封虔之年少早亡，侄子封磨奴少时无父无母，一直寄养在他家，万望能赦免了磨奴。

当数百口人头落地，当听到市井小民的说东道西，崔浩觉得应该维护大魏国的律法尊严，那么多人都被诛了族，而唯独留下了一个封磨奴，会让人留下口舌，于是他上奏皇上，磨奴死罪可免，但活罪难逃，可以刑为宦人，罚入宫中做宫奴，这样可以起到杀一儆百的作用，同时严肃魏国的法令。

拓跋嗣同意了，于是封磨奴被施以宫刑。崔浩听到了十来岁的磨奴受刑时那撕心裂肺的哀号，后来他看到了磨奴出入宫中，走路低着头、躬着腰，有一种说不出来的感受。此事是由司马文思告发而引起的，司马文思自然渴望得到赏赐。崔浩意识到，诬人叛逃这个罪名是诬陷政敌无往而不胜的法宝，司马文思不会只用一次，可能还有下一次，这是一种小人的行为。

在朝堂上崔浩看到了司马文思那种邀功心切的眼神，但崔浩内心里觉得此人阴险，本家兄弟都下得了手，何况两旁外人，这种人不堪重用，于是他上奏，封司马文思为郁林公，并无实权在手。虽然处理了一干人，有那么多的人头落地，但是崔浩也感觉到了大魏国的律令刑罚过于严苛。

任右弼坐西厢

泰常五年（420）的初夏，平城的清流涌动，有些地方还有泉涌现象，人们认为是好兆头。那日中午崔浩推开大门，闻到院子里空气中掺杂着花草的气息，看到崔浩进门，便有下人跑过来大喊"老爷"，口里还说着"恭喜老爷，柳夫人生了，还是个白白胖胖的小子"。崔浩一听赶紧到柳氏房间看望。屋内柳氏斜躺着，头发虽然有些散乱，但依然端庄优雅，那是一种经过了时光沉淀的优雅，柳氏正一脸欢喜地看着刚刚包裹好睡在她身边的孩子。看到崔浩进来便想坐起来，崔浩摆摆手说："夫人还是躺着吧，月子里，怎样舒服怎样来，我看看咱们的儿子。"

孩子的皮肤白白的，小脸圆润光滑，孩子安静地睡着，非常可爱。虽然无法从一个婴儿脸上读出他一生的故事，但是每个生命都是那么清纯和可爱。儿子的出生，给崔浩带来了莫大的喜悦，惠凤儿为他生下长女，青凤为他生下次女后再无开怀，人生长行寂寥，赏心悦目却少。如今柳氏为他生下了儿子，这让人到中年的崔浩感觉到了无尽的喜悦。如花美眷，似水流年，事业上顺风顺水，生活中儿女成双，这是平凡人追求的极致生活。

柳氏说："老爷，给咱们的儿子起个名字吧。"崔浩想到了路上看到的清泉涌流，便说那就叫"清森儿"吧，一则咱崔家从清河郡迁来，表示不忘家乡，再则刚刚下朝回家的路上，看到城内有清泉涌出，肯定是个吉兆。

清森儿会牙牙学语了，清森儿会走路了，每一个变化都让崔浩开心不已。

那一日，崔浩正在家中逗孩子，宫里有人来请他进宫，说是皇帝有事召见。崔浩急忙换了衣服跟着宫里人去了皇宫，拓跋嗣在西宫一边看书一边等他。

崔浩看到拓跋嗣面带忧郁，不知出了什么事，便说："微臣叩见陛下，不知陛下召臣前来，有何要事？"拓跋嗣淡淡一笑说："其实也没什么大事，就是朕近日心烦意乱，听说赵地和代地出现日食，不知是何预兆，朕近来身体欠佳，不知下一步该如何打算，今日闲来无事，想听听爱卿的看法。"

崔浩知道拓跋嗣也在服用寒食散，身体不佳，忧虑的是身后事，但并没有明说。崔浩略加思索，便说："回陛下，陛下正值盛年，咱魏国也不乏良医，陛下的病应该很快就会痊愈的。如果陛下在忧虑将来的事，那么前事不忘后事之师，永兴初年发生的宫廷之变，现在想起来还心有余悸，为了避免手足相残，陛下宜早建东宫，早立太子，选拔贤明的公卿做太子之师，让陛下亲信的大臣辅佐他成长，如果陛下出巡，让太子在京师主持朝政，以后有了战事也可以逐渐让其统率军队去征战，出巡安抚百姓，使其得到历练，如果这样，陛下肩上的担子也就相对轻些。如今皇长子佛狸年将十二，聪明睿智，性情温和，立长子为储君为汉人千古定律，如果一定要等到皇子们长大成人，再在他们中间选择太子，那就很可能废长立幼，使天伦倒错，从而招致天下大乱。一旦选定太子，奸佞之徒也就不敢再妄生他念，灾祸也无从出现。"拓跋嗣觉得这个主意可行，但还是想征得其他大臣的同意。

这一年的四月，拓跋嗣下令，封皇长子拓跋焘为泰平王，官拜相国，加大将军，同时还封另外几个皇子为王，让皇长子拓跋焘参与军政事务的处理。通过一段时间的观察，众人对于皇长子拓跋焘处理事务的能力大加赞赏，拓跋嗣又征求了南平公长孙嵩的意见，长孙嵩也认为立长子就很顺畅，依德行事也让人信服。一年后，皇帝下诏立泰平王拓跋焘为太子，并让他坐在正殿，处理朝中大事，作为国之副主，同时又任命了六位辅政首辅。司徒长孙嵩及山阳公奚斤、北新公安同等为左辅官，座位设在东厢，面向西方；命白马公崔浩，太尉穆观，散骑常侍丘堆为右辅官，座位设在西厢，面向东方，共同辅弼太子。其余百官则居于左右辅官之下，听候差遣。皇帝拓跋嗣则避居西宫，从旁窥视，观察太子和辅臣如何裁断政事。虽然崔浩的职位并未升迁，但是也与当年他的父亲一样，是首辅大臣，对于这种安排，崔浩无疑是高兴的，六位首辅鲜卑人居多，身为汉人臣子，无论年龄和资历跟那些老臣比起来，都差一截，但是能任右弼坐西厢，朝堂上有自己的一席之地，也真是莫大的荣耀了。这其中长孙嵩是德高望重的老臣，奚斤以足智多谋闻名，安同处事明达干练，穆观深通政务，丘堆谨慎处世，而崔浩是有名的治世能臣。当然身为右辅臣一下子就比平时忙碌很多，除了辅助太子，中书学的事他还负责，朝廷内的优文策诏、军国书记等诸事依然也是他在把关，坐西厢之后干的第一件事就是按照拓跋嗣的意思，写下了祭告文书，并跟随皇帝到宗庙祭告。

明见万里

大魏泰常五年也是东晋元熙二年（420），崔浩坐在西厢听太子拓跋焘处理政务，皇帝拓跋嗣外出巡游。朝堂上有人奏报，说是边镇奉上刘裕改元赦书，晋朝亡了。六月十四日，晋恭帝司马德文将皇帝的龙位让给了相国刘裕，在建康城的南郊，刘裕设立祭坛烧起木柴祭天，并正式登上大位，因刘裕曾被封为宋公，故改国号为宋，这一年，刘裕五十八岁，刘裕称帝后，重用寒族、轻徭薄赋、注重民生。

刘裕称帝这一切也都在崔浩的预料之中，像刘裕这样的天下枭雄，觊觎天下的雄心比汉末的曹操有过而无不及，伐后秦时刘裕所带兵马那种气吞万里如虎的气势，让大魏国将领早就领略到了北府兵出身的这个宋国皇帝的文韬和武略，只是当年天下文人争相追逐的东晋王朝就这么悄无声息地灭亡了，北方汉民再无向南之心。中原大地，历经百年的争战、融合、认同，也接纳了这个鲜卑人建立的政权，并不仅仅以南边为正统，大魏国承袭曹魏，也被认为是正朔。魏国皇帝拓跋嗣智勇过人，善于纳谏，招贤纳士，轻徭薄赋，平民衣食有余，大魏国也渐渐强盛起来，中原汉人对于仕宋和仕魏的心理基本是一样的了。

那天崔浩刚下朝，便见一骑马的人向他奔驰而来，到他跟前勒住缰绳，下马施礼。崔浩一看是平城的驿使，驿使说皇帝让他快马前去泻卤池，来的时候还带了一匹驿站的马给崔浩，崔浩不知皇帝有什么急事，家也没回，骑上驿马跟着驿使向平城东南的泻卤池方向飞驰而去。

入夏的平城郊外，芳草如茵，野花绽放，漫山遍野的牛羊就好像是点缀在草地上雪白的珍珠。两人快马加鞭往平城的东南方赶，一路上崔浩心里着急，不知道皇帝遇到了什么危难之事。到了泻卤池附近时，崔浩发现这一片地方与平城近郊芳草如茵的情形又不大相同，入眼的是一片狭长开阔的盐碱滩，滩地上寸草不生，滩涂周围长着一些低矮的沙打旺和披碱草。这一片地形又是沟壑纵横。走过一处荒山，再过幽谷，只见幽谷内有土柱、土崖、土岭、土壁，似有刀削斧凿的痕迹，高低错落、形状各异，有的宛如一尊雕琢好的人形塑像，有的又似各种形状的动物，还有的像是静穆的殿宇，形态逼真，精致细腻，令人称奇，一看就是雨刻风雕之作形成的一个远古凝固的世界。走过这一片神奇之地，便到了另一片低洼处，有一水平如镜的卤池。

崔浩望见拓跋嗣正在侍卫的陪同下张弓搭箭向天空中飞过的一只鹭鸟射去，箭无虚发，伴随着侍从一阵叫好声，那鸟便掉到空地上，有侍从跑过去捡起被射落在地上的鸟。等拓跋嗣将弓放到一边，崔浩才上前叩见："微臣崔浩叩见陛下，不知陛下召臣前来，有何要事？"拓跋嗣看到崔浩一脸紧张的样子，便哈哈大笑，随手将边镇奉上刘裕改元赦书抄本递给崔浩看："朕召你前来，想跟你说的是，朕的博士祭酒真有未卜先知的本事呵。爱卿还记得两年前，彗星出天河口，进入太微，经过北斗，中间通过紫微，侵犯天枢的事吧，当时太史令向朕报告，朕心里犯嘀咕，你说'古人有言，大凡灾异的产生，都是由人而起。人若没有过失，妖异之象不会出现。所以人失于下，则灾变见于上，天事恒象，百代不改。《汉书》记载王莽篡位之前，彗星出入，正与之相同。国家之中主尊臣卑，上下有序，百民没有异心。只有晋国主弱臣强，刘裕握权。彗孛，为恶气所生，是应晋朝将灭而刘裕篡权的征兆'。今日朕看到这个改元赦书，确信你所说的天灾异变的发生，通常对应地上人间的事变。朕还记得你当时说话时那神情，朕为有你这个料事如神之臣而高兴，也为大魏国有今日之太平盛世而喜，今日开心，故请你来，践约请你喝三大杯酒以示庆贺。"

在泻卤池附近的驿站，一个是一脸喜悦的皇帝，一个是深受宠幸的臣子，君臣无拘无束，开怀畅饮，纵情交谈，驿站里洋溢着一股酒香，一片欢乐的景象。拓跋嗣说："今日之酒，不是为庆贺晋国灭亡而饮的，而是朕庆幸身边有能揣测吉凶，看清天下世事的能臣，同时朕也为太子监国，代摄皇统，处事有度而感觉到开心，朕能卸下那么多国事心里感觉到一身轻松。朕下一步便是养足精神对付南边刘裕这个主，这刘裕秦国也灭了，位也篡了，刘宋与我大魏接壤，接下来估计会有摩擦，咱南有劲敌刘宋，北有强患柔然，朕得赶紧把身体养好，把兵马蓄足。"崔浩看着皇帝开心，内心里也很高兴。

太阳快要落山了，一行人才骑马回城，天上有鸟儿缓缓飞过，眼前的景致又将崔浩等人的目光吸引，众人勒住马缰绳骑在马上观望，只见夕阳照射在那些静默伫立的土柱上面，散发出的光泽让人觉得肃穆祥和。那些沟壑中奇形怪状的土雕呈现出奇异的色彩，金色的夕阳好像有意地为这片自然风景披上了金装，入眼的一切是那样的陆离又是那样的斑驳，那个凝固的土雕世界是那样的亦真亦幻，地面上河漫滩又有着诡异迷离的花纹，好像是梅花鹿走过留下的印痕。极目远眺，让人领略到平城的另外一番景象，那一瞬间，没有人愿意离开，只是感觉到世事的美好。

之后两年，因为中城人渐渐多了起来，不少人还住到了中城外面的郭城里，于是皇家又修筑了周回三十二里的平城外郭墙，东西南北各开一门，加强了京城的防卫。为了防御柔然人的进犯，在北地边塞处的长川之南，东起赤城，西至五原筑起了夯土的长城，并设置了戍卫，加强了北部边疆的防守。

洛阳看石经

南朝宋国永初三年，也是魏泰常七年（422），这一年南边宋国的国主刘裕突然故去了。刘裕活着的时候，八面威风，气势逼人，国富力强，边界无人敢犯，可是一代雄主突然间死了，会让天下的格局有所变化。消息传到大魏国的时候，皇帝拓跋嗣感觉到自己加强戒备了两年，暗暗苦练内功了两年，准备迎接这个来自南面的劲敌，可是等他准备好了的时候，这个强劲的对手突然之间没了。拓跋嗣害怕因为自己生病伐宋的心劲也没了，刘裕死了，眼下正是大魏国出征南伐的好时候。几天前刘宋使臣殿中将军沈范、索季孙带着礼物出使魏国，巩固两国的交情，结束使命之后已经离开平城正在南返途中，拓跋嗣突然之间有了南伐的想法后，便让人快马追赶，将刚到黄河边正欲渡河的沈范、索季孙擒拿，并以罪犯的身份带回平城。

崔浩听说拓跋嗣将宋的使臣擒拿回京，便急忙进宫面君。拓跋嗣说："爱卿来得正好，朕正想同你商议一下伐宋的事呢。"崔浩说："臣刚刚听说咱魏国将宋的使臣擒拿回来，估计就是要和宋宣战了吧！但是微臣觉得，大魏和刘宋近年来两国交好，边境太平，而咱们也刚刚收下了刘宋使臣的礼物，刘裕生前对陛下也十分敬重。如今他过世了，我们却在人家办丧事的时候兴兵讨伐，即使得手也不是光彩的事。刘裕虽死，但是刘裕那些谋臣将帅却在，他的党羽也不曾分崩离析，一旦大军压境，他们势必会同仇敌忾，以我们眼下的国力，也不可能一举拿下江南，却只落得个伐丧的恶名。在微臣看来，我国应该派使节前往吊丧，抚慰刘裕的孤儿寡妇，同情他们的不幸，从而使我们仁义的名声传播天下，这样一来，江南的仁人志士自会来投，大魏国的人气也会上升。臣听说刘宋国新主是刘义符，是个在深宫中长大的皇帝，不谙世事，刘宋那边肯定会出现局势动荡，不如静待些时日，等他们皇族和权臣争权内讧时，我们再调兵遣将，鹬蚌相争，咱可当个渔翁，大魏国士兵的损失也不会太大，便可坐收淮北的大片土地。"

拓跋嗣听了崔浩的说法面无表情地反问崔浩："崔爱卿，当年刘裕趁姚兴之死，一举灭掉了秦国。如今我也要趁刘裕新丧，讨伐刘宋，那有什么不同，又有什么不可以？"崔浩说："回陛下，微臣认为，两国的国情是不一样的。当年秦国姚兴死了，他的儿子们为了争权上位内斗消耗，国力空虚，无心对外，刘裕才得以趁机讨伐。现在江南的刘宋却不是这样，我们却无机可乘，所以不可同日而语呀！"

崔浩还要发言，奚斤抢过话头来："陛下，请下令吧，臣带两万精壮人马出征，此行一定踏破刘宋，首战拿下滑台城，作为落脚之地，大军随后跟进，驻军滑台西进可到洛阳，南下可至陈留，东面是济阴、高平诸郡，东南是刘宋国重镇彭城，都有望取之。打仗的事，还是多听听前方将士的，少听那些文人高士们的纸上谈兵。"这话明显就是针对崔浩来的，崔浩听得奚斤的讥讽，便不再言语，毕竟奚斤是鲜卑老臣，说话的分量比他足。

拓跋嗣看看奚斤赞许地点了点头，再看看崔浩，便对崔浩说："纵然爱卿说得有理，但朕已下定伐宋之心，大兵出征在即，爱卿不要再谏，也不必长他人志气，灭自己威风，只需为朕多出出主意，取回原来在朕手中失去的滑台、虎牢等大魏失地。"崔浩看到拓跋嗣主意已定，便说："那微臣也只有祝咱大军旗开得胜了。"

当年九月，秋高气爽，天气不冷也不热，秋粮入库，粮草不愁，正是出征的好时机。朝堂上拓跋嗣授予山阳公奚斤以符节，任命他为晋兵大将军、代理扬州刺史等官职，宋兵将军、交州刺史周几，吴兵将军、广州刺史公孙表等几员大将听命于奚斤，准备向刘宋进发。

出发前，众位公卿聚集在太子拓跋焘殿前，商议出征方案，矛盾的焦点是在先攻城还是先劫掠土地上。奚斤说："臣准备先攻城，发兵逐个攻取黄河南岸的洛阳、虎牢和滑台。"崔浩一听当即反对，他对太子拓跋焘说："回太子殿下，此战臣以为应该先掠地。南方人擅长守城。从前秦国的苻氏进攻襄阳，一年有余也不能破城。现在，我们以大军攻取小城，如果不能立即攻克，必定会挫伤军力，等到对方援军一到，我军已成疲惫之师，而人家气势正盛，这种情形对我军十分不利，我们不如派兵夺取土地，以淮河为界限，依次委派地方官，征收田赋租金，把洛阳、滑台、虎牢划在我们的势力范围内。当三城孤悬在北方，又等不来前方救援的时候，他们必定会沿黄河往东走，即使不走，洛阳、滑台、虎牢也将是我们囊中的猎物，还用担心不能攻取？"出征的将帅逐个发表看法，吴军将军公孙表等表示同意奚斤的意见，认为崔浩的想法不太现实，最后众人便定下了先行攻城的方略。

这年十月，奚斤率领两万步骑从滑台西南东燕县界的石济渡口渡过了黄河，在滑台城附近安营扎寨。而刘宋方面也是调兵遣将，部署兵力。刘宋方扼守黄河防线的四大防守点碻磝津、滑台、虎牢和洛阳。

镇守滑台的主将是东郡太守王景度，虎牢城守将是司州刺史毛德祖，洛阳守将是河南太守王涓之，这些人都是宋国久经战场、赫赫有名的战将。魏军的攻伐计划是先取滑台城，大军有了立足之地，然后沿东线和西线分别展开。东线攻取青州、兖州之地，西线进攻虎牢关和洛阳。奚斤等人按计划率兵南行，先行围攻滑台城，他遇上的对手是东郡太守王景度，王景度严防死守，连续几天竟然不能攻破。

时间过得真快，转眼半个多月过去了，那日早朝，还未等众人开口，只听得宫人一声"报——山阳公奚斤派人送来急报"，拓跋嗣只说了一个字"念"，他在等待前方传来的好消息。急报也简单："臣等攻滑台未克，奏请增兵。"

拓跋嗣闻报后拍案大怒，朝堂上斥责奚斤战前口若悬河，还表示要先攻城，此刻首战却宣告失利，如此下去，还怎么能按照原定计划进行，又怎能完成伐宋大业。发怒归发怒，但朝廷必须得扭转眼下不利局面，拓跋焘安顿好各种军国事宜，准备带兵亲征。为了预防北边的柔然乘虚进攻，拓跋焘命令太子拓跋焘率军北上，驻扎在北部边境，让安定王拓跋弥和北新公安同留守平城。大事安排妥当之后，拓跋焘亲率五万大军南下，并让崔浩随行。

奚斤听送战报的人说皇帝震怒，并且还要亲自上前线督战，内心特别恐惧，想起当初自己夸下的海口感到羞愧，于是下了死命攻滑台城。魏军从滑台城东北面不计后果猛攻，终使城墙一角崩塌，大军鱼贯而入，终于拿下了滑台城，之后又一鼓作气相继拿下附近的土楼镇，乘胜进逼虎牢城。这时奚斤终于领教了南人守城的强势，想来崔浩所说的南人长于守城所言不虚，他也为自己出征前的豪言壮语吃尽了苦头。那边拓跋焘听到滑台已攻陷，便发兵至冀州，十二月渡黄河，把战线拉长，这样南面宋国的援军就无暇顾及虎牢城，为将士们攻克虎牢减轻压力。

虽然魏军在艰难中攻下了滑台城，打败了王景度军，但大魏军面临的第二个难缠的主是镇守虎牢的刘宋司州刺史毛德祖，毛德祖是刘宋军中颇有名气的智勇双全的战将。

无论奚斤所带大军如何进攻挑衅，毛德祖都是牢牢防守，只守不战，难以攻下。崔浩经过沿线查看，终于找到了沿线防守比较薄弱的地方，于是建议拓跋焘所带之军应该先夺取刘宋防守力量较薄弱的金墉城，这是刘宋沿黄河防线最西面的一个堡垒，这个金墉城由河南太守王涓之驻守，离洛阳较远。拓跋焘同意这个建议，便命令黑槊将军于栗磾带三千人马进驻河阳，进攻金墉城。

当年十二月十八日，崔浩跟随拓跋焘抵达了冀州，不久有消息传来，悍将于栗磾破了金墉城，还占领了洛阳，拓跋焘当下任命于栗磾为豫州刺史镇守洛阳。崔浩知道拓跋焘内心期望再拿下刘宋的山东、河南东北部地区。

魏国的徐州刺史叔孙建率军从平原（山东平原西南）渡过黄河，拓跋焘派遣中领军娥清率兵七千人，南渡黄河，两军会合，驻扎在碻磝城外，并相继攻下了山东的泰山、高平等郡，叔孙建等人还率军向东挺进，进入刘宋青州界，攻陷了临淄，并向青州进发。各个防守点的南宋军都采取了守城不出的战略，单等南伐的魏兵粮草短缺而退兵。时间一长，魏军这边粮草还真成了问题。拓跋嗣下令任命原东晋降将刁雍为青州刺史，拨付给他马匹，命他一路招募士卒助力攻取青州。刁雍一路募兵共集结了五千人，他沿途遇到的绅士平民，竭力安抚慰劳，当地人看到这个即将上位的青州刺史是如此的仁义，人们都愿为刁雍的军队提供粮草。但是东线向东延伸得并不顺利，他们在攻打东阳城时，遇上了刘宋军中足智多谋的檀道济和王仲德赴东阳援救，眼见取胜无望，叔孙建率领的东路军便离开东阳到了滑台，助力奚斤军。

拓跋嗣又派遣并州刺史伊楼拔帮助奚斤进攻虎牢。到了第二年的四月，崔浩跟着拓跋嗣到达虎牢。大军驻扎在虎牢城外，崔浩看到这城北面和西面临黄河，南面和东面为深涧，易守难攻，难怪魏军久攻不下。拓跋嗣让崔浩看看有何破敌之策。崔浩沉思了一会儿说："刘宋司州刺史毛德祖是个精通战术之人，臣以前说过，南人长于守城，如果硬拼下去，咱们还是有粮草补给之忧，若要想快速取胜，还需在粮草水源上动心思，待臣仔细侦察后再做定夺。"

一连几天魏军围而不攻，崔浩跟着皇帝从城外垒起高于城墙的瞭望台上观望。崔浩站在瞭望台上从早晨一直观察到了中午，突然他望见对面有几个士兵在城墙上悬绳于城外河中取水。城中缺水！看到这一情况，他突然灵光一闪计上心来。他回报拓跋嗣说，目前虎牢城中缺水，士兵在城墙上悬绳到城外河中取水，说明虎牢城中的自用水不足，一方面咱们如果从上游挖断河水水源，让他们喝不上水，另一方面咱深挖地道，把虎牢城内水井中的水泄出城外来，城内士兵将无水可饮，自然可以攻破。这一招还真厉害，奚斤听到崔浩的这一计策，大呼妙计，可行，挖地道要比攻城还省事。当下分一半士兵用于开挖地道，并号令士兵，大家要尽全力挖通地道，引出城里的水，城池可不攻自破。

拓跋嗣在虎牢城外停留三日，一直亲自督战，崔浩看到拓跋嗣整日里苦闷不堪，生怕他因为服用寒食散再加上军前紧张疾病发作。于是向皇帝建议："启禀陛下，臣觉得如今大军攻取虎牢城只需挖断地下水源便可成功，也就是迟几天和早几天的问题，不如趁这几天，先绕道去洛阳城看看，还能看到有名的洛阳石经，等回平城后也可以提振咱们的中书学。"拓跋嗣调侃崔浩，随军当军师了，还不忘博士祭酒的职责，还在想着兴学的事。当然拓跋嗣也想看看那个几朝故都洛阳城是个什么样子。崔浩所说的石经是立于洛阳太学讲堂东西两侧的大石碑，供读书人欣赏，这石经也是天下文人士子必定去观摩学习的儒学经典，拓跋嗣当下点头答应，便带着一干人前往洛阳城。

没来得及欣赏洛阳城的街景，一行人直奔太学，入眼的是"汉石经"，崔浩知道这石经刻于汉灵帝熹平四年（175），因为当时民间手抄本相互传抄谬误甚多，习书者不辨真假，又常因同音异字引起争端，当年书法家蔡邕禀告汉灵帝，建议把儒家经典刊刻于石碑之上，公布出去作为经典的标准版本以供士子们学习之用，于是汉灵帝命蔡邕主持刻写。石经初刻于东汉熹平四年（175），并于光和六年（183）完成。据说共有46块碑，这是汉代官定儒家经本，这石经引得天下学子争相膜拜。崔浩一行人看到的石碑已经不怎么完整，有的成了半截立在地上，还有的倒伏在地。

崔浩虽然多次听人说过洛阳石经，对这些石经有过无数次想象，但是第一次看到这些石经内心还是相当激动和震撼。从石碑的内容看，看得出其中有《鲁诗》《尚书》《周易》《礼仪》《春秋》《公羊传》《论语》等，典籍经文都是直行竖写，石碑正反两面都刻有字迹，字体方正平直，书体秀美，堪称汉隶精品，虽然二百多年过去了，但文字依然清晰如昨。崔浩看出了这石碑上的书体继承了秦隶的一些运笔、结构方法，但又有新意，运笔的典型特征是波磔，感觉那些石经上的字运笔藏锋和露锋相间，笔力峻利而含蓄，撇捺坚挺，给人以秀润遒劲之感，整体感觉既有端庄之美，又有别于小篆的匀齐对称。据传这些经文由蔡邕主持书写，完整的碑高一丈许，宽四尺，这"汉石经"可以称之为儒家经典教材的范本，也是刻在石头上的大书。除了汉代石经，在汉石经碑之西，崔浩还看到有三国曹魏正始年间刊刻的石经，石经用篆文、古文、隶书三种文字刻成，碑文有《尚书》《春秋》和《左传》，共有28块碑，也是正反面都刻有文字，这些石碑比较完整，传说是由曹魏书法名家卫觊等人所写，人称"正始石经"。崔浩站在这些石经前，看着前人那些精美绝伦的文字，让他有一种和古人对话的感觉。拓跋嗣看了，也觉得这些刻在石头上的经书太精美了，随口说："崔爱卿，要是咱大魏平城的太学门外或者中书学门外有这些石经就好了，可以供士子们随时参考，但这些石碑太重了，搬不到平城去，有些还残缺了，太可惜了。"听到皇帝说话，崔浩从沉思中回过神来，也附和着说，"陛下所言极是，其实这样的经文，咱也可以组织工匠们刻写，文字虽不及前人的精美，但也可以满足学子们学习的需要。"拓跋嗣说："这个主意好，等这一仗打完了，到时候爱卿也组织一些中书博士将典籍刊刻在石碑上，也可以成为平城学子们学习的典范，这也是功在后代的一件大事。"崔浩说："微臣明白，等征南结束了，回到平城微臣静下心来做这些事，一定不负皇上的厚望。"拓跋嗣说："好，崔卿的书法已经是大魏国书法的范本了，由卿来做这件事，肯定不亚于这些前代石经，等咱大军班师归朝之后，朕专门下一诏书，作为一件国之大事来完成。"

在洛阳的日子里，拓跋嗣还派遣使臣祭祀嵩山，祈求此战速战速决。

仗每天还在打，进入四月，天气一天比一天炎热，来自北方的魏军将士还穿着春装作战或者挖地道，却适应不了河南的湿热气候，再加上每天都有人死去，掩埋不及时又有人感染上了瘟疫。军中将领多数建议撤退，但是两军进入胶着状态，谁都不愿先撤而认输。

这边将军叔孙建从滑台城向西增援，与大将奚斤合兵一处，攻打虎牢城，此时虎牢城被围困约有二百天了，两军没有一天不在作战，城内守城的士卒拼得也所剩不多，而围城的魏兵却又源源不断地增多，魏军摧毁了虎牢城的外城，刘宋守将毛德祖又构筑了三道城墙用来抵御，魏军再摧毁其中二道，毛德祖只剩最后一城固守，城内守将日夜奋战，魏军感叹城内守军的顽强，对方守城的将士由于无人替换而夜不能寐，有的眼睛还起了疮。虎牢城内刘宋军外无援兵内缺粮草苦苦支撑，城外魏军还整日挖地道，宣泄虎牢城里的井水。

突然，挖地道的人大声欢呼，出水了，出水了……士兵们又通过水渠将地下水引流向城外，城内彻底断水，人马干渴倦乏，受伤的人已流不出血来了，此时魏军发动急迫的强攻，终于攻进了城里。

北魏战将豆代田俘虏了守城将士毛德祖，呈献给皇帝拓跋嗣。刘宋在虎牢城中的将领也大都被魏军生擒，此时魏军占领了刘宋的司州、兖州、豫州所属各郡县，拓跋嗣从当地挑选人才，任命他们为郡守县令，并进行安抚治理。河南郡、颍川郡、陈郡等地百姓也都纷纷越境投奔魏国。这次南征魏军夺占了河南的大部分土地，还另行设立了汝南、南阳、南顿、新蔡四郡，划归豫州统一管辖，拓跋嗣又命将军周几镇守河南。这一仗，从上一年秋天打到了次年的夏天，魏国也损失巨大，几万人或战死或染上瘟疫而死。当然战果还是很丰硕的，魏军在黄河以南拥有了洛阳、虎牢、滑台、枋头、碻磝，还占领了黄河南岸东起青州西部，西至洛阳的青州、兖州、豫州等地区。

第二天黎明，朝阳映红了天际，大魏军营旗帜飘扬，大军喝过庆功酒，就要开拔回归平城。崔浩晨起，站在虎牢城城头上望着外面的战场，战场上横七竖八地躺着众多征人的死尸，他们甚至也没有留下姓名。崔浩心里想，他们跟着皇帝信心满满地出征，如今大军要回程了，他们却永远地留在了那里。一阵风又一阵风刮过来，荡起了一片又一片的晨雾。崔浩想着当初如果皇帝能听他一句劝，只掠地夺取财物，就可以保全多少将士的性命，士兵们也不至于如此拼命，战死那么多人。可是在庞大的帝国面前，他感觉到了自己的渺小，感觉到了文职官员在上阵杀敌的鲜卑武将眼中的轻蔑，可是大军伤亡惨重，这些鲜卑老臣何曾认真地总结一下战争的得失，战争不是仅有匹夫之勇就可以取胜，得讲究策略。如果用兵法来看，凡用兵之法，全国为上，破国次之；全军为上，破军次之；全旅为上，破旅次之……是故百战百胜，非善之善者也；不战而屈人之兵，善之善者也……这一仗可以说是没有赢家，但是这话只能想想却不能说出口，否则国家有难时，谁还领兵出征呢。

大军班师回朝，崔浩便随圣驾到了西河和太原两郡，一行人登上高山，俯视汾水浩浩荡荡，一泻千里，一行人站在高山之巅，望着眼前的山山水水大发感慨。崔浩看着地上的莫离草突然想起了"彼汾沮洳，言采其莫""彼汾一方，言采其桑"诗经《汾沮洳》里的句子。而拓跋嗣则深有感触地说："古人云，子在川上曰，逝者如斯夫，不舍昼夜。朕今日才体悟古人深意，时间过得太快了。朕想起当年，先皇灭了燕国，尽得燕国土地，从此大魏便成了北方大国，之后不久天下为魏、秦、晋三分，再后来，刘裕灭秦，捎带还将大魏国（黄）河边上的重镇侵占了，这一直是朕所不能容忍的，所以趁刘裕新丧，朕想收回大魏的疆土，不能有一天见到先皇时，让先皇说朕是守不住疆土的孬儿，一转眼先皇故去十几年了……"崔浩怕拓跋嗣会想起自己身体不好有所伤感，马上转换了话题："臣知道皇上的心思，以我大魏国之强盛，中原之地迟早也是咱魏国的。如何让魏国兴盛起来这是咱大魏国以后主要面对的问题。臣记得《国语·晋语》说：'公食贡，大夫食邑，士食田，庶人食力，工商食官。'臣觉得大魏国中兴的根本还是应该按照周朝的五等爵来立国策。"崔浩细致地为皇帝解析，魏开国之初在，将国家定下了王公侯伯子五等爵，后来又改为王公侯子四等，其实都是无食邑的虚封性质的爵位，官员都等着皇帝征战后的赏赐。但是像这种太平盛世，征战的赏赐会越来越少，为了杜绝官员贪污或者对百姓敲诈，应该改虚封为实封，分给不同爵位数量不等的食邑户数，让他们靠封邑租税生活，当然食邑的王公大臣也得承担封邑的各种义务，这样才有利于国家长治久安。拓跋嗣听后说："卿所言不差，只是任何革新都会有受益的，也会有失利的，不过只要是有利于国家，朕一定顶住一切压力推行，回头爱卿将周朝的国策再结合大魏国的实际情况给写出个策论来，朕看后让大臣们议议再说。"

回到军营中崔浩洋洋洒洒写下二十多篇策论文章，上溯远古，下迄秦汉变革胜败的事迹，并渴望恢复五等分封制作为大魏中兴的根本。那日拓跋嗣心情大好，赏赐随驾出巡的官吏，王公以下以至奴仆，雨露均沾，崔浩因随军出谋有功，被皇帝升为相州刺史，加封左光禄大夫。

北魏泰常八年（423）五月，大军班师回朝，崔浩跟着拓跋嗣回到平城。不久之后魏国和宋国划定了新的边界，以许昌为南方边界、钟城为东方边界。魏军这边君臣凯旋而回，为了庆祝南伐的胜利，拓跋嗣还让人扩建了西宫宫区，并起了一道外垣墙，让平城的皇宫更加宏阔。参战的将士也都论功行赏，但是，崔浩感觉到了那些出征的将士对他的不屑。他知道那些将士是有军功的，是用鲜血和拼命换来的升职，而他跟在皇帝身边的随行官员却也升了职。崔浩对于其他人的议论并没当回事，倒是看到了拓跋嗣的脸色一天比一天苍白，让他心中暗暗焦虑。

经过了大半年的征战，本来就身体不好的拓跋嗣一下子元气大伤，再加上服用寒食散的剂量增加，身体一天比一天羸弱，御医换了一拨又一拨，都无计可施。拓跋嗣也感觉到自己时日不多了，便下诏命司空奚斤把所缴获的各种东西赏赐给大臣们，从司徒长孙嵩以下至每一位参战的或者殉国的士兵家属都数量不等地享受到了。

冬阳照着西宫的殿宇，显得寂寥。崔浩进宫去见皇帝，只见拓跋嗣无力地躺在床上，静静地仰头望着，有光束从窗户射进来，有淡淡的温煦。看得出躺在床榻上的皇帝眼里是空洞的，眼眶塌陷，或者他在想此次南伐的得失吧，这得失也只有皇帝自己最清楚了。崔浩不禁回想一年前自己极力谏阻南伐却遭到鲜卑老臣们的奚落，皇帝下定了决心，不知是他估计到自己的身体不能再等了，还是看到了大臣们信誓旦旦的进言而轻易相信饮马长江是那么容易呢？如今虽然南伐有所收获，但是也是杀人一千自损八百。

对崔浩而言，眼前的这位帝王，不仅尊自己为师，遇事也让自己进言，还能体谅到汉人臣子的难处。所以他随军到前线，纵然没有军功，但皇帝依然升了他的职。事实证明他的建言是正确的，如果当时听他之言，不去南伐，或者就算是想要南伐也是先劫掠再攻城，损失就会小得多，也不用皇帝御驾亲征。眼下虽然举国上下都沉浸在南伐的胜利之中，但只有他们那些南征之人才知道，那些城池得来有多么的不易，那些缴获的军资是沾满将士们的鲜血的，而半年多的御驾亲征，也耗尽了皇帝的气力，消瘦的皇帝就好像是要耗干的油灯捻。

拓跋嗣看着崔浩进来，将手一挥，一干在身边服侍的人转身悄然离去。皇帝的声音略带悲伤："唉，朕这一次又没听爱卿的劝阻，才成这个样子了，朕这病是有今日没明日的了，好在如今太子也经过历练，能处理军国大事了，这是最让朕放心的地方。不过朕并不遗憾南伐，此次南伐，终于见到了几朝古都洛阳，而且也将洛阳归入大魏国的疆域，还将大魏国的版图向南推进了三百里，有一天朕见到先帝，也就不会有愧疚之感。"拓跋嗣停顿了一下，又接着说："当然朕也看到了爱卿提到过多次的洛阳石经了，那刻在石头上的大书，看起来的确过瘾。看到中原这些文化，朕感觉到需要做的事太多了，朕说过，让你组织中书博士们刊刻石经，那可是好几年的工程，可惜朕看不到平城的学子们在咱平城的中书学门外读石经了……"说到此处，拓跋嗣眼角隐隐有泪痕。

崔浩却不知该如何安慰这位正值壮年却害怕看不到明天的太阳的皇帝，两人枯坐在深宫里，沉默无言，其实心是相通的，他为皇帝难过。拓跋嗣为了打破这种沉默，便又笑笑说："当初朕南伐刘宋，便是想趁着刘裕新丧，占点上风，夺回那些本属于大魏国的土地，可惜，这一场硬仗打下来，朕却要去地下见刘裕去了，看来我们两个是生生世世的冤家，俗语说不是冤家不聚首……"崔浩安慰说："皇上洪福齐天，再静养些时日应该就可痊愈……"说这话的时候，崔浩也感觉到语言是空虚苍白的。他看着巨大的宫殿，显得空空荡荡，皇帝就蜷缩在床榻一角，是那样的开销骨立，又是那样的柔弱无助，眼前的拓跋嗣是一位行将就木之人，失去了领兵出征时英姿勃发的模样了。

生死无常，这便是世间的真相。

十一月初六，拓跋嗣在西宫驾崩，时年三十二岁，谥号明元皇帝，庙号太宗。年仅十六岁的太子拓跋焘登基，执掌朝政。

寒冬，冷得侵骨，总是感觉有风从窗户的缝隙里钻了进来，让人直哆嗦。崔浩呆坐在书房的几案前，提起笔来，却久久落不到纸上，四顾茫然，不知道该写什么。很长时间，他一直沉浸在皇帝拓跋嗣离去的悲痛之中。他不时想起，父亲崔宏过世的前一夜，皇帝派出好几拨御医去急救，还让侍中穆观前往听取遗言，他想起父亲走后，皇帝下令丧礼按照安城王叔孙俊的规格进行。他想起自己当年进宫为当时还是太子的拓跋嗣讲经时他对自己的那份信任，再回想起自己以一个博士祭酒的身份却任右弼坐西厢和那些开国的老臣们一起辅佐太子，那是对他何等的器重。又渐渐想起皇帝召自己到泻卤池开怀畅饮的痛快，回程时看到了斜阳西照到卤池周边的那种感觉，那时觉得人生是那么美好，再回想起来那些情景恍如昨日，那份恩荣尊宠他还没来得及回报，皇帝却撒手人寰了。他感觉到自己不仅仅是失去了一位仁厚宽慈的皇帝，更是失去了一位赏识他、宠幸他、肝胆相照的君王挚友，他觉得也唯有全力辅佐新皇帝才能回报那份知遇之恩。

第七章　韬光养晦

以公归第

泰常八年（423）十一月初九清早，崔浩去上朝，这是新皇登基的日子。

只见皇宫的双阙巍峨，殿宇高耸，朱墨雕彩，皇城御街笙簧清亮，锣鼓喧天，斧钺枪戟林立，干旄旌幢飘摇，卤簿仪仗声势浩大，新皇拓跋焘身着天子冕服缓缓走上丹墀，注目着分列两边的鲜卑贵胄、士族百官，众人按照太史令的口令行大礼，作为六位辅政大臣之一的崔浩就站在离丹墀最近的地方。行礼过后，便是助兴的舞乐，其歌如醇，其舞若醪。

拓跋焘以太子的身份顺利登基继承大位，成为大魏国的第三位皇帝。可以说拓跋焘比他父亲幸运多了，当年拓跋嗣即位时，历尽了艰难和凶险，世人都知道。当年拓跋嗣身体不好考虑身后事时，是崔浩提议"立子以长，礼之大经"，当然拓跋嗣还私下问过老臣长孙嵩，长孙嵩也称："立长则顺，置贤则人服；焘长且贤，天所命也。"皇帝拓跋嗣那边一晏驾，代理朝政的太子脱下丧服换上冕服三日后登基上位，顺顺当当。当然这些事儿也离不开辅国大臣们的精心谋划，这些事新皇帝拓跋焘应该是心知肚明，崔浩也觉得此前拓跋嗣钦定的坐东西厢辅佐太子的六位首辅大臣，肯定也是新皇帝的心腹之臣，就是当下不提拔，逐渐也会得到这一朝的重用。新皇帝登基后，除了改年号、追称亡母杜贵嫔为密皇后等一系列事宜，接下来便是进入到选贤任能、提拔有功的官员这个环节了。崔浩虽然还没从先皇拓跋嗣故去的伤痛中回过神来，但是新皇帝登基这等大事，他也是尽心尽力，生怕有所不周。

那日拓跋焘刚一早朝，便有司空奚斤上奏说，先帝之所以英年早逝，与御驾亲征时间太长，身心俱疲有关。左光禄大夫崔浩随先帝亲征，不是让集中精力攻取虎牢城，而是力谏先帝发兵至冀州，致使战线拉长，时间拉长，天气转暖让众多兵士因为水土不服患上瘟疫死亡，也使得先皇心力交瘁发病。会稽公刘洁奏报说，当时前方战事吃紧，崔浩作为随军谋臣，并不督战，而且怂恿先帝到洛阳看石经，贻误战机……众口铄金，崔浩没想到那些鲜卑老臣会是这样看待自己，而且真是欲加之罪，何患无辞，泄虎牢城中的水，便是他提议的，否则哪会那么快就能攻下虎牢城，可是说这些，却无人为他证实。他环顾左右，突然之间感觉到了孤单，没有一个人为他辩解。他知道，弹劾他其实是因为他随军督战先皇封赏他为相州刺史、加封左光禄大夫引起的，那些朝臣觉得他没有军功却跟着那些征战杀伐的将士们一起受封赏，故而内心不平衡，在新皇帝面前便诋毁自己。现在先皇不在了，无论朝臣说什么，都没有人会为他辩解，于是崔浩只能一言不发，他知道身为汉人臣子，是这些靠杀伐立功的鲜卑贵族所不容的。面对众位朝臣弹劾，新皇帝拓跋焘并不想让众将士寒心，毕竟这些武士身先士卒，为大魏国攻城略地，立下了汗马功劳，是他们拼命征战，历尽艰辛才取得大片刘宋疆土，他们是有发言权的。

本来新皇帝登基后，会问起每个辅政大臣的主张，从而制定新的国策，崔浩也想好了，皇帝如果问他大魏国下一步该怎么走，他也想了一套周密的应对之策，包括此前跟先皇拓跋嗣提到的实封五等爵和在中书学门外刊刻石经等。但他一上朝面对的是鲜卑朝臣们诽谤，崔浩想起此前他著书二十余篇，本来还想进言，托古改制提高宗室地位等的主张，话到嘴边却无从提起了。

听完了众人的奏报，在大殿上，新皇帝拓跋焘开始封赏，升司徒长孙嵩爵位为北平王，司空奚斤爵位为宜城王，蓝田公长孙翰爵位为平阳王，任命襄城公卢鲁元为中书侍郎，任命会稽公刘洁为尚书令，改封为钜鹿公；命令司卫监尉眷、散骑常侍刘库仁等四人分别担任东南西北四部总监。最后一个提到了崔浩，崔浩出列，听到拓跋焘说："免除崔浩相州刺史、左光禄大夫之职，保留白马公爵位，以观后效。"崔浩跪谢了皇恩，下朝后面无表情地回家。

"木秀于林，风必摧之，行高于人，众必非之"，这样的古训他谙熟，但眼下这样的世情他竟然没有看懂，或者懂了也没有理会，没有理会的结果便是遭到贬黜。他出仕大魏国以来，官职一直是不断上升的，却没有料想到他最早提议早立东宫，并一直辅佐太子登上皇位，新皇帝一临朝就先给了他个下马威，把他这个汉人臣子贬黜了，这是让他没料想到的，也是最想不通的地方。内心里他一直以大魏国为正朔，想将大魏国这个鲜卑人治理的国家，通过众多汉人臣子的努力，走上汉化中兴的路子，使之在中原大地上光耀千秋。可是纵然他小心翼翼、尽心竭力，却一直为朝中的鲜卑老臣所不容，不容他的主要原因是嫌弃他无尺寸军功，却还总是左右朝堂，出谋划策。他没办法让那些老臣们明白，出征时制订作战计划，比作战本身更重要，天下初安时国家的文治与武功一样重要。

一个人坐在书房，一杯接着一杯地喝茶，听屋外面西北风萧萧，长时间地沉默。案头那一摞很厚的书卷，还有那一张张写好字的纸张就摆放在那里，可是他都不想动它们。

难道自己做错什么了吗？行为上有什么过失吗？他一遍遍地问自己，从小接受的教育就是学成文武艺效力帝王家，读书入仕，尽心辅佐帝王，而且竭尽所能。可以说从登上殿堂的第一天起，他每天都是精神抖擞地去上朝，竭尽所能地为皇帝出谋划策。每有空闲时间都害怕荒废，精研书艺、熟读诗文，研习前朝历史，也读《孙子兵法》，唯一没有读通的便是如何与人相处、相交的无字之书。在他看来，自己待人以诚，便可迎来一片诚心，可是为什么那些鲜卑朝臣总是要排斥自己呢，是当年父亲所说的自己锋芒太露了，还是跟皇帝走得太近了，再没有别的朋友？

郭氏进来叫他过去吃饭，他好像没听见，也没有扭头，郭氏撂下一句"迷时师度，悟时自度"的话出门而走。三岁的儿子走进来，奶声奶气地说："父亲，我大娘叫你去吃饭呢。"说着便上前扯他的衣角。看到孩子可爱的模样，崔浩跟着清淼儿走出了书房。

从弱冠之年起，他便每天习惯于早早起床，然后到朝堂上去忙碌，每天都是如此。可是从这一年十二月的第一天开始，他便不用再去上朝了。虽然那些天还是天不亮就醒了，会猛地坐起来，再一想不用上朝了，便又坐在床上发起呆来。偶有朋友来探望，他表面上平静，也跟人往来喝酒应酬，想学着豁达起来，也说着从今日开始学前朝的陶渊明，"采菊东篱下，悠然见南山"。但是静下来却又感觉到内心的煎熬与疼痛。朋友说现在好歹还是白马公呢，既远离了朝堂的纷争，又不用整日费尽心思地为君王想对策，也不用再看那些鲜卑老臣的脸色，到了季节赏赐也不会缺，正好可以缓缓。说是这么说，可真正卸下所有的担子回归家庭，一杯浊酒、一曲琴歌的日子就是感觉无所适从。可他知道自己从小就没学会享受，这样悠闲的喝酒抚琴明明是强颜欢笑，他努力以一种平和的心态对待赋闲生活，首先得让心真正地闲下来。

年过了，天气渐渐暖和了，崔家府邸，院内柳槐横斜，桃树和巴旦杏树葳蕤翁郁，后院的石桌、石几处，崔浩让人又筑起了个亭子，也挖了鱼池，这里是他的自在桃源，这个小亭虽不是晋人王羲之的兰亭，但也有晋人流觞曲水的念想。

每日起来，早课时用一炷香的时间习字，随后吃早饭，到母亲那里陪母亲说说话，母亲不止一次地说想要回东武城，但看到他失落的样子，也不忍再提起了。崔浩想的是母亲是风烛残年的老人，哪堪长途跋涉之苦。再说父亲故去后，就葬在了平城，崔家将来在平城的坟茔是以父亲崔宏立祖的，而且城东的坟茔已经安葬了父亲和前妻两代人了。一家人在这里生活了二十多年，他的妻子、孩子都把平城当作家乡，哪里能说回就回去的，就是他也习惯了平城的春捂秋冻的生活了。

闲闲地看妻子郭氏收拾她的坛坛罐罐，往罐子里插上枝花儿，顿时居室生香，然后郭氏静静地坐在窗前做她的针线活，郭氏是善良贤惠的，只是她并不了解崔浩在想什么，因此与崔浩话语并不多。崔浩还是喜欢到柳氏房中听柳氏抚琴，他写一首词，早上拿给柳氏，不到傍晚，这首词的风韵便会从柳氏的琴中流淌而出，而且表达的琴意恰好是他的心情。用柳氏的话说，琴是弹给懂琴的人听的，否则弹琴就索然无味了。琴音袅娜，在这庸常的日子里让他享受到了惬意的居家生活。

一些亲朋好友听说崔浩赋闲在家，有时间习字了，便不时上门打探，顺便来向他索要书法当作字帖用于练习。他一般是来者不拒。每天写一篇《急就篇》，那字也越发像他的性情了，笔笔苍凉，笔笔耿孤。索要字的人太多，他一下子又写不出来，于是写完一篇完整的《急就篇》后裁开四五条，让每人拿一条，他让人们把那些字练习好了再来求下面的。当然也有仰慕者上门拜师学习的，他看到有书法天赋的人，自然也愿意收为门徒。往来府上的人也多是有才的文人，诗文唱和，交谈畅快后便留在府上一起饮酒。天暖了，几位知心好友便在后院的亭子下的石桌前聚会，崔浩上身穿交领宽袖长衫，下着束裤，寻常的衣服穿在崔浩身上，却有几分雅致。大家坐在石几上，全无顾忌，你喝一杯我敬一杯，阵阵槐花香袭来，大家捧着酒杯便依眼前景每人要口占一诗，吟不出来的罚酒。崔浩的诗一字一韵要从更古的诗来，讲究用典，朋友们笑他白马公作酒诗何必像做官那样严谨。他顿时笑了："一本正经惯了，难以做到嬉笑怒骂皆自如了。咱仕路不畅，官没做好，如今赋闲了，也放开了，来、来、来，共君此日须沉醉，且由他去……"

虽然想起自己无辜被免就心里堵得慌，但是人生几何，诗赋琴歌，这样的日子也是畅快惬意的，他也有了大把时间做点自己想做的事。

研习书法

写字可以让心静下来，让头脑的温度降下来，可以忘了自我。前人留下的书法字迹和书法论著，可以让他安静地揣摩一天。汉魏时蔡邕的隶书、张芝的草书、刘德升的行书、钟繇的楷书，各有各的特点，各有各的长处，他把祖父和父亲收罗到的本家前辈祖先崔瑗的座右铭书法挂在墙壁上，每天认真地赏析，不仅看其字的写法，更是从中悟出做人的道理：

无道人之短，无说己之长。施人慎勿念，受施慎勿忘。世誉不足慕，唯仁为己纲。隐心而后动，谤议庸何伤？无使名过实，守愚圣所藏。在涅贵不缁，暧暧内含光。柔弱生之徒，老氏诫刚强。行行鄙夫志，悠悠故难量。慎言节饮食，知足胜不祥。行之苟有恒，久久自芬芳。

这个汉代的书法大家的座右铭文，好像就是专门叮嘱他的，每日晨起便要看一遍。崔浩还从卫恒的《四体书势》和卫夫人《笔阵图》的理论中寻找字体演变规律，然后从点线的艺术形式中去体会前人的风韵气度，对每一位先师的笔意、体势、章法进行了深入分析。

崔氏一门的书法师法卫瓘和索靖，卫瓘擅长小篆，索靖擅草书。崔家每一代人习字时必习小篆，父亲的草书、隶书已经写到十分精妙的地步了，想要超过父亲绝无可能，但是他的篆体则比先人有所创新，汉代以来，一般写碑额、刻符信、印章均用鸟虫篆书，他写的篆书用笔有篆籀意，质朴高古、情趣盎然。更多的时候他研习隶书，他最喜欢的是汉碑《尊楗》和《褒斜》，无数遍临摹，那些字线条粗实、方整劲挺，他笔下的书法也愈发地笔画瘦硬峻直了，两端方且粗，其风骨有如老洞深泉，愈发地有个性了。一枚枚篆体印章刻起来忘了晨昏。

从清河郡东武城到平城也已二十多年了，平城的山川平原，雄伟开阔，再加上鲜卑人能征惯战，铁马西风，平城人对于书法的审美上也更喜欢笔意里的雄壮强劲，以抒发北方汉子的阳刚豪放之情。身在平城的二十多年，崔浩不止一次地想象，他也能拎起几十斤重的大刀上马，冲到战场上去擒拿格斗，不让那些鲜卑将士们对他轻视。可是他一出生，家里就为他准备了纸笔，让他在纸上描画，注定他就是个书生。但是他内心却是有武士心结的，故而很多时候，他想象他手上的那支毛笔，便是黑槊将军于栗碑的那柄黑槊。虽然他秉承家学，但还是形成了自己的书法风格，他的隶书横画略微上倾，有点像武士的刀，这样写来斜画比平画看起来略显粗野，折笔与竖画内抠，使得折肩有了棱角。一方面他的书法还保留着浓厚的汉隶遗风，另一方面，他的字又带有侧倚、雄强、茂密的体态，有了刚毅峻厚的风貌，用笔起落均有较强的层次感和节奏感，这样的书法是受天下士子喜欢的。在平城多年来他的书法已然"独步"书坛，他这刚毅峻厚的隶书也成了一种范式，不知从何时起平城刮起了一股崔浩风，人们都为能习崔氏书法为荣，那些得了崔浩《急就篇》的人，认真习字，更多的士子们想学，求不来崔浩书法，便转而向那些临习崔浩《急就篇》的人学习。

一大篇《急就篇》写成，满纸的书法，字形疏阔方正，宽博厚重、体整势张，通体都散发生机和活力，可谓潇洒矫健，他的书法成了大魏国文人雅士模仿学习的对象，那些平城宫瓦当上的文字，不少是临摹他的作品而写就的，各地的士子练习的书法字帖，大都是仿崔氏体例。官府的碑刻此前都是以汉隶入碑的，那时人们都觉得崔浩的书法更有个性，棱角分明，他们认为大魏国的书法应该有凌冽磅礴的气势和法度，也都学来以崔浩的书法体刻碑的。有人将崔浩的书法风格与南边江右人士模仿的王献之《洛神赋十三行》书法做了对比，认为崔浩的书风更雄强一些。除了练习书法的人来求《急就篇》，平城内一些故去的有身份的长者写碑文也请崔浩来写，有人来求字他只要有工夫写就不会拒绝。特别是崔浩写出来的书法，再经石匠刊刻到碑石上或者题署上，那种铭石书法更有一种刚正方强的壮美。

崔浩想着，此前一直忙于朝廷的事，很少注意自己的书法是那么受人们喜欢，原来静下心来习字，也是那么的美妙，也有那么多的崇拜者，这让他失意的心，感到了来自书法的温暖。

著食经写女仪

如浑水汩汩地向前流，日子就在这流水声中流逝了。在崔浩每日赋闲在家的那段时间，他沉浸于读书习字中，以减轻赋闲下来的失落，虽也日日探望母亲，但心思并不在母亲身上，那一日母亲突然患重病卧床不起，却又让他内疚不已。他觉得自己不孝，自己的慈亲，在生病中想要吃什么，他很少过问，慈亲在病中想要和他说什么，他心不在焉忽略了，到慈亲病入膏肓之时，他才从失意中回过神来。

外面风声紧、雨声急，天昏地暗，崔浩坐在母亲面前，想和母亲说说话，可是母亲有满腹的话却无气力再说出来了，他只能握着母亲的手，看着母亲，问母亲有什么话要安顿他，母亲似乎想和他说什么，但是动了动嘴唇，却并无声音发出来，不大一会儿，头一偏，便过去了。

崔浩内心一阵发冷，这个世上最爱他、最疼他的那个人不在了。

父亲过世时，虽然安顿丧事一切从简，但是先皇却要丧礼规格依照安城王叔孙俊之例办理，让群臣和归附的部落酋长都来参加葬礼，那份铺排，让人侧目。但如今，父亲故去快十年了，他也已经赋闲在家，母亲去世了，自然是门庭冷落，探望的人也少，这让他感觉到了世态的炎凉。当然他也知道，母亲的过世是自己家里的事，悲痛也是自己的事。来祭奠的也就是崔家在平城的远近亲戚和他们兄弟三人的故友。

撰写家祭法、安排五宗、祭祀的礼仪等，那些程序都履行过之后，所有的人都走了，安静中，崔浩静坐在那里，回想起旧日时光。那时候一家人身在东武城，虽然清贫，但是总有着这样那样的期盼，他期待着过节时锅里冒出饭肴的清香，期待父亲归家时褡裢里带给他们的意外惊喜，期待一家人守在一起过年的那份平淡简单的幸福。只是年把人过老了，转眼间，父母亲都已不在，再看到供桌上摆满的供品，突然想起旧时母亲为他所做的酒食，母亲做酒食时告诉他每一步怎么做，那份温情，就好像发生在昨天一样，泪眼蒙眬中，他提笔写下了："余自少及长，耳目闻见，诸母诸姑所修妇功，无不蕴习酒食。朝夕养舅姑，四时供祭祀，虽有功力，不任僮使，常手自亲焉……"写到这里的时候，崔浩突然意识到，应当把母亲当年教授的做美食之法以文字的形式记录下来，算作告慰母亲的在天之灵。

他每日都按照记忆中母亲所说的烩、煨、煮、炙制作食物之法一一记录下来，再回想起母亲三酿六晒的制作白醪酒，不厌其烦地做麦酱，才让他们兄弟有了美酒可饮，无酱不食，才让他家有了酱酒味，也让厨积香。他按照母亲当年叮嘱之法重新温习一遍，在做的过程中，也体会到了"食不厌精，脍不厌细"的深意。他将这些过程一一写下来，共整理出九章来，在写作的时候，感觉到是在和母亲对话。回想起母亲一生都是"绸缪主中馈，奉礼助蒸尝"中度过的。她烹饪必亲，米盐是她一生的必修课。一食一饭，虽是每个家庭主妇每日生活里最平常的事，然而一日三餐，每顿饭里都饱含着一位主妇对家人的厚爱。母亲天性淡泊，不嗜肥甘厚腻的食物，但是每顿饭火候掌握得很好，她做的饭食有一种别样的清香，她做的羹汤，汤鲜味美。每写一篇文章，崔浩便回想起母亲在灶前忙碌的身影，便热泪簌簌，难以执笔。回想起像母亲那样，既有提笔写字的功夫，又有烹调蒸煮的厨艺，这样的人世间还真的少有，可惜的是，母亲也只是对他口述，并未亲自著文，如果母亲把那些做饭肴的感受写下来，想来世间无双。等他想起来提醒母亲把那些东西记录下来，可是母亲却已不在人世了。当年自己每天以忙碌为借口，享受完每日的美味，便将母亲的辛苦和母亲的文采忘得一干二净，他其实是忽略了母亲的感受，现在想起来，却再难弥补那份缺憾了。

九卷文章整理完成后，再认真写上序文：

余自少及长，耳目闻见，诸母诸姑所修妇功，无不蕴习酒食……亲没之后，遇国龙兴之会，平暴除乱，招定四方，余备位台铉，与参大谋，赏获丰浓。牛羊盖泽，资累巨万。衣则重锦，食则粱肉。远惟平生，思季路负米之时，不可复得。故序遗文，垂示来世。

当他把这个册子整理好的时候，母亲已经故去百日。崔浩跪在母亲的坟前，将这个小册子呈上，并将他为母亲制作的白醪酒、浆水凉饭等一一摆放在坟前。

父母长眠在平城这荒凉郊野，孤坟怪石，他有满腹的心事，想和父母说说。尘世中相搏相斗，无底线节操，让他气馁，此前父亲在朝堂时，遇事总有父亲的指点，此前心情不爽的时候，回家有母亲的宽慰，可如今，他们又在哪里呢？他们能听到这些述说吗？崔浩坐在坟前的树下，只见一阵风起，树叶簌簌落下，有的落到他的肩头，阳光透过树叶细碎地洒落在他的眼前，让他的心情顿生暖意。

那日崔浩在家中正读《史记》，看到一句："日冬至则一阴下藏，一阳上舒。"突然想到，这一天也该是冬至了，他赋闲也近一年了。冬至日这一天白昼最短，正午日影最长。古人认为冬至之日，阳气始生，阴气消散，万物由此勃发，阴极阳生也有着否极泰来、辞旧迎新的寓意。想来这一天皇帝也该带着大臣们到圜丘祭天了吧，以前祭天时，那些礼仪程式都是由他来写，如今这些都跟他没有关系。崔浩又回想起母亲以前每到冬至时，便将做好的鞋袜送给公婆，表示迎福践长、履长纳庆之意。往年这一天，母亲在时，便会拿出她酿的分冬酒让众人品尝。古语云：一个家成家由妇，败家也由妇。回想到母亲一生，遵守《三纲六纪》，对长辈尽孝，勤俭仁厚，教子成人。他七岁时母亲教他读《论语》《孝经》，八岁开始诵《尔雅》《离骚》。两个弟弟也是在七岁时，母亲开始教他们礼仪，并让他们习《孝经》《论语》，这才成就了他们兄弟腹有诗书。崔浩萌生了以母亲为楷模，编撰《女仪》的想法。那日开笔便写下了"近古妇人，常以冬至日上履袜于舅姑，践长至之义也……"

无论是写《食经》还是著《女仪》，在他看来都是以另一种方式和母亲的对话，他将母亲教给他的饮食之法以文字的形式记下来，朝夕相处时不觉母亲日常所做的、所说的珍贵，一旦母亲不在了，再回想起来，也只有遗憾。他撰写的《食经》和《女仪》，那些话语便糅合了母亲的气息、母亲的腔调，他能为母亲做的也只有这些了。

指腹为婚

早上，阳光穿过窗棂透射在几案上，散发着颓废的光芒，照着浅黄色长方形几案上的物件，书卷、纸、笔和茶盏，日子就是这样的素色和单调。

走出门去，走向城外的如浑水边上，河岸边，一树一树的山桃花开了，空气中有一丝丝花的甜味。不远处突然有音乐声传来，近了、更近了，不久崔浩看到有一对迎亲的队伍从他身边走了过去，骑在马上的小伙子，眉目清秀，一脸喜气。想来这样的日子，正合适婚嫁聘娶的。崔浩在那里揣测，这个迎亲的队伍规模不小，不知去娶的是哪一家的女子，是平民人家的女儿，还是官宦人家的姑娘，看这欢欢喜喜的迎亲队伍，也让他的心情大好。突然间，他想起了自己的二女儿，二女儿也到了成婚的年龄了，因了自己被贬在家，很少出门，他一直没有心思过问二女儿的婚事，郭氏几次跟他提起来，他口里应承说知道了，可转眼又把这事给忘了，他有时候看到郭氏两眼红肿，但并不想问她为什么哭，想来是他的沉闷和不管女儿的事，惹得郭氏偷偷抹眼泪。他想起来，等大女儿回娘家后，安顿女婿卢遐给物色一个合适的人家，他如今只有白马公头衔，并无官职，高门大户也配不上了，找个读书识礼的人家嫁了便可。

时间如水，波平如镜。他从水面的倒影中看到了那个模糊的自己，容颜有些黯然，有些憔悴，衣服有些不整洁，他觉得眼前的自己心是蒙了尘的，心懒了，人就懒了，什么事也不想过问。在回家时，他往宫殿的方向怅望，事实上他也很少去往宫廷的方向，怕遇上旧日同僚尴尬。崔浩不知道这样以白马公的身份赋闲的日子还得多久，当时是觉得新皇帝顾及那些鲜卑老臣的颜面，暂时让他归家，可是日子就这么过去了，这样消闲的日子对于一个忙惯了的人也是度日如年，了无生趣。

那日女儿小惠回娘家来，此前孩子们的事他管得很少，那一日一见女儿挺着个大肚子，行走缓慢，才意识到自己要当姥爷了。看到小惠，他心中所有的不快便一扫而空。当下便把女儿叫过来，问问女儿出嫁后的生活，然后叮嘱女儿，让卢遐给她妹妹物色一个合适的人家，妹妹也到了该出嫁的年龄，小惠说，这事包在她身上，就不用他愁了。

崔浩记得，几年前，母亲本家范阳卢家的公子卢遐遣人上门提亲，他和卢遐同朝为官，知道卢遐是个有才华而且可靠的人，再加上崔卢两家世代姻亲，这门婚事他也是十分中意，不久便为女儿办了婚事。女儿小惠嫁得如意郎君，日子过得很惬意，崔浩心里感觉也算是对得起早早过世的妻子郭惠凤了。只是小惠久不怀孕，这次终于有了，让全家人特别高兴，他便告诉小惠，怀孕了行走不便，多在府里待着，毕竟有她姨娘能照顾她，小惠应允了。

一年前，崔浩三弟平南将军崔恬的女儿琴儿也到了成家的年龄，由于崔恬平时不在平城，便托兄长崔浩给物色合适人选，崔浩知道，崔家的孩子都是知书达理，必须找个才华出众的年轻人，才能配得上孩子。崔浩给看上了从后秦归降而来的太原人王慧龙，虽说这个年轻人家贫无依，但也不要紧。要说这个王慧龙的经历也颇为曲折，王慧龙年少时家门横遭不幸，在他十四岁时，他的全家被东晋太尉刘裕灭了门，之后王慧龙只身逃离投奔后秦，可是在后秦还没等他站稳脚跟，后秦又为刘裕所灭。泰常三年（418），王慧龙辗转归降了大魏国到了平城。王慧龙见到皇帝拓跋嗣表示愿意效忠大魏，如果与东晋国开战，他愿做马前卒。拓跋嗣表示会录用他，但当时魏国与东晋和平相处，并无争战和摩擦，只给他安排了个职位。王慧龙身在大魏，却感觉无用武之地。后来大魏国举兵南伐，王慧龙受封洛城镇将，可是还没等来领兵的机会，皇帝便故去了。新皇帝以"南人不宜委以师旅之任"的不成文规矩不再安排王慧龙职务，王慧龙便又开始赋闲。等到崔浩遍观平城贵胄子弟，也没有找到合适人选，便将目光转向这个归附的王慧龙，他看过王慧龙所作的《祭伍子胥文》，文中王慧龙抒发自己"鞭尸吴市，戮坟江阴"的雄心和眼前郁郁不得志的苦闷，崔浩感觉到王慧龙是个难得的人才。崔恬看了王慧龙一表人才，英武有谋，而且长着个笔挺的大鼻子。崔浩跟弟弟解释说，并州王氏家族个个都长着高挺的大鼻子，王家是世家大族。崔恬和王慧龙几次交往，也感觉到王慧龙有智慧有谋略，这样的人不会久居人下，便同意了这桩婚事。

虽然崔恬妻子郭氏并不看好这桩婚事，因为在平城王慧龙也就孤身一人，既无军功，也没见有干才，而且也无家财可与崔家攀亲，但是崔恬说他哥哥看对的人不会有错，贫穷也是暂时的，于是这桩亲事便定下了，不久之后两个年轻人便拜堂成亲，其实也相当于崔恬之女下嫁给王慧龙。婚后，王慧龙就住在崔恬家里，但是婚后小两口情投意合，小日子过得也不错。

崔浩女儿小惠因为怀有身孕，经常住在娘家，而崔恬的女儿琴儿也常到伯父家看望小惠。那一日，崔浩看到女儿小惠和侄女琴儿在一起玩耍，两个孩子都是他看着长大的，如今两人都挺着个大肚子快要做母亲了，两个孩子的丈夫也都称心如意，崔浩便和两个孩子开起玩笑来："我看你们俩好的，每天形影不离，都出嫁了还每天待在一起，如果以后都生出姑娘或者小子来，自然是兄弟姐妹，要是生出一男一女，是不是能结为亲家呢？"

小惠和琴儿互相看了一眼，琴儿朝伯父挤眉弄眼地笑着说："伯父这个主意不错，我们以后按伯父所说的办就是了。"小惠还说："爹，哪有您这样指腹为婚的呀？"崔浩说："你的孩子姓卢，小惠的孩子姓王，而且两家都是世家大族，有什么不好？再说指腹为婚也不是为父首创。东汉初年，将军贾复跟随刘秀光复汉室，一次贾复为刘秀身负重伤，刘秀十分内疚，得知贾复的妻子怀孕在身，便对她说：'如果生女儿，我儿子娶她，如果生儿子，我女儿嫁给他。'汉代的皇帝能指腹为婚，那么你父亲咋就不能。"一席话说得女儿小惠再无言语，便向崔浩扮了个鬼脸。侄女琴儿说："伯父你是随口说说，还是真的，要是随口说说，侄女儿也就当个笑话听听，如果伯父是认真的，毕竟成婚这事还得十几年以后，到时候男女长大成人，伯父不记这个承诺怎么办？"崔浩一看这个侄女伶牙俐齿，鬼主意倒是挺多，肯定是怕他说了不算，或者现在自己的女婿卢遐官职比侄女婿王慧龙高，到时候感觉攀不上这门亲，这是让他做保证呢。他看着自己的女儿小惠说："妹妹是怕你十几年后不认账，要个凭证呢，这样吧，你们两个将各自的衣襟裁下一块来，为父写上几个字，他年后以此为凭，这下琴儿满意了吧。"琴儿手里拿着小惠的衣襟，递给伯父崔浩，让他在衣襟上写字，还调皮地说："伯父，这就叫指腹割衿吧，今天你给写上字，他年后，两个孩子成婚时，你可得当主婚人呵。"崔浩笑着说："那是自然，伯父就给你们姊妹俩的孩子主婚，你们的孩子也都是咱崔门之后呵，肯定也差不了。"

几个月后小惠生下个女儿，而琴儿生下了儿子，取名叫王宝兴。两个孩子从小在崔家大院里成长，青梅竹马、两小无猜。崔浩看到外孙女文静漂亮，而侄外孙王宝兴则聪慧机灵，人也好学，想到十几年后，这两个孩子成年后，将由自己主婚，让他们结为百年之好。想到十几年后的情景，崔浩想想也很美，不由得笑了。

仰观从星列

一场雨过，入夜，下弦月，星星高冷地眨着眼睛，月亮附近还有飘过的云朵，像给秋天的夜空披上了软软的轻纱，有一种朦胧的诗意。观星象是崔浩每个夜晚的必修课，几十年如一日。那日他望着天上的那轮下弦月，站在院子里感受着秋的凉意，突然间有了写诗的冲动，回到书房，提起笔来，写下了此时的感受：

薄暮冥冥拂萦愁，疏星寥落月如钩。

露往霜来人清淡，襟袖起凉嗔深秋。

回想起当年父亲刚到平城的时候，三公郎中王德定律令，申科禁；太史令晁崇造浑仪，考天象，而父亲崔宏作为总裁定，从那时起，崔浩开始跟着父亲观测天象。父亲当年叮嘱他说，作为一个通制三十六曹，总裁律令、朝仪、官制的吏部尚书，你得对天文、历法精通了才能胜任，特别得准确地把握日月五星的运转规律，才能够制定历法。如今他观测星象也有二十多年了，可是再无父亲的指点，想起父亲临终时对他的忧虑，他那时还不以为然，如今看来却是被父亲说中了，他的确是在仕途上栽了跟头，可是，可是，他不愿意再多想了，便用铜铤记录下来他观察天象的结果。

《易经》有"仰者观象于天，俯者观法于地，观鸟兽之文，与地之宜，近取诸身，远取诸物，于是始作八卦，以通神明之德，以类万物之情"。先人对于星象的观察，主要是观察星体的明、暗、薄、蚀等，再占验人事的吉凶。古人讲究夜观星象，便知天下大事。先秦《尚书》《左传》中多有星象变化与人事吉凶对应的记载，古人认为是天人感应。往远了说，当年司马懿夜观天象，"有星赤而芒角，自东北西南流，投于亮营"，便知蜀国军师诸葛亮气数已尽。后赵国主石勒因天空出现了日蚀而避正殿三日。后秦的姚兴因日月之蚀，便自己主动降了称号称为王，下令让王公卿相也降职一等。很早崔浩就体会到了能从天象中感知到世间变化的才是高人，先帝拓跋嗣听到荧惑五星之中的荧惑星（火星）忽然不知去向时，他断定荧惑星进入了秦地，主后秦不利，这一推断曾让拓跋嗣惊讶不已。那一年后秦大旱，池水干涸，谣言四起，国人不安。他精准的预言让先帝拓跋嗣对他十分信任，大小事都询问于他。当然这也不是他信口雌黄，是他掌握了星象的运转规律了。

从到平城开始，观察日月星辰就成了崔浩的习惯。他知道春秋时期是处于从观象授时到制定历法的过渡时期，当他读《左传·昭公七年》，看到其中把日食与君王的行为联系在一起，感觉到古人的大智慧。那年的四月初一，有日食发生。晋侯问士文伯说："谁将要承当日食的灾祸？"士文伯掐指一算，说鲁国、卫国会遭到凶险，卫国祸大，鲁国祸小。果然那年八月，卫襄公死了，紧接着，十一月鲁国的上卿季武子也死了。晋侯又问："《诗经》所说'彼日而食，于何不臧'是什么意思？"士文伯回答说："这说的是没有办好政事，国家没有善政，不用贤人，那就会在日月中有所反映。因此政事是不可以不谨慎的。办好政事要选贤任能、依靠百姓、顺从时令。"读到这些，崔浩明白，古人不仅把日食与自然灾害联系在一起，还把日食与天子的行为联系在一起，认为失职的天子将会受到上天的惩罚，而日食是一种预示。士文伯依据日食作预言，其实想说的是"国无政，不用善，则自取谪于日月之灾"。这应该也是儒士的智慧，依天象预言人事，阐述政治见解，让帝王对于日月星辰有所畏惧，对于自己的行为有所收敛。当然必须是对天象了解十分清楚，对于国家大事的推断十分合理，预言才能正确，让人信服。

战国时期甘德和石申的著述中记录有四分历制定的天文历法，《甘石星经》里有一百四十四颗恒星星表，《汉书·五行志》中对于日食发生日期、太阳方位、食分、亏起方向、初亏及复圆时刻等都有记录，这些书可以说都是不说话的先生。每天夜里只要有星星出现，崔浩便会在院子里仰头观察。并把铜铤放在有醋的酢器中，令铤发青，他夜观天象，如果天象有所变化便用铤画在纸上，以记录其异常。当然夜观星象，对崔浩来说，面对皓月当空或者繁星满天，也能感受到良辰美景，往往会即兴抒发将此情此景写出来。还能体会到古人"愁多知夜长，仰观众星列"的惆怅心境，想象诗人屈原写"天何所沓，十二焉分。日月安属，列星安陈。何阖而晦，何开而明。角宿未旦，曜灵安藏"时的困惑。

寇谦之来访

那日，崔浩静坐在院子里亭子下面的石桌前看书，阳光斜斜地照下来，给人一种暖意融融的感觉。这时下人过来说："老爷，门外有一道人寇谦之求见。"崔浩头也没抬，随口说："寇谦之？不见，你回复他说，老爷不在家。"他并不想有人搅扰他的这份兴致。

寇谦之这个从嵩山来的道士，崔浩也听说了，听说他拿着自己的道书去见皇上，但皇上对于这个来历不明的道人并没有特别青睐，对于这种游方术士既不便得罪，也不便亲近，便让他暂居在京城道士张曜家中，仅供他吃住，等他住烦了，自然便会离开。想来那个道人是在皇帝那里碰了壁，又转身来到崔府。

这时只听得门外有急急的争吵之声："我们家老爷不在家，先生请回吧。"来人说："道士既来了，还能掐算不出白马公在府上晒太阳，你个小小守门人也能拦得住我？"一阵哈哈大笑声传来，那个道士硬闯了进来，下人一边阻拦，道士一面往里走。下人便大叫："你这老道好不讲道理，跟你说的老爷不在，你怎么能这么无理地硬闯人家府邸呢？"崔浩听得声音，便站起身来往门口走去。

来人并不言语，闯进大门里，一眼就看到了正往前走的崔浩，便朗声大叫："好你个白马公，常言道，有理不辱上门客，你明明就在家里，你的下人竟然说你不在，想来这也不是白马公的本意吧。"崔浩一看这个硬闯进门的道士着一身道袍，须发皆白，走路的步子却很轻，有一种仙风道骨之感。崔浩边做了个请的姿势边淡淡说："先生乃世外高人，崔某一个居家闲人，向来少有客来访，不知先生来访所为何事？"并把寇谦之带到后院亭子里。

寇谦之哈哈一笑，把肩上的包裹往桌上一放，说："道士倾慕白马公为平城首屈一指的大儒，老道算准了先生在家便来拜访，哪知在门口就吃了闭门羹，不过老道乃是方外之人，不拘于俗世规矩，一个小童岂能拦住老道？"

崔浩拱手施礼，很客气地说："先生请坐，先生请指教。"寇谦之说："看得出白马公并不喜欢老道这个不速之客，那老道也就不坐下相叙，这已经打扰了。寇某听说平城之内，只有白马公学问最是高深，所以不揣冒昧来访，老道这里有一卷《神中录图新经》，想请白马公过目。"崔浩说："崔某只喜欢读子曰诗云之类的儒家经典，但却不好读《老子》《庄子》的玄虚之术，恐怕让先生失望。"

道士把书从包裹里掏出来，往桌上一放，随后将放到桌上的包裹往肩上一背扭头就往外走："送先生书，老道是敬慕白马公是饱学之士，看与不看，是白马公的事了，是不是《老子》《庄子》的玄虚之术恐怕还得看了才能下结论，老道书已送到，不再打扰，走了。"崔浩刚站起身说了句"恕不远送"，老者步履轻盈闪出了门外。

崔浩拿起桌上的书翻了起来，书为古文鸟迹、篆隶杂体。再随意往后翻看，看到"服食饵药"一节，其中说："一则因服食不但不能长生，如不得其正，反有丧生的危险。魏晋以来，因服药而丧生者为数不少。又道教长生之术分若干派，服食饵药为其一也。"看到这里，崔浩想到当年道武皇帝便因服食寒食散病发，几欲疯狂，而先皇明元皇帝也是因为寒食散而伤了身子。这书里说的正是两位先帝的情况，便又认真地看下去："药服之，正可得除病寿终，攘却毒气，瘟疫所不能中伤，毕一世之年。可兼谷养性，建功斋靖，解过除罪。诸欲修学长生之人，好共寻诸'诵诫'，建功香火，斋练功成，感彻之后，长生可克……欲求生道，为可先读五千文，最是要者。"崔浩看了，突然感觉到有一种豁然开朗的感觉。从秦始皇开始，历代帝王服食丹药，以期长生不老，但是更多的服食丹药者，却死于丹药之毒，而这个道士却提倡"服气导引""辟谷"养生，"持戒修行"。再往下看，其中还有治国理政的陈述："自顷年以来，阴阳不调，水旱不适，灾变屡见者，皆由人事失理使然也。……末世废道，急竟为身，不顺天地，伐逆师尊。尊卑不别，上下乖离。善恶不分，贤者隐匿。国无忠臣，亡义违仁。法令不行，更相欺诈，致使寇贼充斥，洿辱中华，万民流散，荼毒饥寒，被死者半，十有九伤，岂不痛哉……"崔浩将书粗略地翻了一遍，便觉得这个送书的道士真是方外高人，而自己刚才怠慢了人家。想到此，便急忙唤出下人，让他赶紧到张曜家将那个道士寇谦之请到府里来。

寇谦之再次来到崔府，崔浩远远地在府邸外迎接，看到寇谦之，便深深施礼："学生崔浩先前不识礼数，冒犯了先生，因此让下人将先生请回来，学生略备薄酒，请先生共进午餐。咱边吃边聊。"

饭桌上，寇谦之向崔浩简单地讲述了他遇仙人的经过，仙人教他辟谷口诀，之后受高人指点下山，弘扬全新的天师道。崔浩又细细地问过天师道的兼谷养性的意思和道家服药的弊病。寇谦之说："秦人作的《大戴礼记·易本命》说'食肉者勇敢而悍，食谷者智慧而巧，食气者神明而寿，不食者不死而神'是有道理的，新天师道讲究的'服气导引''辟谷'养生之法，只是很少有人能做到吐纳食气。"寇谦之也说了他对历代人滥服食仙方的看法，他认为其实服食药物也只能做到除病强身，而要想长生，关键在于奉守道戒，认真做斋功礼拜，感应仙官下降接引，口授诀要，才可得道成仙。寇谦之还说了旧的天师道以画符念咒、驱鬼降妖、祈福禳灾行道于世，而新天师道与旧教最大的差别是持戒、持礼、持法。

崔浩又问了些问题，寇谦之悉数回答，两人越谈越投缘。崔浩又问了寇谦之眼下有什么想法。寇谦之说，他受太上老君玄孙李谱文之托，李谱文授予他《神中录图新经》，命他奉持这本书辅佐北方泰平真君，但是却难见君面。崔浩问："学生愚鲁，敢问先生，什么人可为道家的北方泰平真君。"寇谦之说："当年佛教高僧法果在平城布道时，不是说过'能鸿道者即为人主，我非拜天子，乃礼佛也'，那北方泰平真君自然是当今皇上了。"崔浩终于明白了寇谦之找他的目的，是想让他将其引荐给皇帝。当然，寇谦之也算找对人了，对于道教，他是信奉的，而且他正好也可借此机会去见一见皇上，看看皇上对自己的态度，如果皇帝真的不念前情，全部听鲜卑老臣的，他便可以回东武城养老，将父母的坟迁回故乡，完成母亲的遗愿。

崔浩对寇谦之说："想见当今君王，倒也不是很难，我虽赋闲在家，但还有白马公的身份，待崔浩择时面君之后，将先生的抱负和《神中录图新经》的奇妙之处讲给皇帝听，也许会对先生另眼相看，崔浩愿意为先生一试。"寇谦之很满意地走了。

半个月后的一天夜里，崔浩手拿着《神中录图新经》和写好的奏章，穿过中城的中阳门，走过了内城，走到了皇宫的止车门前，向值守的门卫禀报说有要事禀奏皇上。经过一层层的通报后，守门的侍卫说皇帝让他进去，并说在西堂内等他。迈过止车门、穿过端门，绕过永安前殿，崔浩径直向西北方向的西堂走去。皇宫这片地方，此前他多次走过，无论是太祖皇帝还是太宗皇帝，也都深夜召他进宫议过事，他也曾陪太宗皇帝饮过酒，还陪太祖行散过，那些御路十分熟悉走起来也亲切。但是这一次走进皇宫，内心里感觉到了威严肃穆，让人有一种诚惶诚恐、惴惴不安的感觉，而且还有一种说不出的陌生之感，他不敢四下张望，一直朝前走，那些个守门的一看他也熟识，知道皇帝让他进去，都为他开了方便之门，不一会儿便到了西堂外，西堂是皇帝休息的地方。

走进西堂，只见床榻上坐着个人，他不敢多看，便下跪施礼。拓跋焘扭头看到崔浩说："爱卿请起，爱卿深夜进宫，有什么要事吗？"崔浩说："要事倒是没有，一来进宫问一声陛下圣安，再则日前有一道士过府赠书，微臣看到那书不简单，《河图》《洛书》都是将寓意隐藏于简单的符号里面，而那道士手持的《神中录图新经》却写得那么直白易懂。臣写了《上疏赞明寇谦之受神诰事》奏章请吾皇过目。"崔浩接着又说："当年汉高祖刘邦虽然为一代英主，曾慕商山四皓大名，想请他们出山但却被拒绝。

如今嵩山大德不召自至，这正是陛下应天受命的预兆，岂能因为世俗之见而违背上天的旨意，臣对此非常担心，所以深夜面君，还请陛下海涵。"崔浩还说《神中录图新经》最厉害之处就是指出了此前道家服食丹药的弊病，而其所信奉的新天师道却是倡导兼谷养性，却有可取之处，而且他还有治世之良策。

拓跋焘听到崔浩如此说，便接过奏章看了起来："臣闻圣王受命，则有天应。而《河图》《洛书》，皆寄言于虫兽之文。未若今日人神接对，手笔粲然，辞旨深妙，自古无比……"字迹还是那么清丽端庄，奏章的文笔还是那么流畅俊秀。

拓跋焘看完后抬起头来说："崔卿深夜进宫，为了大魏国的康宁，天下熙盛，这份忠诚朕明白，改天诏寇谦之进宫，如果他是有道真人还有治世良策，朕也可以封他为国师，弘扬道教。"崔浩临走之时，拓跋焘还安慰崔浩："崔卿再静待些时日，朕会选择一个合适的机会让你出仕，大魏国需要像爱卿这样的儒臣来效力。"崔浩说："谢陛下，微臣明白，微臣知道圣上一直惦记着微臣。"

这一趟进宫可以说没有白去，至少他听到了来自皇帝的口风，皇帝还惦记着他，他也有重回朝堂的一天。

不久之后，崔浩听来访的寇谦之说，朝廷派遣使者带着玉帛、牺牢前往嵩山祭拜，并将寇谦之留在山中的徒弟一并召来，还尊奉寇谦之为国师，弘扬新天师道。等到四十多名嵩山的道士来到平城以后，皇帝还下令让人在平城东南如浑水畔建一个天师道场，盖起了一座五层高的大道坛庙，皇家给提供一百二十名道士的衣食。道坛定时祭拜，每月还安排一次由数千人参加的斋醮活动。

京都平城的人们开始崇奉新天师道，崔浩侍奉寇谦之非常小心恭谨，并尊寇谦之为师。人们有时为此讥讽他，崔浩听了后说："汉时廷尉张释之曾为隐者王生系袜带。我虽然没有前贤的大才，但如今师奉寇天师，足以无愧于古人了。"

那日清早崔浩去了大道坛庙处，远远听到了一声声齐整的唱偈之声，还伴有器乐的鸣奏之声，很是入耳动听。推开大道坛庙的门，只见道观内香烟缭绕，有香客正在朝拜，教徒很多，新天师道最大的好处便是道士也可在家修行。

而道士们唱诵的歌章倒也听得明白：

乐法以为妻，受经如珠玉。持戒制六情，念道遣所欲。淡泊正气庭，萧然神静默。天魔并敬护，世世受大福……

第八章　胸藏甲兵

处则为远志

"碧水映瘦影，清樽对月寒。"崔浩将这句诗写在摊开的纸上之后，便将笔一搁就走出了家门。

人的一生，谁都愿意仕途通达，就像春花怒放一样，光鲜靓丽，但人生又好似天气那样总是阴晴不定。崔浩感觉自己一身才华还没来得及施展就像被霜打了的花儿一样蔫了，心里有种说不出的沉重。无所事事，这对于一个勤奋上进的中年人来说，也是一种折磨。虽然崔浩在家人面前表现得很平静，每天潜心著书、安心习道，但是心里总感觉空落无依，还时不时想起朝堂里的旧事，想起鲜卑老臣们对他的发难，再想起当年他提议让太子监管国事时，先皇的舒心和太子的畅快，想起先皇对他的无限信赖，一想到这些，他觉得这些事离自己很遥远了。心情烦闷的时候，崔浩偶尔外出散心，有时遇到了朝中同僚，有些人驻足打个招呼说几句话，也有的人远远看到他故意避开走了，这让崔浩感觉到了人情冷暖、世态炎凉，想起这些，心头又是一阵苦闷，由于受到早春的风寒，崔浩久咳不止。

门客冯景仁看在眼里，可他又不便明说。那一日冯景仁外出为崔浩采药，天黑了，冯景仁从平城附近的纥于山上采回来半篮子草药来，径直走进崔浩的书房，口里大叫："老爷，小人为您采回草药了，郎中说这是治疗您疾病的良药。"崔浩头也没抬，随口便问是什么草药，冯景仁说："远志。"这个药名让崔浩抬起头来，"远志？""是的，老爷，远志！远志有宁心之妙。"

崔浩拿过来冯景仁篮子里的草药一看："这不是山上常见的小草吗？"冯景仁说："老爷，这种草药，长在山石中的根茎叫远志，可宁心安神、祛痰开窍，而生在地上的茎叶称小草，小草随风摇曳，不可入药。""长在山石中的根茎叫远志！"只这一句，便让他内心安静了。再看这个冯景仁一脸的焦虑让人感动，冯景仁十多岁时便跟在父亲身边，为人善良纯朴，机敏伶俐，深受父亲赏识，他也是父亲在平城收的唯一一个门客。崔浩明白冯景仁的意思是希望他能沉下心来，做"远志"，而不是随风摇曳的小草。于是崔浩笑笑说："你让人给熬药去吧，我明白你的苦心，我没事，吃点药就好了。"

门客的点拨，让崔浩内心里的阴霾一扫而光，和冯景仁的对话，就好像是和父亲在说话，长在山石中的根茎就叫远志，这话语多像父亲的口气，父亲在临终前叮嘱的话好像就在耳边。是呵，人生这点挫折算什么，比起父亲来，自己算是仕路畅通的了。

崔浩又暗暗分析了一遍天下形势，大魏国国主拓跋焘十六岁登基，虽然年轻，可已经有过十二岁北征柔然的经历，从小就表现出很高的军事天赋。先皇留下的大魏国基业虽然疆域辽阔，百姓也多，但也是危机四伏，大魏国西有北凉、胡夏和西秦，东有北燕，南有刘宋，北有柔然，魏国面临的局势就是得逐个击破这几个政权，才能真正独步中原。当然，刘宋是大魏国最大的劲敌，也是个难以撼动的国家。拓跋焘即位后的第二年，也就是始光元年（424），刘裕三子刘义隆即位，十八岁的刘义隆延续的是刘裕的治国方略，这是个长大魏皇帝拓跋焘一岁的少年天子，也是踌躇满志，志在重归中原、改变偏安江南的现状。而北方的大魏国主拓跋焘却又志在饮马长江边，看来这天下终归是两个年轻人角力的天下，就看两人怎么用人，怎么排兵布阵了。而他眼下能做的就是安心做自己的事。

崔浩细数朝中文武大臣，那些鲜卑老臣虽然忠勇、好斗，可是有勇无谋的多。汉臣也不少，在朝堂上敢于直言进谏的并不多。皇帝如果要开疆拓土，清除边境之患，肯定离不开智囊人物的出谋划策，他应该不会赋闲太久，想到这里，他安下心来，静心调养身体。

闲下来，崔浩又认真分析了此前自己在朝堂上的处事方式，以前自己明明感觉到很高明的策略却总是被先帝和鲜卑老臣否定，想来一则自己是文职官员，没有过带兵上阵久经战场的经历，再加上职位不高，可谓人微言轻，因此上只要是谈论争战之事，就是技高一筹，也没人会认真分析对错，这也有自己在朝堂上不讲究方式方法，直言进谏的后果。鲜卑人比较迷信天道天象，但他们并不懂得那些天文历法，而自己熟读易经研习星象，如果多把计策包裹在星象之中，肯定会说服那些思想守旧的鲜卑人。崔浩在家静思了好长时间，然后豁然开朗了，他不再守着家门不出，怕人看轻自己，而是昂起了头，保持着以往的风度，开始走出家门，与那些没多少功名的平城才子们来往，诗文唱和，喝酒逗乐，行走在平城的山水间，观赏着即日景，寻着旧人的踪迹，在蒹葭苍苍的如浑水边，在离城不远的白登山、纥于山上，将寂寞吟成诗，等夕阳将天际染成酡红色的时候归家，然后趁着月光将纸铺展在案几上，泼墨挥毫将白日的感慨写下来。有时是闭门不出，展开那些古籍，读那些诗句，那些或豪迈或婉约的韵脚，一如古代的谦谦君子或者如玉的深情女子从那一个个字符中跳脱出来，深叩门扉与他对话，陪他浅吟低唱。他突然意识到，人得自己渡自己到彼岸，才能平静地过日子。

始光二年（425）年末，于崔浩而言是个值得记忆的日子。那一日皇帝突然宣他进宫，宦官说皇帝改在了永安殿上朝。崔浩早早穿戴好便进宫去了。从白马公府邸到皇宫，得穿过中城北部，再穿过内城，才能到了宫城的宫殿前，这条路是他从二十岁起几乎每天都要走的路。最初的时候是步行去朝堂上，那时候中城这一片有很长一段路两边没有房屋，路是土路，可是二十几年过去了，路还是那条路，却光溜了许多，走在路上脚带不起土来，路两边的高门大院多了起来，显得繁华热闹。临近年末，天气干冷，路两旁的树都是光秃秃的，毫无生气，好在天气很晴朗，引入城中的水也结了冰，他看着在冰面上玩耍的孩子们，听着孩子们的笑声爽朗。

穿过内城，迈步进入皇城，入眼的皇宫规模也比此前大了。先皇出征刘宋回宫后下令开始扩建西宫，原来的中天殿、云母堂和金华室等配殿处附近又盖起了些殿宇，但当时并没有完工，新皇拓跋焘继位后，先将这些工程完成，然后又在他曾经当太子时居住的东宫处起了万寿宫、永安殿、安乐殿、临望观、九华堂等建筑，东宫这一片着实气派多了，入眼整个皇宫显得更是气宇轩昂，走进皇宫有一种既熟悉又陌生的感觉。崔浩在宫人的引领下径直走进了东宫处的永安殿，这里已是新的朝堂。

朝堂上，皇帝下诏宣布起用崔浩，晋爵东郡公，任太常卿，比此前的博士祭酒官高一阶，掌宗庙礼仪，兼掌选试博士。站立在众多的朝臣中间，听君臣议事的当中，崔浩环顾了一下这处新朝堂，流苏帐、龙凤朱漆画屏风，朝堂也明显比前两位皇帝的朝堂气派了，而少年天子坐在宝座上，不怒自威，冷峻的眼里有一种能看透人心的穿透力。分列两班的朝臣中鲜卑老臣们没有什么变化，但陌生面孔也不少，大家都毕恭毕敬地站立在朝堂之上，他明白这次复出他得用更大的精力和智慧立身朝堂，学会与那些老臣们相处，学会适应新皇帝这种拒人于千里之外的冷漠，他得胸藏甲兵、腹有奇谋才能辅佐得了这一年轻的君主，在朝中争得自己的一席之位。

皇帝在朝堂上谈论天下大事，言谈中把柔然贬称为蠕蠕，戏说柔然人智力低下，就像是地上爬行的蠕动着的虫子。说到了南边宋人，提到刘义隆，拓跋焘称之为"龟鳖小竖，何能为也"。听到这样的称呼，崔浩明白，这个新皇帝年龄不大志向不小，可能会用不了多久，就会向邻国下战书。

下朝后崔浩又听同僚说起南边宋国司空徐羡之将南兖州刺史檀道济征召入朝，此前大魏军南征时曾领略过檀道济的厉害，如今檀道济在朝中任征北将军、加散骑常侍。主少壮，将帅有武，谋士有才，这正是一个国家蒸蒸日上的基本保证，眼下两国都是如此。

崔浩还听说那一年魏国的西邻大夏国也换了新的主人。泰常三年（418）赫连勃勃占据关中至今也快十年了，赫连勃勃留给世人的形象是冷酷、嗜杀、背叛，关中人深受其害。听小道传闻，夏国发生了内乱，太子赫连璝和想当皇帝的皇子酒泉公赫连仑争位厮杀，却无意中成就了看热闹的太原公赫连昌。始光二年（425），匈奴铁弗部的首领赫连勃勃过世了，其子赫连昌成了新的国主。当年崔浩和先帝拓跋嗣闲聊时曾说起过赫连勃勃，他认为赫连勃勃国破家亡，孤身一人托庇于后秦姚氏，不仅被后秦收留，也有了官职，还受到封赏，但赫连勃勃不仅不知恩图报，还趁风扬土，起兵叛秦之后据有一方，这样的人虽说也能横行一时，但最终不会有好下场，可惜的是先帝没有活着看到赫连勃勃的下场。眼下三个年轻的国主，他们不久之后会有新的较量。

崔浩复职后上的第一个奏章是关于兴学的，此前他注意到平城内人口日渐增多，不少平民子弟不上学却在大街上晃荡，再看太学，还是立国之初建的，规模太小了，而中书学却又仅限于有官阶的子弟上，崔浩建议应该扩充太学规模，让更多年轻人有学可上，拓跋焘应允了，并让人另择新址，新的太学就选在了城东，并下令次年春天就破土动工，同时要在太学中祭祀孔子。

战群儒破大夏

冬天的诸多事，就像严冬的寒风一样是冷硬的。转过年来，西秦国主乞伏炽磐派遣尚书郎莫胡、积射将军乞伏又寅带着二百斤黄金来朝见，请求和魏国结盟，并历数邻国夏国罪状，请求魏国出兵攻伐夏国。这西秦国原为后秦的属国，后秦衰亡后，西秦纵横捭阖，东征西讨，日渐崛起。

朝堂上，皇帝拓跋焘和众臣议起国事，放在大魏国君臣面前要解决的棘手事有两桩，其一就是柔然不时犯边，再次就是答应西秦解决夏国，毕竟人家送的黄金也收下了，结交西秦国也不失为上策，虽然此时的西秦不似当年后秦强大。边关上先帝为防止北部柔然的扰掠，修筑了从赤城经五原至阴山的长城，但是仍然没有阻止了柔然人的侵扰。从拓跋焘即位以来，柔然已经两次犯边，始光元年（424）八月，柔然可汗趁大魏国明元皇帝去世不久，新皇帝刚刚即位之时以为有机可乘，便出动六万铁骑进犯云中，一时间平城告急，登基不久的拓跋焘御驾亲征，打退了犯边的柔然兵。第二年，拓跋焘再一次出征将在边境掳掠的柔然兵打散，但这是一个来无影去无踪的游牧国度,不知道哪天就又会打上门来。在开年即将准备的大战中,是先对柔然用兵,还是先打夏国的统万城,这让拓跋焘犯起了踌躇。

太尉长孙嵩、平阳王长孙翰、司空奚斤等先后发言,他们都认为应该先攻打柔然,理由是夏国都城统万距离大魏国较远,当下对大魏国并没有构成边患,不如先伐柔然。柔然可以说是世代为边境之患,如果找到柔然军,可以出其不意地给以重创,如果找不到柔然兵,相当于大兵到阴山一带打猎,擒杀山中的野兽,获取皮肉骨角,以补充军需。尚书令刘洁、武京侯安原请求先伐与夏国交好的北燕,北燕的都城在和龙(辽宁朝阳市),是个诸侯小国,当年先帝派于什门出使北燕,至今十多年过去了也没把使臣于什门放回来,应该给北燕国点厉害看看。崔浩的发言不算早,他让其他的老臣先说,以示谦卑,等其他人都说完了,崔浩上前说话:"臣有本奏上。"

拓跋焘看了看崔浩点头示意,崔浩说:"臣认为柔然总是像鸟集兽逃一般,有影而无踪,用重兵又撵不上他们,轻骑兵追上他们却又人员不足,不能克敌制胜,而夏国距离大魏平城也不过千里,但夏国政刑残虐,人神共愤,应该先伐夏。夏国毗邻大魏西部边境,南界秦岭,东辖蒲坂津,西至秦陇,北抵于河(内蒙河套),国土疆域辽阔,确是我魏国的心头大患。柔然不除,危及的是魏国边境安宁,大夏不灭,危及的将是魏国生存。"拓跋焘认为崔浩所说比较中肯,因为他两次北征柔然,虽然有所收获,但都没能动了柔然国的根基,于是当下表态:"朕觉得崔爱卿所说有道理,那就上顺天道下应人心,先攻胡夏国吧。"

太尉长孙嵩率先反对,他说:"陛下,臣觉得,胡夏国有统万城之险足以固守,夏国都城是役使十万劳力、历时七载以蒸土夯筑而成的,并混以畜血黍米汤夯实,中间还要加上耐腐蚀的柏木立柱,修建的城墙如果被铁锥扎入一寸,修城者就被杀掉并砌在墙里,因此这统万城坚硬可砺刀斧。臣还听说统万城的城门名字叫得也雄强,东门'招魏门'、南门为'朝宋门'、西门叫'服凉门'、北门'平朔门',这也显示出胡夏国的野心。统万城之外,还有无定河水环绕,是一夫当关、万夫莫开之城,一旦大军征战统万,如果久攻不下，柔然的郁久间大檀听到消息后，估计会趁危进犯，到时大魏国兵连祸结，会形成平城告急的危机局面。"

崔浩赶紧上前一步奏报说："陛下，臣观星象，往年以来火星一直在羽林星、钩己星附近，这代表秦地的国家将要灭亡。今年，五大行星一齐出现在东方，向西讨伐比较有利。上天的预兆与世间的事件相互呼应，机不可失。"说到天象，众臣一脸懵懂，他们不懂这些，无法插嘴。当时拓跋焘的舅舅城阳公杜超发言，表示应该伐夏国，上顺天理，下应民心。只有长孙嵩等人恳切劝谏，认为崔浩属于文人之见。文人在朝堂上凭借想象说话，不会体谅前方将士的急难险重，而带兵打仗的将领则深知每一场战事的危局和胜算所在，稍有疏忽便会丧师辱国。说到激动处，长孙嵩认为像崔浩这样手无缚鸡之力、战场上无尺寸之功的文人应该去掌管他的祭祀尽自己的本分最合适，不应该插手战事，起用这样的汉人，他们总是以天道言政事，还让人不能反驳。

崔浩看了一眼皇帝，便低下头不说话，他明白长孙嵩还是很轻视他。那边拓跋焘却听得发怒了，并诘问长孙嵩："大胆，你以为领兵的武将就能安国定邦吗？真是短视。你以为你就没有问题吗？朕还没跟你理论此前别人弹劾你贪污的龌龊事，你倒是站在这里指责朕用人有误。"说到了贪污，长孙嵩顿时低头不语。拓跋焘并没有就此罢休，接着大喊武士上殿，让武士按着长孙嵩的脑袋撞地，以鲜卑人的惩罚方式惩戒这个几朝元老的老臣长孙嵩。这是在长孙嵩直言让崔浩不要插手政事时对他的惩罚，这也相当于皇帝给崔浩撑了腰。崔浩内心里对皇帝充满了感激，虽然是以长孙嵩贪污的事惩戒长孙嵩，不如说是皇帝对于崔浩刚刚复出的保护，这样一来没有人再说崔浩是文人误国。

一场朝堂之争结束了。拓跋焘转而召国师寇谦之入宫，问寇谦之伐夏国是否能旗开得胜。寇谦之回复说："回陛下，夏国历来穷兵黩武，现在又新君继位，政局不稳，民心不定，出兵肯定有胜算。如果大魏国出兵，老道会在宫中做法事，祈祷此战速战速决。"寇谦之还说："陛下当以兵定九州，先武后文，以成太平真君。"于是魏国上下形成共识，攻伐夏国，按照惯例，秋季发兵。

这一年的九月，拓跋焘命大将奚斤率兵五万，向离魏国最近的夏国所辖地蒲坂（今山西永济西）进发，宋兵将军周几率兵袭陕城（河南三门峡西）。进入十月，皇帝启程御驾亲征，率骑兵从君子津（内蒙古托克托县附近）渡黄河，向统万城方向挺进，崔浩随军参谋。

十月的北方，温度骤降，天寒地冻，君子津处的黄河河面已经封冻起来，拓跋焘率领一万八千轻骑顺利踏冰渡河，骑兵们纵马狂奔，直奔夏国的王庭，兵贵神速，轻骑很快就到达了统万城下，这种刺激和速度是崔浩第一次体会到的，当然在大漠中策马狂奔的时候，他感觉到了风如刀割般地刺脸。十一月七日，魏军突然出现在统万城外的时候，魏军从夏国兵士惊恐失措的表情中看得出，对方是没有一点儿准备的。拓跋焘在黑水旁安营扎寨，黑水距离统万城有三十多里。夏主赫连昌率军出城迎战，一个是有备而来，一个是仓促应战，夏军首战不利便立即退回统万城，大魏军在后紧紧追击，还未等统万城门关上的时候，魏军先锋内三郎豆代田已经率众混入了统万城内，豆代田一行还闯进了夏主的西宫，只是城门关闭，大部队并没有跟进来，豆代田只能率众焚毁了宫门逃脱，当然这也让众人见识到了这个传说中坚不可摧的统万城的确是名不虚传。崔浩仔细地盯着这个墙厚城高的统万城，他知道之所以叫"统万"，有"一统天下，君临万邦"之意，再看那个东城门上写着"招魏"两个大字，如今的确招来了大魏国铁骑，他们却紧闭城门不出。

拓跋焘意识到了，魏军此举其实是打草惊蛇了，夏兵退守城内，城门紧闭，拓跋焘只能采取孤立统万城，扫清外围之策，俘虏了统万城外的数万夏国百姓，劫掠十余万头牛马，然后迅速撤离。这年十二月，奚斤和周几先后攻下了蒲坂、潼关，相当于打开了长安门户，三路大军大获全胜，当然对夏的争战也只是小试牛刀。

第二年（427）的深秋，拓跋焘再次带三万骑兵亲征统万城，崔浩依然随军出征。夏主赫连昌已经领教过魏兵的厉害，便再次守城不出，还派出人马向镇守长安的弟弟赫连定求助，让其派兵解了城外之围。崔浩知道，此次出征，如果不能诱敌出城，速战速决，还是胜负难料，当年魏和宋的虎牢之战就是先例。拓跋焘认为崔浩说得对，于是就定下了诱敌计谋。拓跋焘将大部分士兵隐匿于山谷中休整，只派五百人的骑兵每日在城下叫阵挑衅，另外派遣五千骑兵向西掳掠，还故意放了那些逃跑的当地人向统万城内传递消息，汇报魏军在统万之西的情况。攻了几日城之后，魏军将士显出疲惫之态。崔浩还建议让一些士兵分散开来，四处采集野菜、野果，故意让守城的士兵们看到。站在城墙上的夏国士兵在高处可以清楚地看到大魏兵在城外的情形，让他们认为骑兵们没有带多少粮食，连续几天又攻不下统万，肯定是缺少粮食。几日后统万城内闪出一队骑兵，将几个在统万城外负责寻找野蔬的魏国士兵抓进城内。被俘入城的士兵说，他们是魏军的骑兵部队，千里出击，所带粮草不足，辎重、步兵和粮草还没有跟上来，攻不下统万城，只能四处找些野蔬充饥。还有的骑兵西进，逮着哪地袭击哪个地方抢点粮食和蔬菜补充军需等待援军的到来。

　　夏军听后禀报赫连昌，守城的夏主赫连昌当下改变了守城不出的计划，希望将这一支缺粮的远来疲惫之师先行解决了，以免他们一直向西劫掠。于是赫连昌亲率骑兵、步兵三万人冲出城来，与魏军决战。此时魏军看到有大兵出城，那些驻扎在城外的士兵只稍做抵抗便一路狼狈逃奔，赫连昌哪里肯放过，于是兵分两路包抄上去。这时突然天气骤变，刮起了东南风，尘沙飞扬，黄沙蔽日，一张口就是满嘴的沙，天空突然暗了下来，战马止步不前，大魏国的士兵们迎风而战睁不开眼睛，身在平原或者草原的士兵们并没有见识过这种极端恶劣的天气。崔浩看到沙丘在风中如同起伏的波浪在移动，蜿蜒蛇形，转眼就荡平了人们刚刚留下的足迹，这种情形让士兵们感觉到恐惧。看到这么危急的情况，随军的宦官赵倪向拓跋焘进言说："现在风沙大太，黄沙满天，如果迎战，敌军后面顺风而来，我军却迎着风沙而夏兵则背着风沙，对我军不利，况且眼下将士们又饥又渴，战斗力不强，打不过夏兵，不如收兵回营，暂时躲避他们，待以后再图大举。"崔浩知道劲可鼓不可泄，势可造不可衰的道理，顾不得风大，当下叱责赵倪说："你这是什么话，咱千里而来，粮草缺乏，好容易才把他们引出来，这可是千载难逢的机会，机不可失，失不再来，现在夏军一路追击出了城，已和后方断了联系，想回城是不可能的了，更适宜我军趁他们大意轻敌而攻打他们。对付风的办法在于人的谋划，又有什么规律可循呢！"拓跋焘大声说："崔爱卿说得对，错失了这难得的机会，再想引他们出城可就难了，以统万城之固，从外面很难攻下来。"于是等夏军追到一处山谷，魏军居高临下，完全占据了有力地形后，拓跋焘下令，骑兵分成左右两部成掎角之势，全军奋力夹击敌人。

这一仗打得天昏地暗，双方搅到了一处，早已顾不上狂风肆虐了。两军相逢勇者胜，再加上魏国的皇帝亲自披挂上阵，魏军的战斗力自然强些，拓跋焘不知什么时候，臂上中了流箭，但依然奋力迎战。皇帝一马当先，士兵哪有不拼命的，大魏国的兵力虽少，但是个个如猛虎下山，这让追赶而来的夏国军队完全没有防备，仓皇中首尾不得相顾，全线崩溃，魏军一鼓作气向统万城方向冲去，夏主赫连昌被紧紧追赶，看到城门紧闭，来不及叫士兵打开城门，便率领残兵败将西逃，魏军一举攻下了统万城。城里的军民受够了胡夏君主的残暴，对于魏国大军进城基本没有反抗的，一行人很顺利地就进了皇宫，生擒了夏国王公大臣、宗室子弟、宫中嫔妃等一万多人，获得战马三十余万匹、牛羊数千万头，府库珍宝、器物更是不计其数。

在那些堆积的宫中奇珍异宝中，皇帝拓跋焘突然看到了放在一个玉碗中的一枚白玉蛇形游鱼珩，那珩上部镂雕一蜿蜒盘曲的蛇，蛇张口吐着信子，首尾咬合处有一蛇鳞果，蛇下连一条游鱼，均阴刻鱼眼、鱼鳍，一面还有阴刻鱼之鳞和背鳍，这珩造型奇特，玲珑剔透，崔浩也在那里看着这枚与众不同的玉珩。拓跋焘说："朕记得崔爱卿是属蛇的吧，这枚蛇形游鱼珩就赐予你了。"崔浩当下谢过，满心欢喜地拿起来仔细端详，他知道这样的珩多是汉时之物，非常珍贵。拓跋焘又将其中另外一些奇珍分别赐予随行的官员，只有随军出征的后军将军李顺表示不要这些珍宝，希望皇帝将一些收缴来的书籍赐给他，皇帝当下答应了，李顺的行为让众人惊讶，崔浩看着李顺笑了笑。

崔浩跟随大魏皇帝拓跋焘登上了那座传说中坚不可摧的统万城，站在城墙上瞭望。中城和外城的城墙高均有十仞，城内亭台楼阁，雕梁画栋，夏国皇宫的永安台更是通房连阁，十分华美，柱子上饰以丹青，窗棂上雕镂图画，看起来比大魏国皇宫气派多了，城内还有灵沼池、驰道、有台苑式园林等。这可是夏王赫连勃勃奴役十万百姓修筑的城池，城墙的表面呈灰白色，坚硬无比，的确是刀斧很难砍出痕迹。

崔浩望着统万城内的广厦阔屋，青砖黛瓦，花木扶疏、潭影绰绰而感慨万千。统万城外，大风裹挟沙尘、刮磨着城外的野草、树木，天地苍苍，旷野茫茫，只是不知道夏主赫连昌逃往何方，不管城池如何坚固，不管宫廷如何华美，可他失去的是世道人心，江山到底没有守得住。

崔浩转身看了看正在四下眺望的皇上，突然间看到了拓跋焘脸色变得特别难看，他不明白什么事惹得这个拥有了胡夏都城统万城的帝王不愉快，按说此时应该高兴才对。只见拓跋焘用手指着那些低头缩在墙角的夏国亲王、大臣、王妃们怒斥道："尔一个弹丸小国，竟敢如此滥用民力，不知爱护百姓，你夏国怎能不亡？"被俘虏的人们低头不敢言语。

在统万城南有一通碑，碑很高大，也很显眼，崔浩喜欢碑刻，自然会被石碑吸引过去。拓跋焘也打马走了过去，也想看看碑文上写了什么。碑文辞藻华丽，从头到尾都是为夏国君王歌功颂德的。碑文开头便是："夫庸大德盛者，必建不刊之业；道积庆隆者，必享无穷之祚。昔在陶唐，数锺厄运，我皇祖大禹以至圣之姿，当经纶之会，凿龙门而辟伊阙，疏三江而决九河，夷一元之穷灾，拯六合之沈溺，鸿绩侔於天地，神功迈於造化……"洋洋洒洒的碑文，碑文最后还有四言诗文："於赫灵祚，配乾比隆。巍巍大禹，堂堂圣功。仁被苍生，德格玄穹。帝锡玄珪，揖让受终……"从头看到尾，通篇文章柔情媚态。拓跋焘看过后大怒："赫连勃勃是个无道君主,杀人如麻,这是哪个没骨头的文人写下的献媚之词,给朕拿来问罪。"不久有人回复说是夏国的著作郎赵逸所写,拓跋焘刚说了句找见这个人给朕杀了他,崔浩便赶紧上前进谏："回陛下,历来文人写歌功颂德的文章,大多数都是言过其实,迫于压力的多,真心阿谀奉承的少,就如同那些修筑城墙的民夫一样无奈,不一定是发自内心的真实情感。陛下是有道仁君,拿个文人问罪不免让胡夏国的文武大臣背后对大魏国的君主说东道西,杀了赵逸会因小失大。再说咱大魏国正在用人之际,这个人也许不仅会写这类颂文,可能还会有别的用处,大人不计小人过,饶恕他就是了。"拓跋焘听到崔浩如此说,当下也意识到自己有点发怒过火了,便说:"就依爱卿之言,饶了这个软骨头吧。"不久就有人将赵逸带到拓跋焘跟前,拓跋焘问过他的过往,才知道这个赵逸,以前仕后秦任中书侍郎,后来在夏国进攻后秦之战中,被赫连勃勃掳掠到了统万城,写《统万铭》实属不得已的保命行为。

在崔浩的建议下,赵逸当下被封为中书侍郎,夏国众多的文人武士也心甘情愿地跟随大军到了平城。这次战事之后,崔浩明显地感受到,那些鲜卑老臣在言谈举止方面,对他客气了许多。

不久有消息传来,夏主赫连昌的弟弟赫连定听说统万城陷落,无心也无力对付魏国将军古弼的攻击,丢下了长安城西逃到上邽,与夏主赫连昌会合。

回到平城后,崔浩将皇帝赐予他的白玉蛇形游鱼珩让玉雕工匠在鱼尾处刻了"伯渊"二字,还配了个链子,作为御赐传家之宝。他将这个珩送给了柳氏,这块白玉玲珑剔透,温润圆滑,柳氏喜欢得戴在脖子上,从来不舍得取下来。

排众议征柔然

神䴥二年（429）年刚过，拓跋焘接到战报，柔然一万骑兵南下入侵魏国边境，杀戮、掳掠大魏边民，这是拓跋焘继位后柔然兵第三次犯边了，前两次都是以将柔然兵赶出边境结束。朝堂上听到战报后，拓跋焘勃然大怒，"蠕蠕小儿，也太轻视我大魏国了，年年来犯，这次朕一定要与这个郁久闾争个高下，将蠕蠕小儿一举歼灭，方解心头之恨。"就在拓跋焘还在发怒的时候，又有一份战报送了上来，是驻守南边的边将送来的。南边宋国一直在惦记此前魏国攻下的虎牢城，连日来宋国的徐州刺史王仲德向济阳和陈留进发，兖州刺史竺灵秀率领两千步骑，进攻荥阳，目标是拿下虎牢城，但都被魏国驻守豫州的军队击退。看来刘宋皇帝刘义隆也开始有所动作了，这让雄心勃勃北伐柔然的拓跋焘也犯起了踌躇。出兵伐柔然，又怕刘宋军真的对魏全面开战，那样就会腹背受敌，于是拓跋焘召集众臣商量对策。

群臣听说皇帝又要举兵北伐，大都表示反对。一是这个柔然特别难缠，郁久闾大檀是柔然国的第十位可汗，自称为牟汗纥升盖可汗，意思是胜利之王，他继位后延续着与近邻北燕国联盟的策略，并急于扩张版图，也渴望得到魏国边民的生活用品以改善生活，因此上几乎年年侵犯魏国边境，成了魏国的边患。再则刘宋与北魏的边境摩擦也刚刚熄火，刘宋是要小试牛刀后大举进兵北伐，还是就此止步，谁也不清楚。西伐夏国虽然拿下了统万城和长安城，但是不久长安城又被夏国的残余势力抢夺了回去，如今可以说是魏国四境都不太平，如果兴兵大举北伐，假如刘宋军乘虚来袭，大魏军可是首尾难顾，况且柔然犯边劫掠之后便会退去，对魏国没有致命的威胁，增强边境的防守也可以。当时对出兵柔然反对最强烈的是拓跋焘的养母保太后窦氏，拓跋焘生母杜贵嫔早亡，是养母窦氏将他抚养成人，拓跋焘继位后尊养母为保太后，还专门营建万寿宫让保太后居住。保太后从关心养子的角度出发，认为他西伐夏国时御驾亲征，中过箭伤，才刚刚伤好，也没有好好休整，不合适再领兵出征，还举出他的父亲拓跋嗣的旧事来说服他，保太后说当年先皇就是因为南伐刘宋伤了元气而归西的。保太后还担心征北时刘宋大军会倾巢而出，会危及平城皇宫的安全。朝中尚书令刘洁、左仆射安原等人为了附和保太后，还让太史张渊、徐辩上殿进谏，并以天象陈述北伐不适宜。张渊、徐辩两人的意见基本一致，他们说，观今年的天象，今年本命星木星又曾遮住过月亮，金星在西方，这都意味着不宜争战，如果大举北伐，肯定会失败，即使取得胜利，也会主圣上不利。两人以天象说事，群臣随声附和，表示天命不可违。如今大魏国出兵不占天之时、地之利。众人的劝解让拓跋焘也满心狐疑，此前必战的决心也变得举棋不定了起来，于是他下令宣在家休养的崔浩上朝，让他和张渊现场辩论天象。看天象是太史公的事，对于张渊是分内的事，但是看天象也是崔浩的长项，上一次出征夏国崔浩看天象认为五行并出东方，有利西伐就说得比较准确，让群臣信服。张渊之说是否正确，拓跋焘还想听听崔浩的说法。

因为是保太后阻止北伐，想到母子一家亲，崔浩并不想插手这件事，他知道力战群儒本来就很难，上次力主西征大夏就和众多群臣死杠上了，朝议很不愉快，如今再加上个保太后出面阻止，这事就难办得多，崔浩觉得这件事还是让皇上决定吧，要说出头也轮不上他一个太常卿发言，所以那几日崔浩以身体不适在家中休养。但是那日上午，宫里还是派人来传，说是皇上让他立即上殿议事。

崔浩听了张渊和徐辩对天象和人事的看法之后再没办法保持沉默，因为事关国家大事，再加上皇帝专门宣他进殿请他参与，于是他拱手说："启禀陛下，向来太阳代表德行，月亮代表刑罚，因此日蚀要修德，月蚀要修刑，三阴之年用兵，就是预示着国家要修整刑罚了，其实讨伐屡屡犯境的敌国就是君主最大的修刑。至于说木星遮盖月亮，意味着将出现灾荒和流民，这应该是对应着别的国家。张渊说天象那是他的专业，但他只是拘泥于小小的术数，对于天下大事考量不足。臣每日都在夜观星象，几年来，月亮运行，遮盖了昴星（旄头星），至今仍是如此。卦辞说：三年，天子将大破旄头之国。想来蠕蠕就是旄头之国。非常之人行非常之事，古人说过君主在做非同寻常之事之初，黎民都会恐惧，但等到大事成功之后，大家便又心安了，如今我们占据天时、地利、人和，希望陛下出兵北伐不要迟疑。"一席话说得众人哑口无言。也有人提出了，如果拉开北伐柔然的架势，但柔然却又逃遁而去，无影无踪，后方还有刘宋的威胁，这非常危险。

崔浩当下就辩驳说："如果我们不解决柔然的边患，就永远难以尽全力对付刘宋。其实柔然以为我们离他们很远，魏国大军长途跋涉无法抵达他们的领地，就是到了那里，他们居住分散，大漠无边也寻找不到他们。长期以来，其实柔然国对外并不设防。夏天的时候，他们分散部众放牧，等秋天牲畜长肥了，他们又聚合在一起，南下抢掠我们。如今，我们趁他们还在放牧的季节就出兵袭击他们，柔然兵必定惊慌失措，四散奔逃。但如果他们找不到水草，不过数天，就又会聚集到一起，这时可以将其一举歼灭。再说刘宋国，从来都是雷声大雨点小，当年刘裕得关中之地，最终也没能守住，如今我大魏国灭了胡夏，军威正壮，他们想要北攻也得掂量掂量。边境的战事，估计也只是刘宋方面试试水深浅，臣料定他们没有胆量大举伐魏。"

一席话说得有理有据，以理服人，朝堂上再无反对的声音，皇帝拓跋焘听了崔浩的建议之后，当下拍板决定攻伐柔然。

下朝回家时，崔浩沉默无言，他知道，自己绞尽脑汁地为国出谋划策，可是群臣却不理解。这一次力谏北伐柔然，可能会把上至保太后下至尚书令刘洁、左仆射安原、太史张渊、徐辩得罪个遍，但愿他们明白，大家的辩论都是为了国家，并没有个人的恩怨在里面，但是这样的话又怎能说出口来呢？朝堂上，面对满堂皆醉我独醒的局面，他又能说些什么呢？做个忠君之臣真是太难了，而总做附和之人，人云亦云，以他的个性却又办不到。

下朝之后，寇谦之来到崔家府邸，悄悄问他："听说你力主北征，你认为能获胜吗？"崔浩说："回国师，根据天象和世事，应该没问题，我只是担心，部将中有人目光短浅，获点小利后便沾沾自喜，由于大漠幽深不敢乘胜追击深入对方腹地，可能不会大获全胜。"

不久之后，刘宋国皇帝刘义隆派遣来使，希望双边休战，讲信修睦，太平和合。南边摆明了休战的态度，并且主动过来示好，拓跋焘当下厚待来使，表示同意。南边边界太平了，拓跋焘加紧了筹划北伐之事。

神䴥二年（429）四月二十九日，拓跋焘带着群臣在平城南郊举行阅兵大典，先行祭拜天神，然后下令排列战阵，之后，拓跋焘率领大军从平城出发，北上征讨柔然。此次出征拓跋焘命令北平王长孙嵩、广陵公楼伏连驻守平城。崔浩也领到了新的任务，那就是着手修撰国史，并开始了修撰前的准备，国师寇谦之随军北伐。

大魏兵分两路向北进发，一路由平阳王长孙翰率军从西路向大娥山行进，另一路拓跋焘率领东路军从黑山出行，两路军相约会合于柔然的可汗庭。二十天的急行军，拓跋焘所带的骑兵到了柔然腹地的栗水，果然柔然兵毫无防备，士兵们四处放牧，面对从天而降的魏国骑兵，那些人顿时惊慌失措，又无号令，只好仓皇逃奔，东西两路大军几乎都无遇上反抗的。大魏军沿栗水西进，至园水分兵到处搜寻，在柔然国内纵马驰骋，斩杀柔然兵不计其数。原来臣服于柔然的高车诸部看到这种情况也抄掠柔然，表示愿意归附大魏。拓跋焘沿弱水西行至涿邪山附近，但是部将中刘洁等人看到山势高峻险恶，怕深入腹地中了埋伏。随军的国师寇谦之对皇帝说，出征前太常卿崔浩说过，就怕大军不敢深入敌军腹地，不能大获全胜。但是，拓跋焘考虑离开平城也两个多月了，边境是什么情况也不是很清楚，眼下柔然国主也不知逃到什么地方去了，大军一路前行如入无人之境，不知道柔然到底有多少兵，是否有精兵就在前面设伏，就像是大魏军对付夏国那样，布设精兵在山里。众人也说魏军收获的牛羊、军需也很丰硕了，投降的柔然人不计其数，不如就此班师回平城，拓跋焘同意了。

　　大军返回途中，路上有降魏的柔然士兵说，那些天柔然国主其实就在涿邪山附近躲避，也只有数百人的随从，如果魏军再前行两天的话，不仅能将柔然国主抓住，还能将其部众彻底剿灭。拓跋焘听到此话后非常懊悔，想起国师寇谦之说的崔浩的预言，可惜当时怕中埋伏没听进去，如今却时过境迁了，这样的战机不会再来。最欣慰的是在他北伐柔然的日子里，刘宋军果然如崔浩预言的那样，并无冒犯。

　　拓跋焘将柔然及高车降附之民安置在从漠南至濡源的地区，让他们农耕、放牧，并收其贡赋。这一仗除了稍有点遗憾外，可以说堪称完美。朝堂上要论功行赏，有人认为要论首功崔浩肯定是当之无愧，虽然他并不带兵征战，但是他却胸中有甲兵百万，力主出兵柔然判断非常准确，拓跋焘认为也该如此，于是加封崔浩为侍中、特进、抚军大将军，以赏其筹划之功。特进就是在朝会时席位仅次于三公，朝堂上有人称崔浩为大魏诸葛。大魏诸葛的美名也随着平城上空经年呼啸的西北风，迅速地传遍了大魏国的每一个角落。

奉命初修国史

　　大魏国准备北伐柔然前，那日上朝，皇帝拓跋焘突然对崔浩说：“崔爱卿，朕记得中原一直有‘易代修史’‘盛世修书’的传统，咱大魏国如今是中原大国，也该有一部流传后世的史书，让子孙后代记得朕的皇祖父以及朕的父皇开疆拓土之功。当初太祖皇帝在世时，曾经也修过史，但后来搁置了，如今咱大魏天下初安，也该修史了，你可挑选人手，续写国史。”

　　崔浩说：“回陛下，《礼记》说左史记言，右史记事。孔子作《春秋》其实写的是鲁国的国史。春秋战国设有史官，修撰国史，修史可览前朝之得失，为后世之镜鉴。司马迁修的《史记》从五帝本纪的《皇帝纪》，到汉武帝《今上本纪》，是一部通史。汉武帝时有《禁中起居住》，是记录人君言行和举止行动的，此前邓渊主修《代纪》十多卷，是编年体，是否依着此前《代纪》的体例往下续写？"拓跋焘说："修撰国史，至于怎么写，你看着办吧，朕给你将崔览、高谠、邓颖、晁继、范亨、黄辅这些饱学之士调拨去，归你管辖。"

在修撰国史的人员中，崔览是崔浩的二弟，此前已官至中书侍郎，书法出众，文章也好，性格沉稳，遇事小心，在为人处世方面有些像他的父亲崔宏。对于在朝中崔浩总是直言进谏，崔览也多次委婉地劝说过，让他注意说话方式，不要在朝中树敌。崔浩笑笑说，咱是汉人臣子，想要在朝堂上立足，也只能据理力争，事事附和别人，同样让人瞧不起，也只有手中有了权柄，才能不被人藐视。崔览是属于很安静做学问的那种人，对于朝堂上今天你升职了，明天你降职了并不太在意，两人虽然对待人生的方式和态度不同，但是并不影响兄弟俩的关系。高谠曾经跟随拓跋焘西伐夏国，因军功任游击将军，赐爵南皮子，因为要修编国史，而到了中书省，升任中书侍郎。邓颖是前著作郎邓渊之子，继承了邓渊爵位下博子，此前做中书学学生，文章写得特别好。晁继是太史令晁崇之侄，对于天象比较熟悉，晁崇便参与了有关天文星象内容的撰作。范亨、黄辅都是中书学中品学兼优的学生。

修史的班子组成了，崔浩虽然统领修撰国史，但是他的事太多，那些写史的事主要依靠众人，其实也主要是崔览和邓颖来写。崔览接受了修撰国史的任务，回家与夫人封氏说了，说从今后开始修国史，成了哥哥崔浩的手下了。封氏说："相公是看过《左传》的，你还记得齐国大夫崔杼杀史官的故事吗？魏国与历代中原国家不同，这个国史不好修，希望相公谨记妄言，谨慎修史，以保平安。"崔览说："夫人说的是，为夫能不知道这些吗，否则书白读了。修史也可以按照左史记言、右史记事的做法去写，这样不会惹祸。"邓颖接到这个修史任务的时候，回想起少时遭遇到父亲被杀的旧事，当时父亲邓渊是受到邓晖之祸的牵连而死，家族里的人曾经悄悄地跟他说过，也许是当年邓渊修的《代纪》不符合圣意，找了个其他的理由将他处死了。对于修史这件事，邓颖也是如履薄冰，十分小心，其他的中书学生，虽然有一腔热情，但是他们不知该如何下手，也主要听崔览的。崔览建议《国书》还是按照大事编年的体例来写，主要记下太祖和太宗皇帝的言行和出征的事迹，同时也记录下本朝的大事、皇帝的言行、出巡经过、后宫哪个妃子诞下皇子或者皇女等，还有哪个大臣哪年被贬黜了或者死了等。崔浩虽然看到这些《国书》在一天天加厚，也就是流水账而已，但是让他修改，他也实在没有工夫。再说了，二弟崔览也把齐国大夫崔杼杀史官的旧事说给崔浩听，崔浩虽然觉得二弟太过谨慎，但是谨慎有谨慎的好处，不会出错，不会有问题，所以崔浩也就听任他们众人往下编写。

皇帝夜访

行走在平城的大街上，花木繁茂，暗香疏影，和风清穆，溪水清浅。可以说崔浩很少有这样闲暇的心情来欣赏他久居的城市。这一日，在他看过了众多中书侍郎们修写的国史，看得累了，便信步从官署里走了出来，他看着天色尚早，便随意在大街上行走。崔浩心想，对于天下士子来说，最理想的太平盛世应该是皇帝以国事为重，勤修善政，仁厚有德，臣子有勇的有勇，有谋的有谋，文能定邦，武能安国，国家臣贤主明、弊净风清，天下太平安乐，人们安居乐业，民风淳朴。崔浩感觉到眼下他遇到的情形便是如此。

眼下战争的硝烟虽未散去，但是大魏国已是一个拥有辽阔疆域的大国了，没有人敢小觑，南边宋国偏安江南。惨败的柔然元气大伤、国力下降，和远遁的夏国一样对大魏国不再形成隐患。这几年朝廷对国内百姓采取轻徭薄赋休养生息的策略。崔浩复出以来，通过力谏西伐夏国和北伐柔然，两战告捷后，皇帝对他的赏识是明显的，首先官职高了，自从皇帝在朝堂上为他争颜面让侍卫暴打了长孙嵩以后，在朝堂上来自鲜卑将士们对他的偏见和顶撞明显减少了，文臣们对他也是颇多尊重，他的建议很多时候会被皇帝采纳。

走累了，崔浩便返回来走回家中，下人正在准备饭食，他坐在案几前写字，刚刚摊开纸，下人突然急忙进来说，皇帝微服来访已经快到大门口了。崔浩听说，连衣服都来不及换，便赶紧出门迎接。在大门口，皇帝身穿便服，面带微笑，而几位宫人在后面跟随着，皇帝那装束就好像是平城内那些贵胄人家的子弟。崔浩赶紧下拜磕头："微臣不知陛下驾到，迎驾来迟，请陛下恕罪。"拓跋焘哈哈一笑："朕本来闲得慌，想夜访崔卿，与崔卿闲聊，哪里有什么罪哟，快起来。当然了，朕还想尝一尝崔府的美食，记得父皇曾说过，他到崔府吃过的馎饦的美味一直难忘，比宫里的膳食好多了。"

在崔家府邸，皇帝亲自过府用餐，这是他没想到的，虽然皇帝也很宠幸他，但是给人一种不怒自威的感觉。皇帝虽然年少，但是性格沉稳，思维缜密，俯仰之间决断杀伐让他感到敬畏。再加上皇帝刚一即位，崔浩本以为他会得到重用，没料到论功行赏时的第一件事就是免了他的职，让他赋闲两年，现在虽然君臣一心，但是内心里崔浩对这位少年皇帝敬畏多于亲近。而不像他与前朝皇帝的感情，他做过拓跋嗣的侍讲，两人可以推心置腹地倾心交谈。如今皇帝亲自到他家里和他夜谈，共进晚餐，这让崔浩感觉到十分意外，也受宠若惊。他急忙让下人准备，生怕端上来的饭菜不合皇帝口味而惹皇帝不高兴。皇帝既然说了先皇吃过他家的馎饦感觉到难忘，那说明皇帝肯定也想尝尝这馎饦，只是如今馎饦在平城也成了普通人家的饭食了。崔浩亲自下厨料理，将馎饦做好后，再加上肉汁调拌，他知道如果让皇帝吃得舒心，必须在肉汁上下功夫了。他还让人准备了髓饼，将髓脂和蜜放入面中和好，饼中间夹上花瓣，放入饼炉中烤。很快饭菜就端了上来，虽未精心准备，但是小菜也精致，馎饦的汤味鲜美，髓饼则是酥黄，入口即化，酒也是来自家酿，吃惯了皇宫的各种美味，对于吃饭早就不是口腹之欲了，而是饥饿时的需求，突然换个口味，对于这种素淡而精致的美食，却让这个少年天子胃口大开。虽然崔浩一再自谦准备不周，但看得出皇上还是吃得很开心，两人边吃边聊，当年先帝拓跋嗣夜晚在他家吃饭的一幕不时出现在他脑海里。

吃过饭后，皇帝要到他书房里看他写字，突然看到了放在书房里的酢器中有一条形的铜块，酢器里面还放着醋，便好奇地问崔浩这是何物。崔浩回答说是观测天象用的铜铤，每日用铜铤在纸上记录星象的变化轨迹。拓跋焘说："难怪崔卿料事如神，原来背后的辛苦却不为人知。"两人聊到尽兴处，拓跋焘说："崔卿才智渊博，侍朕的皇祖父、父皇两朝，都是尽心辅佐，朕年少继位，承受父祖之余德，想光大父祖的这份基业，只是有时候处事鲁莽，哪里做得不对的地方，爱卿应该尽力规谏，不要有所保留，虽都知道忠言逆耳，朕可能当时接受不了，但是细思过后，还是能体会到爱卿的良苦用心的。"君王说话如此诚恳，哪有臣子不感动的呢，崔浩急忙答应。

等送走拓跋焘之后，崔浩仰望夜空，月朗星稀，每一颗星星都是那样熠熠生辉，空气清爽湿润，这样的荣耀他是第二次遇到了。

他和如夫人柳菁谈论这次皇帝夜访的事时说："看来这位少年君主不同凡响，以前总觉得这一任皇帝拒汉臣于千里之外，现在看来，并非如此。君主能不顾礼节到臣子之家共进晚宴，这也是一种礼贤下士的做法。作为臣子，遇上这样的皇帝，哪里还能不倾心尽力报答君王的知遇之恩呢。此前上朝进谏时，总有顾虑，总顾及那些鲜卑老臣的想法和脸色，此后肯定会做到知无不言。"夫人柳氏看到崔浩面色绯红一脸兴奋的样子，便提醒崔浩道："相公，话虽如此，但是咱汉人有句俗话叫伴君如伴虎，你在朝堂上一定要时时小心，不能让一时的恩宠蒙蔽了眼睛，别好了伤疤忘了疼。"崔浩看着妻子清澈明净的眼神，知道是说他此前无故被贬的事，便说："夫人放心，这些分寸，为夫我自会拿捏好的。"转头又补了一句，"你呀，永远是这么清醒自持，你要是个男子，官职肯定不在我之下。"

躺在床上，夜里睡不着，崔浩在想近几年发生的事，往事一幕幕闪过脑海，他觉得其实在很长时间里，自己是缺乏安全感的，常常会在夜里醒来满怀惆怅，心里好像有一泓深水，清澈而冰冷，而这一餐夜宴，无疑是一股暖心的热流，就好像是此前他和先皇拓跋嗣在一起的感觉，但愿得此后皇帝不会再无缘无故突然变脸。

第九章　治世能臣

算无遗策

世事如棋局局迷，能看透迷局的堪称智者。

神䴥三年（430）四月的一天，平城的天气渐渐热了起来，崔浩上朝前换上了夹衣，行走在路上，看到农人们在忙碌地种田，内心想着，大魏国去年刚刚攻伐了柔然，现在四境安定，但愿再遇上一个雨水丰沛的好年景，国家休养生息，百姓安居乐业，士兵养足精神，战马养肥膘，国库再丰盈一点，这样就不惧与南边刘宋对战了，想着想着不知不觉就到了朝堂。

南边守将的战表呈送给朝廷，战表上说刘宋国欲扰犯黄河之南，请求派发兵马三万，乘其未动手之时，先行打击他们，因此上还杀了不少黄河边界上的流民，以便阻断向对方做向导，同时也挫一下宋国的锐气，使他们不敢深入。

皇帝拓跋焘让众人商讨，拿出个意见来，众多文武大臣都说既然刘宋要开打，那咱应战也就是了，表示愿意带兵出征。拓跋焘把征询的目光投向崔浩，崔浩走上前奏禀道："臣认为，此事并不是那么简单，臣估计一年前咱将士大破柔然，威震四海，南人听后应该是比较恐怖，生怕咱们出快马轻骑袭击他们，要是有所行动也是他们先造点声势吓唬一下，并不是真的会发兵攻打咱们。再说眼下天气越来越热，北方兵马南下征战肯定不适应，南方是梅雨季节很潮湿，又闷热，征战将士们很容易生病，闹不好还会出现瘟疫。眼下真不是打仗的好时候，况且宋军防备甚严，城坚池深，那得久攻，眼下出动大批兵马攻打，陈粮不足，新粮还在种，粮食不能保证，分开兵力讨征粮草，又不能集中精力御敌，臣认为眼下只应加强防守，就是想开战，也得按照惯例，等秋后天气凉了，粮食归仓之后出征，才能保证万无一失。臣倒是觉得，驻守南边的将领求战心切的原因不外乎是，近两年来平城的将士先征胡夏，再破柔然，收获了许多战利品，朝廷对将士的封赏又重，因此上他们也心里痒痒，想在征南时讨点便宜，所以才会夸大其词，说边境紧张，渴望朝廷出兵。"众人觉得崔浩的分析也有道理，拓跋焘也认为如果发兵也应该放到秋后，眼下南人并不会轻易动手，于是就把战表放在了案头，这事就这么搁了下来。

过了没几天，镇守南边的将领又将加急战表送到朝堂上，说是刘宋大军出现在了边境，而魏国防守上兵力严重不足，希望能在漳水造船，以防备黄河两岸的战事，并请求挑选幽州以南的精兵前来助战。朝堂上众公卿都认为应该听从前方将士的，不仅造船，还应派出骑兵应战，再任命司马楚之、鲁轨、韩延之等为将帅，他们都是南方归附的将领，以司马家曾经的声威引诱刘宋那边的百姓归附。

崔浩再次表示了反对："陛下，如果我们真的依照大家所说的去做，调动幽州以南的精锐部队，再加上大肆造舰船，派大批轻骑兵为后援，还让司马楚之这些降将为前锋出征刘宋，这就可能给刘宋军那边一个假象，认为是我们要南伐刘宋，还要消灭刘宋家族恢复司马家的天下，这样一来肯定对方会举国震惊，也会倾全国之力打一场护国保卫战。只是我们守边的将士到了夏天作战能力减弱，战争没有多少胜算。再说，司马楚之这些人原来在国内也没有太高威望，他们在边境一线，也只能是招降一些无赖小人，这样会导致国家兵连祸结。如今我大魏国不久前刚刚派出使者出使宋国，可能很快就会回来。一定要等使者回来，了解清楚之后再做决定也不迟呵。"

崔浩顿了顿又补充说："臣观天象，现在害气在扬州，不适宜先举兵。况且今年是'庚午'年，'庚''午'相克，先发动战争的必受伤害。不久前发生过日食，太阳停留在斗宿和牛宿，有危亡之忧。荧惑星（火星）隐藏在翼宿、轸宿中，预示天下大乱。太白星（金星）没出来，预示征主不利。这些都是天时不助，各地河水干涸，舟行不畅，这是地利不宜，陛下咱不能违背天象呵。"

虽然崔浩从各个方面都分析了眼下不宜出兵，但群臣认为，如今前方将士两上战表，朝廷迟迟不表态，难道就任南人打过来，驻军束手就擒吗？无论是天象异常还是天气炎热，这都是实情，但实实在在的是，人家就要打上门了，前方将士缺兵少将，缺少船只，难以支撑，朝廷又没有任何行动，这也不合常理呀。拓跋焘觉得众人说得也有道理，而且众多的武将也表示，守边将士在急难之时，盼援军就像盼星星盼月亮一样，这种心态是那些没有带过兵打过仗的文人臣子所体会不到的。

拓跋焘觉得众将言之有理，守边将士不能被动挨打，于是下令冀州、定州、相州三个州负责造船三千艘，并调遣平南大将军、丹阳王拓跋大毗屯兵黄河上游；任司马楚之为安南大将军，封琅琊王，驻军颍川防备宋军的进攻。那边刘宋军看到魏军在边境线上有所行动，也迅速做出反应，调兵遣将隔一段扎一个营寨防守在黄河南岸，这样的防守一直到潼关，黄河两岸双方都在驻扎中观望。

两军交战在即，侄女婿王慧龙找到崔浩，想让崔浩到皇帝面前举荐自己，他说他是个武将，武将的职责就是守边御敌。于公来说是保卫国家，于私来说，他想报仇，他和刘裕家族有着不共戴天之仇，一想到全家被刘裕所杀的往事，王慧龙便感觉血脉偾张，寝食难安。只是大魏国立下的"南人不宜委以师旅之任"的规矩让他在大中正的任上一直比较尴尬。在上朝的时候，崔浩便奏请皇帝，给王慧龙安排个合适的职务，让他带兵防守边境。崔浩说："太原望族王慧龙是难得的将才，能征善战，可是自投奔我大魏以来，一直耿耿于怀未能亲自领兵南征，因为全家命丧刘宋之手，他复仇心切，现在两军交战在即，王慧龙主动请缨出征，让他到边关领兵出征，他是一员虎将，镇守边境，无论攻守也会特别尽心。老话说，兵怂怂一个，将怂怂一窝，以他的忠勇，可保一方平安。"尚书古弼面带疑惑地说："依臣看来，这王慧龙孤身一人来投魏，是不是太原的名门大族也难说，也有可能是个冒名顶替太原王氏大族身份不明的人，是不是真的和刘裕有冤仇，也不能确定，因为都是他的一面之词，大魏国没有一个人原来和他熟识，证明他所言不假。"崔浩马上接话说："回陛下，王慧龙的身世，在他成为臣弟女婿前，臣就多方打听过，他的确是晋阳王家的后裔，再说王慧龙长有一个大鼻子，南人管王家人叫'鼻齄王'，是真正的贵种。"一听崔浩说王慧龙是贵种，长孙嵩马上抓住了把柄，他立马上前上奏说："陛下，崔浩称王慧龙是贵种，事实上王慧龙不就是一个降来的南人，要说尊贵还能贵过我拓跋鲜卑族人吗？这话分明是长南人志气，灭我拓跋鲜卑人的威风，这是汉人臣子不尊重我鲜卑人之处，请皇上做主，治崔浩的罪。"崔浩听到长孙嵩如此说话，也看到皇帝的表情由平静转为恼怒，知道自己失言了，赶紧上前脱帽叩首向皇帝道歉。

皇帝平静下来后，说："众卿家不必因此事再争吵了，王慧龙的事朕知道，他被刘宋国主刘裕杀了全家，与刘宋有不共戴天之仇，所以不必担心王慧龙守边会降宋，这些年虽然担任文职，可也是忠心耿耿，不是崔卿提起，朕几乎忘了这个人的存在。"于是传令任王慧龙为代理楚兵将军，与安颉共同领军迎敌，一场风波最终收场，虽然其中有曲折，但是看到王慧龙终于有了用武之地，让崔浩也感觉很欣慰。

庆功酒宴

出使刘宋的使者回到平城后带回来最新的信息，就在两国都加强边境线防守之时，又增加了新的插曲，夏国新主人赫连定派出使者带着厚礼到宋国求和。赫连定是赫连昌的弟弟，赫连昌被奚斤的手下战将安颉战场上擒获之后，赫连定便收编了夏国的残余势力后在平凉即位，称帝之后的策略是联宋抗魏。赫连定派去的使者称，愿与宋国交好，一是消除宋与夏在赫连勃勃时代侵占长安的仇恨，同时夏国听闻宋国要与魏国开战，夏国愿意与大宋国结成统一战线，一同与魏国宣战，宋国从南往北打，而夏军从西进发，如果灭了魏国，两国可以分割魏国的国土，恒山以东属于大宋，以西属于大夏。为了表示夏国的诚意，在派遣使者出使宋国的同时，夏王赫连定已经派出兵马攻打魏国的鄜城，此前赫连定还收回了失去的长安，并俘虏了驻守长安的守将奚斤和娥清。拓跋焘获知赫连定要和刘宋结盟的消息，勃然大怒，在朝堂上表示一定要灭了这个只剩下弹丸之地的胡夏国，取下这个不知天高地厚的赫连定的首级。

在朝堂上商议这个事的时候，众大臣都担心，一旦大军西征，南边边境线上的守军会势孤力单，两边同时开战，难以顾及首尾，有可能不敌刘宋军，一旦刘义隆的军队举兵渡黄河，乘虚而入，则有可能失去太行山以东的大片领土。众人说的都在理，在这种两难情况下，拓跋焘想问问崔浩怎么看。此时崔浩并不在朝堂上，他和众多的中书侍郎们正在编修国史，没在召见商议出兵的行列。再说至那次崔浩力谏不必在黄河边排兵布阵拓跋焘没有采纳之后，对此事崔浩便不想再多言，只是一心和众人修编国史。拓跋焘让宦官将崔浩宣上殿来，还想听听崔浩的意见。

崔浩听了众人的陈述，对拓跋焘说：“臣虽然是个不带兵上战场的文人臣子，但是也心系前方将士，每一个将士都是血肉之躯，都有父母妻子要养活，没必要做无谓的捐躯。刘宋军如果据守黄河中游，然后兵分两路北上，那是真的与魏国开战，战报上说刘宋军队排兵两千里，每个驻兵点不过几千人，兵力分散，他们这么做的用意显而易见，只是想守住黄河，根本没有渡河争战之意，臣一直觉得南人不足以惮。而眼下赫连定虽然在边境挑衅，其实属于不自量力，想与宋国结盟，不过是想趁风扬土，就怕魏和宋各自驻守黄河边不开战，敦促宋国出征他们得利。依臣看来，刘义隆肯定是希望赫连定先大举攻魏，而赫连定却渴望着刘义隆宣布大举北伐，其实都是在等对方先行，自己坐收渔利，他们没有一个敢先动手，就是真正打起来，另一个盟友也只会观望，不会倾力相助，在国与国的结盟中没有永远的盟友，也没有永远的敌人，唯有永远的利益。臣觉得，眼下应该先灭了猖狂的胡夏小国，才能彻底平定西边的边患。我们攻克赫连定以后，出潼关,然后向南席卷江南大地,马踏江、淮以北之地,这样势必会威震四方,皇上当英明决断,不要再迟疑。"

拓跋焘听到崔浩分析得特别在理,于是不再听众人的言语,当即下令出兵讨伐夏国。

战争果然如崔浩所预料的那样,大军西征攻打夏国,南边的刘宋国并没有和夏国结盟北伐,西征大军一鼓作气攻下了平凉城,占据了河西走廊,关中土地全部归大魏所有。兵败后的赫连定率宗族西迁,却遭到夏国的西邻吐谷浑汗国的袭击,赫连定被抓,作为与大魏国示好的筹码,吐谷浑可汗将赫连定解送到平城,至此夏国彻底灭亡,吐谷浑和北凉皆降于魏,西北大部地区成为魏的属地。

随着天气转凉,大魏军稍做停歇,开始南攻刘宋军队,大魏和刘宋的这一仗断断续续打到了神䴥四年(431)农历正月。宋国大将檀道济率军从清水救援被魏军围困的滑台,遭到了魏将叔孙建、长孙道生的阻击,叔孙建还趁机放火烧掉檀道济的粮仓,檀道济被迫撤退,这一仗司州刺史尹冲以及荥阳太守清河人崔模降了魏国。等到抓到了刘宋军的俘虏,拓跋焘一问才知道宋国的计谋,他们真的没有北伐的打算,是因为大魏军在黄河岸边有所行动才采取的防卫措施,正如此前崔浩所估计的一样。

上朝的时候,拓跋焘很有感慨地对此前让调兵遣将的众大臣说:"你们不是说崔大人所说的是文人的凭空想象吗?惊慌失措地进谏让朕出兵,你们以为自己的智谋超越别人,可是现在事实就摆在那里,你们还有什么话可说?"众大臣低头不语。

大战之后,朝廷摆下庆功酒宴,宴请群臣,众大臣身着鲜亮的衣服赴宴。宴会开始前,朝廷先对阵亡将士下发抚恤与追赠,然后对带兵出征的将士进行嘉奖。

朝堂上,大乐奏响,象征文德和武德的佾舞上场了,文舞的佾生右手执雉尾羽,左手执篇,着大袖红袍伴着乐曲翩翩起舞。武佾生手执斧盾伴着激越的音乐也舞了起来,通过节奏、韵律表达着以舞达欢和舞以载道的意思，除了佾舞外，还有西凉乐舞，那些与中原乐器不同的琵琶、竖头箜篌、大小筚篥等奏出奇妙优美的乐曲，乐人们唱着《永世乐》，再加上身姿袅娜的女伎们的舞蹈，让众人陶醉其中。

表演过后便开始了宴饮，在敬酒环节，皇帝拓跋焘突然看到了坐在离他最远的那个角落里默默饮酒的奚斤，便大叫奚斤。让奚斤到将他救回来的关中侯豆代田那边敬酒，还让他不得站立行走，得用膝盖跪行，端着酒去敬豆代田。拓跋焘对奚斤说："救你生还的可是豆代田大人，豆代田大人对你有再造之恩，此举朕也是惩戒你出兵在外，狂妄自大，用兵不善。"奚斤羞得满脸通红，虽是朝廷宿将，但是被俘虏了自然是可耻的。奚斤手捧酒杯，离开座位一路跪着前行，双手端着酒杯，众人不再饮酒，都盯着奚斤跪行的窘迫模样，终于奚斤跪行到了豆代田的座位前，恭恭敬敬地将酒杯举过头顶向豆代田敬酒，引得众人哈哈大笑。崔浩坐在离皇帝不远处的地方，与众人觥筹交错，看到了那一幕并没有幸灾乐祸的感觉，却觉得酒宴有些索然。

奚斤虽说是败军之将，可也是几朝老臣，在汉人眼里，胜败乃兵家常事，败了可以罢官降职，但是这样当众羞辱一位老将，让崔浩觉得不妥，可这也是鲜卑人的老规矩。那边奚斤跪着行走去敬酒，崔浩默默地看着，内心里突然闪过一个念头，奚斤是鲜卑大臣战败了受到如此羞辱，如果是汉人臣子，被俘虏了或者是在朝中做错事，又该是什么后果呢，他不愿多想。他不知道什么时候，大魏国的处事方式也会文雅起来。

列在歌谣

那日清早一出门，崔浩便听到有喜鹊的叫声，不仅是一只而且是一群，喜鹊就落在树枝上，他抬头望着，那些黑白分明的喜鹊停在枝头，它们叽叽喳喳的声音分明是在有问有答，人有人言，鸟有鸟语，只是人不知道它们在谈论着什么。崔浩闻到院子里的槐树散发着隐隐的香气。都说是喜鹊叫喜来到，却不知喜会从何而来。

神䴥四年（431）九月，皇帝拓跋焘对有功之臣论功行赏，加封太尉长孙嵩为柱国大将军，升侍中、特进、抚军大将军崔浩为司徒，升征西大将军长孙道生为司空。这一年崔浩五十一岁，皇帝还让乐府歌工作歌赞颂朝中群臣。大宴群臣时，将数百名刚刚降过来的高车部落酋长请来参加宴会，这些降臣之中还有被带到平城的赫连昌。

有舞者献舞，还有乐工在歌唱，首先唱的是铿锵有力的鲜卑语歌曲，并用簸罗回伴奏的《阿莘来操》：

> 阿莘来，阿莘来，
> 十有一拍拍莫催。
> 壮士卷芦叶，夜吹簸罗回。
> 胡霜凋折柳，边风吹落梅。
> 龙城寒月覆如杯，阴山狐狸奉首哀……

当唱到尾声"将军怒发竖钿铧（矛），龙跳虎掷走蚩尤"时，众人争相击节相和。

随后又有乐工演唱了新曲，现场还有丝竹伴奏，乐曲的曲调是舒缓的：

> 朗朗乾坤，浩浩天恩。
> 大魏之兴，日升月恒……
> 北伐柔然，用兵如神。
> 南抑江楚，大功毕成……
> 智如崔浩，廉若道生……
> 列在歌谣，以彰雅操。

"智如崔浩，廉若道生"，崔浩听到这句歌词时，内心一阵激动，这首歌将他的名字和对他的评价也包含在其中，这是此前他绝对没想到的，而且还将他与长孙道生并列在一起入歌。长孙道生是员武将，生性节俭，忠厚廉洁，不随流俗，一身衣服多年不替换，一副鞍辔使用几十年。长孙道生是魏国有名的能征惯战之人，也是柱国大将军长孙嵩之侄，自己能与长孙道生相提并论，而且入歌传唱，说明他这个手无缚鸡之力的文人，也在鲜卑人心里有了足够的分量。崔浩抬起头望着皇帝，只见拓跋焘对他笑笑，然后转过身来对那些归附的高车部落酋长们说："你们看看，这位就是歌里唱的'智如崔浩'中的崔浩，也是朕的智囊司徒崔大人。别看他一副文弱书生的样子，手不能拉开弓箭，人不能披挂上战马，但他却胸怀甲兵十万，可以说他的谋略是所向披靡、百战百胜。朕虽然有胸怀天下的志向，但在临战前总是难以决断，瞻前顾后，之所以能够开疆拓土建立这些功业，也是拜此人所教。"崔浩站起身谦逊地笑笑向众人深施一礼。

拓跋焘还对众位大臣说："列位臣工，以后凡是你们不能决断的军国大计，要先听听崔大人的，不要再随意就否定司徒的意见，总认为你们曾经带过兵、打过仗，有经验，其实不然。"一席话说得众位大臣面面相觑，大家互相对望了一下，有人便马上拱手言道："陛下所言极是，臣等定当尊重崔司徒提出的高见。"一席话说得崔浩有些不好意思了，他起身向众臣鞠了一躬，之后弯腰拱手对拓跋焘说："陛下过奖了，臣哪有陛下说得那么好，身为大魏国的朝臣，深受圣恩，朝堂上只能是遇事知无不言，言无不尽，臣愿与列位同僚一起尽心竭力辅助陛下。"随后又对众大臣说："众位同僚，咱同朝为臣，请多提意见，汉人有句老话叫，打天下靠武将，治天下靠文臣。其实这朝堂上文臣需要武将的扶助才能把智谋化为战果，武将需要文臣的筹谋，打仗讲究策略才能旗开得胜，这样国家才能中兴。"众多的鲜卑朝臣听到崔浩说的话能站在如此高度，而且是在皇帝夸奖之后，并无骄纵之色，便纷纷向崔浩敬酒，崔浩虽不胜酒力，但是面对众多善饮的大臣，也只能是来者不拒。只是他隐隐地感觉到那些以豪饮出名的鲜卑大臣们向他敬酒，虽然都是表示敬意，但内心里还有想看他酒喝多后不雅的样子，想到这里，面对众人的敬酒，虽然也是来者不拒，但他故意显出步履跟跄的样子，将酒趁人不注意洒到衣服上些。夜深了，他依然保持着面带微笑，谈吐文雅。但是酒宴散了以后，下人将他搀扶到车子上，一阵困意袭来便昏昏沉沉回家了，刚进门，他狂吐了一阵，喝过茶后才恢复了清醒，只是感觉头疼欲裂。

夜已三更，柳氏夫人送过来一碗羹汤后，一面扶起他，一面端着碗喂他，等他喝过之后，看着他脸色变得红润些，才说了句："你呀，在喝酒上头也硬逞强，这又何必呢。"之后服侍他躺下，给他盖好被子。

第二天崔浩在床上躺着，头重脚轻起不来，隔壁响起了柳氏夫人的琴声，那琴声低缓而又沉静，节奏逐渐明快，琴声仿佛穿越寂静的山林，有鸟鸣啾啾，有流水潺潺，让他由躁入静。他知道，柳夫人是想告诉他，他陷入官场太深了，应该多到外面走走，听听自己内心的想法，久在官场，看到的都是宦海的沉沉浮浮，容易失去个性和丢失自我。崔浩暗自赞叹好个聪慧的夫人，自己的生活中，如果没有这样一位懂他、疼他的人，他内心里会特别沉闷。他想想自己虽无功利之心，却存救世之念，然后一直陷入冗杂的朝廷事务中探不出头来，内心里他想为大魏国的朝堂建立起一种全新的秩序，可是却总感觉力不从心，时时还能感觉到朝堂上人心叵测。本来看得明明白白的东西，有些人却老谋深算，故作糊涂，也有些鲜卑武将是从刀尖上走过来的，只信奉用手上的武器说话，因此这让他不得不事事强出头，出头多了，便是四处树敌。"智如崔浩，廉若道生"的歌谣虽然将他放到与武将长孙道生相同的高度，但是却也好像是将他架到火上去烤，事实上他也是将自己架到了火上，当大家都说"是"的时候，也只有他说"非也"，当然皇帝多数时候听了他的，过后也证明他的所言是正确的，这中间有皇帝对他信任带来的荣耀感，但是来自众朝臣对他的排斥他也隐约能感觉到，好在他并不是很在意别人的看法，才能多年来保持冷静。

此次大宴群臣，看得出皇帝对他的恩宠也是独一份的。短短几年间，他从复出时的晋爵东郡公，任太常卿，到侍中、特进、抚军大将军，再到司徒，位列三公。当然身为司徒他也感觉到肩上的担子重了，事也就更多了，除了朝堂上的，他还要求自己每天必练书法，还有开列着要写的文章，只是感觉时间太紧迫了。想到这里他挣扎着起来，梳洗过后到了书房内拿起了笔。

那日崔浩刚上朝，方士上大夫祁纤就上奏道："今我大魏国威震海内，臣觉得应以东西南北四个方位封立四王，以致祯吉，消除灾异。"崔浩一听，祁纤是想按照汉高祖刘邦分封异姓诸侯王的做法行事，但是当年刘邦很快就发现了其中的弊病，各封王有自己的军队，自己的法令，不时引起王朝和地方封国之间的诸多纷争。皇帝拓跋焘让众大臣商议此事是否可行，多数人感觉到这么做并不可行，但是又说不出个理由，还有一些鲜卑老臣却认为可以，崔浩估计他们内心的想法是，一旦分王，他们便有可能是坐镇一方的大王，所以表示认可。崔浩很敏感地意识到祁纤的想法可能是受了某些朝臣的蛊惑，才这么上奏的。轮到崔浩品评祁纤的奏议时，崔浩并没有说大魏国分四王的弊病，而是先举出了当年汉高祖刘邦分王之后的天下局势和清除异姓王所付出的代价。然后又说："先帝建国以来，曾在京畿设四方四维，置八部帅统兵镇守，其目的是以四方四维作藩屏，巩固刚刚立国还很脆弱的魏国，当年的魏国也只有京都和京畿。可是如今已不同于先皇所处的时代，如今大魏国拥有广袤的土地，那就得整体布局，不能说封四王才是为国家谋福祉。日月运转，周历四方，京都所居，在于其内，天下四方实际包含全部国土，不可再用旧俗。"崔浩一席话引经据典，说得祁纤哑口无言，也说得皇帝拓跋焘频频点头。其实这已经是崔浩第二次反驳上大夫祁纤了，崔浩觉得这个方士总想出头立功，或者他总想示好那些朝中的鲜卑老臣，但是一旦封王成功，其实是会削弱皇权的。崔浩回想起这一年正月，祁纤就曾上奏，建议把代郡改称万年郡，把代尹为万年尹，代令为万年令。崔浩就曾驳斥过他，国家长治久安却要借助一个万年的名称求得，真是可笑。

崔浩升任司徒之后的第二个月，便上奏建议皇帝下诏礼聘士人，按照魏晋司徒府负责士人征聘的制度，征聘品行才学俱佳的人出仕，拓跋焘同意了。

诏令檄文传天下

那日崔浩在家静坐读书，当读到曹丕一篇《典论·论文》时，不禁拍案叫好。曹丕认为一个人的文章不以寿终而终止，好的作品是可以流传后世的，因此，古人看轻一尺的碧玉而看重一寸的光阴，这话说得是多么有道理。崔浩明白，人世间的悲欢交集、大悲大喜，就存在于前世文人留下的笔墨之中。自己身为大魏国的司徒，朝廷重要的礼仪、优文策诏、军国书记这些文章大都是出自他之手，或者经过他的手润色的，这些东西是维系自己在朝廷的声望必须写的。他也清楚，以他的才能，他应该写出一些真正能流传到后世的作品，只是盘点了一下，真正称心如意的诗赋文章并没有多少。记得西伐胡夏，他为潘岳的《西京赋》做过注解之后，感觉诗兴大发，便又写下了《西征赋》的文章以抒发自己的感慨，整篇赋，状物写景，对于历历往事感慨万千，文章写出来后，也让平城不少文人士子奉为经典，但他知道，那赋还有许多缺憾，但却无人能点破。还让他有些苦闷的是，他身在大魏国的京都平城，虽然身边不乏文人士子，但是诗酒结社、文人雅集的氛围并不浓郁，曲高和寡的情景是寂寥的，没有汉魏时潘岳写出《西京赋》之后有众人诗文唱和那般气氛热烈，能激发一个文人内心的波澜，抓住稍纵即逝的灵感火花。从内心里来说，没有一个往来唱和诗赋的群体也是寂寞的，也只能和古人对话。好在征夏国之后，他力谏夏国文人赵逸、胡方回等入魏国就职，他看过胡方回写的《统万城铭》《蛇祠碑》和赵逸的《统万碑文》。此外入魏就职的还有从夏国降来的南人毛修之，这是个通晓音律、熟读史籍，能骑射还能制作羊羹的奇人。当年作为刘宋将领镇守关中，在与夏国的争战中，为部将所害不慎坠落山谷，却又为夏军掳掠而出仕了夏国。因为与魏国国师寇谦之是故交，夏国城破后来到魏国，寇谦之将他带到崔府，毛修之在崔府露了一手做羊羹的手艺，让大家感觉到这羊羹全无腥味，味道鲜美，崔浩知道皇帝爱品美味，于是把毛修之推荐进宫，还做了太官尚书。

那天，毛修之上门来访，两人喝酒论史，谈到高兴处，说起了《三国志》的作者陈寿，崔浩说："《三国志》用词皎洁清雅，有古良史之风，其所著述，文义典正，皆扬于王廷，是班固《汉书》以来第一良史。"毛修之说："昔日在蜀中，听长老们说，陈寿曾是诸葛亮门下书佐，被诸葛亮鞭挞过，下官觉得其著史或对诸葛亮评价不客观。"崔浩说："我倒觉得评价很到位呵，纵观诸葛孔明一生，可以说识天、知命、自知，然而不识人。"

两人谈古论今，这样愉快的谈论一直到了深夜，毛修之走后，崔浩夜不能寐，认为毛修之对于诸葛亮的评价，有过美之誉，于是又提笔写下了《论诸葛武侯》的策论文章：

> 承祚(毛修之字承祚)之评亮，乃有故义过美之誉，非挟恨之言。
> 案其迹也，不为负之，非挟恨之矣……

崔浩写出文章之后，又送给毛修之看，毛修之也认为崔浩言之有理，经过切磋交流，两人的交情也就更深了，经常互相过府谈诗论文，且文章互答。

崔浩想到，在父亲那个时代，将诗文作为经世致用的想法已经深入人心，更多的文人士子，把读书著文看成是一种追逐功名的台阶。父亲生前，主要是写朝廷文诰、四方书檄，因为一生多处于颠沛流离之中，因此很少能有闲情逸致坐下来写点属于个人的文章，等故去时，也就只有很少几篇如《自伤诗》那样抒发感情的诗文。崔浩意识到这些后，几年来他连续写了《家祭法》，叙述家庭祭祀礼仪、五宗关系次第等，又因为怀念母亲写了《食经叙》《女仪》，他希望他的这些文章，能为后世子弟所知。

神䴥四年（431），北凉国主沮渠蒙逊击败南凉，攻灭西凉，统一了凉州全境，并派使者朝贡魏国，拓跋焘让崔浩以朝廷的名义写一篇《册封沮渠蒙逊为凉王》的文章，崔浩寻思，北凉文人雅士众多，他要写的《册封沮渠蒙逊为凉王》的章表文章，一定要语出惊人，气势宏阔，笔墨精到，不能让凉州文人小瞧，斟酌几天后，终于落笔成文，通篇用骈文：

> 昔我皇祖胄自黄轩，总御群才，慑服戎夏，叠曜重光，不殒其旧。逮于太祖，应期协运，大业唯新，奄有区宇，受命作魏。降及太宗，广辟崇基，政和民阜。……俾九德咸事，无忝庶官，用终尔显德，对扬我皇祖之休烈。

文章写成后，崔浩他又用毛笔工整地誊写了一遍。

沮渠蒙逊表示要献出黄河以西的地方以示归附，拓跋焘想派出合适的人作为使臣出使北凉。崔浩建议说："沮渠蒙逊自称藩属之臣，还想献出河西之地，如果想要大魏国和边远地区相互沟通，远荒异域之人都能来到平城称臣，应当派品德高洁的重臣奉诏褒奖抚慰，臣认为尚书李顺可担此重任。"拓跋焘想了想说："李顺是尚书重臣，应该不太合适担当使臣之任吧，如果让蒙逊亲自捧着玉帛来朝见，那我大魏又该对他用什么样的礼仪接待呢？"崔浩说："三国时，邢贞出使吴国，也是曹魏国的太常卿。那次出行，同样是派出使臣前往，而不是吴王入朝觐见，只要有利于国家，就不要避忌位尊位卑。"拓跋焘想想也觉得崔浩说得有道理，当下任命李顺为使臣，并带着崔浩写好的册封诏书出使北凉，册封沮渠蒙逊为太傅、凉王，并统领凉州、西域诸郡。

这篇册封的文章带到凉州时，引起了当地文人的震惊，无论是方正朴茂的书法，还是里面的锦绣文章，都难有相媲美之作，一时间崔浩的美文在凉州那里也就传开了，李顺圆满完成使命后返回到平城，被皇帝任命为使持节、都督秦雍梁益四州诸军事、宁西将军、开府、长安镇都大将，升爵为高平公，朝廷对崔浩的文章和崔浩举荐的人选特别满意。

那一日拓跋焘问起崔浩修史的进度，崔浩说："眼下修史的也就中书省那几个文人，大家还身负其他使命，修史虽在进行中，但是进度也不是很快，而且文辞也是一般，还不能呈给陛下，等臣再润色一下再呈送。"拓跋焘说："听卿之言，中书省文人匮乏，你不是上次建议朕征天下的士子进京效命，前段时间朕让别的事给耽搁了。你让各州郡把征士名单报上来，你代朕起草一份诏书诏他们进京就是了。大国就得有大国的气度，也得有众多的文人高士在朝廷效力。"崔浩回复说："此前让各个朝臣推选，也让各地摸底寻访那些有真才实学的士子，要求首选各地贤良俊杰之士，应该名单不久就会呈报上来。"不久有朝臣推荐的四十二位士子的名单上报到朝廷，崔浩审定后苦思了几个晚上，终于为皇帝拟了一份很满意的征士诏：

> 顷逆命纵逸，方夏未宁，戎车屡驾，不遑休息……访诸有司，咸称范阳卢玄、博陵崔绰、赵郡李灵、河间邢颖、勃海高允、广平游雅、太原张伟等，皆贤俊之冑，冠冕州邦，有羽仪之用。《诗》不云乎："鹤鸣九皋，声闻于天"。庶得其人，任之政事，共臻邕熙之美。《易》曰："我有好爵，吾与尔縻之。"如玄之比，隐迹衡门，不耀名誉者，尽敕州郡以礼发遣。

诏书下发不久，那些各地符合"贤俊之冑、冠冕州邦"标准的文人被地方官护送到京城，这一次征士朝廷点名的四十二人，有三十五人到京，此外还有各州郡所举荐的贤才，大约有数百人，都经过选拔录用。其中范阳卢玄被授予中书博士。卢玄是卢谌的曾孙，他的父亲卢邈，曾出仕慕容氏为范阳郡太守，卢玄也是秉承了家学，在当地因为书法出色，诗文出众而闻名，此前一直身在范阳，此次朝廷辟召儒俊，便是以卢玄为首，卢玄也是崔浩的表弟。高允精通经史、天文、术数，一直跟随拓跋焘的舅舅阳平王杜超做事，在杜超麾下为从事中郎。

众多的文人士子来到京城，为平城增添了许多文气，高允、游雅、张伟等升任著作郎，补充到中书省，崔浩为麾下有那么多知书达理、可以唱和的文人而高兴。那日表弟卢玄过府拜访他这个表兄。崔浩的姑姑自从嫁给范阳太守卢邈，也很少回娘家，当年那个跟在姑姑身后看见生人就怯懦的小男孩，一转眼便长成了一个儒雅的后生了，而且以书法精湛名声在外。再一想自己都成了年过半百的老人了，不知是时间过得太快，还是自己事太多了，那些孩子们不知何时都已经长大成人了，他对这个表弟的了解也多是从女婿卢遐口中得知的。看到了文静儒雅的表弟，崔浩特别高兴，让下人赶紧准备几个小菜，把家里酿的好酒拿出来，两人要喝一盅。问答之间崔浩感觉到卢玄博涉经史，虽然年龄比自己小很多，但是遇事很冷静，感觉这个小表弟是个不可多得的人才，两人喝酒的兴致很高。崔浩说："当年我的曾祖父和你的曾祖父同在并州刘琨府中共事，诗文唱和，如今你也来到了京城，咱兄弟们也可以常在一起。而且有你们这些青年才俊的到来，以后表哥我在朝中做事，能懂我心思的人会越来越多，哥做一些事反对的声音也会小些。"卢玄疑惑地发问："眼下大魏国政治清明，天下归心，在我们这些士子眼中很不错了，不知表兄还想做什么大事？"崔浩说：看到子真（卢玄字子真）这么博学，也使我怀古之情更深。你哥我一直想齐整人伦，分明姓族，在选贤任能上看重个人才智，也看重世家大族，想恢复中原旧有的秩序，可是以前一直机会不太成熟，眼下上有皇上的信任，下有你们这多青年才俊入仕平城，相信可以做成。"卢玄把端起的酒盅又放到了桌上，很认真地说："表哥，小弟虽然初到京城，对于朝堂上的事不是很了解，表哥在朝堂上有多大权力小弟也不清楚。但是小弟觉得，这不是个小事，这里毕竟是鲜卑人创建的国家，咱汉人只是辅佐治理江山，朝堂上汉人官员要比鲜卑官员少得多。说得直白点，兄弟感觉咱们汉人官员在朝堂上还是个外人，天下是鲜卑人的天下，开创任何新事业还是恢复旧秩序，都是要依据当时的政治环境而言的。可是眼下，能赞同把汉人地位往上升的朝堂上能有几人，鲜卑人肯定会集体反对，这件事要想实现真的很难，望兄长三思而后行。"崔浩当时喝酒正在兴头上，对于这个年轻兄弟的劝阻也并不很在意，他又端起了酒，说："兄弟，相信你哥，咱侍奉的虽然是拓跋鲜卑人创建的国家，但是大魏国皇帝有胸怀四海之雅量，他们入主中原，肯定也想按照汉人的传统治理国家，才能真正实现中兴。你刚来，对朝中大事还不太了解，慢慢你就会明白。"卢玄看到崔浩信心满满，便不再多说，与崔浩将手中的酒盅一碰说："表哥，咱老家有句老话叫伴君如伴虎，望兄长在朝堂上还是小心点为好，有些事时机不成熟不如不做。"崔浩说："那是自然，这些道理你哥我懂得。"

两人喝酒喝到了深夜十分尽兴，崔浩送走卢玄回家时，抬头望了望天空，一轮圆月挂在天上，月亮很圆，也很明亮，只是天气有些清冷，他在寒风中打了个寒战，好在他有酒在肚，浑身发热，并没觉得天气的冷凉。

崔浩和卢玄的彻夜长谈中，感觉到了江山代有才人出，也觉得后生可畏，这些年轻人不仅有文采，还有想法，遇事特别冷静，有这样的人在身边，除了能不时地切磋诗文书法，或许也能助力自己提升中原世家大族的地位，回归到魏晋九品中正那种世家大族的时代，以此抑制鲜卑勋贵的跋扈。

修订律令

那一日，皇帝拓跋焘身在平城多日，想起了眼下四境平安，灭了夏国，削弱了柔然的实力，而且也与宋国划定了疆域，让他们暂时不敢来犯，这几个硬仗打下来，可谓扬国威、壮军威、振民心。眼下最要紧的就是偃武修文，重理过去被废弛和搁置的事，如调整官职和爵位，举荐以前隐居的才俊出来做事，重新修订律令，以法治国。

在朝堂上拓跋焘说："法者，朕与天下共之。执法的公正，方能显示立法的威严。此前刑罚执行多年，现在回头审视有些滥酷。"然后皇帝又对崔浩说："崔卿可带头修订律令，改掉原来比较严苛的律法条文，修订得使其更加周全完善，强调宽厚怀柔，把刑罚作为教化的辅助手段，以彰显大魏国恩威并重。另外，还要考虑如何解决地方官裁决的冤假错案，使之能直达朝廷。"崔浩说："修订律令得假以时日，但解决地方官裁决中出现的冤假错案却可以当下就解决。记得太祖皇帝时期，四部大人共同坐在公堂之上评断刑狱，但那时国内人口不多，可以评断得过来，如今大魏国疆域辽阔，人口众多，民间的纠纷也多，仅靠朝臣根本评断不过来，也只能依靠地方官去裁决，如果地方官断案不公，百姓有冤难申，也可以效仿前朝，宫廷阙门外设登闻鼓，这样可以下达上而让朝廷知晓，同时对地方官也会起到震慑的作用。周朝时就设有'路鼓'，晋朝从武帝起时，开始在朝堂外悬置登闻鼓，允许百姓击鼓鸣冤。"拓跋焘欣喜地说："崔爱卿这个主意好，到底是饱学之士，能把古人好的评断冤狱之法直接搬过来引用。"当下就让人在皇宫双阙门外左侧设置一面大鼓，供百姓申冤之用，并设专人看守。

崔浩看到，皇宫外的登闻鼓不时响起，那些布衣小民也敢于举起鼓槌。那些饱受冤屈者或者受到了地方官盘剥的平民有了申诉的渠道，诏令一下，这对地方官有了很大的震慑力，也让百姓拍手称快，眼前的情景也让崔浩由衷地感觉到高兴，自己修订律条、制订各种措施虽然辛苦一些，但却是实实在在地惠及到平民百姓，这正是自己出仕的初衷，做官须为民，为官须有为。

崔浩记得自己刚到平城出仕时，当时的皇帝拓跋珪认为前代律法过于苛刻严密，曾令三公郎王德在代国时期的律令基础上做了增订和修改，制定出新的律令，一切都以简单实用为原则，这些律令当时人称"天兴律令"，"天兴律令"的修改由他的父亲崔宏做总裁定。当年他的父亲生前为八大人官的天部大人，还曾与长孙嵩、山阳侯奚斤、北新侯安同等大臣一同在朝堂上决狱断刑，父亲处事公道，为人平和，被人称颂。只是时间过得真快，如今他的官职和父亲当年不相上下，而且所做的事是当年父亲曾经做过的，只不过父亲没有赶上如今的太平盛世。

崔浩突然想起，他第一次接触律令的事，当时是明元皇帝拓跋嗣时期，当年在处理司马国璠等叛国之案时，为维护大魏国律法的尊严，他建议皇上将封磨奴处以宫刑。此后他也多次看到了那个成为阉人的封磨奴在后宫做事，对他敬而远之。身为人父的崔浩，想起自己的孩子在家里无忧无虑地成长，而那个孤儿封磨奴却成了阉人在后宫为奴，内心就会生出些怜惜，但是当初之所以那么做，为的是维护大魏国律法的威严，可如今再看，当时的处理虽然也比较中庸，既保留了他的性命，也处罚了他，可是当时没有可以依据的刑律，如果再修订，一定要把这些写入律令中，按律令行事，也就不与个人结怨。他从封磨奴每次看到他便低着头匆匆离去的那眼神中，看出磨奴对他的怨恨。

每天夜里，崔浩就开始翻看前朝的《汉朝九章律》《魏律十八篇》等律法典籍，想把律令修改得更合乎国情一些，既重道德又明刑律条文，以完善国家的法令制度，让执法者有法可依，不会野蛮行事，这样就可以惠及天下更多的人。崔浩修订的律令以天兴律法为蓝本，删除了一些带有此前游牧部落传统烙印的律法，使其更文明，也更宽容。他还从法律条文、刑罚体系、诉讼制度等方面进行了系统的修订。在价值取向、判案标准上，接近汉代、魏晋的律法精髓，当然还得保留一些鲜卑人多年来留下的习俗。

入夜，夫人郭氏多次过来给他添水，催促他休息，他都说再看看，让夫人先睡，将夫人打发回房间。仆人也多次进来拨亮灯芯，提醒他早点休息，只是他却没有睡意。

他每写一条，便斟酌半天，与此前的"天兴律令"相比较，此次修改律令涉及了刑法的执行方式、刑事责任年龄等，他知道自己修订得越详细，执法者执行起来也就越发明晰。如他建议废除此前的五年、四年徒刑，增设一年徒刑。古人制定律令是按照"德主刑辅"的原则进行的，他想到对于犯事家族的少年和女子更应该酌情处理，如当年处理封磨奴的事件，于是也把类似此案的处理也写入刑律，于是将其中一条改为："大逆不道者腰斩，诛其同籍，年十四以下腐刑，女子没县官。"再联想到西周时期"耄悼犯罪减免刑罚"的律条，秦汉时期有"恤刑制度"，以体现皇帝的仁恕之道，于是他将其中一条律令修改为"年十四以下的降刑一半，八十及九十岁，非杀人不入刑，拷讯不逾四十九"，他想让自己修订的律法，体现出儒家"矜老恤幼"的思想，这样可以彰显仁政。他起草时还对怀孕的孕妇犯法者也做了特别的规定："妇人当刑而孕，产后百日乃决"，这样便让律法带着人道的光环。崔浩还对于处理刑事的部门也做了规定，让多个部门审问、判决，主要是为减少一个部门徇私枉法的现象。他想到人死不能复生，对于死刑犯，又加上了一条备注，一定要对死刑犯进行复奏，而且一定要奏报朝廷。"谕刑者，部主具状，公车鞫辞，而三都决之。当死者，部案奏闻。以死不可复生，惧监官不能平，狱成皆呈，帝亲临问，无异辞怨言乃绝之。"当崔浩写完这一条时，抬头望了望窗外，窗外已是天际发白，他又是一夜没睡。他想到不知又有多少人因为刑律的修改而得以遇赦，自己虽然耗费了精力和心血，可也值了。

突然崔浩想起此前向皇帝提议按照前人的做法，在双阙门外设登闻鼓，他还想起父亲此前除了在朝堂上察断冤狱，还曾下到各地去察访。如今大魏国人多了，设登闻鼓有时也可能惠及不了居住在偏远地方的百姓，应该还有其他的办法辅助执行。他想到让朝廷设"申诉车"，百姓紧急时也可以有个申诉之处，皇帝乘车巡行时可受纳冤诉。于是他提笔又写下了一条："人有穷冤则挝鼓，公车上表其奏。"他修订的律法只对大逆不道、为蛊毒者、害其亲者从重从严。对于巫蛊邪教，自战国时魏国的西门豹治邺以来，都只停留在口头禁止，此次他也将其入刑律："为蛊毒者，男女皆斩，而焚其家。巫蛊者，负羖羊抱犬沉诸渊。"这些律条的修订，有利于减少滥杀，培养尊老、怜幼的社会风气，他相信一个以政为德的国家，其法令也得彰显德政和人性。他将修改好的律令带到朝堂上，让众臣商议，众人一致认为修改得当，细致且合乎法理人情，皇帝过目之后，认为可行，于是不久，便以朝廷的名义颁发下去。当时颁布律令为神䴥四年，人称这部律法为"神䴥律"。

除了修订律令之外，大魏国在崔浩的力谏之下，对于一些朝廷机构设置也做了些调整，使其更加规范。各部门因事立名，各管各的事，最大的好处就是各司其职，不再保留此前诸部大人议政的制度，虽然多数人认为这样精细设置各司其职有利于国家，但是一些从前大权通揽的鲜卑老臣却感觉，机构调整后自己只能插手某一方面的事，而不像以前诸部大人议政那样，可以过问多个方面。这些官职的调也整令大权在握的一些人感觉到不满，内心有怨言又不能怪罪贵为天子的皇帝拓跋焘，只能恨撺掇皇帝修改律令、调整机构设置的崔浩，他们认为是崔浩把许多祖宗成法废成一张废纸。崔浩面对那些诘难真是百口莫辩。

第十章　高处生寒

知交零落

太延二年（436）春天，如浑水刚刚解冻，荥阳太守王慧龙因事回京，拜见崔浩时跟崔浩提起了荥阳有人唱"可怜白浮鸠，枉杀檀江州……"的童谣，说是从南边宋国那里传过来的，估计让大魏国将士心惊的那个江州刺史檀江州没了。王慧龙说他询问唱歌的孩子们，这歌出自哪里，为什么要唱可怜白浮鸠，都说不清楚，只是听别人唱得好听，便跟着唱，至于啥意思，没人知道。不久后，崔浩上朝时，也见到了来自驻守南边将士的奏报，说是宋国的名将征南大将军江州刺史檀道济被彭城王刘义康伪造诏书召入朝中，将檀道济和他的几个儿子斩首。还说檀道济被斩那天建康发生了地震，地上还生出了许多像白浮鸠的羽毛那样的白毛。崔浩突然明白"可怜白浮鸠，枉杀檀江州……"的意思了。

闻听奏报，朝中大臣额手相庆，为大魏国少了一个劲敌而庆贺。有人说，檀道济一死，那个使三十六计的人就没了，刘宋军中也就没有让人害怕的人了，咱大军攻破建康指日可待。崔浩听得众臣们在评说，他站在那里沉默不语，下朝后心情复杂地回到了家中。

这个消息对崔浩来说，比较震惊，对于这个来自南方宋国的对手檀道济，他太清楚了。当年刘裕死后，少帝即位，檀道济与其他三人是顾命大臣，神䴥三年（430）魏与宋的河南之战，本来大魏军打探到宋军缺少粮食，已经坚持不了几天便会城破，但是檀道济却演了一出"唱筹量沙"的计谋，让魏军相信宋军中不缺少粮食，最终让魏军看不到胜算而退兵，这是一个有着赫赫战功而且文韬武略都高人一筹的重臣。檀道济的兵法"三十六计"，其实都是在实战中总结出来的，特别实用，流传最广的"檀公三十六策，走为上计"的计谋更是妇孺皆知。崔浩觉得，檀道济之死应该是因为檀道济战功显赫，刘宋朝廷怕他以后效仿刘裕将司马家的江山改成了刘家的王朝而采取的自毁长城的举措。后来还有小道消息传到了平城，檀道济的妻子在檀道济被召入朝前曾劝阻他入朝，并说："震世功名，必遭人嫉，古来如此。"檀道济觉得自己对于宋国忠心耿耿苍天可鉴便不以为然，起身前往，在领命赴建康途中，曾看到有白浮鸠聚集在船上悲哀地鸣叫，一切似乎有先兆，但是这些来自鸟类的提醒却并没能改变檀道济的行程，也没能改变了他的命运，世上空留下一首"可怜白浮鸠，枉杀檀江州……"的歌谣任人传唱着。

听到这样的消息，身为人臣的崔浩内心是既震惊又沮丧的，丝毫没有少了一个对手的快感，从檀道济的结局他马上想到了《史记》中"蜚鸟尽，良弓藏；狡兔死，走狗烹"的深意，他不停地思量，这当真是天下已定功臣当烹的定律吗？突然之间他很自然地联想到了自己在朝中的情形，只是刚一想起这个问题，自己马上又否认了，或者他不愿再多想下去。他只是感觉到当今的魏国国主是圣明的，不会做出越王勾践诛文种之事。当今皇帝不是汉皇刘邦，自己应该也不是那个"勇略震主者身危，功盖天下者不赏"的韩信吧。但还是突然想起那日卢玄所说的"伴君如伴虎"的事，虽说皇帝对自己宠幸有加，可是想起当年无故被贬的旧事也是心有余悸，他暗暗告诫自己以后也得时时处处当心了。

环顾四周，崔浩突然感觉到特别孤独，这种孤独是存在于内心的，并不在于每日身边有多少人的陪伴。感觉到孤独的时候，便想找一些谈得来的朋友饮酒聊天，可是身边的人大都是幕僚，往来之间充满了奉承和谦卑之意，他想找人说说心里话，是想说什么就说什么肆无忌惮的那种，这时他突然想起了儿时的伙伴眭夸。是啊，眭夸的才能不在卢玄、高允之下，可不知为什么各地报上来的征士名单竟然没有他，朝臣推荐的时候也把他落下了。想到眭夸，崔浩恨自己糊涂，这么多年了，自己不是在夜深人静的时候，想起儿时旧事便想起他，可是这么多年了自己身在京都平城，身居高位，每日里忙着各种事，却把这个少年伙伴给忘了，当年一起玩耍的李顺、周儿他们都在平城，只是感觉少年的朋友走着走着就散了，虽然都在平城，但崔浩和他们相处得并不融洽。回想起当初让眭夸随自己一同到平城，眭夸拒绝了，那时是他父亲刚刚过世，他要照顾母亲，几十年过去了，不知道眭夸是否过得好，当初曾说过患难与共、福祸共当的话，只是当初自己年龄小，前程难卜，自然照顾不了他，如今可是不同了，自己身为大魏国的司徒，虽然很少徇私情，也不结党营私，但是把眭夸征召入朝，也算不得私情，眭夸是赵郡名士，也很有才情，为人虽然执拗了些，估计为生计也不会再拒绝出仕吧，眼下大魏国正是求贤若渴之时，也正好邀请他到平城，给他谋个职务，让他来京城享几天清福。

第二天上朝，崔浩便向皇上奏明，臣闻知赵郡高邑人眭夸人品出众，文采了得，而且也是名门之后，他的父亲曾任燕国中书令，可惜地方征士的名单中没有他。拓跋焘听到崔浩的奏报，当下便封眭夸为中郎，下令让州郡的官员将眭夸护送到京城。

崔浩等了半个多月也不见眭夸到京，快一个月时，才见州郡官员奏报，说近日将眭夸送抵京城，并说眭夸生病一直不愿启程。崔浩突然意识到自己可能又违逆了眭夸的意思了，眭夸可能真的想做隐士，但他相信他有能力将眭夸劝说着留下来，以后再让他把家眷也搬到平城。

那日下人回报说，有一位叫眭夸的人来求见。崔浩一听，赶紧说："快、快，那是老爷故交，赶紧将人迎进府里。"崔浩随后走到了大门口。三十多年未见，当年分别时青春年少、意气奔放的小伙子，再见时都已鬓染雪霜。

"眭夸！"

"桃简！"

两人认真地盯着对方看，眼前的眭夸身着直领布袍，腰束布带，头裹巾帻，胡子有些花白杂乱，面容黧黑，不修边幅的样子，但旧时眉眼依旧。相比较之下崔浩却是显贵打扮，交领宽单衣，腰束宽带，下穿襦裤，衣料柔软轻薄，头戴纱冠，着装精致，面庞白皙，人也精神显得年轻。

崔浩哈哈一笑说："眭夸，你还是旧时的模样。"眭夸也爽朗地笑着说："好你个桃简，人也发福了，还不显老，这一身穿戴，有点显贵模样，还真有点不敢相认了。"

哈哈哈！

哈哈哈！

两人朗声大笑着。

崔浩拉着眭夸的手进门，将眭夸领进自己的院子里，两人前前后后转了一圈，他想让眭夸看看，那些陈设格局和东武城的老宅像不像。眭夸跟在他身后边走边说："像是有些像，种的树也有槐树和桃树，还有石桌石几，只是这院子比老宅院气派多了，曲廊蜿蜒、六角凉亭、游鱼水塘，这叫贵胄官邸。话说你也有三十年没回老家看看了，看来你真的把这里当成家乡了，把老宅彻底放弃了，唉，我白替你打理了好几年了。"崔浩听得眭夸这么说，便长叹一声，说："唉，朝廷里的事多，每天忙得手不识闲，脚不点地的，哪里有时间回家乡呵，一转眼三十年过去了。"两人说着说着，便在院子里的石几上坐了下来，崔浩让下人唤出两位夫人来相见。

走在前面的妻子郭氏，身着黑底红花袿衣垂髾，头梳十字髻，簪钗斜插，举止温文娴静。跟在后面的柳氏绛纱复裙曳地，大袖翩翩，云髻峨峨，头戴步摇，耳坠摇叶，明眸善睐，面带微笑，看得出保养得都特别好。两位夫人见过眭夸之后，说是去给准备午饭便离开了。

眭夸端起石桌上的茶盏歪着头看着崔浩说："桃简，你这过的可是神仙般的日子，两位夫人美貌如仙女一般，只可惜了，我那妹妹眭陌没那好命。"

崔浩听眭夸说起了眭陌，便随口问："眭陌过得怎么样，日子还好吗？"眭夸轻轻摇摇头说："和我的情形差不多，乡野村妇，自然不会有这样的绫罗绸缎上身，也不会头戴金步摇整日有人侍候着。乡村的日子就是那样，土里刨食，忙忙碌碌，吃饱穿暖，生儿育女，别的想法没有，哪能比得上你的那些夫人们尊贵。"

崔浩说："我这不想着你，怕你的日子过得恓惶，让你到京城来了嘛，你有官做，咱兄弟俩还有酒喝。"

　　眭夸坐直了，很正经地对崔浩说："桃简，我就知道让我到平城做官就是你的意思，可是你知道吗？我在乡间散漫的日子过惯了，过不了你这平日有人侍候、上朝受人约束的贵胄生活。你别难为我，有的人天生就是宫里头的花，受人捧着，而像我，天生就是乡间的野草，得风吹着才受用，你这日子，我过不了，我也就是借这个机会坐着官家的车子来看看你，否则也没钱来京城，咱叙叙旧我就回去了。"

　　崔浩心底一阵失望，脸色有点沉郁地说："我就不相信你不想过好日子，你不想穿好点的衣衫，吃点好的，让日子过得舒服点，在京城你就不用整日田地里劳作，过过动脑子的生活，要说你要才情有才情，要写字当年也不逊色于我。"眭夸好像是没听见一样，不接他的茬。

　　崔浩让下人给眭夸收拾出一间房，让他住下。一连几日崔浩下朝回来，两人便喝酒聊天，回忆儿时的事，叙说别后各自的情形等。与眭夸在一起谈天说地，崔浩感觉是轻松的，也让他好像又回到了当年那意气风发的少年时代，任眭夸叫他的小名桃简，这个小名自从父母过世之后，便无人再叫，家里人都称他老爷，外面人唤他官职，突然之间有个人全然不顾地拍着肩叫着小名，聊着小时候的事，让他感觉到既亲切又意外。眭夸还是那么善饮，在喝酒上，崔浩永远不是眭夸的对手，可是一连几天眭夸都只说家乡事，从来也不问他在朝堂上官做得有多大，也不问此次征他前来给了他个什么官做。崔浩每每把话题引到了这上面，眭夸便把话又岔开了。

　　喝过酒之后，两人回到书房写字，崔浩写下了韩非子《功名》的开篇："水泉深则鱼鳖归之，树木盛则飞鸟归之，庶草茂则禽兽归之，人主贤则豪杰归之。故圣王不务归之者，而务其所以归。"他写完后，拿给眭夸看，他只是想用这样的话告诉眭夸水流百川归大海，如今的京都平城便是天下士子归附的大海。眭夸看着崔浩的书法完全不理会里面写的是什么意思。他说："桃简，这些年你在平城当官，字可是写得一等一的好了，藏锋起笔，波磔收笔，把字写成这样瘦硬倒也新鲜，比在东武城时候的字写得有棱角多了，也写得有气势多了，就好像你的人一样，让人刮目相看。"说过之后，眭夸说自己也献献丑，他抓过放在笔架上最粗的那支毛笔来，把袖子一撸，蘸足了墨，便挥笔写下了："人无志，非人也，内不愧心，外不负俗，交不为利，仕不谋禄，鉴乎古今，涤情荡欲，何忧于人间之委曲？"他的字是洒脱飘逸的草书，一如他的性格，他写的是嵇康的话。崔浩看到眭夸写在纸上的字问他："眭夸，京城不好吗？"说着这话的时候，崔浩做了一个深呼吸，望着窗外，崔浩觉得这里的一切是美丽宜人的。窗户开着，他望着天空上有鸟儿飞过，翅膀画着优美的弧线。眭夸还在低头看他写的字，随口说："你这府邸给人的感觉是华堂富贵，寂寞深藏，曲高和寡，你能说不是吗？"听到眭夸这么说，崔浩终于忍不住了，从桌子上拿起诏书扔到眭夸的怀里，并盯着他看。眭夸拿起诏书来，看也不看便塞进崔浩怀里："桃简，你已经官至司徒了，这官也做得大到再没处升了吧，为什么你还要用当官这件事来烦我呢？人活一世要的是心的自在，你生活在高冈处有亮光，那我活在低洼地也有豁口，咱都能前行到老，又何必拿一顶官帽来压我，让我看你的脸色行事呢！你知道我本是山野草民，喜欢大声说话，喜欢大碗喝酒，酒后还会大呼小叫，吹胡子瞪眼睛，就不适合拘拘谨谨在朝堂上瞧谁脸色高不高兴。再说了，我也没有多谋善断、千机诡变的心性，你把你讨来的这个东西还给朝廷，我来这里，主要是跟你叙叙旧就要回家了。"崔浩问他："眭夸，我一连几天陪你喝酒，等着你有所改变，可是你却视荣华富贵如粪土，要做回你的隐士，你的饥饱怎么解决，你的孩儿将来怎么办？"眭夸也不客气地对崔浩说："桃简，我就知道你会有跟我翻脸的一天，你应该明白，我留下来和你同朝为官，在别人面前你能容忍我呼你小名叫你桃简吗？你的下属包括你的夫人都对你毕恭毕敬的，你能习惯我在别人面前跟你这么随便吗？你可是官高至司徒了，这朝堂上你能容忍我喝醉酒了对人指手画脚吗？你们做官的有那么多清规戒律，条条框框束缚着，可是我宁愿受穷，也讨厌这些拘束。别逗了，就我这个性子在朝堂上有几个脑袋够人砍，你不是怕我孩儿没出路吗？可见你这些年一点都没关心过我，你嫂子就给我生了两丫头片子，也都嫁人了，有人管她们吃穿，这自然不必你关照了。"睦夸说完，便又自我解嘲说："桃简，这就是我的个性，你得明白，我就是这么直来直去的。"

纵然睦夸说的这一切，崔浩都明白，但是崔浩还是真心想留下这个儿时的伙伴。从他皱纹满脸的容颜上看，他就知道这些年睦夸的日子过得清苦，他想帮帮他。崔浩觉得也许睦夸就是一时执拗，等有时间领他去平城转转，让他看看都城的繁华热闹，看看从各地迁来的人们是如何做事的，时间长了也许人就会转变。那日崔浩没事，便说想带着睦夸到平城的街市上看看，睦夸很开心地答应了。两人走在平城的大街上，正值五月，天气煦暖，人们来来往往，崔浩不时地指着各种各样的高大屋宇向睦夸介绍，快走到长庆寺前时，突然一阵悠扬的音乐声传来，崔浩看着睦夸眼前一亮，便跟着睦夸往那个寺庙跟前走，寺庙外面的露台上有人在表演，这是供养给佛寺的歌舞，露台上是一群奇装异服的女子在跳舞和唱曲：

> 官家出游雷大鼓，细乘犊车开后户。
> 车前女子年十五，手弹琵琶玉节舞。
> 钜鹿公主殷照女，皇帝陛下万几主。

那个领头唱曲的女子脸形圆润，额头点着朱砂点，身着异域服饰，颈下还缀满璎珞，抱着琵琶边歌边舞，身后还有多个女子在舞蹈，一样的额头点着朱砂点，她们都是束着腰，腰带下坠圆珠，她们的舞蹈姿态曼妙而且轻盈，这样的舞姿崔浩也不曾见过。崔浩看到现场有众多人在围观，又看到睦夸看得入迷，便低声说："这些女子应该是大魏灭胡夏后，从统万城那边迁到平城的乐人，跳的应该是西域那边的《胡旋舞》，唱的也是原来秦国那边的调调。"睦夸兴致勃勃地说："这个舞蹈好看，跟咱汉人的舞蹈有差别，而且这些女子也妖媚，只是不知有多少人被灭了国才来到这里靠歌舞讨生活的，也不知道他们生活得习惯不？"崔浩说："朝廷这几年东征西讨，每一仗打过之后，都会往京城迁移一些人口，平城现在是百业俱兴，哪个地方的人都有，这个地方不排外，你留下来，便会慢慢欣赏，当然这也都是些粗俗的舞乐，宫廷里不同时日有文舞、武舞及丝竹弦乐会更好看一些。走吧，今天五月初五日是地腊之辰，城东的大道坛庙有斋醮仪式，国师新创的《华夏颂》《步虚辞》特别好听，那是咱地道的汉人音乐，这里表演的大都是些杂七杂八的胡人乐舞。"睦夸说："桃简，你这就不懂了，你是司徒，听的音乐要高雅才不污了耳朵，我是一介布衣，就喜欢看市井百姓的舞乐。你听这个女子唱得比刚才的还清丽动听。"

> 东山看西水，水流磐石间。
> 公死姥更嫁，孤儿甚可怜。

崔浩不愿让人看到一个堂堂的大魏国司徒，站到这里围观这些舞乐和歌伎来了，让人认出来成何体统，便拉着睦夸往外走。睦夸头也不回地说："你有公干，你自己去大道坛吧，说不定皇帝也在那里等你呢，我看这里挺热闹红火，随便听听看看就回去了，我寻得见到你府邸的路，你先走吧。"听得睦夸这么说，崔浩也没有再坚持。他知道，他还真得去一趟大道坛庙，他怕皇帝突然去那里斋醮祈请时找不到他，随后便叮嘱了几句就和睦夸告别了。

到了晚上，崔浩回到家里看着睦夸没有回来，再看看厩舍中睦夸所骑的骡子还在。崔浩问下人："睦夸回来过没有？"下人回复说："快中午的时候回来了一下，他把他的包裹收拾了起来。睦夸还问他的骡子呢，小的便说有人出去放了，怕他走了，小的担待不起，想等老爷回来定夺。"下人很紧张地又补充说，"他还说老爷在道坛庙等他，他换件衣服就过去，怕老爷嫌弃他穿得寒酸丢人，小的也没多想，因为他的骡子还拴在马厩中，老爷不是安顿不让给他骡子，怕他走了，难道他没去道坛庙，真的走了，那他步行回赵郡，路途那么遥远，走回去也该过年了，是不是他还在平城没有找到回来的路？"崔浩知道睦夸的脾气，估计他十有八九是走了，只是不知道他不骑骡子怎么能回到赵郡呢。看到下人很紧张的神情，崔浩便对下人说："我知道了，晚上他要是回来了你们告诉我一声。"

崔浩打问了好多赵郡同乡的人才弄清楚，原来眭夸那日找到了往京城送粮租的同乡，以帮同乡赶车的名义离开了，出京城关口时谎称是车夫才出得京城。

崔浩怔怔地望着故乡的方向，默然许久。

刚拐进巷口，便听得有断断续续的瑶琴声传了出来，是那样的感伤，又是那样的流畅，是柳夫人在弹琴，琴声飘荡在残阳夕照的巷口，他知道过去的一切是永远地过去了，包括青春、包括儿时的情谊。眭夸还是当年那个眭夸，孤傲、任性、野气，而他却在这朝堂里历练得沉默、孤耿、霸气，他早就适应了平城寒冷的冬天，习惯穿袴褶服饰。不穿袴裤，冬天的冷就会抵挡不住，这就是两人分别三十年之后的变化。

他跟柳氏说，眭夸没有骑走他的骡子人就走了。柳氏看到他落寞的样子，嘻嘻一笑说："老爷，为妻我就奇怪了，平城的高人雅士那么多，没见你念叨过谁，咋你一个几十年不见的同乡走了，你就那么失落，而眭夸和你，一个不拘礼法、玩世不恭，一个位高权重、孤高冷傲，你们两人咋就能好到三十年后还不忘情？"看到柳氏说他，崔浩也笑了："你这就不懂了，他和我虽然境遇不同，可是骨子里那份执着纯真、不同流俗是相同的，我何曾因为过位高权重不理别人，平城里的那些平民高士，不也一直诗酒往来嘛。"

对他而言，文士满华堂，不如一故友。可是他和眭夸，各自有各自的路子，门外鲜花各自春，他走不进眭夸的世界，眭夸也不屑于他拥有的这一切光鲜和华丽。看着眭夸留在桌上那飘逸的草书，他只能独自叹息着说："眭夸，你是真正的高士，可我却拿一顶小小的官帽来羁绊你，这对你来说简直是一种侮辱。现在又让你求别人冒充车夫回乡去，路上还不知受了多少罪呢，可我什么时候才能有机会向你赔礼呢？"这边崔浩觉得自己做事鲁莽对不起眭夸，可是到了朝堂上他还得编排好托词为眭夸开脱，因为皇上已经下诏封眭夸为中郎，他无故离去那是藐视朝廷，是要获罪的。崔浩不得已再次奏报皇帝，说是眭夸是来京城了，一副病恹恹的样子，他明确表示难以胜任中郎一职，这些错误是自己举荐前没有详查，请皇上治自己的罪。拓跋焘一看崔浩这么说，便将诏书收了回去，同僚们对眭夸都不了解，再加上送眭夸进京的地方官员也曾说过，眭夸迟迟不到京城，是有病难启程之故，想来也是真的，朝堂上也没人提出反对意见，皇帝也就没有治崔浩的失察之罪，也没有怪罪眭夸的无理离去，这件事就算是周旋过去了。

之后不久，崔浩让人将眭夸的骡子送了回去，并把自己的坐骑也一同赠送给他，还写了一封信表示歉意，谁知眭夸不接受他的坐骑，谁给送去的，谁又得再给骑回来，而且信也不回。崔浩看到又回到自己家的马，便想起了一个字，"倔"，但是这个字眭夸听不到。

只是崔浩后来还是听人说起了眭夸。眭夸回乡后，有同乡人对眭夸说："我听说有才能的人大都出仕朝廷，有着高官厚禄，享着清福，可为什么你满腹才学，而且官帽都拿到手，却又扔了，偏偏留在乡间和我们这些贫贱的粗人混在一起？"眭夸笑一笑算作答复，之后他写了一篇《知命论》算是对进京之行的总结。此前给眭夸送骡马的人，又将乡里人广为流传的《知命论》抄了一份交给崔浩，崔浩知道，他那儿时伙伴眭夸依然是当初那个样子，可是自己却早已不是当年那个自己了，他已经彻底失去了这个儿时伙伴。

崔浩看着眭夸所做的《知命论》，知道他追求的是魏晋时那些逸士的生活，他是那样的旷迈不群，恣意率性，淡泊无欲，这样的人是以道德为心，不以富贵为志，他是那种隐德容身，不求名利，安于贱役的人，他的行事是遵从自己内心的，琴歌自适，在这一点上崔浩觉得自己真的不如眭夸，他也只能尊重眭夸，想着哪一天自己告老还乡了，还去找这个儿时伙伴喝酒聊天去。

亲家反目

《周易·系辞上》说"二人同心，其利断金。同心之言，其臭如兰"。崔浩每每读到这句话，便想起和亲家李顺的关系。要说他和李顺同朝为臣，两人还是少年玩伴还有同窗之谊，长大后两家还有儿女亲家关系，应该在朝堂上共进退，但是事实上却是相互猜忌，难以抱团，不像鲜卑武将们，朝堂上某些方面结成同盟同仇敌忾。

李顺是赵郡平棘人，李顺的父亲李系和崔浩的父亲崔宏都曾出仕过慕容垂的后燕，崔浩少时和李顺出入同一个书馆，当时好友眭夸就看不惯李顺，认为李顺为人尖酸刻薄，是那种表面忠厚内心狡诈，必须提防的人。以前崔浩觉得李顺学识渊博，可以诗文唱和，并没觉得他有什么狡诈的地方。而且李顺和自己的弟弟崔览交好，崔览刚成年时，先娶了李顺的妹妹为妻，只是李氏过门后却死于难产，之后才又续娶了封氏，多年后崔览的儿子和李顺的女儿又结成了儿女亲家，算是对李顺妹妹的一种怀念。纵然两家有了这层亲属关系，崔浩却隐隐觉得李顺这人不太好处，正如当年眭夸说的心机太重，两人并没有走得很近，可能是同朝为臣，有嫉妒心在作怪的缘故吧。

要说李顺的仕途也是顺风顺水，在崔浩赋闲的两年间，李顺深受皇帝器重，而且官职一路上升，后来和崔浩的职位始终不相上下。始光年间，崔浩晋爵东郡公，拜太常卿，而李顺官至后军将军，赐爵平棘县子，加奋威将军。但崔浩复出后，李顺很多时候和崔浩唱反调，认为皇帝总是采纳崔浩的奏议而冷落了他。在北伐柔然之后，崔浩因为力主北伐有功，升为侍中、特进、抚军大将军。皇帝和众大臣说："凡军国大计，卿等所不能决，皆先咨浩然后行。"皇帝说这句话之后，群臣之中，李顺对崔浩最为排斥，和鲜卑老臣一样认为他没有尺寸军功，却让皇帝如此赏识，对崔浩很是看不惯。在出征统万时，李顺随军出征，升为左军将军，还带兵攻城，李顺率兵打败了夏国的左路军。统万城破时，拓跋焘赏赐诸将珍宝杂物，众人高兴地接受了，只有李顺坚决不要，他说他爱读书，只从中选取了帛书数千卷，其他的珍宝让拓跋焘送给别人。这件事让皇帝拓跋焘对李顺另眼相看，但是李顺事事强出头的做派却让崔浩有一种莫名的反感。他知道李顺很贪财，但是那一次面对皇帝的赏赐只取书帛的做法，崔浩觉得李顺在作秀，后面肯定还有更大的盘算。果然回京之后，皇帝就加封李顺为给事黄门侍郎，赐奴婢十五户，帛千匹。在讨伐赫连定之战后，又因为军功李顺被封为散骑常侍，晋爵为侯，加征虏将军，迁四部尚书。而崔浩也因为出谋划策之功升为司徒，两人可以说是官职不相上下。崔浩觉得鲜卑大臣反对他，那是因为鲜卑人靠军功起家，马上征战得天下，自然以攻城略地者为英雄。但是李顺却是一个汉人，本来朝廷上同处高位的汉人臣子就很少，同为汉人应该是勠力同心，上下同欲，但却因为崔浩和皇帝的私交好，遇事皇帝对崔浩更信任一些，特别是在不同的场合皇帝说过，遇到大事让众大臣听崔浩的，再加上平城内"智如崔浩，廉如道生"的歌谣四处传唱，这让经常跟着皇帝东征西讨的李顺内心颇为不快，他对崔浩的反感可以说多于鲜卑臣子。在李顺看来，自己既有文韬又有武略，而且每次出征又都有战功，但是官职总是升不过崔浩。崔浩却认为李顺是以小人之心度君子之腹，两人各司其职，均为一主，但两人的关系一直处于很微妙的状态之中，且一直很淡漠。

　　那一年，在攻伐赫连昌所在的上邽时，拓跋焘有意派李顺去打前站当先锋，因为此前破统万城时，李顺便是前军将军，还几次军前献策，为了稳妥起见，皇帝还向崔浩征求意见。崔浩认为不能派李顺去，他说他对于李顺的军事才能十分了解，他是个将才，却不是帅才，遇事优柔寡断，如果首战不利，则征上邽之战可能要无功而返，还是派有带兵经验的猛士为好。最后皇帝派了平北将军尉眷攻上邽。崔浩也只是就事论事，为了保证西征夏国顺利，并不是和李顺过不去。之后大军俘虏了夏国皇帝赫连昌，平夏成了举国欢庆的一件大事，但李顺却私底下认为崔浩在皇帝面前诋毁他，如果他能当先锋，生擒赫连昌的可能就是他李顺，而不是那个无名小将安颉，那可是首功一件，但赫连昌是被生擒了，这一战却与自己无关，于是李顺对崔浩更加忌恨。

朝廷需要出使北凉的人才，崔浩举荐了李顺，认为他是满腹文采，而且口才又好，出使凉国肯定能圆满完成任务。崔浩此举意在缓和与李顺的矛盾，但是李顺却是在很不情愿的情况下领命的，如果是别人推荐或者是皇帝钦点的，李顺都会很痛快地接受，可是偏偏这个人是崔浩。李顺私底下跟别人说，以他这样的官职，本不应该再行出使凉州的差役。这样的苦差事，之所以崔浩力荐他去，还不是崔浩想让他离开朝廷，一山不容二虎，崔浩那是在排挤他。虽然此后李顺完成出使任务回朝时也很风光。在上朝时李顺还建议皇帝出兵攻打凉国，他说沮渠蒙逊年老体衰，活不了多久了，他的儿子们又平庸，攻下凉国并不难。但是拓跋焘只想拿下龙城的北燕，还不急于和沮渠蒙逊动手。不久沮渠蒙逊死后，他的儿子沮渠牧犍即河西王位，沮渠牧犍将妹妹兴平公主送到平城，拓跋焘纳为昭仪。

为了维持大魏与北凉的关系，拓跋焘后来还将妹妹武威公主嫁给沮渠牧犍，以示大魏和北凉亲如一家，这些也都需要出使过北凉的李顺往来沟通。和亲归来之后拓跋焘赐予李顺绢布一千匹，马一乘，进号为安西将军，对他特别信任，朝堂上政事无论大小，也总是和他商议。由于朝廷与北凉交好，李顺前前后后共出使北凉十二次成了西域通。后来，李顺还与河西王沮渠牧犍成为朋友有了私交，沮渠牧犍背着魏国，去和宋国结盟这样的事自然瞒不过李顺，沮渠牧犍为了堵住李顺之口，每次李顺完成出使任务回京时，沮渠牧犍都会厚礼相赠。俗话说"拿人手短，吃人嘴软"，李顺带着金银珠宝满载而归，对于北凉的一些行为也是有选择性地禀报。朝中官员都知道李顺这个上国使者是肥差，但是李顺并不感激崔浩，崔浩与李顺的关系也并没有修好。朝堂上李顺看崔浩时，总是面带微笑，那笑容里有轻蔑的表情，崔浩看着李顺，感觉李顺有一种小人得志的狂傲之感。

虽然李顺美言北凉如何忠于大魏国，可是那边还是出事了。那一日赴凉和亲的武威公主吃过饭后中毒了，公主便派侍者飞速赶到驿站求助。沮渠牧犍虽然娶了武威公主，但那是一种政治结盟的婚姻，在北凉武威公主并不受宠。沮渠牧犍娶回武威公主之后，沮渠牧犍的皇后西凉国主李暠的女儿李敬爱便离开了后宫，沮渠牧犍却又喜欢上了自己的嫂子李氏，这在北凉也是人尽皆知却又口不能言的事，但是李顺并不是据实汇报，还说公主在北凉一切安好。之后，沮渠牧犍的嫂子与沮渠牧犍的姐姐合谋给武威公主饭里下毒，武威公主那日没有胃口，吃下的饭并不多，但是吃饭后却脸色蜡黄，腹疼难忍。拓跋焘获悉之后，派御医乘坐驿站的马车飞驰前往救治，虽然经御医的调治公主被救活了，但是沮渠牧犍却拒绝把与他有了肌肤之亲的嫂子李氏送到平城受刑，这下彻底惹怒了皇帝拓跋焘，便再次下了攻灭北凉的决心。

朝堂上拓跋焘问李顺说："李爱卿，记得当年你提出了攻取凉国的计谋，朕当时正想对燕国用兵，没来得及实行。如今龙城已经平定，朕打算在年内征讨凉国，李爱卿有什么高见？"此时的李顺已经不是第一次出使北凉的那个李顺了，他并不希望北凉灭国，而且也不希望朝廷知晓他和北凉国主的交情。李顺进谏说："回陛下，大魏国刚刚灭了冯弘的燕国，咱魏国的士兵和战马都是人困马乏，需要休整，微臣以为，征讨凉国的计划还应延期。"拓跋焘让崔浩说说看法，崔浩说："沮渠牧犍叛逆之心其实早已显露，此次对公主下毒事件的处理又是那么轻描淡写，此人不杀不足以平愤。我军前几年出征过，虽说没有拿下凉国，但也没遭受什么损失。大魏国战马有三十多万匹，算起来每次出征在征途中死伤的不满八千，平时没有战事，每年正常死亡的也不少于一万匹。而凉国一直以为两国相距甚远，咱大魏国的大军到不了他们境地才对大魏国肆无忌惮。臣以为兵贵神速，如果我们出其不意突然出现在他们面前，一定可以攻灭凉国。"拓跋焘听到崔浩的分析，忙说："太好了，太好了，崔卿的想法与朕不谋而合。"

　　皇帝当下召集满朝文武大臣在太极殿西堂商议此事。弘农王奚斤首先发言："凉国是西方边陲归附的下等小国，沮渠牧犍继位以后，每年进贡从不间断。朝廷也把他作为一个藩臣来看待，嫁公主给他为妻。如今虽然出现了谋害公主事件，但这属于后宫的内斗，沮渠牧犍虽然不愿意交出他嫂子，但他也送来了十分丰厚的礼物赔罪，他已经知错了，咱们应该宽恕。臣还听说，凉国的土地贫瘠，盐碱地居多，水草也不多。我们大军兵临城下，他们一定闭城固守。我军久攻不克，荒郊野外也难存身。"

　　安西将军古弼接着奚斤的话头发言："臣听征虏将军李顺说过，从温圉水以西直到姑臧，遍地都是枯石，沿途没有水草。姑臧城南的天梯山上，冬天有积雪，深达几丈，春季和夏季，冰雪融化，从山上流下来，形成河流，当地居民就是引雪水入渠，灌溉农田。如果凉州人听说我们大军开到，一定会掘开渠口，让水流尽，我军的人马就无水可用。姑臧城方圆百里之内，土地因无水杂草不生，我军大批人马难以解决饮水和补给粮草的问题，会出现人马饥渴被困的事。"拓跋焘扭头问李顺是不是这样的，李顺奏报说："的确如安西将军说的那样姑臧城外缺少水草，大军没有吃水点，不易取胜。"

　　拓跋焘让崔浩说说他的看法，崔浩奏报说："陛下，根据《汉书·地理志》的记载，凉州大马横行天下，凉州的畜产是天下最多的，如果那里没有水草，牲畜怎么繁殖？另外，凉州古称雍州，是汉代十三州之一，领河西诸地，姑臧故有'雍凉之都'之称。汉朝怎么会在一个没有水草的土地上兴筑城郭，设置凉州刺史部。况且，按他们的说法高山冰雪融化以后，那点水也只能浸湿地面，怎么还能够挖通渠道，灌溉农田呢！这话实在是荒谬不可信。"李顺当下面色通红地反驳说："耳闻不如一见。崔司徒仅凭书本上的文字说话，本官十二次出使凉国，对那里的情况了如指掌，司徒有什么资格和本官辩论？"崔浩看到李顺对他很轻蔑的表情，便忍不住怼他说："你接受了人家的贿赂，当然要替人家说话，你说的都是胡话，你以为我没有亲眼看到就能被你蒙蔽吗？"拓跋焘看到两人争吵不休，便朝下一挥手，两人便都不说了。之后多位大臣也进言说："凉州如果真的没有水草，他们怎么建立王国？"拓跋焘也觉得有道理。

太延五年（439）六月，拓跋焘让太子驻守平城，又派出大军屯驻漠南防备柔然乘虚进攻，之后亲率大军从平城出发讨伐北凉。太子对于姑臧城外到底有无水草还是有些质疑，便让崔浩按照史书上的解释写出情况，崔浩写下了自己的分析：依史书之言，姑臧城西门外边，应该有一条不断涌出的泉水，此泉与北门外的泉水相接，水流很大，就是一条滔滔大河，河流除了灌溉农田外，其余都顺着沟渠流到沙漠之中，因此这一带没有干旱的地方。太子看到崔浩的分析，便默不作声了。

一路轻骑，大队人马很快就到了姑臧城外，崔浩骑在马上观望，入眼的姑臧并不是大漠长烟，风沙肆虐，却是另一番境地。路过的地方全都是水草茂盛，牛羊遍地，再往前行，还看到一条大河，河水滔滔，雄浑、奔腾、豪迈，看来这是个可牧、可耕、可渔的好地方，远处的姑臧城在两河之间宽阔平坦的台地上，城池是南北狭长，城墙上宫阁台榭林立，其规模并不比统万城差。拓跋焘当即十分生气："这个李顺竟然敢蒙骗朕，真是睁着眼说瞎话。朕差点听信他的谎言贻误战机。"说过之后拓跋焘扭头对跟在后面的崔浩说："崔卿说的话果然是真的，眼前的情景就跟爱卿描述的一模一样。"崔浩淡淡一笑回答说："臣不敢妄言，一向如此。"

看到了大兵围城，还有人带头出城投降，凉王沮渠牧犍在内外交困之下带着文武百官绑缚出降。

平凉后大军返回京城，百官朝贺，喜气洋洋，最难受的便是撒了谎的李顺，崔浩注意到李顺在朝堂上的表情极不自然，脸色也特别难看。皇帝对李顺的态度也是急转直下，但李顺并没有开口承认自己的错误，只等着时间长了皇帝遗忘此事。

怒子不争

世间有诸多音乐，庙堂音乐是一种，宫廷音乐又是一种，而民间由笙鼓管弦组成的喜乐，算是世间最动听的音乐了。

太延四年（439）对于崔浩来说，他又遇到了一件喜事，男十六可娶，女十四可嫁，这一年外孙女卢妞儿已经十五岁了，看着从小到大的可人儿要出嫁了，嫁的还是荥阳太守王慧龙的儿子王宝兴，最难得的是两个孩子也情投意合，要说两人的婚事还是崔浩当年逗女儿和侄女玩，说笑之时指腹为婚定下来的呢，崔浩想起这些往事就觉得特别好笑。

回想起那年受到贬黜，每日闲居在家，看着女儿小惠和侄女琴儿两人在他家挺着个大肚子玩耍，他突然有感而发地说，你俩那么要好，如果都生下男孩子或者都生下女孩，那自然是兄弟或者姐妹，但如果两人生下一男一女，也可以结为亲家，亲上加亲，将来孩子们成人后，他可以主婚，琴儿还怕他说话不算数，要两人割衿为证呢。

琴儿的丈夫王慧龙经崔浩的举荐去守南边，升为宁南将军、荥阳太守。王宝兴像他的父亲一样，长得高大威猛，英俊潇洒。小惠的丈夫卢遐也认可这门婚事，这一年卢遐从光禄大夫升职为尚书，女儿要出嫁，可谓是双喜临门。由于王慧龙身在荥阳，王宝兴跟着他的母亲经常住在姥爷崔恬家里，崔浩家和崔恬家在一个巷子里，两个孩子从小就在一起玩，也都互相欣赏。到了那一年，在外孙女过完十五岁生日的那天，崔浩突然问起了女儿小惠，什么时候两家完婚，小惠说："当年爹说的，要给两个孩子主婚，您看个日子，瞅您不忙的时候，就给两个孩子完婚。"崔浩说，"看你说的，终身大事，哪能只看爹忙不忙呢，咋也得看个黄道吉日，这样吧，爹看着九月初九这日子就不错，你们两家准备一个月的时间，到时候办得红红火火，让两个孩子高高兴兴地成婚。"

九月初九，王宝兴和卢妞儿一对新人完婚，崔浩作为主婚人，看着小外孙女一身锦绣婚装款款走来，"头安金步摇，耳系明月珰，珠环约素腕，翠爵垂鲜光"，那是女人们久盛不衰的装束。王宝兴则头戴小冠，身穿紫红宽博长衫，倜傥潇洒。一对璧人喜结良缘，卢家和王家结成了儿女亲家，听着喜乐吹着，看着孩子们高高兴兴地牵手，看着众多亲朋好友前来道贺，崔浩觉得十分开心。

送外孙女出嫁，是一件很喜庆也是很开心的事，但一扭头看到了在那里忙碌着的儿子，崔浩便又沉默不语。儿子长得虽然眉眼像他，但是行事、性格却半点也不像他。

这个孩子是在他将迈入不惑之年，柳氏为他生下的，他给孩子取名叫清淼儿，儿子的出生，对崔浩来说是一件十分欣喜的大事，相比较他的两个弟弟儿女成群，他这里却是人丁不旺，好在柳氏终于开怀，还为他生下了儿子。有了儿子不仅能支撑门户，更重要的是，他希望孩子走一条和他相似的路子，从小习字，传承崔家书法，饱读诗书，学成文武艺，效力帝王家。孩子从中书学学成后，可以从著作郎或者中书侍郎之类的文职官员做起，然后逐渐进入朝廷的核心。如果有一天他老了，他的儿子清淼儿就成了朝廷的中流砥柱。只是让他没想到的是，他的儿子却秉承了母亲的天赋，对音乐有着很高的悟性，一点就通，各种器乐拿到他手上，便能吹或者弹出优美的曲调来，这好像就是个为乐而生的孩子。

中年得子，崔浩对这个孩子可谓宠爱有加，全家人都围着这个小少爷转。崔浩整天在外面忙碌，清淼儿虽然也上学，可是后来才发现，说是出去上学了，可是整天却和那些乐人们混在一起玩，等崔浩有一天发现了，却再难纠正了，孩子也基本成型了。无论是惩罚还是规劝，都难以将儿子拉回到他想要的那种境地，父子两人却因此反目，因为这件事，他也没少跟柳氏生气，但是崔浩也没有时间真正体会柳氏的心境。柳氏身在崔家大院，虽然崔浩处处呵护着她，可是如夫人的地位，让她在心底里有许多自卑的地方。她疼爱自己的孩子，希望孩子能无拘无束地长大，在她看来，石头缝里生长的小草，那是小草的命，坐在书桌前写字画画的公子，字里行间也有他的命。她知道自家的孩子贪玩，爱捣鼓些器乐，不想坐在书桌前，不想拿起那支笔，这也是他的命。柳氏内心是散淡的，她认为，不一定每个人都要成王成相，孩子只要不学坏，渴望按照自己的想法儿活，活出自己就可以了。只是清淼儿遇上的却是个要强的、好面子的父亲，而且还是大魏国人人敬重的司徒，这些道理她不敢跟崔浩提起。崔浩也曾和儿子认真地交谈过，他说乐工那是贱业，是百工伎巧的子弟干的，他希望将儿子规劝到一条他为之描绘好的路上来。却不料儿子清淼儿说："儿子让父亲失望了，父亲名扬天下，儿子却不成器，可是没办法，父亲的那些书，在父亲大人看来那是治世明言，是辅国之利器，可是在儿子读来，却是满纸的欺骗和谎言，儿子不愿让那些文字蒙蔽自己，当然我也不想靠您这个大魏国的司徒养活，儿子喜欢这些器乐，愿意以此为生，吹吹打打靠红白喜事也足以让儿子吃饱饭，当然乐人是贱业，您自然看不起，您就当没我这个儿子好了。"这话出自一个十五六岁的孩子之口，给崔浩的震惊不亚于一场地震，他第一次感觉到了心痛，这心却是被自己的儿子所伤。

在朝堂上，无论处境多么凶险，他都有能力化解，可是面对一个十足叛逆、不求上进的儿子，他却无计可施，儿子可是一家人的将来。听到儿子说出的话，崔浩的心也伤了，情也冷了，他不再勉强儿子。在他看来，自己真的很不幸，一生博学，名满京华，儿子却没有继承自己的一点点优点。古人说的"国泰无英雄，家富多败儿"看来是真的，自己这个儿子真是不孝，既不了解他这个父亲每日里为国为家操劳的艰辛和无奈，又不知道这份家业的来之不易，相反，却感觉到锦衣玉食那是与生俱来的。历朝历代都是以士为尊，他看到那么多寒门子弟，每日里刻苦上进，为的是有朝一日立身朝堂，施展才华，而自己的儿子住得上华屋，穿得上锦衣，面对仕途，浑似无物，却整天跟那些走街串巷的乐人们混在一起。在他心里，这个儿子真是既不成器，也拎不上台面，怒其不争，恨其不为，却又无计可施，因此上他很少在人前提到儿子。

一转眼孩子就成年了，他不能再假装没有这个儿子，后来经不住妻子柳氏再三祈求，便硬着头皮找到掌礼乐的太乐祭酒，给儿子谋了份演奏郊庙之乐的差事，算是对柳氏的交代，此后便对儿子的事不再过问。同样在婚事上，他也懒得操心，因为他认定的门当户对的姻缘，却难以跟别人启齿自己的儿子是个乐工，同朝为臣的不少人甚至不知道崔浩还有儿子。后来柳氏的娘家人给说了一门亲，也就是一普通人家的女子，一顶轿子抬进门来，崔氏大家庭一家人在一起吃了顿饭算是成了亲，与此前他为外孙女主婚的红火热闹比起来是相当冷清的，只有家里人知道原因，这中间感觉最委屈的只有柳氏，但她也只能沉默不语。

好在小夫妻日子倒也过得平静，不久，儿媳生下了一个胖小子，取名叫朗儿，朗儿的到来，让崔浩和儿子的关系缓和了不少，他也不再强求儿子，用儿孙自有儿孙福的老话安慰自己。

国史的魅惑

太延五年（439）八月，拓跋焘灭了北凉，完成了北方一统大业。大魏国使者往返西域，让西域各国看到了大魏国的实力和国威，从此别无二心，安心做附属小国。荡平群雄，北方天下初安，大魏国与南面的宋国并立于天下。集几代人之功，大魏国终于从一个被挤压在大鲜卑山深处饱受凌辱的小部落，壮大为中原的主人，五凉、五燕、三秦、二赵、成汉、胡夏都成了过往，而被称为五胡之一的拓跋氏终于成了笑到最后的那一个……对于大魏国君臣来说，这是可喜可贺也是可以被载入史册的大事。

"秦川中，血没腕，唯有凉州倚柱观。"崔浩知道这首在西晋怀帝永嘉年间广为流传的歌谣，说的是永嘉之乱，天下唯有凉州没有战乱，众多中原百姓逃到凉州避难，因此凉州也成了中原人文荟萃的地方。皇帝拓跋焘听了崔浩对于凉州历史的回溯之后，下令将当地的饱学之士迁移到平城，北凉沮渠牧犍重用的文人张湛、宗钦、隐士胡叟等人也都跟着大魏国的军队来到平城。再加上此前的征士范阳卢玄、渤海高允、广平游雅、太原张伟等中原名士到平城出仕，此时平城内可以说是文人雅士荟萃，人才济济。

那一日上朝，拓跋焘朝堂上亲自过问修史的事，崔浩呈上这些年来众人修编的《国书》三十卷，拓跋焘翻着翻着就皱起了眉头："崔司徒，朕认为史书应该写得很详尽，也应该把那些波澜壮阔的旧事写得跌宕起伏，大魏国的历史你是清楚的，可朕看这些书，从前到后就是一本流水账，皇帝出巡了、皇帝打仗了，宫殿扩建了，朝臣升官了，后妃生子了，皇子大婚了……还有许多关键性的、节点性的事件写得也是含糊其词，该大书特书的地方显得囫囵，有点云遮雾罩之感，让人看得不清不楚的，这样的东西咋能流传后世？"崔浩赶紧跪在堂前陈述："回陛下，读史使人明智，之前的各个朝代，多是给前朝修史，为的是以史为鉴，还可寻找治乱兴衰的枢机，可以站在客观中立的立场上来写没有忌讳，因此可以写得深入透彻些。本朝人修本朝史，肯定会有所顾忌，为尊者讳，为贤者讳，生怕有些地方写得把握不好度，对先人有大不敬的地方，所以会处理得平淡无奇一些。再说臣能为杂说，但不长属文，朝廷礼仪、优文策诏、军国书记这是臣的长项，而如何写好国史，这个还真不是臣拿手的。"

盛世修史，以史励志，魏国也应该有一部自己的史志，流传后世。满朝文武，谁都知道崔浩是文人魁首，他不带头修史，修史这个事就难修撰完成。拓跋焘抬起头来说："大魏国如今一统北方，这是名垂千古的大事件，想我鲜卑祖先，从大鲜卑山深处走来，一路南行，起起落落，跌跌撞撞，东挡西杀，可谓不易，一招不慎便是满盘皆输。想我太祖皇帝，顺应天意人心，雄立于北方，征讨不臣服的地区，抓住时机平定祸乱，才拥有中原之地。我太宗皇帝，光大祖宗基业，把大魏国此前的版图向南推进三百里，为朕留下了大好河山。朕自登大位以来，依旧是四境强敌窥视，也是父皇留给朕的未竟事业，十多年来的征讨，到如今西部、北部边境的邻国终并入咱魏国，现在是大魏与刘宋平分天下，当然宋国是偏安于吴楚之地的小朝廷，咱大魏国才是堂堂正正的中原大国，咱从来就没有如此扬眉吐气过，这事要让后辈儿孙明白，前辈开疆拓土、浴血沙场，才有今日之盛。如今天下初定，眼下便该偃武修文、遵太平之化的时候了，所以修撰国史也是刻不容缓的大事。这事儿崔司徒不得推辞，朕令你以司徒监秘书事。朕给调拨中书侍郎高允、散骑侍郎张伟参著作事，再将那些近年来征来的中原文人和凉州归附来的才俊调拨过去充实到中书省，这些人主要负责修撰国史，新的修史班子接着此前的国史继续修著，并加以润色，并补充核实，以期成为一代之典。"

崔浩看着皇帝说得激动，知道难以推托，便又问："此前著作郎吏们一直不敢太深入涉猎的前世许多敏感的史实部分该如何修订？"拓跋焘说："那当然是务从实录了，崔卿不必疑惑，也不要有所顾忌，放开手脚就实去写就行了。对了，你们要是还有疑惑，朕可专门下一诏书，让你们安心。"

不久皇帝的诏书就下来了，其中有："而史阙其职，篇籍不著，每惧斯事之坠焉。公德冠朝列，言为世范，小大任之，望君存之。命公留台，综理史务，述成此书，务从实录"之语。有了"务从实录"这样的诏书，崔浩感觉相当于手持尚方宝剑，众人可以按照史实去写，而不会缩手缩脚，他综理史务，也就有了尺度。

士子们的狂欢

平城的秋天，天气晴好，天空如洗，走在街上看到满眼翠绿或者鹅黄的树木，树上鸟鸣啾啾，崔浩感觉走进了一个生机勃勃的世界，又好像年轻了好多，他的心情特别好。金城人宗钦、赵柔、武威人段承根等任著作郎，太原人闵湛、赵郡人郗摽任著作令史，参与国史的修撰。渤海高允、广平游雅、太原张伟是神麚四年（431年）的征士，广平游雅还任中书博士、东宫内侍长。散骑侍郎张伟是以本官领卫大将军一职，大家都到中书省任职，中书博士高允任领著作郎一职，此前高允还任秦王拓跋翰的太傅，也教授太子拓跋晃。崔浩是司徒监秘书事，也就是兼管秘书省的事，因为主要负责修史的是领著作郎高允，修史的地点就设在了中书省，也就在白台附近的官署里办公，白台禁中图书秘藏归属秘书省，这些修史的人可以阅览，当然，这个秘书省还负责参议政事、草拟诏令、掌管图书秘籍等事宜。

中书省一下子补充进了那么多天下才俊，好像吹进来一股春风，这让崔浩十分欣喜，那些文人雅士们修写国史之余，总是诗文唱和，意气风发，不少人下了朝之后相约着各家去喝酒，这样的酒局崔浩偶尔也参加，但是待上一会儿就告辞了，他知道有他在，人们都很拘谨，他一走，那些人便又恢复了文人那种放荡不羁的天性。可是他老了，毕竟和他们有了距离，但看着那些有才学的人们，感觉到自己也年轻了，看着那些年轻人，不知怎的，一下子他会想起自己的儿子，如果清淼儿有那些人的文采该多好，可惜的是，他的儿子并不喜欢这些，也不屑于这些。

在休沐后的一天，崔浩到了中书省，看到了案几上有宗钦写的诗，很有气势：

> 嵬峨恒岭，滉瀁沧溟。
>
> 山挺其和，水耀其精。
>
> 启兹令族，应期诞生。
>
> 华冠众彦，伟迈群英……

随后又看到了高允写的和诗，意境也特别美。想来这些文人们趁着休沐，相约着去平城附近游山玩水，然后有感而发赋诗著文，抒写自己的感怀，看得出这是一个其乐融融的群体。

崔浩偶尔也到身在平城的北凉文人张湛家里，张湛是敦煌人，原来在姑臧时任北凉的兵部尚书，北凉被灭后与宗钦、段承根等一起内迁到平城，张湛和他们一样都在入仕之列，张湛还被任为中书侍郎，但是张湛历尽官场坎坷，勘破人生沉浮，志在行医，不愿出仕，只想在京城过平淡的日子。张湛找到崔浩，私下里跟崔浩将自己的打算说了，崔浩知道，人各有志，不能强求，于是尊重张湛的选择，便从出仕的名单里把张湛划去，但是他对张湛是敬重的。张湛对于医学和易学特别精通，这让崔浩十分赏识。崔浩知道张湛不出仕，仅靠行医难以维持生计。看到张湛家里一贫如洗，便想接济他，可是他知道张湛性情耿介，不愿接受，便每次去张湛家，让随从带上粮食和酒，临走时将粮袋子丢在张湛家里，他以这样的方式补贴张湛，让张湛感觉不到难堪。他还将衣服、布帛送给张湛，最初张湛不收，崔浩说就当是为他看病的治疗费用，看到崔浩是真心接济他，便不再说了。崔浩和张湛交往，每每想起眭夸，心想着眭夸如果也在平城，那一定和张湛脾气相投。崔浩和张湛经常切磋易学中的问题，而且崔浩也把他在朝堂上遇到的烦恼和张湛说了，他想提升汉人在朝廷上的地位，厘定北方士族，明确士庶的界限，这样会让更多的汉人高门大族为国效力，他的想法不仅鲜卑人反对，就是汉人李顺、李孝伯等人也都摇头，这让他苦恼不已。还有国师寇谦之修造的静轮天宫，楼高要入云端，这个静轮天宫已于神麚四年（431）开工，如今还在修建之中，也不知什么时候能达到寇谦之所说的"台榭高广，超出云间，欲令上延霄客，下绝嚣浮"。这望不见顶的静轮天宫不仅耗费了大量的人工和国库巨资，也不知道什么时候能修建起来，这让朝臣们颇有微词。崔浩感觉到那些反对他的人好像组成一堵无形的墙时时向他压过来，好在他大多数的主张可以得到皇帝的支持，可以顶住那堵无形中向他压过来的墙。

张湛说："崔兄，小弟感觉你虽然贵为司徒，可有点众人皆醉你独醒的意味，可是在一个众人皆醉的朝堂上，你这样做的确是四处树敌，一旦皇上对你不信任了，那么你会被你说的那堵墙压倒的，这对你不利。"崔浩说："为兄感觉到了，好在皇上对为兄是信任的，为兄会十分小心的。"临走时，张湛又写箴规诗一首，让他知进知退，不必凡事较真。

就在众人忙着修撰国史之时，此前曾参与修史的二弟崔览病故了，这让崔浩感觉到了人生的脆弱和世事无常，他突然之间感觉到了孤独，一种说不出的孤独。入夜经常睡不着，想着小时候兄弟们在一起的旧事，那些旧事好像是昨天一样，可是昨天却又是那么遥远，那个谨言慎行，一心读书、写字的弟弟从此再也见不到了。

他要求众人修撰国史时，按照本纪、列传等章节去写，并仿照《三国志》的体例。崔浩认为陈寿的《三国志》中，辞多劝诫，明乎得失，有益风化。崔浩让高允根据各人专长，各选一部分进行修撰。著作郎们有的修起居注，就是记录君王的日常言行、政事处理等，还有的专门寻找迁都前代国时期的材料，修改邓渊的《代纪》。众人还修订补充以前集十年之功所成的《国书》三十卷，具体修史的事宜由高允负责，崔浩每天各种事很多，众人有什么不明白的地方就去请教他一下。

那段时间崔浩将主要精力放在了历法修订上，他收集各家历书，考订核对汉朝以来发生的日食、月食以及五星运行的规律，从中找出了不少谬误，认为前人的书不可靠，自己便又另行编纂了一部《魏历》。崔浩知道高允对天文历法比较精通，便将编好的《魏历》拿给高允看，高允看后直言相告："汉高祖元年十月时，五星会聚在井宿，这是历书上一个小的瑕疵。现在崔司徒不满于汉朝人修撰的历法，自己再修订，恐怕后人也会像我们今天批评古人一样，来批评我们的荒谬。"崔浩没想到高允会这么说，便觉得有些意外，他估计高允肯定是看出了其中的差错，否则不会这么直白，他知道高允是个很严谨的人。便又问："高大人所谓的荒谬指什么？"高允说："恕高允直言，根据《星传》，金星、水星，常常环绕太阳运行。十月，太阳早晨在尾宿、箕宿之间，黄昏时，在申南消失，而井宿这时才从寅北出现。金星和水星怎么会背着太阳运行？这是史官为了增加事件的神秘色彩，不客观推断和考究的结果。"崔浩说："天文现象发生异常变化，怎么会不可能呢？你不怀疑三星之聚，却怪二星之来，是什么道理？"看到崔浩的追问，高允不再多说了，只说"这是高允个人浅见，不一定对，当然这种事不能够凭空争论，应该仔细观察才行"。崔浩看到众人的神情，他明白，在座的文人大都认为他写的东西肯定不会有错，但是东宫少傅游雅却说："卑职了解高大人，他精通历法，应该是看出了谬误，否则以他的个性不会空言虚论，崔大人再观察观察。"崔浩听了高允和游雅所说的话点了点头，又观察了一年多星空，终于弄明白了高允所说的谬误。

那日在中书省，崔浩有些歉意地对高允说："上次我们谈论的历法，我确实没有研究透彻，等到再次认真观察，果然像高大人所说的那样。五星是前三月在井宿聚集，而不是十月，感谢高大人能直言相告。"高允说："崔司徒辛辛苦苦考证天象那么详细真是不容易，高某是怕书出来以后有些瑕疵，坏了崔司徒的一世英名，才坦诚相告。"崔浩感觉有人跟他能展开争论，指出他的谬误，很是高兴，说明大魏国真的有人才，他也不再曲高和寡，这样也可敦促他认真研究，不会给后世留下笑柄。崔浩看到游雅在看着他，便笑笑说："看来高大人对于天文历法的精通，就好像是晋朝的魏舒的射艺一样精熟。"高允并没有因为职位比崔浩低，而不敢坚持自己的看法，崔浩对高允充满了感激。他也希望在这些文人中形成一种各抒己见、百家争鸣的盛况，只有这样平城的文化才能繁荣，而那些文人们聚在一起忙碌之余斗诗斗酒，意气风发，也为此前沉闷的中书省增添了许多活力。

那些参与修国史的人中，高允、游雅和张伟因为是同一年的征士，又一同到了中书省参与修史，三人关系最好，高允性格柔顺宽容，游雅性格刚倔暴躁，张伟则率性随意，但并不影响他们的交情。崔浩希望他们安心著史，但是游雅和张伟两个人都比较有个性和想法，他们坦率地说，不想把大好的年华用在著史上，也不想让黑笔描白少年头。游雅说他不喜欢置身于故纸堆里，不如纵马驰骋，为此还曾赋诗一首，表达了自己喜欢春天的花开和秋草的衰败，喜欢各地走走的想法，张伟和一首诗说他喜欢踏雪寻梅，也喜欢鲜衣怒马过一生，不愿意寻章摘句地过日子。因为中书博士游雅还担任东宫内侍长，与太子交好，寻得一个机会，经太子举荐，游雅出使南边宋国去了，之后不久张伟也找到了太子，另外寻找机会出使了酒泉，两人都不负使命出色地完成了任务，因为出使有功，又先后都有升任。游雅被赐爵位广平子，授散骑侍郎，加授建威将军，不久之后又升为太子少傅，领禁兵。张伟被外放作冯翊太守，成了地方官，他们两人彻底离开了中书省。高允因为性情散淡，喜欢读书，虽然看到两人都离去有些落寞，但是还是安于本职，一边教授太子经书，一边著史。对于他俩的离去，崔浩虽然感到惋惜，但人各有志，不能强求。

惜才如子

那一日崔浩在家里看书，下人送上一个名刺，上书渔阳高驴儿。下人告诉崔浩来求见的是一个身穿着破旧衣服的年轻人，不像是京城贵胄人家的子弟，倒像个小叫花子，问他啥事，他又不说，让他走也不走，等了好长时间了，说有要紧的事，一定要见到司徒大人。下人问是否见他，最好是把他撵走算了，省得浪费大人的时间。

崔浩低头端详着名刺上的字，看那字写得倒也波挑分明，虽然还有些稚嫩，那名刺就是一块杨木片儿，不是京城里人们常用的规整的竹木，知道这是要求见的人自己削木做的。再看那个名字，叫"高驴儿"，便觉得有些好笑，他倒想看看这个把自己叫成"驴儿"的后生是个什么样的人，找他又会有何事，当下点头让下人叫他进来。

崔浩一看这个年轻人虽然身上的衣服很破旧，袖子和裤腿处还打着补丁，但是洗得很干净，小伙子倒是眼睛清澈，眉角上扬，五官棱角分明，不像奸邪之人，进门先鞠躬，崔浩一看以前的确没见过他，便问："你是干什么的，找老夫有什么事，下人说你有要紧事，有事为什么不去官府，有要紧的事也可以敲登闻鼓？"高驴儿据实回复说："先请大人恕小人冒失，小人是渔阳郡雍奴人，今年十四岁，是个孤儿，平日以赶车糊口，并没有要惊动官府的大事。小人只是听说在平城崔司徒文采最高，书法又好，是天下文人士子的典范，也是高驴儿最崇拜的人，可是高驴儿就是一个小车把式，地位卑微，又无人引荐，偶尔赶车送税租到京城，老听人们讲起崔大人的事，便心生仰慕，好想拜见大人，可是在崔家大门外多次等候总是难以遇见大人正好出府或者回府。这次趁送租便大着胆子写了个名刺，不知天高地厚想拜谒大人，其实就是有点私心，想看看司徒府里有没有需要誊誊写写的营生，或者就是给大人打扫马厩喂马也行，这样小人可以看到大人并偶尔跟大人讨教一下诗文，如能看到大人写字更是万幸。"高驴儿说完之后，便又怯懦地低下了头，好像是做错事的孩子一般。看到崔浩在认真听着，高驴儿停顿了一下又说："小人的父亲曾在陈留王府中做过从事中郎，小人儿时跟着父亲读书识字，也算粗通文墨，可惜父母过世早，家道衰落，也只能靠做苦力度日，但是小的并不甘心一辈子就混在车夫行列中做那营生，可又没有别的出路，因此上斗胆自己做了个名刺求见大人，请大人原谅小人的鲁莽和无知。"

崔浩对于闯进门的这个少年其实并不反感，看到对方一脸虔诚和期待，便点点头说，"你既然粗通文墨，就不应该叫这么粗俗的名字，老夫给你改个名字叫高闾儿，你知道这个'闾'是什么意思吗？你听过'五家为比，五比为闾'这话吗？"高驴儿说："小的本是贫贱之人，每天混在那些车夫们中间，叫啥名字也就是个符号，车夫们老叫小的'小驴儿、小驴儿'的也习惯了。谢谢大人给改了这么好个名字，闾是里巷的大门，大人说的这个小人知道，出自《周礼》："令五家为比，使之相保，五比为闾，使之相受。'闾这个字改得妙，这一改小人的名字里便又有门又有巷的，就好像又回到了小时候，小人从今天起就改名叫高闾，这名字一叫，便感觉能挺直身板生活了。"说完后深施一礼。小伙子倒是挺会说话，倒也讨人喜欢，崔浩心里暗自寻思道。

崔浩想了想说："这么吧，本司徒正写一篇致谢中书监的表文，你进来代写一下吧。"崔浩将这个小伙子让进书房，高闾儿进门先奔水盆处，洗过手后，才问清楚所要写的大致内容和体例，便坐在桌前，摊开纸，给瓦砚中添水研墨。崔浩怕打搅他，便走出了书房。一柱香的工夫，再回到书房，便见那个少年将一篇条理清晰、用词讲究的表文写了出来，通篇无一处涂改，看到那抑扬顿挫的遣词造句，虽然还有些追求文采华丽的浮躁，但是改一改倒也可用，文采不比那些中书学生们差。崔浩深感惊喜，真是后生可畏，可惜这样的人每日里赶车送粮混在那些粗人中间也的确委屈他了。崔浩当下并没有表态，问清楚了他平日落脚的地点，给了他一身下人穿的干净衣裳让他先回去，小伙子鞠了躬后转身离去。崔浩听得屋外下人戏谑小伙子："今儿个我家司徒心情好，你真是走狗屎运了，又是登堂又是入室的……"

第二天崔浩下朝后突然想起了那个叫高驴儿的小伙子，便坐上车去了城南送租人所停留的地方，想看看那小伙子所说是真是假。崔浩坐在车里，看到街市上送租人的马车一大片停在那里，一众车夫坐在石头台阶上比比划划、说说笑笑，声音很是粗鲁，言语间充满了调侃。只见那个年轻小伙子站在一边沉思，他并不参与他们的说笑，也只是静静地听着，看得出那个小伙子在那里孤独且不合群。

崔浩让车子停下来，他撩起车帘子探身在外，并朗声唤了一声"高闾儿"，那个少年抬起头来随口应答了一声，一脸惊喜地跑过来上前施礼。旁边的车夫们感觉到惊奇，大都站了起来看。崔浩问清楚高闾在京城的住处，说是过段时间让人去找他，让他等着，说完便走了。

过了不久，崔浩以义子的名义，将高闾儿安排进了中书学读书，跟那些京城的少年贵胄们一起学习，他负责高闾儿的吃穿用度，他知道这个孩子将来会有出息。果然高闾儿也不负众望，在中书学中还是佼佼者，崔浩还给高闾儿取了个表字"阊士"，当崔浩在纸上写下"阊士"这两个字的时候，突然间又想起了自己的儿子清淼儿，便又摇摇头，一声叹息。

第十一章　工于谋国

静轮天宫高高

　　太延六年（440）早春二月，平城的天气出现了异常，先是大风卷着黄沙呼啸而来，黄沙遮天蔽日，路上的行人不时掩面前行，崔浩坐在马车上，虽然放下了帘子，但耳畔不时地传来风的呼啸声，明显感到风带来的强大阻力，车子艰难前行。好不容易到了朝堂上，地方官上报朝廷上谷郡遭受了风灾。说是连日来狂风肆虐，沙石相激，大白天天空黑黢黢的，感觉白日如夜，肆虐的大风把树拔起，刮倒了人们的屋舍，掩埋了牲畜，灾情严重，请求朝廷赈灾。拓跋焘让众人商议应该拨付多少救灾物品。这时突然有人进朝堂禀报，说此时外面突然刮起了黑风，不知是什么情况。拓跋焘紧张地问崔浩是否是不祥之兆，崔浩说："此等黑风臣也没见过，不如到大道坛庙找国师问问，看看他对于这种天象异常怎么看。"

　　那日崔浩随着拓跋焘带着黄帛、牺牲，侍从扛着青色的旗帜，一行人来到了城东的大道坛庙，因为天气持续异常，国师寇谦之已经在五层高的道坛上开坛作法。拓跋焘问寇谦之天下妖风四起，是何道理，有何破解之法。寇谦之很平静地说："刚才老道登坛作法，太上老君降临，说是要为北方太平真君受箓，可布淳德于天下，故而引来风神助力。"

　　拓跋焘问："谁是太平真君？"寇谦之回答说："臣此次下山就是为辅佐太平真君而来，这个太平真君当然是陛下您了，别人谁能担当得起此名号？"拓跋焘听说是天意，便点头默认了，愿意接受这个太平真君的名号。

　　当下拓跋焘很虔诚地走到五层高的道坛，按道家的仪式接受符箓，并说择日昭告天下修改年号。说来也怪，当朝廷向天下子民宣布改年号为太平真君元年，并大赦天下的那天，平城的天空放晴了，而且风也住了。百姓都觉得奇怪，认为是天子的诚心引来了天神相助，使得天下风清气爽。

那年六月丁丑日，太子拓跋晃的太子妃闾氏诞下了皇子，取名为拓跋濬，拓跋焘认为是这个太平真君年号带来的祥瑞，于是，拓跋焘下令从此后大魏国的皇帝即位时，都要到道坛受符箓。

崔浩在朝堂上为皇上有了长孙而高兴，只是一回到家里，便见众人表情凝重，崔浩才知，宁南将军王慧龙过世了，享年五十岁。想到王慧龙年少家门横遭不幸，半生颠沛流离，来到平城后，又常怀忧悴，曾写下《祭伍子胥文》，表达自己复仇无望的苦闷，人到中年才渐受到重用，只是刚刚年满五十岁，便又突发疾病谢世了。近几年，先是二弟崔览离世，接着就是侄女婿王慧龙，亲人相继故去，让崔浩的心情低落了好长时间。

家事，相对于国事来说，再大的事也不是个事，虽然崔浩心情不爽，但是到了朝堂，他又恢复了原来忙碌的样子。朝廷众位大臣私下里讨论静轮天宫盖了好多年了，虽然台榭高广，但依旧没有超出云间，也没能达到"上延霄客，下绝嚣浮"的地步，且不说费多少人工和多少木料，这么高的楼阁什么时候能盖得起来呢，不能总是遥遥无期吧。

众人各有各的评论，但是大都认为这么高的楼阁以现有的工匠水平，还真的盖不起来。崔浩想到，虽然众人说的不无道理，可是国师想要盖静轮天宫，总是有他的理由，眼下大魏国出家的僧人太多了，身强力壮之人既不种田养家，也不当兵为国出利，而是以信仰佛法为托词寓居于寺庙里，以至于每年朝廷招募兵勇时很难招到适龄青年。乡里有个谚语说："馋要饭，懒出家"。虽然两年前皇帝颁过旨令五十岁以下的沙门一律还俗，这给国家争取了不少壮劳力，但并没有遏制住来自西域的佛教像田间的野草样四处扩张。现在把道教定为国教，再加上修建了静轮天宫，即使达不到国师所说的高度，但这平城第一高的道家建筑的修建，表明的是朝廷的态度，这也可以吸引更多的人信奉道教。想到这里，崔浩对拓跋焘说："启禀陛下，当年秦始皇在渭水旁盖离宫，是按照取法于天的想法建造的，阁楼逶迤相连，宫苑台阁向四方伸张，孤高耸天际，宛若众星捧月。班固的《西都赋》和张衡的《西京赋》中曾歌咏过的汉代未央宫也是历时多年修建。臣认为，陛下开疆拓土，并以太平真君的名义治理天下，功业不逊于秦汉，这静轮天宫可上达天庭下通人间，太平真君可以登高台布淳德于天下，这个静轮天宫修建的意义重大。"拓跋焘听到崔浩所说，当下便对众人说，这事不能操之过急，先盖着吧。

这个如浑水畔的静轮天宫投入了平城最好的工匠，所用的木料均采自白登山上老林里粗壮的老榆木、老松木。工匠们有从凉州来的，也有从统万城那边过来的，有过筑城修阁的经验。这地基挖得就比盖宫城时的地基还深得多，等夯实了地基，然后便筑起了高大的台基，这个台基也比宫门的双阙和宫内的白台高出了许多丈，那高度相当于长庆寺里砖塔的高度，这高台按照汉代柏梁台的标准来修筑的。筑台基的工匠不少是来自统万城，有的就筑过统万城，知道用什么样的水和泥沙的标准进行筑砌，才能保证台基的稳固，也才能支撑起台基上那么高大的建筑。台基筑好之后才在台基上开始盖木构架的静轮宫。平城里的人们只见到过筑佛塔的，并没见过在高高的台基上筑样式奇巧的道家木楼阁的，因此也特别好奇。

眼看着静轮天宫一天比一天高，人们新奇地观看着这个一点一点往高长的天宫楼阁，拓跋焘也在期盼着这个静轮天宫快点建成，他可以直达天庭跟天上的神仙对话，因此对于静轮天宫在人力和财力的拨付上毫不吝啬。在等待静轮天宫修建的过程中，拓跋焘在大道坛庙依次接受了《五千文箓》《三洞箓》《洞玄箓》《上清箓》等道教符箓，成了一个很虔诚的道教徒。

静轮天宫高高，犹是皇恩浩浩，由于皇帝信道教，且道教是国教，众多修静轮天宫的人心里也犯怵，这静轮天宫既不说是修十层还是修二十层便打住，只要说与云彩接住，可那真是花钱办一件不着边际的事，有点道家的虚无缥缈。那些日子，太子拓跋晃第一个带头反对，因为崔浩同意这件事，国家拨付了大量经费和人工去修建，这让太子对崔浩特别反感，这一点崔浩感受到了。

那日太子在朝堂上建议把静轮天宫移建在万寻之高的东山上，有了高山的高度做衬托，静轮天宫盖得高耸入云更容易些，这么多年盖下来，静轮天宫的高度还没达到东山的高度。可是崔浩想到，静轮天宫本身是一个道教的标志，要是盖在东山上，即使高耸入云端，可是东山离平城那么远，谁去朝拜？影响力远远不如在皇宫不远处。但是，皇帝并没有听了太子的奏议而让静轮天宫停工，任凭工匠们每天在忙碌着，任凭平城内众多的百姓好奇地去围观，崔浩建议寇谦之，虽然还未盖成，但是底层的天宫应尽快利用起来，让他的弟子们对于前去围观的人们解析道法，倾听道乐，潜移默化地接受新天师道教。

李顺之死

六月天，婴儿脸，说变就变。崔浩迈进家门时，还是晴空万里，刚吃过午饭，突然发现天空顿时暗了下来，风吹得院子里的树左摇右晃。冷不防，一道闪电划过，接着便是一声惊雷，那霹雳声响彻云霄，震耳欲聋，似乎要把天空劈成两半。一道道闪电让人惊慌失措，一声声滚地雷声更是让人惶恐不安。当雷声响起时，即使是躲在屋里，也感觉到雷声就好像在耳边炸响，随后便见雨点由小而大，接着就是大雨瓢泼。

由于雨下得又急又大，外面的巷子里积了好多水，那一日，崔浩感觉到有些困乏，便在家里休息，没到朝堂上。第二天早朝时，有人上殿弹劾了李顺。

在朝堂上，崔浩听明白了事情的原委。

大魏国一直沿袭魏晋以来的九品制，魏国官员等级从一品至九品，爵位在道武帝时将五等爵改为王、公、侯、子四等爵。皇帝对于官员的赏赐都是按照品阶和爵位来进行的，爵位可世袭，王封大郡，公封小郡，侯封大县，子封小县，但无食邑，皇帝一般按照爵位赏赐百官。因为北凉已经平定，众多原来北凉官员和当地知名的文人迁居到平城，这些人大部分在平城做了官。太平真君三年（442），拓跋焘下令让身为四部尚书的李顺负责评定新出仕的大臣的等级，然后再按等级给他们赐爵。虽然在平北凉之前李顺撒了谎，让皇帝对他心生不满，但后来并没有治他的罪，还是四部尚书。早年皇帝伐夏国时，赏赐李顺珠宝、帛布，但李顺推辞了只选了书籍，从内心里拓跋焘认为李顺为官是清廉的，他并不相信李顺真的受了北凉国主的贿赂才说姑臧城外无水草，阻止大军征讨，之所以撒谎可能是他与沮渠牧健交好，不忍心沮渠牧健亡国，因此平凉后虽然拓跋焘对李顺很恼火，但并没有罢免李顺。在评定官员品阶上，很多官员在凉州时就与李顺相识，他们让李顺关照，那段时间经常有原北凉来的官员过府拜访，要想人不知，除非己莫为，非常时期的非常交往，不可能不被人注意到。李顺对于那些与他交好而且给予他厚礼的官员，在评定等级时便有所倾斜。人心都有一杆秤，北凉人满心欢喜地降了魏，想在大魏国的朝堂上大展才能，可是有些资质平平既无功于国家，也不见有文采的人的品阶却在那些大家公认的北凉公卿才俊之上，这让北凉来的众大臣十分不满。耿介的凉州人徐桀便上殿面君，直陈李顺受人之贿，行事不公。拓跋焘听到奏报后大怒，召集群臣商量此事，该如何处理。

这种当众品评别人的事众大臣你看看我，我看看你，都不愿率先发言。崔浩看到皇帝眼睛盯着他时，便忍不住上前奏报，他对于这种公然受贿之事本来就特别反感，便说："回陛下，当年李顺受沮渠牧犍父子重赂，每每说到攻伐凉国时，他总说凉州无水草，大军难以立足，陛下御驾亲征到姑臧，亲眼看到水草丰足，他的谎话才揭穿，这个人一直就不忠实于皇上，他反而说臣为书生之见。臣觉得徐桀等人所奏之事应该是真的，再说凉州众公卿来到平城出仕报效朝廷，此事如果处理不好的话，会让众臣子寒心，希望陛下彻查。"

看到崔浩带头发言，众大臣也都发表意见，说出徐桀等人的品阶确实也太低了，他们都曾经是凉国的名人。听得众人之言，拓跋焘当下脸色大变，大叫李顺，李顺哆嗦着出列。"李顺，你还有何话说？"那边李顺"臣，冤枉"

刚刚说出口，拓跋焘便一拍桌子："你还有冤枉？你难道不知朕特别痛恨索贿的大臣，上次你撒谎朕已经饶你一次了，饶过了一次不能有第二次，武士们，拉出去斩了，以儆效尤。"一听到要斩首，这是崔浩等众大臣都没想到的，李顺虽然很可恶，但也罪不至死。可是当武士们上殿，将李顺双手扭在后面，要拖出朝堂时，崔浩想着会有人为李顺求情，可是满朝文武没有一个人站出来，他刚弯下腰说了句"陛下，按咱大魏国的律法……"下半句"李顺罪不当死"还没说完，盛怒之中的拓跋焘脸色铁青，一挥手，崔浩不敢再往下说了。崔浩眼看着李顺被反剪双手往外拖，等李顺从崔浩跟前经过时，李顺用一双愤懑的眼睛瞪着崔浩，口里含混不清地叫着："崔浩，你不得好死……"那神情让崔浩内心十分惶恐。杀了李顺，这真不是他内心想要的，崔浩眼睁睁地看着李顺被拖着走了，不一会儿听到侍卫回报，李顺在城西被斩首。

入夜，崔浩睡不着，他无数次想起李顺看着他愤怒的眼神，回想起武士奏报说"罪臣李顺已被斩首于城西"时，朝堂上众大臣低头不语。再回想起朝堂上自己所说的话，虽然没有半句虚言，但也无异于火上浇油，促成了李顺的死，这让崔浩十分懊悔，可是他不发言，那些众多的凉州官员那边还都等着结果呢。只是皇帝的想法是谁都猜不透的，他原以为李顺会被降职、会被免职，这是他咎由自取，可是他却因此没了命，他那一大家人此后可怎么过呀。

下过雨的天气有点潮热，崔浩和衣躺在床上辗转反侧，白天的一幕幕不时映入脑海，不知道胡思乱想到几更才迷糊入睡。睡梦里，他梦见自己走了很长的路，不知什么时候，也不知谁给了他一支火把，他手执火把径直闯进了李顺家，将火把扔到了李顺的床上，一瞬间，屋里大火熊熊，李顺就困在屋子里面，声嘶力竭地大喊"崔浩，你不得好死……"然后便再无声音，崔浩和全家人站在远处的人群中观望着李顺家燃起的大火。突然间，从大火里冲出李顺的弟弟李恽，李恽手持长戈向崔浩这里跑过来，一边号哭一边指着他的鼻子大骂："崔浩你好狠毒，就是你们这些人，杀了我哥哥，你们都是我家的祸害，我要杀了你们，把你们掷入河中，给我哥报仇……"随后李恽手脚麻利地将崔浩的家人推到如浑水里，众人在河里拼命挥手大呼救命，崔浩刚要到河边救人，便见李恽手握长戈向他猛刺过来……一着急崔浩便吓得醒了，醒来一看自己还躺在床上，伸手一摸柳氏还在身边睡着，面前并无如浑水，也没有李恽刺过来的长戈，但是醒来后梦中的一切依然历历在目，脑子里还是李顺绝望的眼神，还是李顺的弟弟李恽愤怒中刺到眼前的长戈。再一摸额头，头上都是冷汗，之后他再也睡不着了，便坐了起来，听得心跳得剧烈。夜伸手不见五指，只觉得那种恐惧的氛围在无限地放大，要将他吞没。崔浩大口喘气，于是下床摸索着点着灯，房间虽然昏暗，也没有什么异样之处。

索性不再入睡，崔浩起身到了书房呆坐，门客冯景仁看到书房早早亮起了灯便走进来。冯景仁问崔浩怎么起得这么早，五更还不到，是有什么重要的策诏要写，有需要他帮忙的吗？崔浩说："不是有别的事，就是老爷我白天看到李顺被拖出朝堂斩了，夜里做梦梦见我领着众人烧了李顺的房子，烧死了李顺，李顺的弟弟李恽将咱一大家子人都推到了河里，还手持长戈向你家老爷刺来，一受惊吓便醒了，醒来后就再也睡不着了，也不知是啥征兆。"景仁说："啊，老爷，恕小人直言，这梦做得太不吉利啊，用火烧人，这是最残暴的刑罚了。老爷，李顺之死与老爷真的有关联吗？《商书》说：'恶之易也，如火之燎于原，不可乡迩，其犹可扑灭？'如果有关联，这祸根可种下了，老爷得赶紧想想补救之法，救一家人于水火之中。俗话说，兆始恶者有终殃，积不善者无余庆，咱得给后辈子孙留下德泽。"崔浩说："老夫明白，你回去吧，天还早呢再睡会儿，老夫想一个人静静。"

崔浩看着窗外的天空，渐渐地发白，渐渐地有了亮光，渐渐地有了红晕。李顺那清瘦的样子，总在他脑子里晃悠。要说李顺之死是他咎由自取，可以说李顺处处挤对人，现在李顺因为别人的弹劾死了，对自己而言，朝堂上少了一个政敌，应该高兴才是，但是不知为什么，心里却没有一点高兴的意思，相反却总是感觉到内疚，觉得李顺之死，自己有不可推卸的责任，说到底自己不是庙堂上那种反复无常、惯于玩弄权术、翻手云覆手雨的政客。可自己只是以满腔的热忱和才情尽力辅佐这个国家走上一条中兴的路子，也只是希望这个国家为上者能以律条来处理各种犯罪者，而不是因了个人的喜好而随意杀伐。他并不忌恨李顺，可是却总是跟他走不近，不管自己怎么做、怎么说，李顺都感觉是在算计他，可是李顺出使北凉升了官、得了实惠，为什么就不感念自己。再一想，如果那日朝堂上自己不带头发言，可能李顺也不会当下就让处死。只是人死不能复生，用什么办法能弥补这个过错呢？崔浩在地上踱来踱去胡思乱想，随后又是一声叹息。他叹息自己修订了那么多律条，没有一条用得上，皇帝的一声令下人头就落地了，如果有一天自己哪点事做得不顺皇帝的心意，是否也像李顺那样，一拍桌子，一声令下人就没了？想到这里崔浩感觉到心里发冷，他拿起桌子上修订过的一摞摞律法条文草稿，眼里滴下泪来，什么时候大魏国能按律办事，这个国家就真的文明了。

该上朝了，车子就等在门外，崔浩感觉头昏脑涨，他知道是没睡好的过，但还是换好衣服出了门。走到院子里的大树下，突然他看到了树下的蚂蚁密密麻麻地正来回穿梭，他便蹲了下来，看到几只蚂蚁正叼着一片比它们自己身体还长的菜叶拼命向前拖，看他们从低处往高处搬家的忙碌情形，看这些蚂蚁，其实也和世间芸芸众生一样，他不知道此时蚁王在干什么，是在等待享受那片由众多蚂蚁拖回洞里的菜叶，还是在惩罚那些干活偷懒的蚂蚁们，它们有什么分工吗？想到这些的时候，他想起此前奚斤因打了败仗被夏国俘虏，皇帝让他跪着走路给救他出来的豆代田敬酒以羞辱他，并将他的官职降为掌管膳食的小吏，此前回京时，还让奚斤扛着酒坛跟随车驾返回京城来羞辱他。在讨伐北燕皇帝冯弘的那年，安西将军古弼因为喝醉了酒，贻误战机，导致北燕主冯弘得以东逃，皇帝将古弼征召返回，贬他为广夏门守门的卫兵，他们所犯的错要说都很大，可是那些鲜卑老臣都被贬了，而李顺却被斩了。他恨自己朝堂上多嘴，如果他不发言，李顺是否会被斩首？李顺被斩是因为他进言而怪罪李顺，还是因李顺是汉人臣子？他想不明白。突然之间他决定那天不上朝了，想来李顺家里肯定乱成一锅粥了，他让等他上朝的车夫不必等了，把马车送回去，并让他去崔览家里，看看侄子在不在，如果在把他叫过来，他有事。

崔览的儿子不大一会儿过来，崔浩问了问李顺家里的情况，崔浩将此前皇帝赏赐他的布帛拿出几匹来，让侄子送到李顺家做白事，并叮嘱侄子不要告诉他媳妇李氏是谁送的，有人问起只说是李顺的故友，他只希望李顺的后事办得圆满一些，他能做的也只有这些了。

都说蚂蚁搬家蛇过道，明日必有大雨到，第二天五更时分，先是听到外面有大风刮了过来，接着又是大雨滂沱，崔浩披衣到书房，他的愁意也如这雨绵绵不绝，于是他提笔写下了："云雨茫茫风浩浩"之后，便再也写不下去了，倒是少年时和李顺相交的一幕又一幕浮现在眼前，不知从什么时候起，他感觉到自己成了一个恋旧的人。他在顿笔沉思，他和李顺既是同乡又同朝为臣，为什么就不能勠力同心，而是相互猜忌呢？是文人相轻，还是一入宫门深似海，有权势的人都是一枝独秀，容不下并蒂莲花？那日如果他在朝堂上不言语，李顺会是这个结局吗？如果再遇到像李顺这样中饱私囊的臣子，他是直言还是不言？如果知道李顺要被处死，徐桀他们还会上殿面君弹劾他吗？

他心乱如麻，理不出个头绪来。

广德殿峨峨

太平真君三年（公元442）六月末皇帝要赴阴山却霜，"却霜"是鲜卑人特有的一种祈暖祛寒的习俗。拓跋焘告诉崔浩，阴山行宫建成了，让他也一起去看看，崔浩答应了。受李顺之死的影响，崔浩一直处于情绪低落之中，此次外出也正好散散心。

跟随皇帝北巡的人中,有崔浩的女婿尚书卢遐,还有一位宣城公李孝伯,他是高平公李顺的堂弟,另外还有众多皇室宗亲。

阴山距离平城有六百多里,一路打马而去。天气晴朗,万里澄空,路上听风声过耳,感受着骏马带来的速度和激情,内心开心畅快。六月的阴山,天空白云朵朵,仰头有苍鹰在天空盘旋,俯首绿草如茵,鲜花盛开,极目眺望,远处的牛羊就像是点缀在草原上的一颗颗珍珠。绿草环绕着一个个明镜般的湖泊,还有蓝天白云的倒影映在水里,这一切让人感觉到静谧、安详。几日之后,一行人便走到了芒干水畔。

在芒干水的西面,便是刚刚竣工的阴山行宫,这个行宫宫墙依山势而筑,夯筑的土墙高大坚实,宫墙就在牧民们的毡帐周围,宫殿雄奇瑰丽。走进行宫大门,只见宫殿为四柱两厦形制,四面披檐,两边有廊,厅堂上木雕雕刻得精美细腻,工艺复杂而讲究的藻井上画着各种奇禽异兽图案,让人有一种举首高望空旷辽阔之感。在行宫主殿的西北方,还建有焜煌堂,"焜煌"有辉煌之意,焜煌堂雕楹镂桷,长松木方椽,楹柱粗壮,显得厚重。焜煌堂形状是按照皇宫里温室的形状建造的,作为出巡的皇帝及后妃们的起居室,也让皇帝及后妃们有一种熟悉的感觉。

崔浩正看着雄伟、壮观、雕梁画栋的阴山行宫出神,这时有人禀报,仇池国国王杨难当来投,皇帝此时正在行宫里接见,让崔浩赶紧过去。崔浩知道,这个杨难当是氐族首领,在他治下仇池国发展极盛,大魏延和二年(433),攻占汉中,三年后自称大秦王,定年号为"建义",还树起了天子的威仪。仇池国疆域地跨秦、梁二州,太平真君二年(441)发动侵宋战争,将仇池势力延伸到蜀川一带,可仇池毕竟是个小国,全国也只有四十万之众,到了太平真君三年(442),刘宋出重兵扫平了仇池,杨难当出逃到上邦。

崔浩听到皇帝宣他,便快步走进行宫内,他看到坐在御座上的皇帝一脸喜色。拓跋焘看到崔浩进来便说:"崔爱卿,阴山行宫刚刚落成,而杨难当就在朕巡幸阴山之时来投,今日可谓双喜临门。朕要把阴山行宫更名为广德宫，朕要你赋诗一首咏颂这些喜事，朕随后让人勒石刻碑，来记录这一大事件。"

就在宫人找笔墨纸砚的工夫，崔浩便开始了沉思，回想起刚刚游览的行宫，一幢幢高大恢宏的建筑气势非凡，有一种宏阔壮丽的感觉。如今天子临幸，随行队伍浩浩荡荡，让这个行宫更显得蔚为壮观。如今大魏国四海安定，天下归心，而自己也是仕途顺畅，皇帝信赖，臣僚仰慕，想到此自然诗情澎湃，文思如泉涌。那日，众人都在看着他，只等他的锦绣文章助兴。而崔浩也知道，这是众人又在考量他的文采，在这个时候，他必须将众多的内容都囊括进去，行文要瑰丽，要体现皇帝征服四海的雄心，诗文要有"周公吐哺，天下归心"的气势，只见他略一沉吟，一首气魄宏大的纪事诗便随口吟诵了出来：

> 肃清帝道，振慑四荒。
> 有蛮有戎，自彼氐羌。
> 无思不服，重译稽颡。
> 恂恂南秦，敛敛推亡。
> 峨峨广德，奕奕焜煌。

诗文如行云流水，一气呵成，情味深细，气势雄浑，没有刻意雕琢的痕迹，而且诗文里把广德殿和焜煌堂都包含在内。历代文人传唱的诗词都是将感情和艺术融为一体的，这样的诗文，彰显出一个人丰富的阅历和广博的才情。

皇帝和众大臣听了，大家都拍手称好，果然是文人魁首，出口成章且不用更改一字。拓跋焘当下命人立碑纪念这一盛事，并把这首诗刻在上面。崔浩又拿过纸笔，将这首诗写了出来。当下有人找来合适的石头打磨，准备将崔浩的诗文依样刊刻上去，皇帝还让刻下了刻碑树石的原委："南秦王仇池杨难当舍藩委诚，重译拜阙，陛见之所也，故殿以广德为名。"碑阴题写尚书卢遐、宣城公李孝伯等一干从臣的姓名。正面碑颂写下了崔浩的官职侍中、司徒、东郡公和他的诗文。

在当日晚的宴乐之中，大家觥筹交错，推杯换盏，好不热闹。有歌者已然将这首《广德殿》诗谱成了曲，只见有几位怀抱琵琶者走上前来，轻舒玉腕，按弦调歌，吟唱着"肃清帝道，振慑四荒……"语句清丽，音韵和谐。

夜微凉，情未央，那时他醉了，也许是酒不醉人人自醉。抬头望广袤的天幕上缀满了星星，耳边听着宴席上传来的"峨峨广德，奕奕焜煌……"的歌声。夜凉如水，现世安稳，我自从容，人生中像这样纵酒踏歌的日子真的不多。他回望夜里广德宫，在这远离平城的草原上，竟有那么瑰丽的景致。"广德歌泠泠，芒干水潇潇……"走出朝堂，走向旷野，他眼前竟然有着那么多的诗意，仰俯之间俱是诗。

当他们这一行要起身回京城时，那块石碑已经立在了广德殿的廊庑下，碑很高大，广德殿碑几个字为鸟虫篆，碑上的书法，笔力遒健，法度森严。临行时，崔浩又扭头看了一眼那石碑，有阳光照射过来，碑上的字迹清亮，石碑泛着光泽，他再读一遍碑文，那诗文是那么的奇诡、妥帖，是他的得意之作。他还在想象着，多少年后，人们看到这通碑读着这碑文，肯定会揣测着碑上的诗文内涵以及树碑原委，欣赏着这碑上凝重、峻健的书法，这通碑也有着他一个人的春风得意。这一刻要离去，内心竟然生出一丝惆怅，毕竟这样放松、这样让人陶醉的日子不多，不知再见此碑又是何年，此情此景，此后只能成追忆。

化解金刀之谶

那日崔浩在家中休息，下人拉着一车柴薪回来了，看到崔浩在院子里漫步，便没话找话地搭讪道："老爷，我出去买柴薪，有些卖柴薪的人们唱着'金刀既以刻，娓娓金城中'这样的谚谣，问他们什么意思，他们说不知，反正听得有人唱，还很好听，我觉得好玩，知道老爷学识渊博，想问问。"崔浩一听，知道这是东晋司马元显时流传的一首谶谣，后人解析说"金刀"，刘也，预言有姓刘的人要造反当皇帝。可是眼下天下太平，为什么会出现这样的谚谣，是朝廷里有什么不安定的因素，还是民间什么人想要起兵造反？他想不明白，但这话又不能对下人说。他只说："这好像是晋朝司马元显时的一个歌谣，不知为什么现在的人还在传唱，你哪天出去了，要是有人说关于这歌谣的事，也替老爷听听，老爷也好奇。"下人边卸柴薪边嘟囔着："老爷，估计这都是那些乡野小民没事唱着玩的。"

下人这么说，但崔浩并不那么认为，这种谣谶在大街上广为流传，背后一般都会有不可告人的秘密，眼下不知哪个姓刘的要闹事，是南边的刘宋国要北伐吗？好像也不是，宋国国主刘义隆身体不好，是世人皆知的事，从边境的战报看，不像有大事。二月时，刘宋刺史胡崇之与魏国军队在浊水对战，胡崇之被大魏军所俘，剩余的部下士卒全部逃走。眼下其他的大事便是乌洛侯国派使节来到大魏国，在朝堂上说起在乌洛侯国的西北有鲜卑人的祖先祭祀的旧墟祖庙，当地人常去祭祀，这座石庙高七十尺、深九十步。拓跋焘一听，乌洛侯国距离平城有四千多里之遥，如今的魏国，国力强盛，四境安宁，能发现鲜卑人祖先的石庙，那也是祖先显灵了，应该赶紧派人去祭祀，以示不忘先祖。

当下，拓跋焘让崔浩负责起草祭文的事宜，崔浩将祭文写好后，按照凡属皇家碑铭用隶书的原则，在纸上工整地誊抄了一遍，但他写的隶书不是规整的汉隶，而是带有自己的书写习惯，笔画略向右昂，折笔呈方势，两端方且粗，直到自己写得满意了才带到朝堂上去。皇帝让中书侍郎李敞带领人马前去祭祀，并找人把祝文刻在石室的石壁上，告祭天地。

除了这些大事之外，朝廷上风平浪静，刘姓官员也有多位，并没有看出什么异样，官职最高的是尚书令刘洁，虽然他为人比较跋扈，但是刘洁也是明元帝时期的太子辅臣，到了本朝备受宠幸，大军征伐北凉刘洁还立下了战功，也是皇帝很信任的人。崔浩和刘洁的关系并不好，当年讨论出兵伐柔然国的时候，刘洁曾让降臣张渊以阴阳术数说事和他辩论，但这些辩论也都是为了国家，争辩过后自己感觉没有什么事了，但是刘洁和他并没有私下的往来，见面也是很客气，那客气的后面带着冷漠。其他的刘姓官员，也都是安分守己，并没有发现有什么不轨之事。崔浩又想，街上的人们唱谣谶之歌，也许是哪个闲人无事翻出旧谣随口唱唱，可能是自己想多了，于是对这件事也并未放在心上。

转眼到了秋天，朝堂上再次商议出击柔然的事，这个柔然国，虽然此前在神麚二年（429）皇帝御驾亲征，将柔然国主追至兔园水附近，这一战让柔然大伤元气，大檀得病而卒，他的儿子吴提继位称敕连可汗。两年后柔然还遣使进贡良马示好。但是柔然国经过了十多年的休整，再度强大起来，又开始了到魏国边境骚扰，这让拓跋焘有了再次出兵攻伐柔然的想法。但是经过了几年的休战，武将们却有了厌战的心理。此事刚一提出，尚书令刘洁就带头反对，他认为眼下四境安宁，虽然与柔然有摩擦，但那是漠北天旱，柔然人缺少粮草的打劫行为，只要边境加强防御就行了。再说柔然人居无定所，一打就跑，魏军远行千里还不能深入追击，怕地形不熟中了埋伏，眼下应该推广农业，囤积粮食，休养生息。太子拓跋晃认为柔然国无视两国交好，再次掳掠边境，是狼性使然，如果出战对其也是震慑。

朝堂上崔浩也发表了看法，他说，漠北连年荒旱，他们南侵其实是困兽就食，这也说明柔然军备不足，如果我们北伐，肯定会将其重创，其他的将士也认为崔浩说的有道理，拓跋焘当下就决定了北伐柔然，司徒崔浩和尚书令刘洁随军出征做参谋。

九月天，秋粮归仓，天气也不热，而且越往北走越是凉爽。大军一路前行，到达漠南之后，拓跋焘准备舍弃辎重，并一如既往地采用分兵合击的战术以轻骑袭击柔然。尚书令刘洁首先反对，他认为不应该舍弃大部队以轻骑出击，这样做恐怕补给不及时对皇上不利。拓跋焘转过头来问崔浩，让崔浩说说看法，崔浩说：那一年攻击柔然，刘尚书令就怕中了伏击，不让追击，可后来从俘虏口中得知，说我军犹豫驻足之时，其实离柔然溃军也只有三十多里远，这可是谋划之过啊，也是前车之鉴。北方多积雪，到冬天时柔然人为了躲避寒冷就集体往南迁移，如果摸清楚他们的行动规律，隐藏军队出击，肯定能和他们相遇，那就可以擒住他们了。拓跋焘经过沉思听从了崔浩的说法，把大军分成四路，并约定好日期四路大军十月二十一日在柔然境内鹿浑谷会合。

拓跋焘令乐安王拓跋范、建宁王拓跋崇各率十五名将领从东路进发，乐平王拓跋丕领十五名将领从西路前行，拓跋焘带着太子拓跋晃从中路进军，中山王拓跋辰、尚书奚眷、内都坐大官薛辨等十五名将领携粮草补给作为后援。拓跋焘怀着必胜的信心，一路快马加鞭前行，军中旌旗飘扬。

如果是在平城时，还是秋阳煦暖，秋叶正黄的时候，也是四季中色彩最绚丽的季节，可是崔浩跟着大军一路前行到达相约会师的地点鹿浑谷时，眼前的鹿浑谷却是另一番景象，树叶凋零，草木枯萎，一片肃杀寂寥。按照约定的日期，十月二十一日中路大军按时到达并驻扎在鹿浑谷谷口，大军安营扎寨，崔浩和太子寻找高坡向远处张望，远远望见了柔然人的大营，大营内营帐连着营帐，其中还有一顶硕大的毡帐，这个毡帐比其他的帐篷大很多，门外还好像分列着守卫的士兵。崔浩想，如果没有猜错的话，那应该是柔然可汗的营帐。突然间，崔浩看到了大营不再保持平静，人们好像特别慌乱，从帐篷里进进出出，不一会儿又见尘土飞扬似乎那些士兵开拔了。太子拓跋晃问崔浩："司徒觉得眼下的情景是柔然人在出兵向咱们进发呢，还是看到魏国大军到来惊慌失措地逃跑了呢？"崔浩说："从刚才的情景看，臣觉得他们应该是仓皇而逃，如果是向前攻击，应该是井然有序的，可眼下他们似乎很慌乱。"拓跋晃也说凭直觉觉得崔浩说得对。

回到军中，拓跋晃把他和崔浩的所见以及对形势的判断向皇帝禀报了，太子认为眼下魏军虽然长途跋涉，但是沿途也休整过，并不影响大军出征，应该马上赶过去追杀他们，俗话说两军相遇勇者胜。拓跋焘正要下令，尚书令刘洁上前说："臣以为柔然军营中尘土飞扬，一定是他们的人马很多，眼下都是开阔地，咱们的其他各路大军还没有到达，中路军孤军深入贸然开战，如果柔然兵多将广，咱中了埋伏连个后援也没有，臣认为皇帝的安全是第一位的。"拓跋焘对于柔然大营到底是啥情况也拿不准，听到刘洁的说法，便又犹豫起来，也想着再等等，等其他三路军集合到一起之后再追，应该也用不了几个时辰。崔浩内心里着急那三路大军的情况，按说十月二十一日这是共同商定的日期，这个日子各路大军应该很轻松地到达，就是有耽误也是几个时辰的事，假如有一路大军遇上敌情了，有一路大军迷路了，那么后援军也该到了，怎么就不见一兵一卒呢？因为出兵在外，各种情况都会有，崔浩只是随军参谋，但他知道他这个参谋在大事上分析得清楚，可是遇到眼下这种情况，他也不知道是哪里出了差错。虽然觉得应该去追赶那些仓皇逃遁的柔然兵估计能取胜，可是现在也不能多言，毕竟如刘洁所说，皇帝的安全是第一位的，如果有了差池，他也担不起这个责任。再说了，那三路大军并没有按照约定的日子到达鹿浑谷，他们现在在哪里呢，他们出现了什么意外？

这边中路军苦等不来那三路大军，又不能向前追击柔然兵，只能眼睁睁地看着不远处的柔然大营空空如也。让人没想到的是中路军后方守护粮草的大营却遇到了意外，督运粮草的是镇西大将军司马楚之。那日在营中有人突然发现，有一头驴戚然而尖利地长鸣，人们发现它无缘无故就缺了一只耳朵，这个缺耳朵的驴子显得很是奇怪，也不知是什么人在作怪，士兵连忙向司马楚之汇报。司马楚之是降将，做事自然格外小心，再加上久经战场，听到这个消息，便心里一惊，赶忙清点人马，发现镇北将军封沓不见了。司马楚之估计封沓肯定是降了柔然，有可能是封沓割了只驴耳朵作为投降信物让柔然人相信的。要么就是柔然人得到封沓的奏报后，派探子到大营打探虚实，然后探子割了个驴耳朵回去交差，不管哪种情况，中路军的粮草押运情况肯定被对方知晓了，估计柔然兵很快就会过来抢夺粮草。司马楚之四处环顾，安营扎寨的地方四面都是平地，很难防守夜里柔然兵的袭击，当下让全部士兵赶紧四处寻找可以砍伐的树木，只要是树木就行，粗的、细的都行，越多越好。士兵们将砍来的树挖坑并排着栽到地上，将大营周围围起来形成一道树墙，入夜了再给树墙浇上水，鹿浑谷的天气寒冷，入夜以后气温骤降，树墙不一会儿就冻成光溜的冰墙，冰墙的外面也是光洁的冰面。后半夜柔然兵果然来袭扰粮草大营，大营外围路面都是冰，柔然的战马踩上去不能前行，不是摔倒，就是止步不前，步兵手拿弓刀，面对的是一座光洁的冰城，也是一身蛮力无处施展，不得已退去，一场抢夺粮草的阴谋得以化解。

那边拓跋焘得报后特别高兴，崔浩听到这个消息后却高兴不起来。三路大军同时不到，镇北将军封沓又逃奔了柔然，而柔然兵却单袭粮草大营，这一切不是没有关联的，而是一环扣一环，他感觉到脊背发凉，似乎有一双无形的手在操纵着这一切，可这个背后的主谋又是谁呢？他们最终的阴谋又是什么？这一连串的疑惑在崔浩心中画了个大大的问号。他知道，此次出师，不能再想着征讨柔然取胜了，中路大军君臣能安全地回到平城就很圆满了。再一细想，此次出征皇帝和太子都在中路军了，如果有人要趁机谋反，算计皇帝和太子，此次出征岂不是个绝好的机会？那几路军是故意不到，还是真的遇上意外？这也得好好想想。

在等待三路大军的几天里，中路军却意外俘获了柔然一个逃跑迷路的骑兵，带进大营后那个骑兵说，柔然国主没有想到魏军会大兵压境，那日突然看到大兵驻扎时，柔然可汗不知道魏军到底有多少人，因为以前领教过大魏骑兵的厉害，所以整个军营慌作一团，敕连可汗赶紧带着将士向北而逃。听到这个骑兵的话，拓跋焘十分愤怒，于是便不再等待那几路大军，集合起中路军往前追赶，一直追到石水也没见到一个柔然兵，柔然军队就像影子样晃了一下就不见了，无奈之下拓跋焘只能南返。此时，后援军没有到来，那东西两路大军也不见踪影，中路军又行走几日途经沙漠地带，军中几乎断粮，补给供应不上来，将士们又饿死和冻死了不少人，此时真是人心惶惶。大军的粮草都在后援军中山王拓跋辰军中，拓跋焘恨得牙关紧咬，他狠狠地用剑击着路边的树干大喊："拓跋辰，朕要杀了你全家。"
这时尚书令刘洁上前劝解拓跋焘说："陛下不必气恼，事已至此，陛下身
为一国之主保证安全是第一位的，臣认为眼下孤军深入柔然腹地，粮草不
足，那几路军又不知所踪，陛下应该选择一些精兵强将，让将士们护送着
快马加鞭轻装回程，离开柔然国才算安全，让太子带着中路大军随后返回。"
拓跋焘说："众将士跟着朕出兵柔然，如今没打了胜仗，朕怎能丢下众人
不管，自己先逃回去把大军丢在柔然大漠，那朕成了什么人了呢？以后谁
还跟着朕东征西讨呢？"刘洁接着又说："臣认为出现了如今的困境，司
徒崔浩罪不可赦。出征前臣认为不应该北伐，可是崔司徒撺掇皇上御驾亲
征。到了柔然边境，臣阻止皇上兵分几路前行，可又是他要按照老办法分
成四路兵马分头进行。如今中路军困于大漠腹地，崔浩有不可推卸的责任，
臣认为崔浩有谋逆的嫌疑，应该就地正法。"刘洁说完，有一些士兵顿时
将崔浩围了起来，崔浩面对突然而来的变故也蒙了，只能抬头望着皇上，
并不言语。只见拓跋焘略一沉吟便一挥手让围住崔浩的人退下去，他说："朕
到了谷口遇贼没有发令出击，错误在朕。三路大军误了会师日期罪在诸将，
崔浩有什么罪呢？要说北伐柔然那也是朕下的命令呵！"刘洁见皇帝不接
他的茬，便退在后面不再言语，崔浩在旁边惊出一身冷汗。他安静地听着
主臣二人的对话，再没有反驳，也没有发言，只是沉默着。

　　拓跋焘叫过崔浩让给分析一下眼下的形势，军中的确粮食缺乏，是不
是真应该听刘洁的话，弃军轻装回去。崔浩摇摇头说："微臣觉得此次出
征，怪事颇多，几路大军都不按时到达，这几天过去了也没看到，柔然人
专攻中路军的粮草大营，臣总感觉这里有什么不对劲的地方，咱孤军深入
柔然到了石水，如果陛下再离开中路大军，万一路上真的中了柔然的埋伏
怎么办呢？跟中路军士兵在一起，有众将士的舍命保护陛下肯定是安全的，
大军再苦撑几天，撤退到魏国地界就得救了。"拓跋焘听从了崔浩的话，
刘洁看到皇帝没有听自己的，看也不看崔浩，崔浩看得出刘洁阴郁的脸色，
他知道刘洁恨他，可是这个刘洁恨得真的没有道理。

崔浩在想，这个刘洁，一直撺掇皇帝先走，他想要干什么呢？必须得处处提防着他，也必须见着那几路军问清楚他们不守约定的原因，便可明了到底是谁在使绊子，眼下是安全护着皇帝撤退到五原才是上策，所以对于刘洁所说的话，崔浩并不反驳。他再次想起不久前街上有人唱"金刀既以刻，娓娓金城中"这样的谚谣，这个刘洁是因为与他道不同，只针对他在皇帝面前进谗言，想借此机会整掉他一个人，还是他还有惊天的预谋？拓跋焘也感觉到了此次出征有诸多不对劲的地方，但是他想不明白，但他知道只要崔浩在身边，只要不离开中路军，只要大军不断了粮，他们就可以到离此最近的五原补给粮草。沿途大军还不时地射猎一些猎物充饥，一路上皇帝都跟中路军在一起，因为有皇帝在，就是挨饿，士兵们也先将找到的猎物和果子送到皇帝面前。

大军在饥寒交迫中终于回到了国界线内，到了五原，也就有了驻军和营地，便在五原休整，崔浩终于感觉到此行安全了。因为那三路军没有遇到，崔浩把自己的忧虑悄然跟拓跋焘交流了。崔浩说："陛下您没觉察出此行有许多蹊跷的地方，那三路军平白无故地没有按时会合，镇北将军封沓出逃，咱粮草大营遇袭，这一切看似无关，细想也有关联，如果是有人谋叛，眼下皇帝和太子都在大营中，而且还在归途中，那是多危险的事。虽然回到平城可以问清楚三路大军为什么会同时不守规矩，不按时到达，目前不知道是哪里出了问题，是谁图谋不轨。"拓跋焘一想这些天的事的确如崔浩所言，最可怕是的，带兵的三路军中乐安王拓跋范、建宁王拓跋崇是他的亲兄弟，中山王拓跋辰是堂兄弟，如果两位兄弟谋划好，按照兄终弟及的祖制登大位，再加上中路军中有奸细，这哪里还有他们的活命？崔浩着急的是谁在谋叛，而拓跋焘着急的是他的两个兄弟联合起来篡权。在休整的第三天，三路大军相继赶到了五原。不等皇帝下令，崔浩悄悄地让可靠的人去问三路大军中和崔浩有交情的人，打问为什么没有按照约定的时间会合，这是决定每个人命运至关重要的一个问题。崔浩得到了一致的答复，是尚书令刘洁私自更改了日期。崔浩悄悄跟皇帝奏报他了解的情况，拓跋焘气得脸都绿了。皇帝刚要传三路带兵的大军进营帐，崔浩立即阻止了。

崔浩说："陛下，此时不宜多问，也不宜扩大，毕竟咱不在平城，平城的情况也不很清楚，眼下只能将刘洁问矫诏之罪，给各路大军一个交代，其他的回平城再说，眼下得稳定军心，才能顺利回京呵。"拓跋焘一下子就明白了，当下将刘洁逮了，并向四路大军发出通告，说是刘洁想要谋反，因此把四路大军的会合时间私自更改为十月二十七日，整整差了六天，让中路大军孤军深入。

大军行至朔方郡的时候，有平城派出的传令兵来报，刘宋发兵二万攻打魏国的浊水戍，魏国将领皮豹子和河间公拓跋齐力战才保住了浊水戍。

拓跋焘急问崔浩怎么办，崔浩叫过来从平城赶来的传令兵，问了问平城的情况，知道事情并没有大家想象的那么坏，平城依然很平静。虽然眼下还不确定到底谁是主谋，崔浩认为必须当下就下诏让太子监国，并诏告天下，这才是最要紧的事。拓跋焘急忙让崔浩拟诏书：

> 朕承祖宗重光之绪，思阐洪基，恢隆万世。自经营天下，平暴除乱，扫清不顺，武功既昭而文教未阐，非所以崇太平之治也……其令皇太子副理万机，总统百揆，诸朕功臣，勤劳日久，皆当以爵归第，随时朝请，飨宴朕前，论道陈谟而已，不宜复烦以剧职。更举贤俊，以备百官，皆取后进明能，广启选才之路，择人授任而黜陟之。故孔子曰："后生可畏，焉知来者之不如今"。主者明为科制，宣敕施行。

诏书下了之后，让太子快马先回，十一月二十七日诏告天下，太子总理国政，这个诏令还让一些有功的老臣回家颐养天年。

随后崔浩等人在忐忑不安中终于回到了平城。

第二天上朝，三路军中的主师都到了朝堂上，拓跋焘铁色铁青，首先他让作为后援那一路的中山王拓跋辰、尚书奚眷、内都坐大官薛辨等八位将士出列，皇帝几乎是咆哮着说："就是你们，让朕和中路军将士差点饿死、冻死在漠北，是你们粮草不到，让大魏军丧失了剿灭柔然的良机，你们知罪吗？"拓跋辰跪在地上，说了句："微臣该死，微臣按时到达了呀，这个十月二十七日鹿浑谷口会合，这是尚书令刘洁亲口告诉微臣的，只是微臣没想到这其中还有蹊跷。"拓跋焘大怒，扭头对殿前的武士说："将他们八个不知道别人死活的东西拖出去斩了……"崔浩赶紧上前进谏，拓跋焘说："天大的事，先斩了他们再说，那么多死难的将士总得有人来负责。"八人便让士兵拖了出去，中山王拓跋辰、尚书奚眷、内都坐大官薛辨等人大喊："臣冤枉，请皇上开恩……"

拓跋焘问乐安王拓跋范："你不知道朕在鹿浑谷苦等，其间还放跑了遭遇到的柔然大汗，这样的机会稍纵即逝，再难遇到，朕回师途中因为缺衣少粮，差点儿就把命丢了……"拓跋范看到中山王拓跋辰等人被拉出了朝堂，顿时吓得浑身发抖双膝跪在了地上："回……回皇上，是尚书令刘洁传皇上的口谕，让臣等二十七日到，微臣带的东路军一路顺利前行，按时到达，臣没想到刘洁会谋反。""乐平王，你呢？"听到皇上在问，乐平王拓跋丕也赶紧跪在地上："回皇上，微臣领西路军也是一路前行，途中并无遇见柔然兵，只是尚书令刘洁传皇上的口谕说，皇上中途有事，要晚到几天，让大军二十七日鹿浑谷会合，微臣谨遵皇命，按时到达，可是二十七日三路大军都到了，却不见陛下带的中路大军，等了一日还没有见到，再看看周围，不像有打过恶仗的痕迹，臣等不明所以，等了两天后便相约一起返回。只是不知道皇上吃了那么多苦，微臣该死。"

崔浩赶紧奏报："回陛下，既然事情已经问清楚了，是尚书令大人刘洁私自矫诏，更改了日期，错不在各路大军的将帅们，陛下是否免了中山王等人的死罪呢？"

拓跋焘铁青着脸说："这几个人该死，就是有人假传圣旨更改日期，可当初朕亲口对他们说的二十一日集合，日期变了他们就没有点疑惑？他们一路上走走停停，可是那么多中路军将士风餐露宿，食不果腹，他们也可以派出一路先头部队去打探下情况，可是却没有，他们难道不该祭奠那么多冻死、饿死的将士们？"看到皇帝在气头上，再没有一个人敢说赦免他们的话。不久那些武士们走进来奏报："报，中山王拓跋辰、尚书奚眷、内都坐大官薛辨等八人俱斩于城南都街。"崔浩看到乐安王拓跋范和乐平王拓跋丕跪在地上，面如死灰。拓跋焘命令武士们将刘洁的家人亲属一律拘押。刘洁的一位亲信为了活命，便揭发刘洁说："大军此次出征前，尚书令说过，如果大军出征皇帝回不来，那么我将按照鲜卑人兄终弟及的传统推乐平王为帝。"拓跋焘和崔浩在下朝后探讨此事，得出的结论是知人知面不知心，最宠幸的人原来也会起谋逆之心，虽然眼下天下太平，却原来每日里暗流汹涌。刘洁既然想立乐平王拓跋丕为王，拓跋丕不可能不知晓，刘洁肯定和拓跋丕商量过，否则以他一个尚书令，手无兵权，哪有那么大的胆子矫诏更改日期，这事儿拓跋丕至少是知情或者是同意的，乐安王拓跋范是知情不报还是蒙在鼓里还不好说，看来拓跋氏子弟中，想按照鲜卑人以前的习俗实行兄终弟及部落传统的并没有禁绝。

崔浩静坐在那里再一想，刘洁因为奏议没被采纳，便设计诬陷他，如果皇帝不加考虑辨析，那刘洁岂不是一石二鸟，看来宫廷的争斗时时处处存在，一着不慎，便会满盘皆输。

处理过刘浩的事后，崔浩再看当初由他草拟的后来由太子回京颁布的诏书，意思还是那个意思，但里面却没有了"武功既昭而文教未阐，非所以崇太平之治也。今者域内安逸，百姓富昌，军国异容，宜定制度，为万世之法"和"皆取后进明能，广启选才之路，择人授任而黜陟之。故孔子曰：'后生可畏，焉知来者之不如今'"这些句子，这本是崔浩希望太子今后应该走的路，但是颁布的诏书上却没有了，这让崔浩感觉有些不爽，但也不能过问。

太子监国，为了表示不再追究其他几路军领头人的责任，并按诏书中说的行事：各路领兵的将帅，一律保持原来的封爵，从官位上退养，仍可出席朝廷会议，参加宫廷宴会，谈论治国之道，贡献良策，只是不再担任职务，另外重新推举贤能人才，补充缺额，但是两位皇叔还得看皇帝怎么处理。

国之辅宰

杀了中山王拓跋辰等八人，朝廷对于刘洁的彻查才开始。养尊处优的刘洁因为受不了苦刑，一股脑全说了，众人这才知刘洁还真有更大的阴谋，只是他设计好的局却被崔浩搅黄了。他曾告诉亲信说如果皇帝北伐回不来，应该推举乐平王拓跋丕为帝也只是第一步，等他辅佐乐平王上位，自己身居高位有能力问鼎皇权时，再将乐平王拉下皇位，自立为帝，因为乐平王是个莽夫，有勇而无谋，他自信可以把乐平王当成手中的一个棋子进行操纵。大军北伐途中，刘洁悄悄将自己想推乐平王为帝的想法和乐平王说了，并说只要大军延迟到达，一切他都会安排好，而且出兵北伐是崔浩力主而刘洁坚决反对的，分兵四路也是他反对崔浩赞同的，到时都可以将这些事推到崔浩身上，让皇帝怪罪崔浩。乐平王对于刘洁的巧妙安排并没有多想，竟然也同意了，反正又不用他出什么力，还能有好事落到他头上，何乐而不为呢？而乐安王拓跋范和中山王拓跋辰的确不知情，他们听刘洁说皇帝要先四处围猎几天，然后推迟了集合的日期，也并没有起疑。

此事的由头是刘洁听到坊间传唱"金刀既以刻，娓娓金城中"这样的谣谚，便动了心思。为此事，他还到尚书左丞张嵩处求问图谶，刘洁说："坊间传唱'金刀既以刻，娓娓金城中'这样的谣谚，历代都有人在传刘氏应王，继大魏国之后，图谶上是否有姓有名。"张嵩看了看图谶之书，说只有姓没有名。并叮嘱刘洁，这种事可不能乱问，也不能乱说，传出去是要被杀头的。因为是同朝为官的刘洁相问，张嵩没有设防，以为刘洁只是在证实一下谣谚的真实性，谁知刘洁在狱中竹筒倒豆子，一粒儿不留。

发生在太平真君四年（443）的这场谋反阴谋，有一百多人受牵连而人头落地，这一页才算真正翻过去。虽然年过了，但是大魏国朝堂上却气氛很凝重。

乐安王拓跋范、乐平王拓跋丕虽然都是拓跋焘的亲兄弟，可是因为有兄终弟及的旧传统，这种事只要让人提出来，便再难洗清，因为查无实据。之后还有人确实给查出了些异象，那就是乐平王拓跋丕曾经做过一个梦，梦到他站在太宗皇帝筑起的白台之上检阅着皇城里的卫队。白台是皇宫司马门附近的一个高台，先帝拓跋嗣在白台上检阅卫队时才上去，先帝故去后，那白台的阁楼里藏了近几年征集到的各地书籍。本来做梦的事谁也不知道，偏偏拓跋丕好奇，还将梦中情景说给京城里的卜筮者董道秀，让董道秀给占卜一下看看什么意思。董道秀认为是大吉之象，乐平王富贵无量，天意不可言说。这让拓跋丕感到特别高兴，尽管如此，但拓跋丕并没有什么实际的行动，可是这个蛛丝马迹无意中让刘洁从董道秀那里捕捉到了，刘洁将乐平王推到一个很尴尬的地位。最后的清查，还追查到了张嵩家，并搜出了那本图谶之书。想要谋反的刘洁被抄了家，还被夷了三族，而为刘洁解了解谶语的张嵩因此失去全家人的性命。董道秀被诛杀，乐安王拓跋范和乐平王拓跋丕以知情不报之罪免除全部官职，几天后受到惊吓而死。

在皇帝拓跋焘看来此事是那些巫师和图谶之书在惹是生非，回到平城第七天，朝廷就下诏家藏谶记、阴阳、图讳、方术之书的全部销毁。顺便还提到了私养沙门、巫师及金银工巧之人也让二月十五日前自行解决。

太子监国，是一人之下万人之上的国之副主，同时皇上还封侍中、中书监、宜都王穆寿，侍中、司徒、东郡公崔浩，侍中、广平公张黎，侍中、建兴公古弼辅政。凡上书给太子的，都要称臣，并按皇帝的礼仪拜见太子。同时又选各曹良吏，在东宫办公处理事务，如果皇帝不在朝堂上，崔浩他们议事奏事便去东宫。

这一次是监国四辅，当年明元帝时太子监国任命了六位首辅，崔浩也是任右弼坐西厢的其中一辅。回想起当年情景，崔浩感觉时间过得真快，一转眼当年的太子已经成了大魏国威震海内的皇帝，而如今的太子拓跋晃也成了监国的副主。如果相比较，当初的六位首辅，除他之外，左辅官长孙嵩、山阳公奚斤、北新公安同、右辅官太尉穆观、散骑常侍代郡人丘堆，多数遇事简单，动不动就想动武，可是太子拓跋晃的这四位监国辅臣谋略却很高，其中穆寿是太尉穆观的儿子，比他的父亲更知书识礼仪。古弼虽是鲜卑子弟，但读书不辍。雁门人张黎清廉简约，公正平实很受皇帝器重。崔浩感觉自己还须抖擞起精神，像当年辅佐身为太子的拓跋焘一样，辅助太子拓跋晃前行。

太子监管国政，皇帝便有更多的时间出巡或者外出领兵打仗，宫里还有四位国之肱股大臣辅佐，拓跋焘是放心的。太子监国之后下的第一个诏令便是敦促农业的，他命官员督促京郊内的民众，使没有牛的家庭用人力和牛力相交换，垦田锄地。有牛的家庭给无牛家庭一人种田二十二亩，无牛家庭以锄田七亩为报偿。诏令一下京畿垦田数额大为增加。太子还下令禁止百姓饮酒、杂戏、禁止随意弃农经商等，这些禁令让皇帝特别满意。随后，拓跋晃又下了第二个诏令是让王公以下的子弟到太学学习，百工的后代子承父业，这个诏令是在崔浩的敦促之下，太子同意了才颁布的。

身为辅政大臣，崔浩是谨慎的，太子虽然勤政，可是太子身边有一些人每日里教唆太子干这干那。拓跋晃是在平城后宫平静安然的环境里长大的，为平定中原，身为人父的拓跋焘经常御驾亲征东荡西杀，而太子在京城主理国政，但不像当年拓跋焘身为太子时心里和眼里只有国家。太子拓跋晃虽然头脑聪明，可是他身上有拓跋鲜卑贵胄到了平城之后的那种显贵心态，这也让崔浩他们四位辅臣颇为头疼，可太子毕竟是个孩子，需要辅政大臣们不停地劝谏。就是王公大臣每年靠皇家的赏赐也都衣食俱丰，更何况太子。可是不知从什么时候起，太子也有了自己的私田，还找地方蓄养鸡犬，当他的粮食和鸡犬拿到市井上去卖的时候，百姓感觉那是朝廷与民争利，这让京城的百姓颇有微词，这事渐渐地传到了崔浩等大臣们的耳朵里，崔浩也劝谏过太子："身为国之储君，殿下的一言一行会被所有人效仿，小不治则乱大谋。"太子听了劝，有所改变，但是背地里还是让人给种田，只是粮食不再出去卖了。

为了体现审断案件的公平公正，这一年拓跋焘还让太子下诏："所有有疑问的诉讼案件都交给中书省，中书省凭借典籍律法来衡量裁决。"崔浩要负责众多著作郎的修编国史事宜，还得裁决上报到中书省的各种疑难诉讼案件，这让他整天忙得焦头烂额，可是一回到家，他还想看书、写字。

下朝之后，他有时想到街上走走，行走在灯火繁华的市井街巷，看人来人往，无论是中城还是郭城内都有众多人在居住，各种生意的叫卖声不绝于耳，大魏国的京城已经是繁华无限了，上至达官显贵，下至贩夫走卒，共同沐浴着盛世和煦的阳光。回到家里，崔浩俯在案头上不停地写诗作文，也写他为自己开列的准备完成的书籍。他突然觉得，一个人能仰俯无愧地立于天地之间，而且还想为后世留下诗书文章，真是太难了，时间太少了。难怪孔子会慨叹：子在川上曰，逝者如斯夫，不舍昼夜。

第十二章　拙于谋身

道不同不相为谋

北方的秋天短暂，几乎转瞬即逝，看着院子里树上的叶子前一日还绿中带黄，隔一日风一吹便哗啦哗啦地往下落，落叶是冬天的前哨，天气很快就凉了，接下来的日子，就是白天一天比一天短，天气也更冷了。入夜，崔浩将棉衣披在身上依然感觉不到暖和。北方的风是凛冽的，风刮过树叶的哗啦声和风吹窗棂的嗡嗡声，就像夹杂着人的脚步声由远而近，如果是胆子小的人会对这种声音感觉到恐惧，会有一种令人头皮发麻的感觉。那夜小孙子朗儿在崔浩的房间想听崔浩给讲故事，突然听到这声音便吓得起身紧紧靠在崔浩身边坐下。崔浩笑笑问孙子："这是咋的了？"孩子说："爷爷，你听，好像窗户外有人在走动，有鬼。"崔浩说："朗儿，肯定又是你奶奶给你讲多了鬼故事的缘故吧，今儿，爷爷也给你讲个故事，你听了就不怕了。记住，男子汉肩上都有两盏看不见的明灯，可以驱逐邪气，就是鬼魅也不敢靠近你，其实这世上的鬼都是怕人的。晋朝时有个叫嵇康的名士，他的琴艺很高，有一天他在深夜油灯下弹琴，突然门没来由地开了，只见从门缝里挤进一个人，最初那人个头很小，但是进了屋后却一直在往高长，然后就越变越大，最后站在嵇康面前的是一个身高一丈有余，浑身黑衣，看不清脸面的人。嵇康盯着怪物看了一会儿，便吹灭灯，说：'吾耻与魑魅争光。'那个鬼魅既想听弹琴，还想吓唬一下嵇康，可是偏遇着个不怕的，不一会儿那个鬼就不见了。这鬼魅向来就是你怕他，他便吓唬你，你不怕他了，他对你也就无可奈何。道家认为鬼神是气，鬼是阴气，而神是阳气。《太平经》就说过：'元气行道，以生万物。'以后再听到这声音，一定不要怕，知道吗？"朗儿听了爷爷这么说，便说："爷爷我知道了，以后不害怕了。下人们都说，爷爷是了不起的大人物，看来是真的，爷爷能把这么可怕的鬼怪讲得一点儿都不感到害怕了。"当夜，崔浩的妻子郭氏也听到了窗户外的这种声音，心里也有些恐惧，便双手合十，大声念着佛语。崔浩听了不高兴地说："念叨什么，你把你念叨的佛神给念进来，老爷我看看，你不知道衰世好信鬼，愚人好求福，这好好的日子哪有鬼？"

郭氏听了崔浩这么说话，便说："阿弥陀佛，老爷，你可不能这样说话，一切都有因果，这么不积口舌之德，会遭报应的。"

"报应？这就是你说的佛家理论吧，你那佛还在遥远的西方吧，他们能看到你的虔诚吗？他们能听到你我的争论吗？"既然说到了佛教，郭氏想和丈夫好好地说道说道，此前崔模曾跟她这个同是信佛的长嫂说过，他信奉佛教，常被本家大哥崔浩嘲笑，说他跪在粪土之中拜胡神。郭氏气愤地说："老爷，你是平城人所共知的大儒，想来在汉时皇家就礼敬佛教，汉明帝还夜梦金人，上朝时询问大臣获知金人或是西域之佛，汉明帝便命臣子入西域接引天竺之僧，修建了中土第一大寺白马寺，此后但凡僧人所居皆称'寺'，连汉代的皇帝都信佛，你自己不信也就罢了，干吗还要说人家崔模，崔模本来就够可怜的了，打了败仗降了魏国，把妻子和孩子丢在了南边，他每日里见神就拜，那是祈祷身在南方的妻儿平安的。"崔浩听到郭氏为这个本家弟弟辩解，便没好气地说："他把妻儿丢在南边，皇上不是还赐予他金氏吗？他在平城不是又有家又有了儿子幼度，还有什么好可怜的！倒是你知其然不知其所以然，还以为自己有学问，《汉书·襄楷传》明确地说，老子入夷狄为浮屠，当年老子骑一青牛，从洛阳西出函谷关，到西域对胡人实行教化，当时老子就在西域于阗国，佛教亦源出老子，释迦牟尼还是老子的徒弟。老夫每日在外面正本清源让人信奉道教，反对胡神，你倒好，在家里不是祷告就是膜拜诵经，你不是跟我对着干吗？"郭氏听到崔浩这么说，也不甘示弱，便大声叫着说："你说的不也就是佛道一家嘛，你在朝堂上干什么，我不管，你那是为了国家，可是我个人信奉什么，每日里跪拜什么，那是我自己的事，这事儿你可管不着。你官再大，能上管了天下管地，可你不能管着我出气，还管着我信什么，这你也管得太宽了。"崔浩听得郭氏这么说话，也让他特别气愤，顺手把郭氏放在桌子上的那些经书往地上推，郭氏用手挡的时候，却把油灯也带倒了，倒了的油灯的油洒在了桌角的书上，顿时"轰"的一下那些书见火就着了起来，郭氏看到了她特别珍爱的经书一下子被点着了，也十分气愤。多年来被冷落的怨气一股脑儿地涌上心头，经书也不管了，大声地叫唤着："崔大老爷，你也太霸道了，这些年你对我不理不睬也就算了，我嫁到你崔家，你对我有过好脸色吗？虽然你官越做越大，但越来越不可理喻，对你本家兄弟不是嘲笑就是挖苦，不就是因为他们信佛，他们又不偷不抢不干坏事，干吗容不下人家，为什么你连我这些经书也容不下呢，让这把火把房子也点了吧，最好连我也烧在里面！"两人只管吵嚷，下人进来后才把火扑灭。朗儿听得爷爷和大奶奶的争吵，便吓得哭了起来，崔浩看到朗儿哭了，一边下地一边说："我娃不哭了，爷爷带你找你奶奶去。"说着把朗儿抱到了地上，推开门去了柳氏房间，任郭氏坐在那里生气。

有人说，生命里最初的那一行文字，便是一个人的宗教，这话所言不假。

崔浩从小信奉道教，太上老君是道教始祖，也称老子。

道教是从古至今流传下来的宗教，而佛教是来自西域的宗教，他从小听母亲卢氏讲玉皇大帝和王母娘娘的故事长大，家里供奉着玉清、上清、太清三位尊神，太清便是太上老君。他的启蒙教育里就有天官、地官、水官三官大帝，这三官主管着山岳、天地和降雨。宇宙中存在着天上、人间和地狱三重空间，人要多行善事，百年后可以得道成神、成仙，如果作恶多端，死了就要进入十八层地狱。道家还用青龙、白虎、朱雀、玄武将天空分成东、西、南、北四大区域，这是一套多么完整的信仰体系，道教以"道"为最高信仰，"道"是化生万物的本原。

从小崔浩就跟着父亲研习《易经》，《易》中太极生两仪，两仪生四象，四象生八卦的道理早已入脑入心。母亲的娘家卢家为天师道世家。而让他不明白的是，那从西域传来的佛教，为什么会有那么多人去信奉。因为是异域来的教派，或者说是道教西传派生出来的教派，他并不想深入去了解其义理和教义，当然佛家讲究普度众生这不错，可他看到的却是更多的平民百姓钻了佛教的空子，大量青壮年到寺庙出家，求得寺庙的庇护，不知那些人是真心信仰，还是为躲避赋税、躲避兵役之苦的。他认识的或者听说的佛教高僧大都会法术，这在崔浩看来其实相当于道教里的妖术，所以他觉得这个西来的佛教是泥沙俱下。再说鲜卑人信奉的是萨满教，他们也是敬鬼神，祀天地、日、月、星辰、山、川，虽然名称不同，这些信仰和道教其实是大同小异的。

他和本家的崔模、崔赜属于道不同不相为谋，本来就是说不到一起去，而且他看不惯崔模做什么事没有主见，每日回家先礼拜，做什么事便先问问供着的佛。

要说欣赏，他只欣赏本家人崔宽，崔宽的祖父和父亲早年避难陇右，后出仕了西凉，但他们更愿意仕魏，后来西凉并入了北凉，听命于沮渠牧犍，当年听说大魏皇帝西巡攻伐北凉，崔宽是带着父亲和祖父的心愿来投魏国。之后崔浩见到了崔宽，两人相叙长幼次序的时候相谈甚欢。崔宽讲起在西凉和北凉的事来让人心酸得落泪。崔宽的父亲崔剖也是凉州名士，想投奔大魏国却不能够，便将多年的悲愤化为悲歌，时常唱着无奈而苍凉的"风雨如晦，鸡鸣不已，吾所庶几"的歌来慨叹人世间的悲苦和生不逢时，平日里也只能载酒江湖行。听到崔宽这么说的时候，崔浩想起了当年自己的父亲也曾寄身齐鲁之间，为翟魏所强留时的处境，便深有同感。太平真君元年（440）崔宽到了京城，在崔浩的力谏下，崔宽被任命为散骑侍郎、宁朔将军，赐爵安国子。崔浩将崔宽视为自家兄弟一般看待，两家相处甚好。只可惜崔宽之父崔剖得到大魏国皇帝诏他到平城任职的诏书时，却身患重病难以远行，不久遗憾离世。

高僧玄高之死

太平真君五年（444）的八月，天气炎热，最让人称奇的是皇宫华林园的果木反季节开花，这可是天下奇观，皇帝邀众大臣入园赏花。拓跋焘开心地说：“众卿看看，这八月果实都熟透了，也早就摘光了，为什么却又开出花来？真乃天降祥瑞。”有大臣说是皇帝的仁政得到了上天的眷顾，也有人说是皇帝笃信道教祈福的结果。拓跋焘说：“近年来大魏国贼寇消除，边境渐安，这个秋天果木重开，让朕觉得是崇扬政教德化、弘扬治道之果，自从朕用太平真君这个年号以来，总是天降祥瑞，众卿不妨赋诗作文以纪念今日之盛事，另外修史的著作郎们也可把这个奇异之事记下来，留在史册上。朕让各地太守、县令祭祀辖境内的名山大川，上达天意，以祈求福禄。”崔浩听到后，赶紧令记录皇帝言行的著作郎进华林园。那日崔浩走进华林园内，看到巴旦杏树、梨树、桃树等各种果木真的竞相绽放，就好像是回到了阳春三月天，天气温和，果木旁边的湖中水波荡漾，园林好像仙境一般美，君臣在华林园设案饮宴，好不热闹。

酒后出宫，行走在平城的大街上，崔浩听到了一阵轻轻的风铃声，仰起头来，是八角寺塔角上的风铃发出的声音。不经意间，平城的寺庙多了起来，最先是太祖皇帝拓跋珪时期，下令修建了五级佛图、耆阇崛山、须弥山殿，这五级佛图就在京城内，人称五级大寺，五级佛图是寺院中五层高的佛塔。太宗皇帝拓跋嗣也崇信佛法，京邑四方建立寺庙。拓跋焘即位后，每有大德高僧来京，皇帝还与之谈论，那几年平城内又建起了八角寺，大破统万城之后，法师惠始随统万降民东迁平城，惠始人称白脚大师，就挂锡在八角寺中，皇帝对他也特别敬重。之后又有了长庆寺，长庆寺中建造了七层高的舍利塔，藏有大藏真经三十余部，由寺中僧人苴倩、昙云所译，这个七层高的舍利塔建成之后，在塔寺外围，又建起了佛殿、僧房等建筑，环列在其周围，僧人信众特别多。当然城外的耆阇崛山、须弥山殿同样是僧人众多。在太宗皇帝的时候，王公贵族也倾其家资争相兴建寺庙，一些王公贵戚还私养沙门。到太延五年（439）平凉之后，皇帝迁凉州三万人到平城，众多凉州僧人也就跟着到了平城，除了在寺庙里修行的僧人，一些高僧还进了各个王府成了座上客。像西秦的僧人玄高，受皇帝舅舅阳平王杜超恭请到了太子府上，太子还拜玄高为师父，沙门慧崇被尚书韩万德尊为门师。

虽然国师寇谦之在大造静轮天宫，想弘扬道教，虽然皇帝接受了太平真君的称号，表示信奉道教，可是崔浩还是感觉到了佛教的兴盛远远超越了道教，就连自己的妻子和自己的本家兄弟都特别笃信佛教。虽说信什么教或者不信什么教，这纯属于个人的喜好，这本来是无可厚非的事，就是皇帝拓跋焘虽然信奉了道教但也一直尊重佛教，在灭北凉之前，皇帝还下令宣北凉高僧昙无谶进京，只是途中昙无谶让人杀害了才作罢。

白脚大师惠始在八角寺中讲经传道有弟子数百人，这个大师据说会佛家硬气功，刀枪不入。惠始是太延二年（436）圆寂的，这位高僧似乎有未卜先知的能力，能预知自己的圆寂之日，提前沐浴净身，换上干净衣服，闭目而终，十多天了端坐在那里姿势没有一点改变，平城的人们说是大仙坐化了，还有人说这个几十年不睡觉只是坐禅的白脚大仙终于睡着了。平城内众人称奇，郭氏背着崔浩悄悄地去了八角寺，崔浩只是道听途说白脚大仙的事，他知道郭氏去了寺院，他也想听郭氏说说她看到的白脚大仙坐化了的事，可是郭氏知道他不信佛教，回家后便闭口不谈，崔浩也不好去问。崔浩隐约听说，僧人信众们又在寺中起了高塔，并没有焚化尸骸，而是让惠始以坐姿入棺，安葬于寺内的塔中，他内心里也暗自称奇。

崔浩知道皇帝的心思，眼下饮马长江是拓跋焘最大的心愿，只是想要跟宋国开战，就得大量招募士兵扩充军营，这样才有南伐的底气。当然还得北征柔然，虽然柔然是个来无影去无踪的民族，眼下只能是在国境线上多布防上些兵力加强防御，可毕竟也是个隐患，也需要集中精力对付。皇帝现在有的是精力，因为国家的那些烦琐事务都是太子在处理。无论是想要南征还是北战，最大的困扰就是兵员不足，可以说能补充的都补充了，太延四年（438），皇帝曾下诏令让五十岁以下的沙门皆还俗从征役，解决战役所需人力问题。但是六年过去了，崔浩发现僧人们的数量并没有真的减少，随着凉州人的内迁，佛教信众更多了，出家僧人也多，虽有五十岁以下的沙门令其还俗从征役的诏令，可是一些僧人却又想办法投身于贵族家庙之中，以门师的身份出现，这样就无人能让其还俗了。几年下来，平城内外除了那些大型的寺庙，私人所盖的家庙也在增加。记得在皇始年间，太祖皇帝礼征赵郡沙门法果赴京师任道人统，并设立监福曹作为管理机构管理全国僧徒，政府给予僧人免赋、免役的特权。

那日上朝，崔浩让监福曹给统计一下大魏国寺庙的数量和出家僧人的数量，最后得出的结论是魏国境内大小寺庙约有三万座，出家僧尼达二百万之众，这个数字让崔浩大吃一惊，同时也让他忧心忡忡，这些出家的僧人之中，有多少是虔心学佛、潜心布道的，又有多少是为了逃避赋税和劳役的假沙门。他们出家之后，家中老父母却无人赡养，国家征不上兵力，这其实是个很现实也很头疼的问题。

那日拓跋焘和崔浩说起了征兵难的问题，让崔浩想出应对之策。崔浩把他获悉的寺庙情况悉数告诉了拓跋焘。拓跋焘惊讶地说："二百万僧尼？那全国人口也不足二千万居然有这么多僧人？古语云'溥天之下，莫非王土；率土之滨，莫非王臣'，而大魏国却是溥天之下莫不有寺，率土之滨何处无僧？崔卿认为应该怎么办？"崔浩回答说："沙门数量太多各国都存在，臣获悉晋国太尉桓玄曾想出过淘汰沙门的建议，桓玄曾向晋帝提议'沙门有能伸述经牒、演说义理、律行修正者，并听依所习，余悉令罢道'。当年晋国便是以这种办法控制僧人数量的。"拓跋焘说他马上要出巡了，让崔浩将桓玄淘汰沙门的提议禀报太子，让太子按照这个办法控制下僧人数量。太子听后并不以为意，拓跋晃还笑笑对崔浩说："全国僧人多这个本宫知道，司徒难道不知道在平城，从太祖皇帝时期就礼敬沙门，而且本宫从一生下来就信奉佛教，司徒难道不知本宫奉玄高大师为师，你让本宫下令让众僧人宣讲义理，讲不出来的还俗，可是本宫觉得一入释门四大皆空，每日里他们都在讲经说法，估计个个都能讲出来，这件事司徒就不必操心了。"

太子是笑着跟他说的，可在崔浩听来，那是一个不软不硬的钉子。崔浩第一次感觉到了，这个年少的太子不像当年他的父亲那样悉心听那些辅政大臣的，他好像更喜欢听他府里面那些内臣的话。听说太子没管此事，皇帝拓跋焘出巡回来后还是下了一道清理佛教徒的诏令："佛门之徒，假借西方虚妄的东西，蔓生妖孽。从王公以下到一般百姓，从今往后，如有私自豢养沙门、巫师，都要送到官府，不得再行养蓄。限今年二月十五日，过期不交，巫师、沙门要诛杀，主人满门抄斩。"这一招果然奏效，不少王公贵族都让私养的沙门自寻出路。这种诏令对于逃避赋税的僧人来说，不能再钻佛法的空子，但对于那些虔心向佛的人来说也是一种劫难，诏令一出，京城里也有个别达官显贵家里的僧人在观望，观望高僧玄高怎么做的，只要玄高离开太子府，其他府里的僧人肯定立马会散去，但是太子府里却无动静。

玄高十二岁便辞亲入山修行，像他这样的高僧，让他脱下僧袍还俗，不如让他去死，他的毕生心愿是"愿生恶世中度人出苦海"。因为脱下僧袍不讲义理他一无是处。法令已下玄高陷入了两难之境，太子拓跋晃跟玄高说："本宫身为总摄国政的太子，要是连自己的师父都保护不了，还做什么太子呢，法令那是下给普天下人的，不是下给东宫的。"众多王府的僧人看到玄高有太子庇护着没有走出太子府，尚书韩万德府里的门师慧崇等人也就留在了府里，静观其变。

皇帝不在平城，那日崔浩有事去东宫找太子禀报，远远地听到太子府中钟磬齐鸣，唱着佛偈。崔浩问守门人太子在府里干什么，守门的人说："司徒请回吧，太子正在祷告忏悔。"崔浩问："太子总理国政，现在正是上朝时间，他祷告什么？"门卫说："法师玄高正为太子做金光明斋，要连续虔诚忏悔七天，不能上朝。"崔浩走出了太子府，他不明白为什么皇帝那边下诏让众多的僧人还俗补充军力，这边太子还让法师做金光明斋，府里钟磬齐鸣，太子总理国政却不上朝理事。太子的种种做法让身为辅国大臣的崔浩担心。

那日拓跋焘在朝堂上跟众人说起一个怪事，夜里他做了一个奇怪的梦，梦中他看见祖父和父亲手持利剑，言辞激烈，责问他为何听信谗言，不好好对待太子，这梦让他感觉到奇怪。群臣说，梦和现实是相反的，估计是先皇显灵，想告诉陛下，这个皇太子处理政务井井有条，让皇上不必心忧，集中精力对付南朝。拓跋焘摇了摇头，觉得不是这个意思，并问崔浩怎么看。崔浩想起那日去太子府见到的一幕，便上前禀报说："臣倒是认为，此事另有蹊跷，此前臣去太子府，并未见到太子，门人说玄高法师正在为太子做金光明斋，让太子虔诚忏悔七天，臣认为这是玄高作法的结果，才让陛下做下此梦。"拓跋焘一听顿时变了脸色，便问崔浩："崔卿所说是亲眼所见，还是道听途说的？"崔浩说："此事的真假，一问太子便知，太子府中，钟磬齐鸣，佛偈高唱，想来听到的也不止臣一人。"拓跋焘听后勃然大怒说："朕此前让各个贵胄府里把私养的沙门交到官府，他不交也就算了，现在倒好，太子府里的僧人公然作法蛊惑朕来了，这还了得，要是他经常作法，那朕这一国之主岂不是受一个和尚左右？那么多沙门要是都四处作法，这国家还不乱了套？"当下派人去查证此事的真假，不久之后，有人回报是真的。拓跋焘便阴着脸下令将玄高和留在尚书韩万德家庙里的沙门慧崇等人统统抓起来投入监狱，不久以后又下令处死，太子听到了玄高的死讯，在东宫呆呆地坐着，不吃也不喝，宫里下人让太子吃饭，而他在不停地唱诵着法师玄高教诵的：

此食色香味，上供十方佛。
中奉诸圣贤，下及六道品……

玄高死了之后，崔浩明显感觉到太子对他的态度有了很大的变化，不再对他特别恭敬，对他所言的事也是不置可否，这让崔浩不知该如何跟太子相处。

崔浩倒也想得开，既然和太子相处不睦，不如少进言，远离朝堂，等合适的时候告老还乡颐养天年。他除了关注中书省那些修史的进度，其他的事便不再操心，很多时候，他坐在家里静心地著他的《五寅元历》，他还看到《晋书》中有许多谬误的地方，挤时间便又开始写《晋后书》，以弥补《晋书》的不足。

随军平叛

虽然皇家大肆收缴民间的方术谶书，但是民间还是传出了"亡魏者吴也"的谣谶，而且这个谣谶伴着这一年的春风吹过来，还传得神乎其神。谣谶就是以歌谣为谶，用歌谣的形式演绎对未来的预言。古人认为五星中的荧惑星（火星）降临大地化为孩童，歌谣嬉戏，而其所歌的内容便是吉凶的预兆，这谣谶像风一样，来无影去无踪，却又如影随形地和国运相伴而行，而且还不时地被人们传到朝堂上。当年秦始皇统一六国之后，不久天下传出谣谶"亡秦者胡也"，当时人还以为是胡人欲亡秦，就大修长城，讨伐匈奴。秦亡之后，人们才悟出这个"胡"居然是胡亥。就是太祖拓跋珪生前也有个流传很久的谣谶，当然也只是人们悄悄地传的，说当年有个神巫曾为拓跋珪卜过一卦，并预言其可能有暴祸，拓跋珪问及破解之法，巫人只说了一句"唯诛清河杀万人可免"。太祖皇帝也曾向众臣询问清河是谁，万人又在哪里，当时没有人能解得了。等到拓跋珪死后，人们突然悟出了谣谶所言的"清河"和"万人"居然是皇帝身边最亲近的两个人，一个是他的儿子清河王拓跋绍，还有一个是他的身边爱妾，一个小名叫"万人"的妃子，就是他们两人沆瀣一气将皇帝害死的，这事在坊间流传很久。

"亡魏者吴也"的谣谶不仅崔浩听到了，一天在外出巡的皇帝拓跋焘也听到了。拓跋焘想起了当年针对他祖父的谣谶，那就好像是一个人的死亡预言，而且准得可怕，只是这个谣谶多半都是事情已经发生了，人们才揭晓了谜底。眼下出现了"亡魏者吴也"的谣谶，朝廷自然不能轻视，于是拓跋焘召集崔浩等人殿前议事。因为这种涉及谣谶之事，那是可以有好多种解读的，大家都明白，事后诸葛亮好做，事情发生了，都能给出个圆满的解释。可是要说提前解析，说错话了那是会有无辜的人人头落地的，谁也不知道这个"吴"到底是指什么，是一个人，还是一群人，是指姓氏还是指某个地方。崔浩说："眼下大魏国国泰民安，而且还经常天降祥瑞，这种谣谶也不能太当真，也可能有坊间闲人唯恐天下不乱而胡乱编造的，眼下也只能密切关注一切动向，而且皇上可以以四方巡幸的方式了解全国各地的情形。"拓跋焘觉得崔浩说得在理。

太平真君六年（445）的二月，平城的一口水井中有白龙出现，引得人们争相围观，崔浩也是听下人说了此事。龙是天子的象征，难道真的将有一个姓吴的真龙天子要现身了，还要取代大魏国。一旦战乱四起，百姓又会流离失所，城市乡村凋敝，崔浩想到这些便感觉浑身发冷，他觉得自己有义务、也有责任保护魏国百姓的平安。

这年九月，就在崔浩差不多淡忘了那个"亡魏者吴也"的谣谶的时候，朝廷得到加急奏报，说是卢水胡人盖吴在杏城天台山叛乱，自号天台王，并设置百官。这个盖吴还派遣使者上表南边刘宋，表示称臣于宋，并请求刘宋派军北伐，宋国接受了盖吴的请降，并封盖吴为都督关陇诸军事、安西将军、北地郡公、雍州刺史。消息传到朝堂上，朝堂上人们都感慨说看来真是无风不起浪，这"亡魏者吴也"谣谶中的人果然出来了，这个人就是盖吴。

崔浩在思索这个二十九岁的盖吴应该是个什么样子，是高鼻、深目、身材高大、好酒好斗的卢水胡人中的一个，还是和汉人长得差不多？这个盖吴为什么要冒天下之大不韪造反呢，是官逼民反呢，还是像刘洁那样听了个"金刀既以刻，娓娓金城中"的谣谶就认为自己是那个将要出世的金主？

崔浩后来还真打听到了，让盖吴起了反心的是源于镇将的一次摊派，当然这也只是无数次摊派中的一次，前几次盖吴都忍了，但那一次盖吴对于进家索要粮食的官兵终于不堪忍受，感觉到伸头是一刀，缩头也是一刀，便横下心拿起刀去拼命，从此便走上了一条和官府对抗到底的不归路，只是没想到动静会那么大。

崔浩回想起当年，大魏军攻灭夏国，不久之后又平定了北凉的事，攻城略地这是大魏国的长项，而且皇帝本人就特别勇武，而那些夏国和北凉的旧居民的安置，也的确是个大问题。当年，除了一部分人内迁平城，还有大部分人属于就地安置，当时在羌族人聚居地设置了李润镇（今陕西大荔县北），在氐族聚居地设仇池镇（今甘肃成县西北），在卢水胡人聚居地设杏城镇（今陕西黄陵西南）。卢水胡是匈奴的别部，因安居于安定郡卢水畔而得名，也是匈奴人中一支半耕半牧的部落，与羌族和月氏、龟兹移民杂居一起，故称杂胡。关中有百万人口，杂胡就占有一半。当初平凉之后，崔浩曾向皇帝提议，那些胡人天生好斗，应该让各个镇选出一个有威望的本族人做镇将来管理，再派一些有文化的汉人出任副将，采取怀柔政策，以柔克刚，慢慢地就将那些胡人和大魏国国民融合为一体。但是皇帝却认为，派当地人当镇将不放心，怕他们联合起来造反，更不能派汉人儒士出任副将，因为他们太柔弱，而应该是以勇制勇，后来派出的军镇镇将皆由鲜卑贵族担任。

最早的那批镇将，是皇帝出征后，把随军将士留在当地就地任职的。如巴东公拓跋延普镇守的是安定，镇西将军王斤镇守长安。但是不久崔浩所担心的事就发生了，守长安的王斤是个武将，武将的长处是打仗时能征善战，但治理地方把军队那一套用上就不行了。王斤觉得长安这个地方，民风彪悍，此前曾归属过后秦、东晋，也归属过夏国，住的人比较杂，得用高压政策压制才能让人们顺从。王斤征民服役，随意加收百姓租税，让当地百姓不堪忍受，有不少人南逃汉川，此事传到朝堂，拓跋焘将王斤正法，但也没有从根本上解决了诸多新置的镇子的实际问题。崔浩在当时的谏言没有被采纳，后来也就不便多说了，可那的确是个隐患。那些远离朝堂外派到偏远小镇上的鲜卑镇将们，他们很久都等不来皇帝赏赐，也盼不来升迁，大都转变为刻薄镇上的人来增加收入。那些杂胡又生性彪悍，无奈内迁之后，首先是不太适应从四处游牧的生活到固定一地耕田种地的日子。其次是虽然归附魏国，可还是感受不到大魏国的恩惠，也感受不到皇恩浩荡。他们眼里镇将的做派，便是大魏国国主的做派，因为他们是魏国皇帝所派的，代表的是大魏国。

眼下有人带头公开叛乱，而且还有"亡魏者吴也"的谣谶四处流传，盖吴受到刘宋那边的赏封，并以汉人朝廷为正朔。那些受了刻薄的当地民众自然会一呼百应，对于百姓来说，跟着谁能衣食无忧、不受欺压就行，再加上还有个顺应天时的谣谶，说明盖吴也是尊天意、顺民心。崔浩知道此时再有怀柔政策也失灵了。

最初平城宫里从皇帝到文武大臣，谁都没有对盖吴起兵造反的事太在意，都认为这些草头王成不了大事。皇帝派出当地守边的军队出征剿灭，但不久传来镇守长安的副将元纥被杀了，随后皇帝拓跋焘又征发高平敕勒部的骑兵赶赴长安，命将军叔孙拔统领并（太原）、秦（甘肃天水）、雍（陕西凤翔）三州兵马屯于渭水之北抵御盖吴叛军。

十一月，朝堂上崔浩听到前方来的奏报，说盖吴军分成三路进发直取长安，还引起了连锁效应，战火就好像是着了火的野草，风一吹，四处引燃。一路是盖吴部将白广平率军西进攻占新平、安定之地，当地的胡人起兵响应。白广平又渡过泾河，连接攻克了汧、陇之地，并杀了汧城守将。中路军盖吴亲率主力军东进李润堡，直逼渭北。还分兵进攻临晋（陕西大荔），从东面围攻长安。相呼应的还有聚居于河东汾阴的蜀族部落首领薛永宗，薛永宗抢夺了大魏国在河东的牧场，组成了一支三千人的骑兵，并带兵截断了崤山到函谷关的战略要道，与盖吴军隔黄河相望，关中西端的散关（宝鸡市南）氐族也响应盖吴，杀了陈仓（宝鸡市）守将。反魏大军遥相呼应，结成掎角之势，声威大震。一时间魏国境内战火蔓延，北起杏城，南至渭北，西抵金城（今甘肃兰州），东及河东。

朝堂上大魏国国主拓跋焘横眉怒视："当年晋国的八王之乱，就是卢水胡人联合匈奴、羌、月氏率先起兵进中原的，那时也是关中先乱。如今又是卢水胡人带头叛乱，致使遍地战火起，难道真是天要亡我大魏？难道真会应了'亡魏者吴也'的谣谶，朕要领兵亲征，剿灭这些叛贼。"在煎熬中过了个年，太平真君七年（446）正月，拓跋焘率精骑攻打河东汾阴的薛永宗，崔浩随军出征做谋士。

拓跋焘问崔浩说："司徒，咱大军今日可以攻击薛部吗？"崔浩站到高处，远远观望薛永宗部落的情况，看营寨内的人们进进出出，一副散漫的样子，崔浩觉得他们没有防备。崔浩回到大营，向拓跋焘奏报说："回陛下，臣远观薛永宗的营垒，里面的人安闲稳定，好像没有防备，薛永宗应该是不知道御驾到了河东。眼下我们应该迅猛发起攻击，趁他们不备，可以很快就拿下他们。但如果我们安营扎寨休整等到明天，恐怕他们会趁夜逃遁。"拓跋焘当下下令，大军不休整，立即分兵合围薛永宗营寨。大魏兵当下分开几路人马出击，两个时辰后，果如崔浩预料的那样，薛永宗溃不成军，四散而逃。随后大军渡过黄河到达洛水桥时，还打散了一路临晋地区派出的想与薛永宗会合的队伍，这些人不敌魏军轻骑便散逃而去。

大军休整时，拓跋焘与崔浩分析起了眼下的战势。盖吴的主力驻扎在长安以北的渭河北岸，此前已被叔孙拔部牵制，两军隔河相望，拓跋焘所带大军是在盖吴军的东边，如果从渭河北岸直行军六十里，不到一日便可抵达盖吴军营，与盖吴短兵相接。只是渭北平原那一片几经盖吴掳掠，所到之处应该都是空城，粮草补给十分困难，如果一战不胜，后面就会再现当年伐柔然时出现的没有粮草补给士兵挨饿的情景。如果是渡过渭河，与渭河南岸的叔孙拔部会合，粮草不成问题，只是又会贻误战机。

　　拓跋焘想听听崔浩的意见，崔浩略一思索说："臣以为，盖吴军营离此六十里，是盖吴所率的主力所在地。擒贼先擒王，打蛇打七寸，大魏军轻骑兵以迅雷不及掩耳之势攻打盖吴大营，采用三面包抄的战法，防止其退入渭北山地，这是迎头痛击，盖吴虽说号称有十万之众，但大都是没有经过训练的乌合之众，此战有望将盖吴擒获，然后再到长安，就算是补充不上粮草，挨饿也就是一天的事。如果先渡过渭河，从南边攻打，那就相当于打蛇尾，盖吴军如果不敌大魏军，会趁机散入北山，骑兵不擅于山地战，况且也不如盖吴军熟悉地形，再想捉拿可就难了。"虽然崔浩的分析入情入理，但是一听到粮草补给困难可能挨饿时，拓跋焘便踌躇了起来。因为有上次北伐柔然回程时的那份恓惶为前车之鉴，再一想那盖吴与大魏国最精锐的骑兵交锋也是困兽之斗，会铤而走险，如果一战拿不下盖吴军，大魏军又是远来疲惫之师，后果将不堪设想，拓跋焘还是选择了稳妥的战法。

　　只是战机也是稍纵即逝，机不可失，时不再来。战场上的任何犹豫都会让胜负难料。大军按照皇帝的想法沿渭水南岸西进，抵达戏水（陕西临潼东北）。两兵相交后，盖吴果然不敌大魏军，其部众散入渭北山区，和魏军捉起了迷藏。

　　静静地站在河边上望着渭水，虽然河面上有浮冰，但河水依然波涛汹涌，崔浩望着渭水河沉默不语。他想到了姜子牙于渭水钓鱼，不饵而钓，终在河边遇到文王，并助周文王伐纣立下了不世之奇功，自己虽不敢与姜太公相比，可每每是看得很清晰明白的战局，他的建议却得不到采纳，不少是以遗憾而告终，多少次了都是这样。如果当年听他的建议，关中一带派当地人自治，而不是下派鲜卑镇将去为害百姓，可能就不会有这次大规模的聚众叛乱。随军做谋士，很多时候鲜卑老将们认为他是个拿不起弓箭的文人而拒绝听他的，可周朝的姜子牙不也是个文人嘛，谁说一定得身经百战才能制定战策。他明明知道皇帝如果一渡河，舍近求远，便会前功尽弃，可是他却劝不住。眼下的局势让拓跋焘后悔不已，从一种速战速决的状态变成了平叛遥遥无期。

那一年二月，崔浩随拓跋焘一行兵进长安，安抚当地民众并围剿盖吴的外围势力，孤立藏到深山里的盖吴军。

长安佛寺的异象

长安的天气微风里带着微薄的凉意，早春二月，时阴时晴，大军所经之地，只要是查明与盖吴有联系的无论是汉人还是胡人一律诛杀。

曦儿……宸儿……你们在哪儿啊，回家吃饭了……一老妇蓬头垢面，衣衫褴褛，目光呆滞地从崔浩等众人面前经过，似是疯态，估计是失去孩子的老人失智了，崔浩望着那个远去的老人久久回不过神来。社会动荡，崔浩希望此战快点儿过去，或者大军能快点回朝，让这个地方安静下来，让当地百姓回归正常的生活。

长安的寺庙多，大军分散在长安城的寺院里休整，寺庙里的僧人们面对着手拿刀剑的军人心存惧意。为了招待好驻扎在寺庙里的大魏国士兵，僧人们也是使出了浑身解数，不仅腾出僧房供士兵们居住，还为军人们提供饮食。为了表示恭敬之意，有一座寺庙的僧人还特意为在他们看起来是最大的官员上了一坛酒。却不料，那坛本不该出现在寺庙里的酒却让皇帝的一位近侍官起了疑惑。因为要保护皇帝的安全，他们比别人会多个心眼，按理说寺庙是清静之地，怎么还会有酒？有酒是否便有酒肉和尚？那酒里是不是还会放有别的？这么丰厚的食物款待大军是不是他们内心有鬼？这一连串的疑问使得那位护驾的侍卫坐不住了，随后便悄然离席，若无其事地到僧房内查看，这一看不要紧，侍卫看到了僧房的地上除了立有扫帚、挑子等日常用品，居然还立着刀、棍等兵器，这哪里是僧人们修行的化外之地？寺庙里的僧人除了剃了头穿上袈裟，其他的和军营哪有什么两样。随后侍卫便不动声色地走出去，悄悄地告诉了正要用餐的皇帝拓跋焘。拓跋焘听后也起身到寺庙内的各个房间查看，果然看到了兵器，那些兵器就和扫地的扫帚、挑子等立在一起，看得出也是寻常之物。看到这些拓跋焘顿时勃然大怒，指着小心侍候着他们的僧人一顿大骂："你这佛门有悖佛尊，犯上作乱，太无道理，朕总认为出家人为方外之人，不问世间事，静心隐居修行，可是这庙里却存兵器，僧人们每日里挥拳抢棒、使刀舞剑，僧人们还要喝酒，这哪里是和尚应该做的，分明是和盖吴一伙的。朕如今亲征平定盖吴叛贼，却没想到你们这群和尚都暗通盖吴。"听得皇帝发怒，士兵们顿时停止用餐站起身围了过来。"侍卫们，给朕搜查，看看还有什么违禁之物。"大军每间僧房都要查抄，那些和尚们一看不妙，急忙逃跑，但哪能逃得过军人的刀尖。大军细细寻查，这一查还真有了新发现。寺庙竟然还有地下室，地下室也别有洞天，不仅有酿酒的作坊，还有众多写着名字寄放的包裹。最让人可气的是，在一间僧房的墙上发现了一道密室门，开启密室，里面竟然藏匿有妇女。这个发现让大魏国皇帝拓跋焘气得七窍生烟。"这些个可恶的和尚，朕允许你们不交税租，不服兵役。朕的军士们在风餐露宿，出征打仗。朕让你们修行布道，你们倒好，将寺庙变成了淫窟。"随之拓跋焘命令大军，搜查长安所有的寺庙，见到和尚一律杀死，把寺庙里的东西清理出来全部充公，所有寺庙全部焚毁。

一时间，大火满长安，满城的寺庙烟火四起。

一时间，大军到每个寺庙毫不留情地烧杀。

崔浩想，自己虽不信佛，可是佛家讲究不杀、不盗、不淫、不妄语，出家人本来应该惜物、惜福，身外之物够用就行了，方外之人，身外之物越轻，越能体悟，可是眼前的这些和尚，他们却是寄生在寺庙里的寄生虫。

随军的国师寇谦之急忙找到崔浩说，"司徒，你赶紧去劝劝皇上吧，我求皇上放过那些和尚，皇帝不答应，这样不问青红皂白大肆捕杀和尚，不是大国风范。"崔浩说："国师，不说眼下皇上正在气头上难以劝得住，再说皇帝养活了全国二百万僧人，眼前却出现了这种情况，也难怪火冒三丈。而且国内还有个'亡魏者吴也'谣谶满天飞，让皇上也寝食难安，整顿一下寺庙秩序，应该对僧人们也是个威慑，你也知道大魏国的寺庙僧人们没有南人那边的律条来约束，越发地无法无天了。"寇谦之说："司徒所言有理，他们的确过分，可这哪里是整顿寺庙秩序，大魏军好坏不分地大肆杀人，那会有灾殃的呀。"

长安城的和尚杀的杀了，腿快的跑了，大部分寺庙化成一片焦土，满城狼藉，行走在大街上，不时可见僧人们的死尸，到处可见残垣断壁的庙宇。

拓跋焘召崔浩进见，问崔浩："司徒，全国真如你所说的有二百万吃闲粮又不纳税的僧人？以朕看来这些人都该死。"面对皇帝的发问，崔浩的内心是十分矛盾的。一方面行走在大街上，入眼的是军人到处屠戮僧人的情景，到处是被大火烧毁的寺庙，无论信奉什么或者不信奉什么宗教，但都是忌讳这么大肆屠杀的。可是另一方面那些僧人们为了躲避兵役、徭役，鱼龙混杂，还无戒律约束，也算是咎由自取。从国家的角度出发眼下的确应该整顿一下无序的僧侣秩序，而且此前已经针对寺庙颁发过两道诏令，一次是太延四年（438），让五十岁以下的僧人还俗，或种田或当差，毕竟眼前国家并不太平，这个诏令基本没起作用，反倒是使一些有名望的僧人寄身王府里。之后是两年前朝廷诏令禁王公、庶人私养沙门、巫师及金银工巧之人，为此还惩戒了玄高和慧崇，但是寺庙的情况并未得到彻底改观。想到这里，崔浩上前回话说："回陛下，这是监福曹所统计的数字，臣不敢隐瞒，僧侣秩序是应该整顿，但是也应该……"拓跋焘打断崔浩的话，说："崔司徒，朕命你代朕起草一份诏书，令各镇诸军、刺史，凡佛图及胡经，尽皆击破焚烧，沙门无少长悉坑杀……"崔浩有点不相信自己的耳朵，急忙说："陛下，如此一来那就是灭尽了天下沙门，是否按晋国太尉桓玄曾倡导淘汰沙门的做法，让能畅说义理的留下，那些僧人们无论能讲《理惑论》或者《肇论》，只要能讲出个一二来便留下，让其他寄身于沙门吃闲饭的人充军，以补充军营。"拓跋焘听后顿时对崔浩变了脸色："崔司徒，'亡魏者吴也'的谣谶，你不是没听过，如果二百万僧人联手造反，朕可还有明日？这些吃闲粮不管闲事的僧人不灭，朕还能安生吗？朕命你马上写，朕让人快马送回平城。"崔浩见皇帝如此说，便俯身说了句："臣听命，这就去写。"

崔浩按照皇帝的意思拟就诏书：

> ……朕承天绪，属当穷运之敝，欲除伪定真，复羲农之治，其一切荡除胡神，灭其踪迹，庶无谢于凤氏矣。自今而后，敢有事胡神及造形象泥人铜人者，门诛。虽言胡神，问今胡人共云无有，皆是前世汉人无赖子弟刘元真、吕伯疆之徒、乞胡之诞言，用老庄之虚假，附而益之，皆非真实，致使王法废而不行，盖大奸之魁也。有非常之人然后行非常之事，非朕孰能去此历代之伪物！有司宣告征镇诸军刺史，诸有佛图及胡经，尽皆击破焚烧，沙门无少长悉坑之。

拓跋焘让人快马送到平城，让监国的太子颁发到各个地方。

长安曾是周朝、秦朝和汉朝的都城，也是万国衣冠朝拜之地，崔浩坐在车上想到长安城内走走，并寻找碑刻想看看碑刻上的书法。突然从远处跑来的寇谦之气喘吁吁地拦住了他的车子。崔浩让寇谦之坐上车，便问国师这么匆忙有什么事，寇谦之毫不客气地说："刚才老道看到皇帝的侍卫拿着诏令要回平城，老道看到了其中的内容，侍卫说这诏书出自崔司徒之手。崔司徒，僧侣沙门不问年龄大小、有罪无罪，悉数坑埋，你知道这诏书一下，天下多少僧人就没命了，无论是僧是道，但他们都是一条人命，人死不能复生你难道不知道吗？你不尽全力去劝阻，还替皇帝写下那锦绣文章的杀人诏书。司徒，你都年过花甲的人了，还在乎你头上的顶戴乌纱，不去尽全力阻止，还是你想要趁机灭尽天下佛门？你知道，诏书出自你的手，肯定你也跟着掺和了，这罪孽可要深重呢，你拿笔的手上是沾了血的。这么做你就不怕遭报应吗？这么做你就不怕后世留下骂名吗？这么做也有损皇上英名呀。"崔浩看着寇谦之气得一脸通红，知道是为了找他跑得急，便面露难色地说："国师，我知道僧人也是人，这么坑杀佛门真的不是我的本心，可是我身为大魏国的司徒，侍奉君前，为君分忧，眼下皇帝让'亡魏者吴也'的谣谶搞得草木皆兵，大魏国四处征战，兵源不足，三万座佛教寺庙田产不纳供，国家供养的是庞大的僧侣队伍，他们不清理门户，不用律条规范约束，致使寺庙鱼龙混杂，国家养着二百万僧尼，那些僧人们却又胡作非为。长安城里的寺庙，国师也是亲眼所见，现在皇帝大发雷霆之怒下诏令剿灭佛寺僧人，我也谏阻过，让那些懂佛教义理的人留下，让其他人充军，只是估计到了地方又没办法执行了。眼下盖吴十万大军谋反，卢水胡当年所在的凉国是佛教传播重地，佛教西来，最先在关中落脚，那些起兵反叛的胡人，也大都信奉佛教，想来僧人也是个隐患呵。国师难道没听说过'天子之怒，伏尸百万，流血千里'的话吗？君王不会为一人一物所系，从国家的角度出发，的确应该整顿无序的僧侣秩序，只是崔浩深知此诏出自崔某之手，之后肯定会背上百世骂名，可是此诏肯定也有利于国家安定，崔浩也是进退两难呵。"寇谦之看到崔浩说得言辞恳切，不像是在撒谎，他本想劝说崔浩向皇帝进谏，把诏书拦下来，但看到崔浩为难的样子，便摇摇头手抚着胡须走了。

寇谦之沉思片刻之后，便叫过身边的小道士耳语几句，那边小道士牵出马寇谦之的马，骑马悄悄离去。寇谦之让小道士赶紧回京城，让道观内所有道士赶紧悄悄通知平城内所有的寺庙僧人，让他们赶紧出逃，能通知多少尽量通知多少，这样做罪过才会小些。

过了几天，太子派的人马到了长安，太子上表陈情："刑杀沙门之滥，又非图像之罪，今罢其道，杜诸寺门，世不修奉，土木丹青自然毁。"太子的意思主要是请皇帝收回成命的，让沙门自行散去，让寺庙自然萧条。拓跋焘看到太子的奏表，当下扔到了地上，厉言让送表奏的人传他口谕"下皇帝诏"。送奏表人看到皇帝脸色大变，便低头应诺了一声，不敢多言，赶紧转身离去。这一来一回二十多天也就过去了。

那年四月，崔浩随拓跋焘起程返回平城，皇帝将长安城里的工匠两千多口带往平城。

在返程的路上，途经一座小城休憩，入眼的景象让崔浩大吃一惊，他看到几位着僧衣的僧人拼命地奔逃，骑在马上的士兵在后面追赶，那情景就好像是骑在马上撵兔子一般，等撵上了，便挥手一刀，僧人便倒在地上了，鲜血四溅。还有僧人跑累了瘫倒在地，那骑马者便纵马从那人身上踏了过去……这一幕又一幕让人触目惊心，这些情景其实都不是他想看到的，他一直希望通过戒律规范寺庙，让僧人有序减少。可是那诏书的的确确是他起草的，地方官员纵马行凶也是奉诏行事……一路上的情景大抵如此，他将车上的帘子放下去了，心情沉重。

披上僧衣，其品行要在俗人之上，可今日之祸，到底谁对谁错，一路上崔浩都在沉思。

四月中旬，大军回到了平城，从春寒料峭中走过来的平城，仿佛在一夜之间迎来了明媚的春天，远远望去杨柳枝轻柔摆动，穿城而过的河水荡漾着春光，这一切无不显现出闲适、散淡的美好时光。崔浩撩起车上的帘子，看着平城的变化，他渴望快点到家，他急需要休息，一路前行，千里颠簸，特别地累，再说他离开家也好几个月了，想来他的两位夫人都等得焦急了。急忙穿过城门，进入到平城城内，入眼的平城景象却让崔浩内心一惊，平城内的佛塔、寺庙尽毁，平时热闹的寺庙外面的乐舞、寺庙里诵唱经文的声音不复存在，街上有一种凄惨荒凉的景象。此前走过八角寺佛塔，他虽不信佛教，但对白脚大仙也很尊重，每次路过寺外，那塔刹上的风铃叮当作响声音，会让人心生宁静，可是眼前的景象让人惨不忍睹，入眼的只有寺庙的残垣断壁在夕阳中沉默。他看到街上人们的表情，每每有人从寺庙近旁走过，无不掩面而去，大魏国的都城平城有一种被人洗劫了的感觉，让崔浩的心在急速下沉。

推门回到家里，他先进了东屋，只见郭氏呆呆地坐在那里，双手合十默默地祈祷，听到他的脚步声，只扭了下头，瞥了他一眼，便又保持着原来静默的样子，并不理会他，也不起身迎接他，此前他外出回来，郭氏总要迎出来，讪讪地没话找话地问长问短，而这一次他离家好几个月了，看到他回来，就好像没看到一样。他见郭氏那漠然的样子，便转身离去，到了西屋柳氏房间。那里柳氏正在抹眼泪，看到他进门，她急忙站起来说："老爷，您可回来了！您不知道我快要急死了。"崔浩心里一惊忙问："怎么了，家里出什么事了？""老爷，你快看看吧，朗儿发烧一直不退，饭也不吃。"崔浩赶紧往里走，看到屋里睡在床上的孙子，清瘦的朗儿静静地躺在那里，他的额头上敷着浸了水的布子，双目紧闭，嘴唇干裂。朗儿的母亲坐在床头上，用湿布子揩拭朗儿的嘴角，看到崔浩连忙站了起来。崔浩扭头问柳氏："朗儿这是咋了？""唉，那些天，平城内的大军好像是疯了，一队一队地到寺庙里，见庙就砸，见僧人就杀，平城里的八角寺、长庆寺、五级大寺和那些私人盖的庙，烧的烧了，毁的毁了，僧人也给杀了，你说盖起来多不容易，说毁一把火就烧了。据说平城外那些山上的耆阇崛山上的庙宇和须弥山殿也没能幸免，人们说全国都是这样，一个诏令所至，平城的人们都说这是佛的劫难，而这个灭佛始作俑者便是老爷您，是您鼓动着皇帝灭了佛门，是这样的吗？"崔浩不想听这些，便赶紧打断柳氏的话问："我问你朗儿是咋的了，你就说起了城内寺庙的事，朗儿生病和寺庙有关系吗？"柳氏点点头："有呵，你得听我说完了，十天前不知道是谁把一具无头和尚尸体放到了咱家大门外拐角处。那日早晨朗儿要去上学，刚出门一转弯没提防让拌了一下跌倒了，爬起来看到是个无头僧人的死尸吓得大叫一声，便大哭了起来，下人听到赶紧把朗儿抱回家，把那尸体找地方埋了，朗儿回到家里就目光发痴，发烧还说胡话。知道老爷跟张湛交情好，便让人去请张湛过来给瞧瞧。张湛过来后，摸了摸脉象，听说了原委，只说孩子吓着了，给开了点药，并让静养着。临走张湛还随口说了句'这都是崔司徒造的孽呀'，后来再请便不过来了。我不相信老爷会劝皇上下灭佛令杀人，平时您是那么善良，看到个可怜人还总是接济，可是我知道老爷是跟皇上在一起的。这段日子府里人每天都是提心吊胆的，总怕还有什么事情要发生。"崔浩听柳氏这么说，他呆呆地坐在那里不说话。柳氏再问：

"老爷，你告诉我，灭佛这事真是你让皇上这么干的吗，皇上会听你的？"崔浩摇摇头无力地说："唉，一言难尽。这事要说跟我没关系，也有关系，长安城里的寺庙内，皇上亲眼看到了僧人们的武器、珠宝和酒窖，认为僧人和盖吴有关联，一怒之下，要灭尽国内所有的沙门，让我起草诏书，我也劝过皇帝但不管用，为此国师还和我生了气，说我没尽到劝阻之责，诏书有矫枉过正之嫌。再说当时那种情形，皇上气得脸都绿了，谁劝也没用，当时只是侥幸地想着也该整顿整顿佛教秩序，只是没想到结果会是这样的，因为此前下过两道诏令，都没起什么作用，看来这次是来真的了。"

崔浩知道这件事，如眼前的一张白纸染上了墨污，你越想弄干净，越洇染得厉害。他身为一个既有外患又有内乱的大魏国的皇帝近臣，没能为皇帝想出万全之策，这种大肆屠戮僧人的做法，一开始便是错，而他推波助澜，没能尽到规劝之责，还代写诏书，亦是帮凶。如今连他最好的朋友张湛都误会他，不登门了。

柳氏还告诉他，听人们说前几天，太子缓下诏书，私下通知各地沙门，让那些僧人赶紧出逃，那些消息灵通的、胆小的僧人跑了，也总有些虔诚的僧人不相信一直能容下沙门的大魏国，怎么能一下子就对僧人拿起了屠刀，那之前都是礼敬沙门的呵，认为是小道消息。当大魏国的士兵们围住了寺庙，固守的僧人们才傻了眼，那些来不及逃跑的，可就成了大魏军的刀下鬼，也有一些护寺的僧人静静地跪在那些佛像前，守护着佛像，寺庙起火了既不逃跑也不求饶，还说这是佛的劫难，他们要和寺庙共生死。柳氏总结说，那些佛门中的人，看来真心护法的也不少，天下真是什么样的人都有呵，可惜了那些虔诚的寺僧们。

崔浩摸摸朗儿的额头，好像并不是太热，他轻声地叫着朗儿、朗儿，朗儿微微睁开眼睛无力地盯着他，呈现出一种很茫然的样子，眼窝深陷。他刚想把张湛叫过来给朗儿开点药，便又想起柳氏说的话，便打消了这个念头。眼下如何能让朗儿好起来呢？突然他想起了既然郎儿是吓着的，也不单能靠吃药才能好转，所谓心病还得心药医。到了晚上，他将朗儿抱到堂屋门口，把家里的桃木朝简放在朗儿怀里，他自己手里拿个笤帚，蹲在门口，一边从外往里扫，一边口里轻声唤着："朗儿回家来，朗儿回家来，揪揪耳朵，拔拔小毛，我的朗儿吓不着。"一边呼唤还一边揪着孩子的头发和耳朵，唤完三遍，再将孩子抱起来放到床上，将桃木朝简放到孩子手上，朗儿躺在那里不明所以。崔浩坐在床边跟朗儿说着话，给朗儿讲着当年母亲卢氏讲过的故事。崔浩说："爷爷给你讲个故事，在很久很久以前的周朝，有几个书生外出后结伴回家的路上，入夜住到一间古庙里打尖过夜，夜半时分，有一个人在似梦非梦之时，突然间听到了母亲的呼唤：'儿呵，快穿鞋！''儿呵，快回家。'那声音十分亲切而且也特别急促，那个书生爬起来就准备赶夜路，一同在古庙里过夜的人让他等天明了结伴一起走，他恐怕母亲在家里遇上急难之事，一定要走，出庙门不久，那座古庙被雨淋塌顶了，那几个住在庙里的人无一幸免。""为什么会这样呢？"朗儿没睁眼，但好奇地问。柳氏看到孙儿开口说话了，也感到很开心，之前朗儿都是有气无力的，也不说话。柳氏赶紧把水端到朗儿面前，说："孩子先喝口水，一会儿再听你爷爷捣古吧。"朗儿很听话地喝了，然后用眼睛盯着崔浩，等着他再往下讲。崔浩说："原来那个书生的母亲等儿子久等不回，每日哭哭啼啼的，被一位很有法术的桃花女看到了，问清了老人啼哭的原因，便教了老人一招，桃花女让老人夜里拿着笤帚，边往里扫，边呼唤儿子的名字，让她的儿子感应到了，后来叫魂的风俗就流传开了。只要是吓着失了魂的，便用这个法子来叫魂很管用，再后来人们为纪念桃花女，便家家户户要种桃树，为的是辟邪。"一连叫过三天魂之后，朗儿脸色渐渐红润了起来，也下地吃饭了。那日柳氏悄悄地问崔浩："老爷，您这叫魂之法咋这么灵验呢？朗儿那些天吃药也不管用，你这一叫魂居然一下子就好了。"崔浩笑着对柳氏说："夫人，不是叫魂灵验，其实这是一种心理暗示，你不是说朗儿冷不丁见到个死尸吓着了，心病还得心病医，也只有让他从内心里相信，他被吓跑的魂儿给叫回来了，再没有魑魅魍魉能吓唬他了，他自然就会好起来的。"柳氏说，还是老爷有法子，孩子好了，比啥也强。

只是那日朗儿再走出门去，刚拐了个弯，走到那日被绊倒的地方，便又脸色大变，大喊大叫，又好像变了个人似的，跟着的下人赶紧把孩子带回家，通知崔浩。崔浩看到孩子变得谁都不认识了，知道是因惊吓患上了癔症，自己并没能医好。无奈只能硬着头皮亲自到张湛府上去请张湛，并跟张湛聊起在长安城的事，张湛也知道崔浩起草诏书也实属无奈，便原谅了崔浩，带着银针到了府上，给朗儿针刺十三鬼穴，刺过之后朗儿立即神清气爽了起来，就是走出门去也不会再大喊大叫了。崔浩才知道张湛的医术真是所言不虚，张湛说这针刺十三鬼穴治癔症之法来自《扁鹊镜经》，崔浩知道张湛医术的过人之处。张湛医好了朗儿的病，但是这些天，也让崔浩从内心深处反思这灭佛的诏令对于大魏国的危害，就是自己的孙儿其实也是受害者，全国不知道有多少人在无辜中死去，又有多少人像朗儿一样因为恐惧而生病。他在想，当初皇帝盛怒之下让他起草诏令，他如果按自己的想法，依旧写成是将寺庙内能宣讲义理的留下，将其他人遣散，皇帝是不是会一怒之下治自己的罪，如果拖上几天不写，会不会让皇上冷静下来。再想如果后来太子派人请皇上收回成命，遣散天下所有的沙门，而让寺庙自然荒芜，当皇上只说了句"下皇帝诏"，此时如果同意太子的意见再去苦谏，兴许那么多僧人不会死于非命呢。可是一切都已经迟了，崔浩为此十分地内疚。

回到平城之后，有人上疏说如今平城内人口大增，郭城也已建成，城内有许多坟墓存在，出现了活人与死人争地的现象，建议将围在郭城之内的墓葬全部迁出，以利于平城的长远发展，皇帝同意了。过了几天，皇帝下令让把郭城里所有墓葬也包括埋葬在寺庙内所有僧人尸骸都移出城外迁葬南郊，埋在八角寺塔里的白脚大仙惠始也是被移出的对象。

崔浩听到府里的人说，当年白脚大仙惠始圆寂后被人们安置在八角寺的僧塔内，如今过世快十年了，可那日在迁葬时，启开寺内僧塔的门，将惠始的立式棺木移出僧塔，等打开棺木时，人们看到他的尸骸并没有腐烂，还是当时圆寂时那个闭目端坐的样子，相貌也和圆寂时一模一样。本来举国灭佛，但是八角寺内出现了这种异象，便引起了平城人的好奇，虽然好奇，但也不能声张，迁葬仪式还在悄悄地进行着。只是这也是京城一大奇闻，人们一传十、十传百、百传千，像风一样的传播着，全城有六千多人悄然去为白脚大仙送葬，这些人有的是好奇，更多的是虔诚的佛门居士，他们将惠始的棺椁小心地移到车上，再慢慢地送出城外，一路上没有人出声，好像是怕惊动了安睡的白脚大仙，这样的护送一直相送到城南，安放到了新的葬地，并在惠始的坟冢上，建了一座石制精舍，让惠始始终保持着安详、端坐的姿态，石制精舍的外面还绘有惠始的肖像。

不少人背后说，这是在举国灭佛之后，白脚大仙以这种方式变相地弘扬佛法。崔浩听后，心里暗暗吃惊，不知这个情况是真是假，如果真的能死后不腐，十多年过去了肉身还能保持端正的坐姿，说明这惠始真的是位世外高人。等后来，崔浩看到高允在中书省含着泪为惠始写传记，才知人们所言不假。

"唉！"崔浩心里一声沉重的叹息，佛教中良莠糠秕、凡圣参差，并不都像传说中的昙无谶那样，使法术迷惑百姓，还将房中之术传给世人，想来佛法的高妙不等同于那些持黄老之术者，自己对佛教真的有误解。

面对朝堂上众人对他的敬而远之或是变相的指责，崔浩第一次感觉一种百口莫辩的委屈。

女婿卢遐听说丈人回京了，上门拜访，卢遐还告诉了崔浩一件事，那就是玄高的弟子玄畅的事。玄畅听说大魏国要灭佛，便拼命地跑出平城，一路南逃，经代郡上谷，东跨太行，路经幽冀，向南转至孟津。他出逃之时怀揣几根长条杨树枝，还有一把葱叶，等骑兵追过来的时候，眼看就要被生擒了，他便拿着杨树枝猛抽地面，扬起的沙尘让后面的人马迷了眼，趁着扬沙，玄畅再往前跑一程，靠着这一招，他居然逃脱了追兵，等跑到黄河边追赶的人快要靠近他时，他已经跳进了黄河，他把大葱叶插到鼻子内通气，艰难地渡过了黄河。平城之内，像玄畅、昙曜等有名的僧人大都出逃了。卢遐虽然是在叙述往事，但看得出他的描述中有为这些人能逃出去庆幸的成分在里面。崔浩听了卢遐的述说，只是点了点头，什么也没说，卢遐轻轻地走了出去。

朝堂上皇上以崔浩辅佐东宫之勤，赐他絮布各千段，看着那些馈赠，崔浩第一次没有一丝一毫高兴之情。

同年八月，拓跋仁的下属陆俟施计，盖吴终被其亲叔叔诛杀，至此，一场遍及全国的叛乱才算彻底剿灭，一场让所有人谈佛色变的灭佛行为也备受世人诟病。只是没想到那年九月，安定郡又有人举起了反魏大旗，带头闹事的仍然是卢水胡人名叫刘超，这场战事又被陆俟平定了。还有一个山胡曹什浑又接着起兵反抗，后来又被大魏军给扑灭了，为什么前赴后继起事的都是卢水胡人，这让皇帝拓跋焘起了疑惑。

回到京城之后的崔浩，很多时候静心习字以平复自己的情绪。纵然满城尽学崔家书法，但他依然不敢懈怠，他看着手里的毛笔，想起生之百年，也不过弹指一挥间而已，想做的事太多，但其间总是免不了许多坎坷，谁又能清楚地把握自己的命运到毫发不爽呢，要说最幸福的事便是心无旁骛地写字，写字不仅是研习书法，古往今来那些文字谬误实在太多了，他还得将其甄别，再传授给他的门徒们，不让他们以讹传讹。可是众多的事也都等着他处理，哪能有这么多时间安静地坐在桌前读书习字呢。闲暇的时候，他站在院子里看那株槐树，那是他们刚到平城时种下的，那株内质坚定的老槐，任风移月迁时光流转，依然那么沉稳，按时花开花落，没有人间那么反复无常的人心和有情无情的困扰。

第十三章　不赏之功

风起青萍之末

　　那里柳氏在抚琴，自弹自唱"春浅、花落、西风残，鸟鸣、雨滴、翠被寒……"崔浩刚一进门，便听出了柳氏曲中的幽怨，他知道自己整天忙于政务，冷落了家人，便信步走进了柳氏房间。柳氏起身迎接，他用手示意她继续弹下去，柳氏看到他双眉紧锁，知道他又在朝堂上遇上了急难之事，便换了个曲调，弹起了一首曲风轻快的《南山》：

　　"南山崔崔，雄狐绥绥。鲁道有荡，齐子由归。既曰归止，曷又怀止……"一首曲子下来，把个崔浩眉间紧锁的疙瘩解开了。在家里柳氏是知他心语的人，而他有心事也愿意和柳氏说。偶尔，柳氏以南山崔崔来称呼他，也让他很受用。卓越的男人也得有个遗世独立的女人来配对，他才能在她面前去掉一切面具，才能把自己内心最柔弱的一面表露给她。

　　眼下他就遇上了一件很头疼的事。冀、定、相、幽、并五州郡守出现了空缺，身为大魏国的司徒，为国选才是他分内之事，特别是自从发生了此起彼伏的卢水胡人叛乱事件之后，崔浩觉得派往各个州郡的官员，更要有德行、操守，还得有处理各州郡县事务的能力，才能保证这个地方的平安。确定郡守人选原本是他分内的事，而且他也已物色好了人，对这些人也多次考察过了，无论门第、学养、品行都是十分合适的。此前皇帝多重视征战，有时候调职选拔人的事交给他的时候，他会尽心尽力地让众人推荐，然后到了朝堂上商议大都能过了，因为他处事公道，所选的人也都经得起朝臣的议论，也就没有多大分歧。皇太子拓跋晃主持朝政之后，总领百官治理政务，当然也主抓文治方面的事，朝堂上的大小事得向太子禀报，这填补五州郡守空缺之事，自然得征得太子的同意。他将自己的想法和推荐人选向皇太子禀报了。皇太子看了看那些很陌生的名字，便说此前大魏国征召过一批征士，这些人才是州郡的首选，况且，这些人在朝堂上效力已久，十分勤劳，国家还未酬答他们，应该外放让他们去补郡县之缺，新征之士先补充到中书和秘书两省担任郎吏等辅佐官吏，用上一段时间再外放。

崔浩向太子禀报说："回太子殿下，此前皇上下诏要修史，用的多是此前的征士，到任的三十五名征士当时虽然大都充实在秘书省、中书省等不同的部门，只是不久又有不少任作他用。比如像邢颖已经担任直常侍，卢玄、李灵、宋宣及其从子宋愔都是中书博士，中书学那边还暂时离不开他们。眼下领著作郎高允主修国史，还兼任东宫太傅，是修史的主要人员，此前修史的游雅现在任散骑侍郎，张伟也赴冯翊任太守了。如果再把他们中的一些人从中调拨外放到郡守任上，新征的这些人还得培养好长时间才能胜任史书编撰之任，修史这边进度又跟不上，中书学那边用新征士也未必合那些学生之意，还请太子三思。"

听到崔浩的分析，太子当下也没再多说，而且也没有表示出反对，崔浩认为是太子默认了他的提名，于是他把那些选好的人士派到了任上。不过从那之后，他明显感觉到了太子拓跋晃对他的冷淡，这个不到二十岁的年轻人眼里发出的幽暗的光，让他捉摸不透。他隐约明白，太子跟他唱反调，最初是缘于玄高之死，之后又因为他写了灭佛诏书，只是他想起此前他曾上奏让太子整顿佛门秩序，太子却否定了，否则便不会有后来的皇上要下诏大肆灭佛。可是以他三朝元老之尊，他并不想就这些小事上和太子一而再再而三的解释，况且也解释不清。

不久之后，又有一件事再次让崔浩和太子之间产生了分歧。皇长孙拓跋濬要选拔侍读，拓跋焘让崔浩从中书学生中挑选几位学有所成者备选。他推荐了箱子、卢度世和李敷三人应试，让拓跋焘从中考核试用挑一个适合的。可是朝臣中给事高佑听到这三个人的名字，认为这些人都和崔浩有关系，觉得崔浩此举是在结党营私，专门挑选自家亲戚去给皇长孙侍读。高佑到东宫找到太子拓跋晃说，崔浩推荐的箱子是他的入室弟子，跟崔浩学习书法多年。卢度世是散骑常侍卢玄之子，也是崔浩的表外甥。李敷是李顺的长子，李顺生前虽然和崔浩不和，但毕竟他们也是亲戚，就算是这些人都是博学多才，但是中书学中那么多人，难道就连一个与司徒没关系的博学之士也选不出来？太子一听是这个道理，让这些人教自己的儿子，那不是全按崔浩那一套来。太子当下就去跟他的父亲拓跋焘发牢骚，说崔浩推荐的那三个人不是崔浩的亲戚，就是他的弟子，崔浩就是想通过这些人把他自己那一套思想再灌输到皇子拓跋濬身上，而自己身为拓跋濬的父亲，坚决反对起用这些人，应该再找别人。拓跋焘当下就跟太子说，那就选幽州刺史李崇老翁的儿子李欣吧。后来在朝堂上说起此事，拓跋焘跟崔浩说："崔卿为什么不选幽州刺史李崇老翁的儿子李欣呢，李欣也是中书学生，朕此前见过那个年轻人，聪敏机辩，博闻强记，是个合适的侍读人选。"崔浩回复说："臣前些时也跟陛下说过，李欣品学兼优应当被选拔，只是他已经外放出宫了，因此就没推荐他。"皇帝说，那就外放上一段时间，等李欣回朝后再入宫侍读吧，这件事也不着急。之后不久，皇帝将李欣宣进宫侍读。

这两件事虽然都不是大事，但是崔浩明显感觉到了年轻的太子跟他有了过节，那些不能正面交锋的矛盾不时拉开了他和太子之间的距离。崔浩的感觉是，无论他的选择再大公无私，在太子看来也是有私心的。人人都知道他跟李顺不睦，但是他之所以推荐李敷进宫侍读，觉得李敷是那种博学而又谨慎的人。

柳氏听了他的絮叨，只说了一句："老爷，你记得南边檀道济的遭遇吗？老爷您曾经比过张良，可是张良在汉室初定时，自请告退，摒弃人间万事，专心修道。前人的行事方式和人生结局就是当世人的一面镜子，既然您跟太子之间有了裂隙，为什么不趁此机会提出来退养，专心研习你的书法，编著那些书籍，需要您做的事太多了，为什么您就不能退一步为自己想想。再说了，檀道济的事就发生在当下，老爷就没想想要以此为鉴？"

崔浩低头想了想说："夫人的心思我懂，可如今天下还是两分，皇上对我有知遇之恩，需要我做的事太多了，我如何学得了张良？檀道济的死，我也很清楚，可为夫我觉得檀道济面对的是一个将死之君对于身后辅政大臣的疑惑，他的死为夫我也曾感伤过，只是觉得眼下大魏国皇上春秋正盛，想一统中原，而且皇上对为夫特别厚待，有知遇之恩，古人云，士为知己者死，思来想去眼下还不是归隐的时候。”

柳氏听到崔浩这么说，便说了句：“老爷，你呀，什么时候你的心里不再全部装着你的朝堂、你的国度，而是分点心思想想自己和家人，享受几天天伦之乐，过几天属于自己的舒心日子，眼下咱既不缺吃，也不缺穿，孩子们也都过得很好。咱们家第一要务就是把朗儿拉扯大，培养成人，让他学习书法，使崔家之书有了传承。”崔浩说：“为夫我从弱冠之年起走进了朝堂，已经习惯于把自己的所有才智都用在辅助朝廷之上，回到家没事干，感觉心里发慌，再过几年，太子全面操持国政，老夫就该请辞回家颐养天年了。”

沮渠牧犍的遗言

平定了盖吴叛乱，全国各地的出家僧人，不是被杀就是出逃，消除了那些皇帝认定的不安定因素，那个“灭魏者吴也”的谶谣也就不攻自破了。

太平真君八年（447）三月的一天，有人上殿奏报河西王沮渠牧犍和他的臣民依然有私下往来，不知是何意，是不是还有东山再起的想法也不得而知。这个奏报让皇帝拓跋焘又气恼了起来：“沮渠牧犍这个小人，朕待他不薄，真心把他当妹婿看待，公主对他情深义重，让他们在平城安居乐业。这个卢水胡人难道也和盖吴、刘超、曹什浑他们是一伙的？朕一直疑惑，为什么起兵的总是那些刁蛮的卢水胡人？是不是都有他在背后指使？原来就有人举报说沮渠牧犍将凉国府库中的金银珍宝偷偷盗出府库私存到了家里。在平城，朕供他一家吃穿用度，他要那么多金银珠宝干什么？此前朕就饶过了他一次，这一次却是谋逆，饶过了第一次，不会有第二次，朕赏赐他一杯御酒，让他和他那些地下的子民们继续往来去吧！"说过之后，又对崔浩说："崔司徒，朕命你代朕将御酒赐予河西王，让他留个全尸，也算朕给他留了情面，不要为难他，他有什么要求都满足他。"崔浩听得皇上差遣，便走上前说了声："臣遵旨。"

从朝廷里出来，崔浩带着宦官，宦官手里端着酒壶，这个御赐之酒，便是在壶中加了红矾的酒，一饮就会七窍流血身亡，这种死法和让武士们拉出殿外斩首于都街之南相比是很温和的了，也是皇帝对于自家妹夫的一种优待。

当年大魏军攻下北凉的都城姑臧后，河西王沮渠牧犍同北凉所有的文武官员反缚自己，出城向拓跋焘当面请罪，先呼皇帝、再称兄长，一声兄长叫得拓跋焘当下心软了，便令人解开他们的束缚。那年朝廷将凉州民户三万余家迁到京师平城，沮渠牧犍夫妻也到了平城。作为皇帝的妹夫，沮渠牧犍享受到了礼宾待遇，皇家给他们修建府邸，府邸就在京城内，与京城官宦们的府邸离得并不远，原来所授沮渠牧犍的征西大将军、河西王的称号并没有撤销，下人也一应俱全，公主可以随时回宫，只是沮渠牧犍不能随意出府。沮渠牧犍也是卢水胡人，当年和盖吴或者刘超他们相识，此时有人举报沮渠牧犍和他的臣民私下往来，图谋不轨，估计此前皇帝就对他起了疑惑，否则沮渠牧犍身为皇帝妹夫，哪有不查清楚再处理的道理，看来"亡魏者吴也"的谶语真的让皇帝内心惊慌，比起江山社稷来，亲情算得了什么，只要妹妹在，妹夫有的是。

崔浩一路想着，不知不觉就来到了河西王府。此前宫里有人将这一消息提前去告知了武威公主和沮渠牧犍，两人在家里抱头痛哭，崔浩在院子里耐心地等着，等公主将3岁的女儿送出府门外，崔浩才走到了沮渠牧犍的房间。此时，沮渠牧犍已经换好了他在姑臧身为凉王上朝时穿的衣服，面色冷峻，并没有慌张和畏惧，他和公主再次相拥之后，让下人将公主带离，然后崔浩才走进堂屋。

崔浩说："征西大将军，崔某也是依命行事，送将军上路，不知将军还有什么话要说，本司徒将转告给皇上。"

沮渠牧犍看了一眼崔浩，哈哈大笑说："崔司徒，本王也估计到了，这个送本王西行的人会是你，果然被本王猜中了，要说有什么要说的，也有。跟公主要说的话，本王跟公主也说过了，就是叮嘱她照顾好女儿。跟当今皇上也没啥好说的，作为受降之人，他把本王当妹夫，在平城七八年间对本王特别厚待，这点恩情本王自然对他感激不尽。今日本王之死可以说是咎由自取，并不想开脱或者再去求他。不过，本王倒是有几句话想跟崔司徒说说。本王沾了公主的光，在远离姑臧的平城，依然过着体面的生活。本来本王也想学着三国的刘禅做个乐不思蜀的安乐公，每日观乐舞百戏于府前，喝酒喝得酩酊大醉，消遣时光，苟且取乐，让自己忘了大凉国，忘了那些大凉国的子民。可是崔司徒，你们一出灭佛诏，坑杀了天下多少出家僧人。你明明知道，本王的子民大都信佛，他们不杀生不害命，他们被迫内迁，本来就水土不服，还时时要被那些如狼似虎的镇将们欺负，活得很恓惶，这个时候你为什么就不能看出些端倪，让天下苍生活得自在一些。能有饭吃，谁又会冒着杀头的危险揭竿而起叛乱呢。百姓动辄被强征兵役上前线，有多少人是不得已才出家为僧，成为方外之人，求得自保。可是崔司徒，你身为饱学的谋臣，身居高位，不知民间疾苦，你助纣为虐，让皇帝灭尽天下沙门，可是你知道什么是佛吗？在本王看来，心即是佛。当年本王不忍大凉苍生受屠戮，不顾羞辱与文武百官反缚自己请罪，以保全一城百姓。可是你撺掇皇帝下一诏灭佛令，那张纸让本王的多少子民身首异处。本王也是堂堂血性男儿，听到这样的消息岂能不有所震动，能不有所行动，又怎能泯灭了收拾旧山河之心。你的亲家李顺经常托梦给本王，说他死得冤枉，让本王为他报仇，李顺之死不就是司徒在皇帝面前诋毁的结果吗？本王的今天跟崔司徒没有丝毫关联吗？佛家讲究因果报应，在本王看来，本王和李顺的今天，就是你崔司徒的明天，本王先走一步了，哈哈哈……"说完话也不看崔浩的表情，站起身来，拿起宦官手里的酒壶，扔掉壶盖，大叫着："大凉的子民们，王的爱妃，本王随你们来了……"然后仰头将酒一饮而尽。崔浩目不转睛地盯着他，看到沮渠牧犍将酒壶抬手朝后一扬，将酒壶掷到了地上，酒壶成了碎片，然后便见他的鼻子、嘴里渐渐有血涌了出来，人站立不稳，趔趄了几步，倒伏在了地上……

崔浩虽然是奉命执行沮渠牧犍死刑的，可是他完全没想到沮渠牧犍临终的话语是说给他的，沮渠牧犍的死也是和他有关联的，是他跟皇帝奏报说全国有二百万僧人，可是他们为什么成为僧人，他想得很少，只以为馋要饭、懒出家。那一纸灭佛的诏书，又招来多少人对他的恨意，人们不恨下灭佛诏令的皇帝，因为皇帝是天子，是不会有错的，只能是愤恨身边的谋臣，可是谁能不知谋臣是看皇帝脸色行事的。

崔浩闷闷不乐地回到了府中，躺在床上，望着屋顶，不言不语。《论语·述而》说："志于道，据于德，依于仁，游于艺。"自己将所有的才智都用在辅佐大魏国了，从无半点私心，如今想起来这段时间桩桩件件烦心事，内心有说不出的沮丧，也许是老了，崔浩抚摸着胡须想。

第二天上朝，朝堂上有人进言，凉州人口大量内迁，如今凉州那里地广人稀，十分荒凉。拓跋焘征求众人的意见，也没人能说得出让皇帝中意的建议来，还有人说将原来凉州居民迁回去，一看到拓跋焘脸色不对，便不再往下说了。崔浩当日因为情绪不佳并没有发言，回到家后又内疚了半天，虽然沮渠牧犍那么贬损自己，但毕竟是被赐死之人，又何必生他的气呢，无论沮渠牧犍当年再残暴，但是对他的子民还是有感情的，灭佛诏令应该是对于原来凉国的子民伤害最大，因为他们出家为僧的最多。但凉州荒芜了，还是应该想办法的，枯坐了半夜，崔浩提笔又写下了《议军事表》的表文，第二天上朝时带到了朝堂上。他进言道："臣觉得，眼下应该招募内地盈实的大户人家，让他们自愿带着他们的人马去凉州，再给他们优厚的待遇，这样可以充实凉州之地，让凉州再度红火起来。"说完之后呈上了他写的《议军事表》，拓跋焘觉得这个主意不错，当下便同意了。

请立石铭

在续修的国史中，《代纪》仍用早年邓渊旧作，《太祖纪》《先帝纪》和《今上纪》主要是由众人执笔，按照"信以传信，疑以传疑"的总纲，高允负责整理，崔浩总览全书，再把成书中认为不妥之处进行了删节修改，有没说到的地方再加以补充，在言辞上，崔浩给增加润色，使之语言流畅，还有了文采。修史这项浩大的工程终于在太平真君八年（447）春天算是大功告成，为了区别此前崔览他们修成的《国书》三十卷，这次修成的国史统称为《国记》。

中书省众多的中书侍郎、著作郎吏们，集七八年之功终于将此事完成。崔浩将一卷又一卷的《国记》修订完成后放在中书省的案头，整整齐齐地码放在那里有半尺之高。他感觉又完成了一项皇家的浩大工程，又卸下了一副重担。这也是一件可值得开心和庆贺的事，此前修国史的事一直压在他的心里，既不能催促，也不能潦草，为了修好大魏国的国史，那些白台书楼里的藏书，众人不知翻阅了多少遍，并按照孤证不取的原则进行求证。中书省的人都知道崔浩博学又认真，有时候一个细节众人也得翻看一天的书，如今这项工程终于完工了，崔浩也开心，想庆贺一下，也让众多著书的郎吏们开心一下。

那日是休沐日，崔浩备好了酒菜，他让闵湛、郗标告诉那些职位较高的著书郎吏们。闵湛、郗标平时和崔浩走得较近，也经常向崔浩讨教一些问题，经常出入崔家府邸。闵湛、郗标招呼了高允、宗钦、阴仲逵、段曾根等人到家，这些都是崔浩平日很器重的人。另外还按照崔浩的吩咐，崔浩的下人通知了家住在平城的张湛、袁式，一共十多个人，因为张湛曾为崔浩的孙子朗儿医过病，虽然闹了些不快，但也是个性使然，崔浩不愿就此伤了和气。到了中午众人陆续到了崔府，聚餐就在后院的石头桌上，摆上酒饭，崔浩又让柳氏夫人的使女把瑶琴摆在柳树下，让使女抚琴一曲，使女这些年得柳氏的亲传，瑶琴也弹得特别好听。在众人开宴饮酒之时，使女静坐在那里，弹着《酒狂》《流水》等曲为众人助兴。

一时间崔家府邸大院里，琴声悠扬，悦耳怡心，如清泉流水。大家或对酒当歌，或临景吟咏，十分热闹。席间众人兴致特别高涨，大家述说着这些年编撰《国记》的艰难和成书时的酣畅。而张湛安静地坐在那里说不上话，闵湛、郗标四下招呼众人，但却不大理会在座的平民张湛和袁式。崔浩看到两人的沉默，便让张湛先吟诗一首，张湛是北凉国有名的诗人，他的诗曾经在北凉国艳压群芳，虽然张湛到了平城只愿做一介平民，但也是京城名医，疑难杂症经他之手药到病除，谁也知道张湛是自己要求不出仕的，而且人们也知道崔浩与张湛相处甚好，众人对张湛也特别地恭敬。张湛吟诵了一首近作，众人大声称赞，然后便轮到了袁式，袁式不便推辞，起身到槐树下，接过柳氏使女手中的瑶琴，便即弹即唱，他唱的曲儿是他自己编的，特别清雅。这个袁式是拓跋嗣当政时降魏的，皇帝封他为阳夏子，但他也不愿出仕，自己主动辞官的。他与崔浩私交甚好，崔浩在制定朝仪典章时，有不懂的问题经常去袁式家登门求教。

菜不一会儿就上齐了，大家都知道崔浩是有名的美食家，饭菜特别讲究，而且皇帝还过府而食。上桌的每一道菜也特别精致，而酒那是崔家自酿。崔浩招呼众人，今日没有官职大小，也没有长幼尊卑，来的都是客，能聚在酒桌前的都是友，大家只说开心事。众人几杯酒下肚，便口无遮拦起来，有的人提议大家应该吟诗助兴。崔浩再次提议，大家都是从四面八方而来，如今都相聚在大魏国的平城，为魏国的中兴效力，咱就以居住平城为题作诗吧，众人都觉得这个提议甚好，于是各自沉思，十多首助兴的酒诗，大都是描述平城的风光和身居平城的感受，每一首诗都感情真挚。最后轮到了张湛，张湛经不住众人的起哄，便拿起酒杯，站起身来，作了一首怀乡诗，这在一群兴致特别高的人来说，无疑是很扫兴的，等他吟诵完，便将酒一饮而尽。张湛笑笑说："本来张湛就不该来这种场合，但身在平城，又与崔司徒交好，于是便来了，在下只是一介寒儒，要说对平城的印象也谈不上太深，每日里只是思乡，希望大家海涵。"崔浩听出了张湛诗里和言语里的感伤，便说："张湛小弟，崔某敬重你的为人和为文，小弟只愿意为平城的百姓诊治疾病，也是好事一桩，如果小弟愿意出仕，也是他们中的一个，大家原本是一样的，今日之聚，没有官职高下之分，大家都是平城的大儒，所以才能相聚在一起。"

趁着酒兴，著作令史闵湛起身给崔浩敬酒，他很慎重地说："大家都知道司徒博学，马融、郑玄、王素、贾逵等人所著的典籍注解，都不如司徒的准确而有深度，记得司徒曾说过，跟先帝在洛阳看石经时，先帝说想在平城的太学门外也刻上石经，供天下士子研习，我们知道司徒所注《易经》《论语》《诗经》《书经》已经完成，要是司徒不反对，我们哪天奏报皇上，颁发司徒的注本，使之成为大魏国士子的学习范本。"崔浩本来已有醉意，听到闵湛这么说，心里也很高兴，便举起酒杯说："难得你们这么想，眼下还有《礼记》没有释注完，等注完以后，让众人看了没问题再说吧。"

郗标也拿起酒杯来起身走到崔浩身边说："司徒，刚才闵大人只说了前面的一半话，还有些没说，今天趁着人多，卑职先说说，大伙儿看看合适不合适。眼下《国记》完成了，咱们这些年的辛苦所作，毕竟是写在纸上的历史，将来又是藏在白台书楼里不为人知的藏书，是否能像东汉熹平石经立于洛阳太学门前那样，将《国记》连同《五经注》一起刻在石头上，这样可以流传后世，也可以说是完成先帝一个宏愿，当然还可以让现在人了解大魏国有今日辉煌真是来之不易，会更珍惜当下。"崔浩在众人的劝酒之下，已经喝了不少，而且这一日作为东道主频频招呼别人，也喝得特别尽兴。纵然官高至司徒，可是他一直觉得自己也就是个文人，更喜欢喝酒作诗这种雅事。听到闵湛和郗标所说，崔浩又想起当年和明元皇帝洛阳看石经的情形，当年拓跋嗣就曾和他说过，有一天咱大魏国的太学门前也刻些石经，让那些太学生们学习，只是回平城不多久拓跋嗣便故去了，在平城太学门外刊刻石经的事，便就此放下了。这次再经两人一说，崔浩猛然想起过去和先帝观看石经的情形，一高兴便说，你们两人的这个想法也不错，当年先帝的确想在太学门外刊刻石经呢，这一晃几十年就过去了，哪天老夫进宫时和皇帝请旨。来喝酒的人大都说这个主意不错，这可是功在当下，利在千秋的大好事呵。这事张湛等不在其位的人不参与进言，参与修史的高允低头不语。

那日上朝，因为要推荐有著作之才的人擢升，崔浩将闵湛也带到了朝堂上。拓跋焘说，朝廷准备将定州的丁零部落三千户迁到平城，问诸臣的意见，大家都说没有意见。其间崔浩奏报，如今《国记》已经全部修完，皇帝是否过目一下。皇帝说，如今太子监国，这些书就让太子去看吧。崔浩另外奏报："历代所修的国史，只是仅限于皇室和官吏所见，中书省多位著作郎史提议，是否把《国记》像洛阳石经那样刻在石头上，一则可以长久保存，再则还可以让百姓看到。如今大魏国荡平四境，与南边刘宋平分天下，这份不世之功当让人们铭记。眼下平城之内，居住的是从各地迁来的百姓，了解这些国史，也可以明白我大魏国立国的不容易。"拓跋焘听后点点头说："刻在石头上的历史可以不朽，这个主意也不错，这些你跟太子商量，朕就不多加过问了。"当时一同上朝的闵湛又奏报："如今崔司徒所校注的《易经》《论语》《诗经》《书经》《礼记》等《五经》的校注也即将完成，可否请陛下没收前人所注各种不完善的书籍入库，而让崔司徒所注的书籍在世上流传，让普天下人学习，使后学的人得到正确的指引，同时也将这《五经注》刊刻在石头上，让天下士子看到？"拓跋焘听后也表示同意了。

崔浩将众人编纂的《国记》交给太子，并把自己的想法和太子说了，同时又把殿上皇帝跟他说的话转述了一遍。太子当下同意了，闵湛、郗标还奏报说："司徒已经注成了《五经注》，上次奏报皇上，想将《五经注》和《国记》一同刻在石头上，以备众多中书学、太学生和平城里有学识的人观摩学习。"太子听说皇帝同意了，便也点头，还说了句："那么多碑刻出来，也就相当于碑林了，司徒可去选择一处合适的地方刻立这些石碑，中书学门外那是放不下的。还有就是碑石从何处去取？"阆湛、郗标马上回话说："微臣觉得，可去邺城取一些，那里有许多台基条石可用，不够的话，还可在平城的山上开一些。"说到刊立这些石经石史碑的地方，太子想了想说："司徒可去城西择一地。"崔浩说，那就在郊天坛之东吧，那里自在些，离大路也不远。太子点点头也同意了。

崔浩曾无意中说过当年邺城后赵武帝石虎原来所造的那些豪华屋子的台基是条石，这些条石都是高一丈有余的大青石，条石边上还有花纹，这话让郗标无意中听到了，此时他们向太子建议去邺城取石也正合他意，崔浩觉得这两个人，也处处为自己着想，是两个能知道他心思的人，这样的人应该得到重用。

崔浩在郊天坛东三里的地方，用步子给丈量出百步见方的地方，供工匠们用，一时间有开山取石的，有去邺城取条石的，邺城的条石还是有纹理，也就可以省去打磨雕刻花纹的工夫，这样的条石共有六十枚，平城的工匠从山上又取了四十多枚，这些工人们把石头都运到了城外西郊。先是平城的粗石雕匠人进场，他们把那些条石打磨成碑石的样子，每一块石碑再磨得边沿光滑了，之后又有那些精细的石雕匠人来刻字、雕琢图案等细致的活。

要建《五经注》和《国记》碑林，这可是平城里的大事，除了许多人在场内埋头干活，每天还有众多人去参观碑林雕刻进度。在石碑上刻字这些事，主要是阆湛和郗标在负责，那日著作郎宗钦约高允去看，高允当下就拒绝了。高允对宗钦说："那有什么好看的，这是阆湛、郗标为讨好崔司徒而想的馊主意，若有一点差错，恐怕就会给崔家带来万世灾祸，就连我们这些人也难以幸免。"宗钦瞪大了眼睛，不解地问："这怎么可能呢？高大人，不就是个石碑吗？况且太子也是点头同意的。你既然看出了这事有什么不太对劲的地方，为什么那天喝酒之时他们提出来这个话题来，你不阻止呢？"高允说："阻止什么呀，这事司徒是乐意的，后来还禀报过皇帝，太子也没法反对，这可是劳民伤财的事，你想想，城东每天有那么多工匠在修筑望不到顶的静轮天宫，城西又用那么多工匠雕琢碑林，大魏国的工匠都用在干这些事上了，碑林这项工程耗时费力不说，里面的内容如果有一点差错，你想想咱们能好活得了吗？"宗钦觉得高允说得有理，宗钦不知道这是高允的真实想法，还是他听到太子对此事的另外看法。可是这是一项开了工的浩大工程，就是他们知道有不对劲的地方，谁会听他的，也只能双手合十，祈求平安无事。

碑石上的字也大都是按照崔浩平时教人们的体例所书丹，那些石碑虽由不同的人书丹上去的，可看起来大体相仿：字体略呈扁方，欹侧取势。横画两端方粗，直笔方起藏锋，捺脚用笔收敛，出锋方整、扎实劲健。折笔方硬齐整，下笔如昆刀切玉。钩笔圆转出锋，力注于端。点多为方笔斜势，雄强奇峻。这些用笔特点，虽然还是隶书，但是却有了更加雄强奇峻的气势，而且也有了特别的味道。如果说城市有城市的个性，而书法也应该反映一座城市的气度，这样刚毅雄奇的文字刚刚好，崔浩看到一通通雕刻好的石碑，感觉到很满意。

奢靡的丧事

《左传》说："国之大事，在祀与戎"。第一要务是祭祀，其次是出兵，出兵前一般要进行盛大的阅兵仪式。大魏国的边境之患当下也就是来无影去无踪的柔然国，还有与魏国对峙的南方宋国，所以皇帝拓跋焘生怕坐在深宫久了，习惯了享受安逸的生活失去了战斗力。太平真君九年（448）九月，皇帝在平城西郊举行了盛大的校阅仪式，校阅一般先是将军检阅之后，然后请皇帝大阅，军容整齐，装备精良，士兵精神，马壮膘肥，检阅这样的军队才能提振士气。

搭建的皇帝校阅的高台就在城西，准确地说是在碑林的南侧。高台上面有硕大的华盖伞，皇帝坐在伞下面，众大臣站立在伞的后面，这个地方视野开阔，站在高台上，北面的郊天坛和正在打造的石经石史碑林一览无余。崔浩站在皇帝身后，但眼睛还居高临下地盯着不远处的碑林。

阅兵场上先是军乐声起，将士们唱着嘹亮的《阿莘来操》陆续进场，骑兵们身穿铠甲，持弓佩剑，步兵步伐齐整。随后传令的人挥舞令旗，便见列在中央的各个队列退到了周围，一队带刀的步兵在场地上四散开来，一队一队刀兵相见，刀剑的撞击声使得校阅场一片肃杀之气。之后变换队形，一个方阵的骑兵出列，随着鼓角吹响，身着不同颜色服装的两军剑戈相接，虽然是在演习，但是这也可以唤起鲜卑男儿的血性。崔浩心里想着等皇帝阅过兵，顺便请皇帝移驾到旁边的碑林里看看，这个倾注了他无献心血正在雕琢的《国记》和《五经》碑的碑林。皇帝坐在那里，看着阅兵的仪式十分入神，校阅过后，拓跋焘当下令大将万度率精骑五千西征鄯善国。拓跋焘说："那个鄯善国离长安大约有六千里，地处西域东端的要道口上，鄯善国国君曾向凉国称臣纳贡，但凉亡后，却一直没有向大魏国称臣，仅是一年前朝贡过一次。如今大魏国兵精马壮，又是秋天，正是出兵的好时节，眼下正好攻灭他。"万度听令后领兵而去。校阅结束之后，拓跋焘兴致正浓，有人提议到北边鹿苑狩猎，拓跋焘很高兴地答应了，崔浩想让皇帝看一看碑林的话到底也没有说出口，便想着等大功告成再让皇帝赏阅吧。

这一年十月，大风没来由地说刮就刮来了，而且是狂风卷石，黄沙满天。清早，崔浩出了大门去早朝，东方天际刚刚出现的一点曙光也被黑云遮掩了，大门外一株碗口粗的杨树倒伏在地上，心里装着众多事的崔浩并没有心思观看这些情景，便坐上车子走了。只见平城好多树木被风吹得连根拔起，横在了路上。

自从一年前中书监、宜都王穆寿过世，崔浩相当于是监国辅臣中资格最老的人了。此前监国四辅中，第一位便是宜都王穆寿，其次是司徒、东郡公崔浩，侍中、广平公张黎，侍中、建兴公古弼。这几个人当中，只有穆寿年纪资历最老，而且又是皇亲，对崔浩提出的建议经常横加指责，就是皇帝也让着穆寿三分，现在穆寿走了，皇帝有什么事，便是先问崔浩。

那日上得堂来，皇帝问崔浩："崔爱卿，你说这大风拔木，是天之异象吗？"崔浩说："回陛下，在汉代凡是出现了大风拔木、山崩川竭的情况，皇帝一般都是下诏让天下贤良方正、直言进谏之士上表进谏，以修正帝王之失。"崔浩还在朝堂上讲了周公辅佐周成王的故事。年幼的成王对周公很有意见，那年秋天，百谷成熟，天空突然出现大风，庄稼都倒在了地上，大树被连根拔起，国人非常恐慌，周成王和大夫们都戴上礼帽，打开其父武王留给他的密匣，看到的却是周公以自身为质愿意代武王生病替他去死，渴求武王快点好起来的祝词，这才知道自己冤枉了周公。成王拿着匣中书简哭泣着说："周公勤劳王室，朕却误解他，现在上天动怒责怪朕不明事理，朕要亲自去迎接打仗归来的周公。"成王走出郊外，顿时天气变成得和风细雨。拓跋焘说："看来这风也是对帝王的一种警示了。眼下宜都王穆寿也走了，朝中老臣越来越少，众卿当尽心竭力为国出力。"满朝文武点头称是。

这一年冬天，恒农王奚斤也走了。奚斤是位高权重的老臣，葬礼的规模宏大，棺木由柏木做成，左右两边还装有两个大铜环，白色帷幔装饰着灵车。在死后第三天，家人将奚斤生前的衣物用品都烧掉，崔浩去吊唁时，看到了奚斤家人正在院子里焚烧衣物，院子里烟雾缭绕，那么多的生前用品堆在一起烧了足足半天。奚斤出殡的仪式也是特别隆重的，皇帝赐予羽葆鼓吹助丧，另赐帛百匹。崔浩见识到了出殡仪式的隆重，手执白槊的仪仗队伍走在前面，鼓吹乐队跟在后面，接着还有唱挽歌的队伍相随在后，鸟羽为饰的华盖下面是棺木，八个人抬着厚重的棺木行走在中间，亲人孝子跟在棺木的后面。一路上鼓乐声声，挽歌婉转凄切，这个送葬的队伍浩浩荡荡，这架势似乎是睡在棺木里的人要去出征，只是出征的地方不是战场，而是去了他的人生最后归宿之地，这也是逝者在人世间享受的最后一次仪仗的威仪。

此前不太在意这婚丧嫁娶的仪式，不知从什么时候起平城流行起了厚葬之风，除了仪式铺排，葬进墓中的随葬品也是触目惊心，葬品中牛车、男女侍俑、武士俑、镇墓兽应有尽有，墓室四壁上还画有生前宴乐或者庖厨的场景，似乎要把生前的荣华带进身后那个世界，大魏国讲究事死如事生，放进墓中的明器要和生前的一样精致，而且官职越大越排场。

送走奚斤之后，朝堂上崔浩有感于这种奢靡之风不利于大魏国的长治久安，便进谏说："臣认为近年来天下薄葬风气渐弱，厚葬风气渐强。厚葬使国家耗资巨大，如今朝臣丧事操办也太过奢靡，有些东西是烧了，有些东西是葬了，仪式礼节繁缛，官员如此，自然民间也会效仿，久而久之于国不利。汉代光武中兴之时，皇帝曾下诏说：'世以厚葬为德，薄葬为鄙，至于富贵奢僭，贫者单（殚）财，法令不能禁，礼义不能正，仓卒乃知其咎。其布告天下，令知忠臣孝子、慈兄悌弟薄葬送终之义。'后来名士王充也力主'圣贤之业，皆以薄葬省用为务'。因为有了皇帝的诏令和天下贤士的身体力行，厚葬之风才得以遏制。我大魏国朝廷官员也应该提倡薄葬，节省财物用于国家。"这一奏议完全是为了大魏国开源节流，节省财物的，皇上听了还未表态，长孙嵩之孙长孙敦率先出列反对，他说："司徒之言似乎是有所指吧，不管大人此前与奚斤大人有什么过节，但是人死为尊，不该受到指责。去年宜都王穆寿过世，如今恒农王奚斤刚刚故去，司徒便出此言，想来两位大人为大魏国南征北战，呕心沥血，今日大魏国天下初安也有两位大人的功劳，生前操劳，死后也应该享受殊荣，这对家人后辈是个激励。就是你们汉人不也讲究事死如事生吗？司徒此语一出会伤了两位大人后辈儿孙之心的。"此言一出，朝堂上几乎所有的鲜卑朝臣都附和长孙敦，而有些鲜卑大臣开始陈情，如今的大魏国，成了汉人的魏国，一切按照汉人的来，重儒学轻武功，一些王室子弟只会子曰诗云，不会拉弓上马，仗一开打，不管文人们说得如何天花乱坠，但是打仗还得靠那些勇武之人马上拼命……鲜卑大臣众人向崔浩发难，大家声音也大，你一言他一句，让崔浩不知该如何反驳。而朝堂上皇帝似乎并不急于表态，饶有兴趣地看着热闹，众多的汉臣也不愿发言表达意见。这时只见尚书卢遐出列，朗声说道："臣卢遐有事奏上。"拓跋焘一听卢遐有事要奏，便说："好呵，朕也听听卢尚书之言。"卢遐并没有对众人争吵的厚葬之风提出意见，而针对长孙敦，弹劾长孙敦担任北镇都将时索贿一事，并且说得有理有据。卢遐还说："两年前那场盖吴之乱，究其根源，便是那些外派的镇将们盘剥当地民众，导致民不聊生所致，请皇上彻查，以绝后患。"由于卢遐说起了别的事，大臣们便渐渐安静了下来。朝堂上皇帝一听，当下发怒，将长孙敦的北平王爵降为北平公，然后让崔浩拟一薄葬的诏书。

此事虽然是皇帝听了崔浩之言，让他代拟诏书，不久之后便昭告天下，要求婚丧嫁娶一律从简。但是他的一个奏议让朝里一众鲜卑大臣们反对，有群起而攻之之势，这也让崔浩内心五味杂陈。

回到家崔浩把朝堂上的情况跟柳氏说了，柳氏听了后，半天沉默不语。他问："夫人在想什么呢，有什么不合适吗？"柳氏说："老爷，这大魏国的天下是鲜卑人的天下，那些开国的鲜卑老臣们不少都过世了，如今是一头沉了，不一定是好事，因此会出现鲜卑众臣群起而攻之的情况。皇上迟迟不表态，说明了皇帝的内心也不全向着老爷。您今年六十八岁了，为大魏国效力从青丝到了白发，朝堂上当年与长孙嵩一起为臣，如今却和长孙嵩之孙来辩论，他们大都是些年轻人，和他们争论老爷也许是很寂寞，其实为妻觉得老爷也该申请告老还乡了，你不是常说想享受一下山林之乐，想回东武城看看老宅子。再说没有辅国的鲜卑老臣的存在，您这辅国的汉人臣子会不会让太子感觉到有压抑感，不知老爷想过没有？""这个……"这个问题他还真没想过，或者他也意识到了，但并没有在意。几十年了，他为皇帝出谋划策，还要和鲜卑老臣们斗智斗勇，还得了解各个邻国的运行态势做出准确判断，并借助于天文星象来说事才能无人驳斥得了。征大夏、灭北燕、平北凉、伐柔然……如今天下初安，突然间朝堂上一下子有那么多反对的声音，真的让他感觉到了意外。可是再一想，自己什么风浪没见识过，可能当日所议之事，涉及每一位大臣的利益，如果此后开始薄葬，他们会感觉到颜面无光所以才会集体反对吧。好在皇帝对自己信任，虽然有所争论，但是最终还是依照自己所奏，颁发下婚丧嫁娶一律从简的诏书，自己所做的一切，不也就是想让大魏国走上一条偃武修文的中兴之路。大魏国还有那么多事情等着自己来做，一下子提出来要告老还乡了，可能对皇帝不好交代，而且自己的礼法并施的施政主张并没有完成，边走边看吧。他想了想，便拒绝了柳氏的提议，内心里觉得柳氏虽然懂他，可毕竟是妇道人家。他不忍伤了柳氏的心，便对柳氏说："眼下西郊正在刊刻《国记》和《五经注》碑林，等这事大功告成了，为夫便跟皇帝请辞，如今也完成过半了，这个时候咋能辞官了呢。"柳氏不再言语，便又抱出了她的琴来，崔浩听得出，琴声里满是伤感和忧郁。

那日，一个小道人匆忙赶过来告诉崔浩说，国师在静轮天宫里羽化而去了，享年八十三岁。

崔浩赶到静轮天宫时，静轮天宫的台基前设坛摆供，坛场庄严殊胜、幡幢招展、道乐悠绵。道士们身着道袍端身恭坐诵经拜忏，经韵师手持各种法器正做着斋醮，诵经唱韵，一边击鼓、一边敲钹，吟唱着古老的曲调，如仙乐阵阵。而入眼的静轮天宫，虽然已经修得很高了，但远未高耸入云，一如国师未竟的事业。崔浩却感觉到了内心一阵孤独寂寞："国师呵，连你也走了，余生连个能聊聊知心话、听听善意训斥的人也没了……"

失去一个知己是寂寞的，他不知道国师所遗下的事业还能走多远，这个未完的静轮天宫还能修多久。

寂寞的五寅元历

那一段时间，崔浩静心著书，皇帝北征去了，太子监国，也没有什么大事要商议，碑林那里有那些著作郎吏们不时地去盯着。"五经"的校注虽说已经完成了，手头还有《五寅元历》《晋后书》等在成书中。

历经几十年之功，他观察天象，记录星座变化，对于旧历法中的谬误也了然于心，《五寅元历》的撰写也即将结尾，《晋后书》拉开架势写了三十多篇了，按照计划写到八十多篇的时候就可以收手了。时间不等人，过了年他就六十九岁了，望着镜子里的满头白发，捻着花白的胡须，崔浩苦苦一笑，心想着老了，时光不饶人，再看看案头那些堆成山的书籍和摊开在案几上要写的东西，便内心一惊，他得加快写作进度，他想要写的东西还有很多，只是都需要挤时间。

皇帝拓跋焘把宫廷琐事都交给了太子去打理，闲下来便一心想着征战，为大魏国开疆拓土。太平真君十年（449）秋，拓跋焘下令再次伐柔然，高凉王拓跋那率军从东路挺进，略阳王拓跋羯儿从西路进军向柔然进发，皇帝拓跋焘在广泽扎下大营作为后援，这一仗大魏军俘虏了柔然百姓近百万之众，这一仗也平复了拓跋焘几年前伐柔然仓皇南归的挫败感，柔然国力衰减，再也无力犯边，这年冬天的十二月拓跋焘才回到平城。

朝堂上崔浩向皇帝奏报，他历时三十九年编纂的《五寅元历》刚刚完成，想请皇帝过目颁行。他说："臣学天文、星历、易式、九宫，深耕细研，如今已有三十九年，可以说是昼夜无废，甚至有时做梦都能梦到和鬼神争论这些事，因此上也得知了周公的要术精髓，始知古人有虚有实，妄语者多，臣期待颁发新历以遵从自然的变化规律……"崔浩说完之后，半天没有声音，崔浩抬起头来看，大殿上拓跋焘身体后倾，靠在椅子上还在沉思之中，有可能还在回想驰骋柔然国如入无人之境的快感之中。停顿了一会儿，才反应过来，便又坐直身子往下看，顺便又问了一句："哦，司徒你刚才说了什么？"崔浩便将刚才的话又复述了一次。听到崔浩的奏报，拓跋焘当下便让太子过目《五寅元历》。太子接过历书后问崔浩："崔司徒，这新历也就是更改了夏历一些谬误吧。还有其他重要意义吗？颁发新历，是否还需要下一个专门的诏书？"

崔浩说："回陛下，回太子殿下，启用新历，也是我大魏国向南人表示，我魏国在天文历法上并不逊于南人，如今有了更精准的历法。臣认为大魏国作为中原大国，如果真想取代南边的刘宋，首先得在文化上有超越南人的气度，才能做到天下归心，并不能单凭武力征讨，当年的苻坚便是一个不远的先例。如今咱大魏国，开太学，广纳天下儒士，建立儒教政制礼俗，复兴周礼，按照《周礼》的方略治国，'惟王建国，辨方正位，体国经野，设官分职，以为民极'，才有了中原大国的气象，也是率土归心之举，使得四方来附。这年一过，臣便是古稀之人了，臣愿尽余生之力，助力皇上完成讨伐刘宋大业，使大魏国成为大一统的国家，这颁发新历可以增加大魏国的名望。"这一席话说得崔浩有些气喘，他暗自感叹岁月不饶人，一席话说得拓跋焘频频点头，便转头让太子仔细看过后颁发新历，废了旧历。太子说回头让众多的中书博士阅览过再议一议，如果没什么问题，年一过便可颁行新历。那里崔浩看到拓跋焘点头了，也特别高兴，他甚至没有注意到朝堂上别人的表情，也没看到太子蹙起的眉头。

把《五寅元历》呈给皇家，让崔浩颇感欣慰，这新历可是他的大半生辛苦，他又为大魏国做了一件大事。对他来说，官至司徒，也就位列三公了，他的官职也和当年父亲的天部大人比肩了，只是父亲在魏国特别谨慎，他觉得其实父亲有一种为人在客的幽怀，对他来说却不是。身为大魏国的司徒，他把魏国当成自己的国、自己的家，他希望让这个居有半边天下的大魏国最终成为天下中兴主。如今皇帝每次征战回来，对他的赏赐也已无数，他什么也不缺，现在就是在和时间争斗，想挤出更多的时间，趁自己身子骨还硬朗多做点事。

他想着如果不出意外，新的一年会颁行全新的历法。

元日这一天阳光煦暖，清风微拂，新的一年来了，但是并没有听到皇帝颁行新历的诏令，甚至没有听到过中书侍郎们或者中书博士们对新历的任何评价，无论是说好的还是否定的，这让崔浩有些诧异。就算是皇帝事多可能忘了，但是太子是亲手接过了那本新历的，说是新年颁行，崔浩一直等着颁行了新历看看平城人的反应。

因为心里有些不快，崔浩走出城向西郊的碑林方向走去，想看那些刻在石头上的经书和国史。出门不多时，只见穿城而过的河水结上了冰，那冰面银光闪闪，跨桥而过，想起自己刚到平城时大魏国都城的样子，那时的平城跟眼下的平城真的没法比了，眼下的平城那是百业兴盛，人口众多，房子盖得也气派，街道百堵齐直，九衢相望，豪宅甲第竞起。看到这些情景，崔浩突然想起了班固《西都赋》里描绘的长安盛景："内则街衢洞达，闾阎且千，九市开场，货别隧分。"可是那年在长安城里住了那么多天，竟然没有感觉到长安城有诗里描述得那么好。在崔浩眼里，当年的长安和如今的平城比起来也就是相差无几吧，平城集五十年之力如今也达到了《西都赋》里的景象了。这么想着的时候，便走出了郭城西门，不多时就到了西郊的碑林前。

因了是元日，没有工匠们来，碑林安安静静的，大部分石碑已经刻好竖了起来，有些还躺在地上。每通碑都是螭首龟趺，碑首雕二螭纹，首尾并行交汇于左侧，右侧饰一螭首，碑座是龟趺，石碑阴阳两侧都刻文字，按照他的叮嘱，碑文末尾都雕有书丹者、督造者的名字。

再看那些石碑上的内容，那是经过众多的著作郎吏们一遍遍核定过的，虽然书丹者来自不同的人，可也基本是按照他的书法体例来进行刊刻的，那种碑版隶书体比汉隶更有味道，更像北方人性格里的方峻通达，也更适合北方这个冷硬的地方。

那一刻他的思绪突然闪回到了多年前看到的洛阳石经的样子。崔浩站在那里伸了个懒腰，目测了这一片地，他想着这些石经石史全部雕刻完成立起来后，这片要比洛阳石经规模浩大得多。熹平石经用的是蔡邕创制"八分书"，"八分书"是小篆和秦隶的基础上改良而成的，字体方正，笔势生动。记得洛阳当地人说熹平石经共有石碑四十六通，而平城石经有石碑上百通，史书说当年熹平石经刻成后，观摩的人络绎不绝，还出现了"车乘日千余辆，填塞街陌"的景象，就是董卓火烧洛阳，也只是烧残了部分石经，洛阳的汉宫却片瓦不存了，太学门外的石经还保持着基本的样子。物之坚者莫如金石，看来还是刻到石头上的东西最牢靠。只是写经的蔡邕人生结局并不好，他被汉司徒王允"因小事而诛大儒"，想来那蔡邕因言获罪也真是可怜。正这么想着的时候，突然平地上刮过来一阵旋风，那旋风越刮越近，而且直接刮到了他的跟前，崔浩盯着那旋风看，没提防有沙土刮进了他的眼睛，于是他停止了漫无边际的思想，背过风，将眼睛里的沙子揉了出来。

再抬头，西面不远处便是平城的郊天坛，天坛上立有木人，每个木人长丈许，白帻、练裙。每年四月四日是西郊祭天之日，皇家要杀牛马祭祀，还有盛大卤簿，郊天坛边有乐伎演奏乐曲，这是每年皇家祭祀之地。估计到四月四日祭天的时候，这一片碑林肯定也就完工了。他还想着到了祭祀的时候，他会向太宗皇帝拓跋嗣祷告，太宗皇帝当年想在平城刊刻一片碑林的心愿，如今终于实现了，只是这片碑林来得有点迟了。

崔浩静立在那些石碑前盯着郊天坛的方向看着、想着的时候，突然几只乌鸦呱呱地叫着，由北向南飞过，并从崔浩头顶掠过，只是不偏不倚，有鸟屎拉到了崔浩的肩上。大好的日子被鸟拉到了身上，真的是晦气，崔浩皱起了眉，可那毕竟是飞鸟，他也只有干生气的份儿，却奈何不了它们，于是便不再独自站立在郊外，闷闷不乐地往家里走去。

夫人郭氏见他回来了，还沉着个脸，问他去哪里了。崔浩说了句去了趟碑林。站立在大门口的柳氏看到了崔浩一脸不快，便走过来问崔浩："怎么了，大过年的谁惹老爷生气了？"崔浩边往下脱衣服，边告诉柳氏说是被乌鸦拉到了衣服上了。柳氏一边帮崔浩将衣服换下来让下人拿去洗，一边说："老爷，谚语有云'乌鸦头上过，无灾必有祸'。虽然是谚语，但老爷出入也要当心些，大过年的少得罪人，谨防事端。老爷，过完年咱可就七十的人了，也该关心关心自己的身体了，别以为还是三四十岁的壮年每天拼命地忙活呢。"柳氏一边叨叨着，崔浩坐在那里认真地听着，他觉得柳氏说得有道理，便说了："夫人，为夫想明白了，少理些政事，多陪陪你，陪陪朗儿。碑林就要完工了，为夫想带你们回一趟东武城，人越老越思乡，最近这些日子，做梦老是梦见故乡的人和事。"柳氏说那好，等开春暖和了咱们就回吧，崔浩答应了。

那日崔浩在书房里，看着下人们将他的各种书籍整理码放好，高高的一摞是他几十年来的辛苦之作，崔浩一本一本地翻看着，《周易》十卷，《急就章》二卷、《历术》一卷，还有《汉纪音义》《女仪》《五行论》《食经》《五经注》《赋集》等，有的写了序言已成书，还有的没有写，放在最上面的是写了五十篇的《晋后书》。看到自己的这些著作崔浩内心是欣慰的，正是因为这些，在平城他才能文名綮然，也让他感觉自己这一生的著述是沉甸甸的，人生没有虚度。但一想自己后继乏人，便又好一阵沮丧，记忆中他的儿子清淼儿几乎就没进过他的书房，对他的这摞书稿压根就不屑一顾，而感兴趣的也只有跟他学书的黎广、箱子等人，"儿子还不如个门生呢。"崔浩嘀咕了一句，心想，哪日这些书都让黎广、箱子他们抄了去，慢慢研习吧。在家里也只能寄希望于孙子朗儿，当年政事忙碌荒疏了对儿子的教学，以后他要将孙子朗儿好好教授，让他研习书法，研读诗文，崔家的文脉总得有人给传承下去，才不辜负祖望。

皇帝南伐的沮丧

窗外大雪纷飞，平城的冬天天寒地冻，新年刚过宫殿上皇帝大宴群臣，室内暖意融融。前些天，龟兹、疏勒、破洛那、员阔诸国遣使入朝献纳，表示臣服，也是让大魏国君臣很开心的事，这一年皇帝还下令扩建皇宫。欢宴过后，皇帝表示要带着精骑南下，说是准备去梁川围猎。崔浩劝阻皇帝尽量不要南下围猎，以免引起两国不必要的争端，因为魏国和宋国这几年都在休养生息，而且两个国主，一个文治，一个武功，一个梦想北伐拿下平城，站在皇宫的白台上远望；一个望眼南征，想饮马长江，两国都想吞并对方实现天下一统，可是谁也不敢轻举妄动，因为天下两分，势均力敌的局面任谁也难以打破。崔浩问皇帝，围猎为什么不去北边五原等地，而要南下梁川，这样做可能会引起宋军的紧张，从而引起边境摩擦。拓跋焘说："朝中众臣都觉得宋人比较嚣张，围猎一是可以向南人扬我军威，再则将士们每年都到北方围猎，没有新意，因此提议南下围猎，朕也觉得这个主意不错，在哪里围猎都是大魏国的地盘，因此上就准许了。"皇帝还说了句，司徒年岁高了，这事也就不必操心了。

崔浩也明白，先前拓跋焘把朝中大小事交给了太子打理，他主要的时间和精力就是围猎、出征，围猎是为了历练将士们的豪情与勇气，让他们在出征时个个勇猛无敌。他知道皇帝想在他有生之年完成灭宋的壮举，看来多谏亦无益，便不再多说了。

第二日，平城的官道上，众多的骑士穿戴整齐，军容齐整，将士们行头基本一样的，头戴兜鍪，圆领窄袖长衣，身穿裤褶，外罩铠甲，趋马前行。士兵们身上背的刀剑在阳光的照耀下，闪着寒光。行在最后的皇帝头戴护耳头盔，身穿有护颈的明光铠甲，腰束宽带，脚蹬皮靴，骑一匹雪白的战马特别威风，众多平城的男女到官道上送行，那出行的架势不像是南下围猎，似乎又是一次出征。不知为什么崔浩看到这阵势，突然之间想起了父亲当年说的故事，父亲在后燕国为臣时，在慕容垂要出征平城与拓跋珪决战那场战事临行前跪地苦谏，但终没能让慕容垂改变主意，但崔浩马上又否定了自己的想法，只是站在官道上望着，只见大军出平城后，便开始打马驰骋，卷起的尘土有一种遮天蔽日之感。

二月，闵湛、郄标来报，石经石史刊刻基本完成了，请司徒移步观赏，看看还需要做些什么。

崔浩又去了一趟西郊，百余块条石组成的石头巨阵静静地立在那里，每通碑高约一丈余，宽为四尺左右。《五经注》石经矗立在西侧，离郊天坛近一些，有《易经》《论语》《诗经》《书经》《礼记》五部前贤的典籍还配有崔浩的注解。《国记》立在东面，临大道更近一些，《国记》主要包括《代记》《太祖记》《先帝记》《今上记》等史册，所采取的是严谨的《春秋左传》式编年体例。内容主要是拓跋鲜卑族人从草原密林深处走来，经过几代人的征战终成为北方的雄主的故事，崔浩又大致浏览了一遍碑文的内容，确保无误。整个碑林方圆一百三十步，那些石经和石史上的文字请的是平城内最好的石雕工匠们一下一下凿刻上去的。那些石经石史的内容还囊括了早年邓渊的旧作以及崔览他们所著的《国书》三十卷内容的精髓，可以说集几代人之辛苦编纂而成的，仅建碑林前后共用工匠约三百万人，历时三年多。

闵湛、郗标看到崔浩来了，便迎了上来说："咱平城的《五经注》可以与洛阳熹平石经比肩，作为古本之终，今本之祖，可惠及后人。""咱这石史记录的可是大魏国从'统御幽都，控制遐国'的边缘小国，到开疆拓土、以德抚民，终承汉魏衣冠，成为中原之主，这石史也是前无古人后无来者的创举，也将是流传后世的千古工程。"两人的话，崔浩听着觉得特别受用，他也觉得的确是他们说的这样，内心里感念众人这几年的辛劳。再一想，以后天下士子研习书法有了可以观摩的地方，研读典籍减少了手抄本带来的谬误，方便了许多，也让他内心特别欣喜。

看着崔浩站在碑林前沉思着，闵湛便上前奏报："司徒，石经石史刊刻完成，咱们是否奏明太子举办个庆典仪式，让更多人看到，也让平城的学子学习前贤的典籍有了好去处。此前全国各地人都去洛阳看石经，如今在都城平城就可看到，再加上一部洋洋洒洒的《国记》，人们到这里既可看大魏国跌宕起伏的国家命运史，还可以临习书法，真是一举两得。""司徒这个地方应该起个名字，这样叫起来响亮些。"郗标说。崔浩说："起名字？这个事老夫还真没想过，你们两位说呢？"闵湛又接口说："要不就叫平城碑林吧，这个上口。"郗标说："叫平城碑林有点俗，应该起个雅致一些的名字，如平城石经石史园？可好，还是司徒想吧，司徒想出来的名字总比我们的高妙。"崔浩想着这个地方的确应该有个好听的名字，但应该叫什么，石经石史园似乎也不错，他想等回到中书省让众人讨论之后定夺可能妥当些。想到这里，他对两人说："等回到中书省大家商议一下，最后确定个名字。还有等天暖和了，再在这个碑林边上栽上一圈树，当作树墙，这样就会显得雅致些，名字你们众人商议好了告诉我。"

朝堂上太子统管各种事务，文武大臣有什么事都得向太子禀报。司徒崔浩沉浸在石经石史完成后的喜悦之中，身为文人，能将毕生心血和才华用在编书著史上，还能刊刻在石头上，那是一件多么幸运的事呵，而且这也是一件可以惠及当下及后代子孙的大事，这里面还有着三百万工匠的心血和中书省所有人的才智。

崔浩看着刊刻完毕的石经石史，有种卸下了一副重担般的轻松。往东望，东侧不远处便是高高的城墙，往西瞧，就是郊天坛。离西郊大路不远处的这片碑林有一种别致而优雅的风韵，每一块碑上都凝结着众多著作郎吏们的心血，虽然现在感觉到累，但是几百年、上千年后的人们会认真地观摩着这些碑，想象着当年著史人的模样，说他们干了一件功在当代、利在千秋的大好事，大魏国的英名也会随之播撒到后世。这么想着的时候，崔浩内心是舒畅的，虽然天气还是春寒料峭，但他并没有感觉到冷。

从西郊那片碑林里走出来，他便急急地进宫去禀报太子，因了皇宫要扩建，太子暂居在北宫。崔浩到了北宫向太子禀报，说眼下石经石史刊刻已经完成，这也是平城一件让人高兴的大事情，是否择日举行个开园仪式以示庆贺。只是太子并没有崔浩那样高兴，也似乎没有注意到崔浩的一脸喜色，只是淡淡地说，眼下皇帝南下围猎去了，这事等皇上回来再说吧。再说皇帝要征调十万大军与刘宋国开战，他还要征粮催草，根本顾不上这些琐事。崔浩一听要征军征粮开战，便赶紧问："皇上临行的时候不是只说去梁川围猎，怎么突然就要和宋军开战了呢？"太子说："还不是南边刘义隆那小子内心紧张，看到父皇在自己的地盘上围猎，马上调兵，并在淮河沿岸各郡县布设好，做出了要进攻的架势，向我大魏国示威宣战，父皇也只能以牙还牙。"崔浩注意到，太子说到与刘宋开战时的表情是愉悦的。从北宫出来，崔浩就感觉到内心特别沉闷。

崔浩在沉思当时南下围猎时的事，围猎那是在大宴群臣之时定下的，只是不知当时是皇帝本意想去征南，怕朝臣会谏阻而想出的迂回策略，还是围猎时真的引起了边境摩擦而不得不征调大军开打这一仗？如果是前者，那说明了什么呢？这一想崔浩内心打了个寒战。除了此次不明情形的以围猎的理由征南外，崔浩再想起太子对他的态度，那口气也是不冷不热的。崔浩想到，太子这个年轻人，虽然身边都是汉人太傅在教他读书明理，但是自从他的师父玄高走了以后，太子似乎对很多事并不上心，而且对他奏报的事也总不热络。如果自己的所作所为让上到皇帝、太子下到群臣感觉是个阻碍的话，那他真的应该像柳氏所说的，还是请辞回乡吧，如今是古稀之人了。不管怎么说，他想还是等皇帝回来之后弄清楚再说吧。

石经石史林立在西郊，平城的百官和城里只要识字的人都会前往观看品评，那些以隶书入碑的文字，一行行规整均匀，那些刊刻在石头上的《五经注》在众多的太学学子、中书学生看来，这可是学习《五经》的范本，也是学习书法人最直观的碑刻书法。可是也有人认真读过《国记》上的文字后沉默不语，还在一些鲜卑朝臣看到碑林后摇头而去，说得最难听的话是长孙敦："猛一看上百通石碑立在郊天坛不远处，还以为是给好几百口死人集体立的墓碑呢……"内行内小封磨奴站在每一通碑前认真看过后，脸上露出不置可否的笑意后离去，这些反应都是通过著作郎们反馈到崔浩的耳朵里，他对这些褒奖和贬斥都没有在意，因为无论什么事，总是有人说好，有人说坏，总不会站在一个角度上说事，所以人们对于石经石史的褒贬他都笑一笑，毕竟在他有生之年完成了一项浩大的工程，相比较那个修修停停、遥遥无期的静轮天宫，这个耗费人工和财力的工程毕竟是完成了。

那些手上沾满了墨汁的著作郎们平日关系好的，少不了邀着众人一起喝酒谈心，寻章对句，以庆贺这些年辛苦过后结出的硕果，因为著史完成后，他们可能都会被派作他用，有可能会不常见到。那一日崔浩与众人喝过酒之后，便又一个人去了碑林处，他到现场看见看的人依然很多，还有的人不识字，让别人一句一句地给念出来。

他抬头看了看天空，总感觉这天虽然是晴天但不是艳阳高照，太阳白晃晃的，有点日月无光的意味，等看的人渐渐散去，崔浩也回到了府里。

崔浩听得同僚说，前方传回来的战报，并不是可喜可贺的，十万大军南下兵围悬瓠城，魏军是猛攻，对方是死守，难分胜负。孙子曰："地形者，兵之助也。"形状像个葫芦的悬瓠城城高池深，城内千余刘宋军凭借城池的坚固只守不战，等待外援。魏军用了楼车、弓弩手站在楼车上向城中发射箭羽，还用了冲城战车，用铁钩扎在城墙上，将城墙拉开个豁口，可是对方很快又有了对策，一有缺口马上就有人拼死筑城堵上。城外虽然兵多将广，但是攻不进城内，无法展开战斗，再是兵强马壮也是无计可施，城内凭借居高临下的地形优势，射出的利箭，箭箭夺命。皇帝拓跋焘就不信十万大军攻不下千余人驻扎的弹丸小城。后来魏军还用牛皮做的大蛤蟆兵车，运载泥土填平了城外沟堑，让士兵架设高梯强行登城，两军短兵相接，展开搏杀，两军对战了四十多天依然是攻而未克。

到了四月，河南一带天气变得特别炎热，这样的天气对于出征时身穿羊皮袴的北方人来说是致命的，有的人身上起了痱子，还有的人染上了瘟疫。再加上士兵们每日舍命攻城，却没提防彭城方向一路刘宋的援军悄然而到，将魏军粮草、辎重全部烧毁，这让大魏军损失惨重，清点将士，少了一万多人，面对这种情形，拓跋焘无奈带着骑兵铩羽而归。

可以说这是一次损兵折将的失败之战，崔浩能够想象得到，身在前线的皇帝的出离愤怒和无可奈何，这样让人沮丧的败仗，在大魏国皇帝拓跋焘的战史上也是不多见的。崔浩后来还了解到，为了泄愤，大魏军在归途中还掳掠了刘宋国雍、徐、兖、豫、青、冀六州等地的居民，焚毁了人们的屋舍，依然难解其心头之恨。

四月十三日大军回到了平城，没有了正月里出行时的气派，将士们回朝了，个个一身征尘，一脸疲惫。

第十四章　国史之殇

无妄之灾

北魏太平真君十一年（450）四月下旬的一天，对于寻常百姓来说是普通的一天，甚至不会刻意记得它到底是哪一天。一如既往的日落西沉，那夕阳散发出金黄的余晖，渐渐地落到西山的后面，东天的月牙儿，又缓缓升空。繁华的平城卸去了妆容，万籁俱寂，各类生意店铺也陆续打烊，路上行人稀少，城门紧闭，这也是大魏王朝京城无数个宁静祥和的夜晚的其中一个夜晚，甚至没有人注意到下弦月还被一片飘来的乌云遮蔽。在这样的时刻，更没有人会预料到这座盛世之都会上演一场捕人大戏。夜晚丑时，突然，皇宫城门大开，从皇宫重地疾驰出一队又一队武士穿过内城，直奔中城里不同的官家府院，抓捕的对象是参与修史的中书侍郎和著作郎吏们。

夜深了，崔浩没有睡意，披衣立在窗前沉思。这段日子，他受了风寒，一直在咳嗽，身体虚弱，药也吃了不少，只是还不见好，眼下他并不在意自己这点病，他内心里有一种说不出来的急躁和焦虑。此次皇帝南征无功而返，按照往常，肯定是一回朝就会召他入宫商量对策，但是皇帝回来好几天了，又不上朝理事，也没人召他进宫议事，崔浩感觉好像他一下子成了一个被遗忘了的人，这让他隐隐感觉到了有什么不对劲的地方，可哪里不对劲，却又说不上来，前段时间存在心里的疑问也更加重了他内心的疑惑。他私下里问过他的女婿尚书卢遐，卢遐也没觉出朝廷里有什么异常，还是太子在处理朝中政务。卢遐还劝他静心养病，说可能是皇帝南征失败而归心情不好，也可能是征战累着了，需要调养吧。虽然女婿说朝堂上一切正常，但他还是寻思着喝过这两天的汤药，身体再好些，他也该以问安为由主动进宫去问问情况，看看皇帝的态度，并且跟皇帝说说石经石史碑已经刊刻完成，想举办个仪式以示大功告成。

　　崔浩想到自己在大魏国的朝堂上侍君五十多年了，辅佐拓跋焘也二十多个春秋，皇帝的脾气性格他是了解的。此前也有过出征回来休养的前例，可是此前从来就没有过这种很焦虑不安的感觉。是自己老了，还是遇事太多让自己太过敏感了？可心底里他还是隐隐中感觉到了有什么潜在的危局。只是他并不想深究，他让自己赶快入睡，天亮了还有许多事情要处理。

　　他躺下不久还没睡着，听得远处有连片的犬吠声，又过了一会儿，突然听到一阵紧急的拍门声。在安静的夜里，那声音是那么的急促和沉重。崔浩第一反应是宫里来人了，但马上就否定了，不对，宫里的人半夜宣他入宫是不会这么粗鲁地、这么无礼貌地拍门，此前也有皇帝夜召他进宫议事的先例，可宫人们是很斯文地敲门。深更半夜的，不是宫里的人，那又该是谁这样急促地拍门，国家发生了什么事故吗？容不得多想，他赶紧坐起身，把衣服往身上套。下人急忙去开门，门开了，一下子涌进院子里一队手执钢刀的武士，一样的服饰，一样冷峻的表情，最后面是廷尉少卿手持符节面无表情地走了进来。崔浩本来还想问问到底出什么事了，但一看这阵势，知道是自己出事了。"皇上有令，崔大人请吧，崔府家产全部查封，男女老少不得离开府上半步，等待皇上发落。"

　　悲剧的开始往往毫无征兆。三世帝王御前陪王伴驾，鞍前马后劳碌，七十岁的崔浩哪里能预料到有朝一日会莫名其妙地冒犯天威，会让他制定的种种律法法规来整治他自己。

　　那夜，崔浩被下到廷尉诏狱，廷尉诏狱就在皇宫外不远处的廷尉府旁边，是内城里一处单独修建的深宅大院，也是众多官衙中的一处。崔浩无数次地进出朝堂，偶尔也会用眼睛瞟一下那个大门，看着蹲守在大门口那两个面无表情的石狮子。他制定的律法条文就是约束上至朝臣下到黎民百姓中的不法之徒，如果朝臣中有谁犯了律条，就会被送进那个大门去，那个大门里面有着许多钉着铁条的窗户和几道上了锁的大门，只是他没有想到，他有一天也会去到那个地方，不是去提审犯人，而是成为一名披枷戴锁的犯人。

一堵墙隔开了一个世界，一扇厚重的大门让人生变得十分局促，他甚至都没来得及穿一件体面些的衣服就被带走了。在那里只能是睡在地上铺着的干草上，抬头也只能望着那个比人高了不少的窗户，这是个不见天日的地方，他回想着到底什么地方冒犯了皇家尊严，可是百思不得其解。

过了大约有五六天的光景，有人进了廷尉诏狱将崔浩带出了那扇大门，突然行走在阳光下，感觉到太阳特别刺眼，晃得他眼睛也睁不开，只得眯缝着眼跟着前行。崔浩一路走还在一路想着，皇帝想通了，不生他气了，是不是就能自由了？只是他被带进了皇宫的某一处大堂，大堂上并没有看到皇帝，审问他的人坐在堂前一脸威严，他并不认识。虽然皇帝不在堂上，但崔浩知道，这可是他最好的向皇上陈述的机会，他想知道他为什么被抓，他想和皇帝聊聊，他五十年来日夜为国操劳，却忘了自己，甚至没时间管教儿子，使自己在人前羞于提起儿子。他到底犯了哪个律条，又是谁在弹劾中伤他？他被那些如狼似虎的侍卫抓进监狱之后一直是懵懂的，不知皇帝为何突然天颜大怒，突然黄不说黑不道地把他抓了，他的内心是愤懑的，感觉是委屈的。走进皇宫他隐隐觉得应该是能洗刷清自己的冤屈，他想要问问审他的人，他到底犯了什么罪？

崔浩突然扭了一下头，他看到在他身后，陆续被带上来的还有闵湛、郗标以及宗钦、段承根、阴仲达等一干他的下属，他不明白为什么那么多跟着他修史著书的人也被抓了，这让他感觉到十分意外。

就在崔浩还在诧异之时，堂上的人突然向他喝问："崔浩，你可知罪？"开篇便是如此的问话，是审问者审问犯人的阵势。而这句喝问虽然让崔浩停止了思索，但又不知从何说起，这让他很是惶恐不安。崔浩低头说："罪臣惶恐，不知身犯何罪，请大人开示。"他内心里在急急地想，被抓的还有著作令史闵湛等人，应该是和修史或者是刊刻《五经注》和《国记》有关系。要说修史他是奉旨修的，在西郊刊刻石经石史也是奏报过皇帝，而且是太子同意的，这方面肯定是没问题的，要说他有罪，可能就是闵湛、郗标他们弹劾他受了贿赂，这些下属中也只有他们两人经常去他府上。他抬起了头，堂上坐着的那人还等他的回话，便又催问了一句，"崔浩，你知罪吗？"崔浩便唯唯诺诺地说："臣有罪，有人给罪臣送过酒肉，也有人趁臣不在的时候送过锦缎，但那都是有来有往的，臣也请他们吃过饭，也回赠过他们东西。"崔浩不知道的是，他是答非所问，而且最糟糕的是，机敏如他，侍奉过三朝皇帝，在当朝皇帝身边待了二十多年，却从来没受到过如此冷遇，也从来没见皇家对他是这个态度，这种人生落差让他失态和不知所措。崔浩扭头看看跪在旁边的宗钦等人，这些平日难以面君的下臣们更是伏地流汗，面无人色，他们平常是看崔浩的脸色行事的，平日里很少有上朝面君的机会，这里自然也没有他们说话的份儿，肯定也等不来他们的暗示。崔浩又抬头望了望堂上，忽然他注意到那个审问他的人背后的帘子晃动了一下。皇帝就在帘子后面，崔浩意识到了，可是已经迟了，审问中断，堂上的人一挥手，马上就有侍卫出现，被提审的人就要被带下堂去。崔浩顿时大叫："陛下，臣冤枉啊，臣有话要说……"但却再也没有人听他的陈述了。

回程的路上，依然是他走在前面，那些著作令史们和著作郎们离他稍微远些但也跟在了后面。虽然是有人押着他们，但他还是听到了后面众人的说话和议论，他没有说话，故意放慢了脚步。那些人看着他依然还有畏惧感和他保持着一定的距离，他注意到这些人里面，没有给太子当侍读的高允。崔浩突然听到一个秘书郎吏大声说的话："要说那些文章都是司徒把过关的，他说也都呈给太子看过了，怎么能是出了大魏国的丑？为什么要把所有人给抓了？"另一个人对答说："把所有的内容照样录在上面那是司徒的意思，他为什么就不会挑些好听的刻上，把那些不能给外人看的内容截留下来，咱们可是听他的口令干事的呵。原来还以为过堂是一个一个地审问，为什么只问他一人，还遇上的是个一问三不知的主儿，算咱们倒霉，看来就是进了监狱，人还是分三六九等的，咱们还是没有说话机会的……"

原来是因为这个……为什么此前没有人告诉他是因为那立在路旁的碑

林惹的事端，为什么自己一点都没有意识到？要是在审问他的时候知道了被抓的原因，他肯定会诚恳地向那个审案的人讲清原委，让皇帝听听自己的看法，可是他压根就不知道自己犯了什么罪，一头雾水，这辩解又从何说起呢？

人常说事后诸葛亮，看来这官做得久了，太注重自己的感受了，却根本看不到背后的黑手，没有很好地分析下狱的根源，并找个应对之策。想到这里崔浩有一种肝肠寸断的感觉，回想起当年与毛修之谈论诸葛武侯，那时自己还曾暗暗与诸葛亮自比，还说诸葛识天、知命、自知，然而不识人，现在想来，其实自己也算是识人、识天、知命，然而却不自知，不自知这其实才是最要命的呢，所以才有了今日之灾祸，可是这一切，等醒悟了，明白了也晚了。

过了一个门又一个门，他远远地望到了白台附近的中书省和秘书省，几日前，他是那个地方的长官，而眼下的他却成了大魏国的阶下囚，出了那个门阙高高的宫门，他第一次感觉到皇家的大门是那么的高大、威严，而自己却是那么的渺小。

“木秀于林，风必摧之，行高于人，众必非之。”曹魏时李康的《运命论》这样的古训他谙熟，但眼下这样的世情他竟然没有看懂，或者看懂了他没有理会，没有理会的结果便是遭到牢狱之灾。

夜深了，来自内心的寒意和终年不见阳光的牢狱内的潮冷竟然难以抵挡，蜷缩在墙角，依然能感觉寒意侵体，辗转难以入眠。隐约中听得见外面的打更声、犬吠声，而更多的寒意则是来自心底。眼下的他尘满面、鬓如霜，最要命的是受了风寒久咳不止，最难受的时候，感觉心也要咳出来，他不知道这样的日子还得熬到何时，外面该是暑热难耐的时候了，最心焦的是他不知道家里怎么样了。

在廷尉诏狱里等待判决的日子里，那些个执惯了笔的前著作郎吏们，整日里被狱丞吆来喝去、拳打脚踢颜面扫地，但是那些文人都深知这个地方一旦进来，就绝难再体面地出去。在后来，众多被关的人利用外出放风的机会简短谈论这件事时，崔浩终于搞清楚了事情的来龙去脉。那日，皇帝拓跋焘从南方疲惫不堪回到宫里，先是从内行内小封磨奴的口中得知众人在议论西郊碑林的事，说是毁誉参半，让拓跋焘听得有几分不快。随后便有长孙敦、古弼等鲜卑朝臣私下求见，见的人都在向皇帝述说一件事，那就是立在西郊大道边上的碑林不雅，里面竟然还有侮辱先祖的内容，一些应当避讳的事刻录在上面，无异于四处宣扬国丑。

如果一个人陈奏这件事，也许有不实的地方，可是这么多人都在向拓跋焘进言这件事，可见问题确实不小，让这位疲惫不堪的皇帝感到出离愤怒、血脉偾张。如果说这一次南伐旗开得胜的话，发生在国都平城里的这点太子权限范围内的小事，他大可不必过问，让太子去处理，即便真有了大不敬的内容，把石碑推倒埋了了事，但是堂堂的大魏天子御驾亲征攻城四十二天却拿不下宋国一个弹丸小城，十万征南将士却灭不了千余刘宋的守军，在刘宋军的拼命抵抗中，还赔上了上万大魏将士的性命，攻城士兵的积尸与城墙齐平。最让人气愤的是粮草还被刘宋的援军焚毁，一路败北而回，拓跋焘心里憋着一肚子无名火气正无处可发，刚一回朝，在众臣的煽风点火之下，大魏国皇帝顿时怒气冲天，拍案而起："朕身为一国之主，整日里身先士卒冲锋陷阵，而在后方号称国之栋梁的臣子却在那里集十年之功修书著史埋汰先祖、诋毁大魏国，修到纸上的史还好说，反正众人也看不到，他居然还要耗费巨资修个石经石史碑。他崔浩想要的是他的书法和他的著述名扬后世，而拿这个《国记》刻碑当作幌子。这一干汉人臣子连这点事也做不好，还刊刻在碑上立在通衢大道旁让众人品评，朕要他们何用？"

如果一个人要痛恨另一个人，那个人过往的所有好都可以忽略不计。当下拓跋焘让封磨奴去请太子到后宫议事，太子听了磨奴的陈述后，嘴角露出了笑意。太子不仅和鲜卑众臣的意见是一样的，还数落了这些年司徒崔浩的跋扈和目无太子，这下更让皇帝气得七窍生烟，当下便宣廷尉丞，让他们把参与修史的人全部抓起来下廷尉诏狱。当日除了在中书省值守的高允被太子宣进东宫，夜里没让高允回家外，大魏国上至司徒下至参与编著《国记》的著作令史、著作郎们全部被抓进了监牢。身在监牢的崔浩等他明白了皇帝震怒的原因，想和皇帝再陈情，可惜再无面君的机会了，他已经和那些普通的狱囚们一样了。

蚀日无辉

在狱中，随着关押时间的延长，文人士子们感觉能活着走出监狱的希望越来越渺茫。那一日下午，是出监室放风晒太阳的时候。闵湛在监中经常被同监人埋怨，因为是他和郗标提议把《国记》刻在石碑上的，当时是为了取悦崔浩，如今却成了众人下狱的诱因。大家都明白其实是崔浩得罪了太子和众多的鲜卑老臣才有了今天的苦果，可让这么多修史的小吏们跟着一起坐监，也着实地冤枉。

崔浩正在抬头望着天空时，突然看到了向他走过来的郗标，郗标话语中含着讥讽说："崔大人又在观天象呢？能不能给看看咱们这些人什么时候能走出这牢笼？"崔浩并没有听出郗标的话中话，还面带愧色地看着他曾经的下属："闵大人，也不知道什么时候皇上能念及咱们的旧好来开释咱们，唉，朝中出了佞臣，弹劾众人下狱，也不知谁能在朝堂上为咱们说句公道话，能让皇帝消了气。"闵湛嘴一撇毫不客气地说："崔大人，事到如今，您还抱有幻想？您从前不是自比张良吗？您不是敢笑诸葛不丈夫吗？可为什么您就没想到过有一天会落到如此地步？不仅自己身陷囹圄，还连带跟着您修史的一干众人倒霉下狱。如今您把太子也得罪了，满朝文武哪个能入您法眼，您落难了还指望有人替您出头？"

崔浩面色苍白，颤抖着前行两步看着这个曾经低声下气的郗标，看看这个曾经处处讨好自己，让替他在朝堂上美言想尽快提拔的郗标，如今却是如此贬损他。崔浩咳嗽了一通后，面色绯红，顿了顿说："张良谋身不谋国，大汉朝才有了吕氏之祸，崔某仕君五十载，一心为国，从来没想过抽身而退，落到今天这个地步，崔某死而无憾，只可惜连累了众人，让崔某心痛。只是成了今天的样子，郗大人难道就没有过错吗？你忘了把《国记》刻到碑上的建议可是你郗标郗大人提议的呀，当时是想靠此出头，今天倒责怪起老夫来了……"多说无益，崔浩转身艰难地回到了牢房，他不想让那些下属看到，自己如今的样子，谁见了也会奚落几句，这一场灾祸是因他而起的，可是为什么要抓了那些老老实实修史的文人呢？高允有太子的庇护能置身事外，自己死不足惜，可是那些没有背景和靠山的著作郎吏们却不该卷进其中，他们都还年轻呵，他们也都是国之栋梁呵，可是谁又能听听他的声音呢，高墙内崔浩发出的声音甚至连眼前的那些蚊子的声音都不如。唯一一次面君的机会，还因为不知身犯何罪而无法向皇上陈述，所有修史都是依令而修，把国史刻在石碑上也是呈报于监国的太子的，太子也是点了头的，如今有人借碑林发难，众人却落井下石，而自己百口莫辩，崔浩仰头望着屋顶，自言自语地说。

也有人曾经跟崔浩说，段承根在牢中写下了七首诗，托人送出，让家人送给镇北将军李宝，委婉地表达了心愿，请求李宝在皇帝面前给斡旋，从中解救他。金城人宗钦也是皇帝平凉州后入魏官拜著作郎的，宗钦和高允一直交好，时常诗文唱和往来，当时著作令史闵湛、郗标请求崔浩把国史刻在石碑上时，高允私下曾和宗钦说："这两个小人撺掇此事，这是给崔门惹祸，闹不好，咱们这些人都会引火烧身。"此次国史之狱，中书侍郎、领著作郎高允没有受到牵连，那些人也有想求助于高允的，指望能搭救他们。宗钦知道高允虽然看得远，但是官职也小，能自己不受牵连已经万幸了，如何有能力再搭救别人呢，宗钦传出话去请高允照顾家小，最主要的是不要再祸及家人。而闵湛和郗标为了早日出去，带头指证崔浩的种种过失。

不管有用没用，这些身陷囹圄的人们也都想尽办法和外面的人联络让皇帝放自己出去，可是崔浩却难过地发现，自己身陷牢狱却是无人可求。

再想起一家老小，特别是孙子朗儿，他还那么小，而他却等不到孩子长大，无法给孙子一个好的将来，无法保护孩子不受伤害。而之前他在朝堂上所有的努力、隐忍，一切都功亏一篑。他想起了刊刻下熹平石经的东汉书法家蔡邕的结局，难道刻经之人都有相同的劫难，人的命运咋就这么相似呢。

那日夜半，听得监牢门口有人轻轻地呼唤他："老爷、老爷……"崔浩睁开眼，透过门缝，看到是门客冯景仁，他急忙起身到了门口，冯景仁看到清瘦的崔浩顿时泪落如雨："老爷，你咋成这样子了……"崔浩急切地问："你是咋进来的？有什么话赶紧说，这里不是长待之地。"冯景仁赶忙擦了擦眼睛，把一件长衫从门缝递了进去，说："老爷，是少爷清森儿的朋友冒死帮忙，小人才能半夜来到这禁地看望老爷的。"崔浩问家里情况怎样，冯景仁把家里的事简短地讲了，并说："崔家大小人等都被抓了，他们关在哪里现在也不清楚，所有人都造册进行了清点。"冯景仁还压低了声音说："那日老爷被抓后的第二天，老爷的儿媳受惊吓孩子就提前落生了，贱内趁乱将孩子给抱了出去，还是个男孩，柳夫人说给孩子起了个名字就叫恂儿，还把老爷给柳夫人的那个蛇形玉珩给了他做信物，将来可凭那个物件相认，不管老爷全家将来如何发落，也算是给老爷留下个根苗，贱内已经带着孩子先出城了，如果老爷一家获罪，将来这个孩子先得跟着小人姓了，小人肯定尽心让他顺利长大，让他重振崔门。小人出府门之前，柳夫人把她值钱的饰品交给小人让四处打点，还好找到了清森儿少爷的朋友真是帮大忙了，才能和老爷相见上一面。还有小人必须赶在五更之前出去，柳夫人还曾说老爷有什么法子，快救救咱们这一大家子人呵，或者老爷有什么话叮嘱，小人一定想法儿办到。"崔浩想了想，要救自己很难了，最好是这件事不连累家小，眼下能指望的也只有高允了，他是太子师，而且这次事件没有牵连进去，他有面君的机会，如果皇帝放他一马，他的家小还有生还的可能。

崔浩将衣服前襟扯下一块，当下咬破手指，在衣襟上写了皇帝当年给下的诏令中的几句话："公德冠朝列，言为世范，小大任之，望君存之。

命公留台，综理史务，述成此书，务从实录。”

崔浩急急地说：“老夫在牢中才思枯竭，急忙之中也想不起写什么，这是十年前皇帝让修史时专门下的诏令的一些重要部分，这些年老夫也是按诏令行事。你找到高允，让他设法转交给皇上，让皇帝能想起当日之言和昔日之诏，可能回心转意，再无他法。”说完这些，崔浩让冯景仁赶紧离去。冯景仁又叮嘱了几句，便趁夜出去了。

望着冯景仁的背影，不知怎的，崔浩突然想起了少年好友眭夸，如果可以重新选择，他一定选择一种和眭夸一样的喝酒写诗平淡无奇的生活，在乡间终老一生，可是世间却没有“如果”。

静静地躺在那里，崔浩从门客冯景仁的谈话中想象着他被抓后家里的情景：

崔家的府邸，那里柳氏心神不宁地找出崔浩那些占卜的书算了一卦，虽然卦上说辞云山雾罩，但也没有特别不好的字眼，这是一个不好也不坏的卦，从卦象看不出如何能让一家人度过眼下的无妄之灾。在她的记忆中，崔浩多次和她说过，大魏国皇帝不止一次地说，崔家是名门之后，崔浩是三朝元老，国家大事离不开他，虽然当时进谏什么有可能惹得皇帝震怒，但是事后一想起崔浩是对的，还是会依了他的，她希望有一天皇帝会突然间念起他尽心竭力辅佐几任皇帝的好来。

柳氏自从泰常元年（416）被先帝赐予崔浩如今也三十好几个年头了，她从一个少不更事的小姑娘，到如今也到了知天命的年龄了，可以说是她看着崔浩每一次仕途上的风风雨雨，每一次又都能遇难呈祥，想着如果这一次他能安然回府，她一定规劝他辞官回乡，而她也该回河东家乡去看看她的爹娘了。夫人郭氏每日里双手合十念她的佛，家里大小事柳氏大都得操心过问。虽然崔浩曾经推倒油灯把郭夫人的佛经点着了，还把灰洒到茅厕里，但是有形的经可以扔，无形的存在于心里的经，郭夫人还是可以念，哪怕仅仅是一句简单的佛号，夫人也能双手合十念上半天。每日早饭前，郭夫人便在堂屋的后面闭目，像一尊入定的菩萨，跪在地上做她的功课。

纵然崔浩反对了那么多年的佛教，在自己的家里，夫人依然是虔诚的佛教徒。

柳氏和郭夫人也谈论过这些，郭夫人说，大魏国杀了那么多沙弥，老爷也有罪，她念佛是为老爷消灾，也为一家人祈祷平安，这是一种个人行为，又没妨碍什么人，尽管老爷不高兴去吧。在柳氏看来，郭夫人念佛对她也有好处，郭夫人什么事都不大上心。老爷平日忙，家里大小人的用度，这么大个府邸的各种开销，七事八事，都是她这个如夫人在操持，一家人倒也相安无事。

崔浩被抓走的当夜，怀胎七个月的清森儿媳妇受了惊吓动了胎气，第二天早上便早产下了恂儿，第三天夜里柳氏把她脖子上的玉珩摘下来放进孩子的包裹里，希望将来凭借那个玉珩和孩子相认，她把孩子交到了冯景仁女人的手上，让他们将孩子抱出了府。府门外有兵丁把守，冯景仁让自己的媳妇按照月子里女人们的样子穿戴好跟在他的后面，冯景仁出大门赔着笑脸说自己的媳妇小产了，孩子太虚弱，要带孩子找郎中去，再说自己仅是崔府的门客，不是崔家奴仆，不算是崔家人。一边说一边把手中准备好的打点物品悄悄地塞进了那两个守卫的手中，冯景仁和女人抱着孩子消失在夜幕中。

在他过堂之后的第二天，崔家的府邸大门被粗暴地踹开，拥进府里的是一群带刀的兵丁，见人就抓，抓住就往门外拖，安静的崔家府邸顿时大人哭、孩子叫，官兵踹开府门的半个时辰之内，柳氏整了整衣服，她的房门就被踢开了，那些个兵丁如凶神恶煞一般，揪住她一条胳膊就往外拖。她大声叫着她的孙子朗儿，但是没有人应声，而她已经被那两个兵丁如拎小鸡一样从家里拖到了大院中央，她这才看清楚了，郭氏夫人被绑着，院子里的崔家大大小小都被绑着，而她的双手也被反绑了起来。院子里崔氏一门大大小小几十口都在，她的儿子清森儿面色冷峻，面无表情，她的小孙子朗儿就站在父亲跟前放声大哭，她大喊一声朗儿，朗儿边哭边向她这边走时，一个带刀的兵丁大喝一声，把朗儿一脚踹在地上，她想冲过去扶起孩子，却被那些兵丁们死死地按着。她再看看儿媳，刚刚生完孩子的儿媳脸色苍白，浑身发抖，她知道儿媳在想她刚刚生下的孩子，孩子还那么小，连父母长什么样都不清楚，便与父母生生分离了。

等把所有人都清理到了院子里，有兵丁向其中一个官员汇报清点的人数，她看清楚了，带兵来的是高允，柳氏大声叫了声高大人，高允带着几个兵丁走到了她面前低低地说了声："夫人，对不起了，高允也是领命行事。"柳氏急忙说道："大人，救救朗儿，他才十岁。"高允又低着头说："对不起，夫人，下官也是奉命行事，你家的人口都造册登记了，皇命难违，我们也是依册拿人，少一个高允也交不了差。"她跟高允说话的时候，看到高允手里正在拿着一张条幅，她瞟见那字体，知道那是公公崔宏留下的，是崔宏写下的那首《自伤诗》。柳氏便急急地说了一句："高大人，那是公公被丁零人扣留时写的，愿高大人善待，否则会辱了我家公公的一世英名，希望我家老爷不会因此再获新罪。"高允四下看看，那些士兵都进入各个房间里去搜寻了，没人在意他们的对话。高允说："高允明白，夫人放心吧。"顺手把那张写有诗的条幅折起来装进口袋里。

随着高允的手一挥，兵丁们把府中的大小人等排成一排，押着走出了大门。柳氏最后一个迈出府门，当她再回头想看一眼这个大院时，两扇大门重重地关上了，门上那两个兽面铜铺首杂乱无序地摇晃着和大门碰撞着，她不知道自己能否再迈进这个门来。

在出大门的那一刻，柳氏想起那一年先帝将十五岁的她赐予了崔浩为妾，随她进门的，还有御赐锦衣一套，绢五十匹，绵五十斤。因为是皇帝赐婚，虽然她是妾，但她也是来自河东大族，是风风光光地从正门娶进去的。因了她河东柳氏一门多在外做官，她的兄弟柳光世为河北太守。她不知道如今家里遭难，家也被抄了，她的娘家，还有那些在外做官的兄弟们是否受牵连，是否有人能逃得脱……

崔浩依着门客冯景仁的述说回想着家中的情景，想着想着便老泪纵横，他恨自己一世聪明，却抵不上柳氏一个女子对世事看得明白。他一直活在大魏国司徒这个角色里，早就没有了自我。早就忘了还有一个不上进的儿子的存在，也羞于在人前提起儿子，可是他落难了，他的儿子却要跟着他一起遭罪，反倒是儿子的朋友在崔家落难时两肋插刀帮忙让冯景仁和他见一面，让他知道了家里的情况，而他的朋友此时估计都会否认和他有交情，唯恐惹火烧身。是自己活得太忘我了，只以天下为己任，忘记了自己还是丈夫和父亲，忘记了亲情和友情，或者他的亲情和友情都是在不对等的情况下相处的。他的官越大，越给人一种居高临下的感觉，自然人们也不是真心和他相处，有巴结的成分在里面。

唉，又是一声沉重的叹息，崔浩感觉自己对不起家人。

在夜里，他突然回想起自己的父亲，想起了父亲临终时的叮嘱："侍君之道，要记得一个忍字，一个稳字，一个让字，还有一个等字，记住了这四个字，可保你一生无虑。"这四个字也是四重境界，只是不知从什么时候起，他把父亲的叮嘱忘了，一个字也没有做到。现在再回想起来，又有什么用呢，君臣之道永远没有亲密无间的时候，自己内心里只想着如何让这个国家强壮起来、文明起来，一心一意为大魏国的将来着想，但是辅佐皇帝的却不止他一个大臣，各人的想法各异。再加上那些来自草原上的鲜卑武夫，他们对他推行的文治恨之入骨，他们是怕鲜卑男儿忘了自己挽弓搭箭、射猎天下的本能，可是他们不懂得一个国家的长治久安，不仅靠武功还得有文治，如今是大魏国，不是部落联盟。大魏国的皇帝如果突然间不再按照这些年他力谏的"礼法并施"治国，这个国家的文明程度最少会迟滞五十年……崔浩再次从这些想法中清醒过来，他恨自己无可救药，眼下生死未卜，身陷牢狱，还在为朝廷操着闲心，他却被他钟爱着的朝廷遗弃了，突然之间，他老泪纵横。

此时崔浩又想起了汉代张衡的《四愁诗》："我所思兮在雁门，欲往从之雪雰雰，侧身北望涕沾巾……"便也依韵吟了一首，低声地吟唱着：

　　　我所思兮在平城，
　　　欲往从之不得行，

鲲鹏折翼陷牢笼。

上天遗我玲珑心，

惜无神剑斩妖佞……

覆巢之下

六月初一上午，崔浩透过监牢里那个逼仄的小窗仰望天空，感觉天空一片昏暗，可他觉得应该是白天，不知为什么转眼天就黑了下来，可又不像是阴雨天。突然他听到有狱卒大叫，天狗食日了，天狗食日了……

崔浩一阵眩晕，观了一辈子天象的他，每一次都把天象和国家大事联系在一起，从来没有将天象和自己联系在一起过。当他听到了狱卒的大叫，第一次将天象和自己的命运相联系。过了一炷香的功夫，狱卒走到他的牢门口，以戏谑的口气问他："司徒大人，每一次观天象你都能说出个子丑卯酉来，这一次日食你能判断出什么来？说对了没准皇帝会念你的好，放了你。"崔浩很冷静地对狱卒说："这一次日食卦上说会诛相……"那个狱卒嘻嘻一笑，"到底是司徒，死到临头了，还能这么镇定地为自己卜上一卦，还能断出是自己死，不过本人不会算卦，也能算出你活不了……"

崔浩呆坐在牢里的地上闭目养神，在内心里他一直有一种预感，觉得皇上会在夜深人静时想起他过往的好来，想起他为大魏国克勤克俭操持一生，想起皇帝在出兵柔然陷入绝境时，听了他的筹划识破了刘洁的诡计才转危为安，可能会在天威震怒过后放过他。但这一刻当天空出现日食时，他忽然预感到自己的期望落空了，他的死期就要到了，虽然他不知道自己将会是怎样的死法，会不会牵连家人和姻亲。

身为司徒，他是大魏律令的修订者，可是在他修订的律令中却没有因修史而下狱的判决之法，就是当年修史的邓渊也是因为受到了堂弟的株连而被赐死的。大魏国的律令还有辞讼一条，死刑重犯须上报朝廷，皇帝审问得无疑问或无冤屈方可执行，估计那日草草的过堂也就算是走程序了。记得审问的人冷冷地问他："崔司徒，你可知罪？"那时的他竟然一时张口结舌。是呵，当初奉旨修史，那可是有诏书的，诏书的最后一句可是"务从实录"。就是营造石经石史的碑林时，皇上纵然是在外带兵打仗没有亲自过问，他也是上报过皇帝和监国的太子的，他们也是点头同意了的。如今国史也修了，碑林也完工了，统领修史事务的司徒监秘书事的崔浩却领着一干人下狱了。过堂时，审问他的人问他可知罪，崔浩心里还想着："我何罪之有呵？"那一刻他内心里只想说一句"欲加之罪，何患无辞"。下狱的这些天来，他突然想起一句古语："将者，王者之器也。有外忙内忧，则为神器，不可不用；天享太平，则如忌器，不可不除。"当年他曾将自己与张良相比，有一种讥笑张良不丈夫的感觉，如今想来，张良才是大智慧，"飞鸟尽，良弓藏；狡兔死，走狗烹"。先贤范蠡和张良功成身退道家式的明哲保身的办法自己咋就从来没想过呢，自己虽信奉道教，却一直觉得老庄之学的清静无为太过虚妄，如今顿悟了，可是已经迟了。他和柳氏说起南朝檀道济的死，柳氏让他以此为鉴，告老还乡，远离朝堂，他却只是笑笑拖延着，一定要等这碑林刊刻完成，他会觉得为魏国子民做下了一件有益的大事，可是谁能知道这件事却成了众臣弹劾他的靶子，他的结局或许会比檀道济还惨。

　　夜已深，恍惚中，窗外一道闪光，崔浩似乎看到了从静轮天宫下来的国师寇谦之，寇谦之对他笑而不言。崔浩分不清楚是真的看到了，还是又在做梦，他似乎总是处于似睡非睡、似梦非梦的恍惚之中。突然一个词从他脑子里闪了出来"因果报应"，那是寇谦之曾经对他说的，想来"因果报应"那是佛家用语，此前他一直是不信的，有了今日的牢狱之灾，也许是注定的一个劫数了。回想起四年前（446），皇帝下诏各州坑杀僧人，毁佛像，禁民信佛，那诏书是他起草的，当时国师寇谦之竭力反对，道教讲究人法地、地法天、天法道、道法自然，同样是反对杀生害命。私下里寇谦之跟他说过,太子拓跋晃和众多的鲜卑贵族崇佛抑道,如果排佛过于激烈,势必影响政局稳定,将来还会和太子成了对头,对他以后立身朝堂不利。可是当初他只想的是皇帝此时天威盛怒,他不敢忤逆了皇帝的心思,再想着国家有二百万僧尼,应该整顿一下无序的僧侣秩序,只是国师为他设身处地着想,为什么当初连一句话也没听进去呢?这一夜他的反思比他一生想得都多。

他反对佛教,是反对佛教的乱象,他认为佛教应该像惠始那样,一根僧杖,一双芒鞋,遍游丛林,心不为世物所系,隐逸静修。只是他认识的僧人,不是存身于太子府,就是尚书府,他们有着官家做靠山。再就是长安城的僧人,寺庙中藏着兵器,有多少是一边念着佛号,一边喝酒吃肉,还私藏了良家妇女供他们淫乐。全国那么多僧尼,有多少是真心出家修行悟道的,又有多少是为逃避国家的兵役、捐税而想出的对策。就连沮渠牧健临死的时候,对他的一通讥讽的言语,也是说他身在高位,不知天下人的劳苦,没能想出富民之策,却又乱杀无辜,罪莫大焉。想到这里,崔浩苦苦一笑,自己不信佛,可是佛家讲究的因果报应,分明就出现在了眼前,自己崇信道教,可是道家秉承"谦虚谨慎""明哲保身""功成身退"的理念,自己怎么就从来没有悟到呢。柳夫人虽是一介女流,但却旁观者清,看得分明,一直规劝他,让他尽早远离朝堂,回归故乡,他还嫌弃她是女流之辈目光短浅,郭夫人说他罪孽深重,一直端坐在那里双手合十,为的是给全家人消灾祈福,可是自己却从来没有正眼看过她,现在想来,他其实境界不如自己的两位夫人。他一直觉得自己是国之股肱之臣,可是置身政治漩涡中却没有力挽狂澜的能力,想以自己的七尺身躯尽力推动大魏国这艘战船破浪前行,走向复苏、繁荣,何曾在意过自己的身家性命。如今身陷囹圄又无计可施、无人可求,回想起来真是痛心,他恨自己是蓬蒿之才、惛愦糊涂,他觉得只有这样痛恨自己,他的内心才会好受些。

那一夜崔浩在想着谁会在朝堂上舍身救他,左思右想却想不起哪个人会拼了命地救自己。现在想来,除了皇帝,朝廷里最有实权的人物便是监国的太子，如今跟他最亲近的皇帝变了脸，估计很大程度上来自于他和太子关系不睦，可是皇帝也说："卿才智渊博，侍奉朕的父祖之辈，忠诚著称于三代，你要尽力规劝、辅助朕，不要隐藏真情。朕虽然当时迁怒或许不采用，久而久之能不深思你的话吗？"可是眼下他等不来皇上的深思了，如今是只字不提过往的好，只听朝堂上的那些朝臣的一面之词，再加上太子只会落井下石，想来他再努力，这朝堂还是鲜卑人说了算。他的所作所为可能真的是触动了鲜卑族人某根敏感的神经，只是等某个事件的发生作为绊倒他的绳索，说到底皇帝也是鲜卑人。这一次如果不是皇帝幡然醒悟重念他的好，弄不好不仅要杀了他，还会像刘洁那样被灭了族，可刘洁的确是起了反意。他想起了自己的家小，不知道他们现在在哪里，他想和他们说说话。他想起他对郭氏一直没个好脸色，对儿子厌恶，此前觉得儿子结交一群不伦不类的朋友不求上进，可是儿子在危难之时却还有肯出死力的朋友，能让冯景仁进监牢跟他说说家里的情况。他想对家人们说声对不起，可是却不能了，牢狱里没有一个人会为他传话。

抬头望着那个窄而小的窗户，他想故乡了，想起了东武城的老家。只是多年未归，想来院里蒿草长满了吧。他想老友眭夸了，当年眭夸悄然而去，坚持不出仕，守着祖辈留下的老宅过日子，一生保留着少时的随意和率性。经此一劫，崔浩顿然醒悟了，如果能走出这牢门，他会选择回归东武城，回归崔家老宅，守着老屋，约些少年旧友，喝酒聊天，诗酒唱和，想来那是一种多么恬静的生活呵。可是这样的日子也只能在短暂的梦中了。

狱中湿寒，难以入睡，能做的也就是胡思乱想，也只有这样心才不会那么痛。想来这一场灾难真是难以躲过，可自己一生忠心耿耿，修国史、注五经，想为后人留下点什么，却从来没想过给自己留一条退路，到如今连自己的子孙后代也难以保住，他是真的大意了，大意了呀。

"桃简……桃简……"是谁在唤他，那声音是这般熟悉。

入夜，崔浩睡着了，前尘往事，旧梦浮现。东武城老宅，有淡淡的温煦，他在屋子里写下一张又一张自作诗的书法条幅，有写给眭夸的，有写给李顺的，还有周儿的，只等着他们来取，他的父母亲都围在他的跟前，这种场面特别的温馨。他听得见窗外清脆的鸟鸣，好像还有来自不远处的清河水那特有的潺潺声。突然他听见有人在敲门，睢陌推门进来，浑身带着淡淡的幽香，她那双清澈的凤眼露出天真的孩子般的笑容，一笑还露出了洁白的牙齿。崔浩刚要张口问："你怎么来了？"话还没出口，崔浩便被人推醒了，他睁开惺忪的睡眼，昏暗的牢里有油灯闪着光亮，他看清楚了，原来不是有人敲门，而是狱里牢门被人推开了，一个好梦硬生生地就被打断了，只是那个梦却是那么的真切。

五更天，牢头送来了酒饭，说是按照常规吃过了断头饭、喝过了断头酒，便看不到明日的太阳了。他多问了一句："请问官爷，我该上路了，我还想知道宣判的结果是什么，我的家人会怎么处置？请官爷告诉我。"牢头说："啥结果我不清楚，一会儿到了都街南看看就清楚了，他们也多半会跟着你去那个世界，还有牢里那一百二十八个著作郎吏们。"刚刚端起的酒碗手一哆嗦，碗便掉在了地上碎了……崔浩手一直抖着，再不愿端碗。只觉得胸口淤塞，好像要炸裂一般，想要咳嗽，但却咳不出痰来，恨不能将胸腔中的血全都呕出来，人憋得脸色发紫，还有些站立不稳了，仿佛魂魄离体，他分明感觉到了心如刀绞，魂飞魄散。

常言道，伴君如伴虎，自己从少年开始伴君侍君，至今已是耄耋之年，终于还是领教了皇家的虎威。说白了自己其实就是个手无缚鸡之力的文人，可惜了清河崔氏一门，可惜了那些亲家们，可惜了跟随他多年的郎吏们，他一个人的固执让多少人跟着受罪。他一拳头狠狠地砸在墙上，手却没感觉到疼，只有麻木。

监牢的门开了，走到了院子里，抬头看到了一轮太阳在缓缓上升，计算着日子，这一天应该是六月初十日。走出牢门，原来外面是那么的温暖或者说是炎热。崔浩被关进囚笼里，囚笼又被搁置在牛车上，他的全身便开始往外冒汗。

哗啦一声，大魏平城廷尉诏狱牢门大开，牛拉的囚车一辆接一辆鱼贯驶出大牢，关在笼子里的死囚犯们站在笼子里跟着车子摇晃着。崔浩的囚车走在队伍的最前面，他睁开眼四下观瞧，看到了在廷尉府的不远处，那个高高的宫阙阙门，宫阙之内有他多年来上朝的朝堂，朝堂西侧右前方有祭祀土地和五谷神的社稷坛，左前方有皇家祖庙，这两个地方，每年的祭祀之日，他都会跟着皇帝去祭祀，曾经的一切恍然如昨天，如今那个象征着权力的宫阙再与他无缘了，高高的白台露出宫墙之外，回想起当年乐平王拓跋丕做了一个白台之梦，却因北征柔然丢了性命。

出了内城，囚车要从写着"东阳"二字的中城北门穿过向南驶去，他抬头望了望那个方峻的"东阳"二字，那城门上面的字是他写的。穿越过东阳门，便进入中城，后来中城和郭城被城里的人们也泛称为京城。京城有三条大道通向南门，囚车走的是中间的一条路，人们将这条街称为都街。如今都街的两侧街巷，有流水潺潺，九衢相望，街边有弱柳垂杨。中城内间左多是平民，间右便是高门大族，崔家宅第便在这间右之中。曾经的富贵、豪情等一切如云烟一样散去了。等囚车走过，崔浩转身向家的方向望去，不知道崔家大宅院里现在是什么样子，郭氏、柳氏和孩子们现在又在哪里？

赶车的人并不管囚车上的人如何想法，只是驱赶着牛往前走，对赶车人来说，这么热的天，他们把囚犯快点送到都街南便算完成了任务。对囚车上的人来说，这是他们人生的最后一程，希望车子走得慢点、再慢点，可以最后多看一眼他们生活了这么多年的城市，崔浩瞪着眼睛想看清楚家的方向，可是那一片一闪便过去了。京城里的人们都走出门去挤到都街两侧看热闹，人们的眼神里并没有惋惜，也只是看着一队待决的犯人走过流露出好奇的眼神而已。

天色有些暗淡，一副也无风雨也无晴的模样，树上的蛐蛐们也停止鸣唱，大概是被这个浩浩荡荡的囚犯队伍吓着了。车子虽然在急急地前行，可是崔浩还是止不住回想，早年他刚刚出仕时，曾和父亲一同坐着辂车穿行在闹市里，当时也是人们争相观看，可是看与看却是不同了，那时人们都是在仰视他，而如今他是置身在囚车内，被人们当成笑话看。

囚车打头阵的自然是大魏国的前司徒崔浩，他衣衫褴褛，脸色憔悴，头发一缕缕地贴在脸上，灰白的胡须杂乱无章。他站在囚车里，紧咬嘴唇，捏紧拳头，指甲深深地嵌进肉里，他的五脏六腑早就揪成了一团。跟在崔浩后面的是宗钦、段曾根等写史的著作郎们，也可以说他们都是秉直著书的文人，那些个国史上的文字大部分来自他们的呕心沥血，书著成并以石为纸刻在石碑上，却成了他们如何也擦洗不掉的罪证。崔浩回了下头，望着身后那长长的囚车队伍，人们在囚车里都四下张望着，从围观的人中寻找自己的亲人、朋友。再看从那边过来的监斩官，骑在马上的竟然是高允。突然崔浩看到了宗钦拱手为礼，朗声高叫："高允、高大人，你真是神人也，你能预见今日之祸，可见你有未卜先知的能力，可惜宗钦醒悟得太迟了。不过你的好宗钦记住了，请代为照顾好宗钦的家小，宗钦也就死而无憾了。"

崔浩知道，当初闵湛等劝崔浩在石头上刊刻所撰国史，高允曾表示出反对，高允还对宗钦说："湛、标所营，分寸之间，恐为崔门万世之祸，吾徒亦无噍类。"宗钦委婉地把高允所说的话转告过崔浩，可那时崔浩正沉浸在刊刻石经石史的兴奋之中，他的思维一直停留在将石经和石史刊刻出来可媲美洛阳石经的憧憬中，对于他们善意的规劝并没放在心上，可就是这点事却绊倒了他，受牵连的还有他的家人、姻亲和下属。

崔浩还看到，高允虽是执法者，但他眼角是红的，他不敢看囚车里的众人。在狱中，他从那些著作郎们的口里得知，高允曾经力谏皇帝，冒险执意不写颁布死刑的诏书，并据理力谏，最后皇帝又赦免了那些著作郎吏们的家小，不是高允的力谏，那些著作郎们都会像他一样灭门，那样的话城南的沙坑里，又会多出几百颗人头。崔浩知道，高允也尽力了，因此宗钦会对高允拱手感谢。

出了郭城，他扭头向东望去，一眼能望到那高高的静轮天宫，静轮天宫的台基要比城墙高出许多，只是那座至今也没有高耸入云的道观也没有给他带来好运，那不过是一座高过皇宫双阙、白台的一处普通道观而已，那工程想来早就停了吧，只是不知道它们最后的结局。城西的那片石经石史的碑林在城南是看不到了，不知那片惹了祸的碑林如何处置。

远远地崔浩看到了从另一个方向被押过来的众多男男女女，近了再近了，他看清楚了，有崔家的、郭家的、卢家的、柳家的人们……按照大魏国的刑律，就是株连也应该是女人们被罚为奴或者另配人，也没有让这么一大家子去陪葬的道理，崔浩内心突然特别激愤，他一直想将大魏国推向法理治国的轨道，可是他这个律法的修订者却被诛族，亲眷们也不能幸免。他不知道大魏国的皇帝有多恼恨他，大魏国的太子和那些鲜卑朝臣们有多憎恨他，要灭尽他一门。站在囚车上的闵湛估计也看到了，崔浩突然听到了闵湛的声音，到了这个时候了，闵湛还不忘贬损一下崔浩："崔司徒，你不是提倡让众大臣死后薄葬，今天可是称心如意了吧，这真叫死无葬身之地，一大家子死后连个棺材也享受不上，真的是薄葬呵，哈哈哈……"崔浩无言也无语，他已把在阳世间应该说的话全部说完了，剩下的就是安静地赴死了。

到了都街之南，就到了刑场了。当年清河王之乱平定之后，参与叛乱的人，就是沿着都街走向城南的刑场的。城南的刑场，这里夷过尚书令刘洁的三族，诛过中山王拓跋辰等八位征北将领，原以为道不同不相为谋，可却是相同的死法。只是堂堂大魏国刑律的修订者崔浩，却得不到律法的庇护，只因触怒龙颜，便莫名地被处死，还被夷族，这是让崔浩最感觉痛心的地方，不知大魏国到什么时候杀伐才能真正按律法从事。

崔浩抬起头，呆呆地望了一下天空，天是灰蒙蒙的。有狱卒将囚笼从车子上放到地上，但并没有打开囚笼，崔浩睁开眼仰望苍天，眼中闪出悲壮的神色。他听到其中一个押解的士兵和同伴说："你看这老家伙，以为他还是当年的司徒大老爷呢，一副抬头看天不屑一顾的神态。"另一个小兵一阵坏笑后说："这老家伙狂傲了一辈子，死到临头了让他再狂傲上一会儿吧。哥儿们，他头仰着望天，正好给他嘴里撒点尿，让他再傲，这么热的天，还让咱们这么费劲地押送。"几个小兵说着便跳到车子上，一阵嬉笑后，一齐站好，居高临下，并解开裤子，同时对着放在地上关在囚笼里的崔浩撒尿，比比谁的尿能准确地尿到崔浩头上、脸上和口中，然后几个人高兴得哈哈大笑，围观者也露出幸灾乐祸的表情和笑声。

崔浩闭上眼，不再看这个世界，他的头上、脸上、身上让人撒着尿，那一股又一股骚味十足的尿液浇在身上溃烂的伤口处，刀割一般疼。闭了眼不敢直视不远处哭叫号啕的家眷们、亲属们，大大小小黑压压一片人都是因他而陪死的，这些人有他的旧同僚，还有他的家人、姻亲之家、崔姓本家。突然他抬起头使尽全身的力气大声地号叫了一声，这是他留在这个世界上最后的声音，这声音里既有身体的难忍之痛，也有皇天负他的彻骨之痛。

午时已到……

午时三刻，随着刽子手拉长调子大喊一声"斩"，众多的大刀便高举了起来……

都街南的刑场尸横遍野。

"呀—呀—"，不知从哪里飞来众多的乌鸦上下盘旋着发出一声声凄厉的鸣叫，让人听得毛骨悚然。天空没有愁云惨淡，白而无光的太阳照着城南的大片土地，那片土地就像是巨大的裹尸布，包裹了投身平城而又死葬平城的清河崔氏、范阳卢氏、太原郭氏、河东柳氏，还有一百二十八位手上沾着墨迹的著作郎们……

风华绝代的大魏国司徒崔浩，他的人生就以这样的方式收场了……

阳光透过云层开始出现，远处被阳光沐浴的地方晶莹透亮，就像给乌云镶了一圈夺目的金边。傍晚时分，夕阳下，在西郊围观的人们最后望了一眼林立在路边不远处的百余通石碑。只听得一声令下，那些当初雕琢石碑的工匠们便一齐高举起了大锤，将那些他们曾经没日没夜雕刻好的石碑悉数砸倒。那些立于城西郊天坛东的石经石史碑，谁说不是那些文人们提前为自己刻下的碑呢，只是那些文人士子和那些被推倒的碑一道成了国史事件的陪葬。

夕阳挂在西山口，发出柔和的光泽，斜斜地照着那些倒伏在地上的石碑，那些石碑们在余晖的映照下也泛着光泽。站在路边看热闹的人们，抬起头望着夕阳，只见西边天际那一朵朵白云被斜阳染成了橘红色，最大的那一片白云，却好似蜿蜒的蟒蛇状，那云的蛇纹还特别明显，不久，那蛇纹云彩才渐渐散开去……

人群里不知是谁说了一声，崔浩属蛇，他应该是化成白云飘走了！

魂归故里

夜里，身在赵郡高邑的眭夸做了个梦，梦见崔浩身穿着当年离开东武城时的那身衣服来看他，可是浑身带血，只站在远处静静地望着他，很凄然地笑着，并不说话。眭夸想问他怎么了，一着急便醒了，醒来后却再也睡不着了，梦里的情形历历在目。因为崔浩是大魏国的司徒，两人差距太大，可以说眭夸从来做梦就没有梦到过他，虽然他也希望等有一天崔浩老了，回到家乡来，一起写写字、晒晒太阳，过几天悠闲安然的生活，但他知道那是不可能的，他们两人有着不同的人生方向。可是在这样一个夜里，突然梦到了崔浩浑身是血的样子，看来是他遭了难。天刚亮，眭夸便起身出门，托人向官府打听京城里的情况，传回来的消息说前段时间大魏国的司徒被下了狱，新近的情况不知。眭夸心里清楚，他这个故友肯定是出大事了，他肯定是想回乡了。当下眭夸找人借了匹快马，向京都平城飞驰而去。

到了平城，眭夸并没有马上进城，他说了好多好话，夜里投宿到了郭城内一家只有老两口的人家。他说刚到贵地，人生地不熟，想让那家人给说说平城最近发生的新鲜事。那个老人压低声音说："最大的事情便是城南几天前发生的杀人事件，大魏国的司徒崔浩犯事让杀了，一同被诛杀的还有崔姓本家、范阳卢家、太原郭家、河东柳家，中书省著书的著作郎吏全部被斩杀，让杀的可都是当大官的，那天押往刑场的犯人是黑压压的一大片。可见这官也不是好当的，搞不好人头就没了……什么？你问原因，原因就是城西的石经石史中所刊刻的文字，他们把国史刻在石头上，说是有辱大魏国先祖，官话叫'备而不典，暴扬国恶'。"眭夸问清楚了城南那个杀人场的大致地方。眭夸再问，那么多人死后埋在哪里？那个老人看他问个不停，也起了疑惑，便反问他："怎么你跟那些人有亲戚，还是有交情？那可去不得，现在官府到处在搜捕漏网的人，每天抓得京城里鸡犬不宁。"眭夸哈哈一笑说："你看我一介草民，还能和京城当大官的攀上亲戚？要真能攀上，那在人家当官掌权时，咱咋也能弄个一官半职的好活几天，这不是好奇嘛。"

眭夸一夜未眠。第二天一大早，天不亮眭夸就告辞了那家人，向都街南走去。晨曦渐渐映红了天际，都街南因为是杀人场，这个地方很少有人光顾，眭夸看着地上一摊又一摊殷红的血迹，便跪在了地上，大叫一声："桃简，你好惨呵……"便泣不成声了。大哭了一场，怕有人过来看到，便磕了三个头，将那带血的土用衣襟包了些，便离开了。

崔浩一家让夷族了，崔浩的旧物肯定再也难以寻觅得到。眭夸能想象到，当年在平城叱咤风云的人物，如今却是谈崔色变，所有人都怕跟崔浩有了瓜葛受到牵连。眭夸打听到身在平城的敦煌人张湛此前和崔浩交好，曾有诗文互答。当下眭夸问清了张湛的住处，只是张湛家大门紧闭敲不开，眭夸估计肯定是张湛怕受牵连，因此不敢开门。等到夜深人静时，眭夸再去张家，这次张家人启开个门缝，问他找谁。眭夸说是凉州来的平民，是张湛故旧，有事相访，家人才让眭夸进门，还出门去左右看看有没有人在暗处盯着。

眭夸将自己的想法跟张湛说了，他说就是想找点崔浩的旧物带回家乡去，给他立个衣冠冢，将他生前的东西埋进去。张湛很惭愧地说，此前他和崔浩确有诗文唱和往来，只是崔浩被诛杀，他怕受连累，故而将以前的诗文全都烧毁了。眭夸一看这个文弱的郎中，知道再多说也无益，每个人都保命要紧，谁还在乎当年崔浩曾经对他好过、接济过的旧事。眭夸问张湛："知道崔浩死后埋在哪里吗？"张湛摇摇头说不清楚，眭夸失望中离去。后来又问了些城里的人们，大家都表示不清楚。眭夸信步走到了城西，到了那片酿了祸的石经石史碑林处。

城西的情景同样让眭夸吃惊不小，所有的石碑都倒伏在地上，众多的人手举着石锤，在一下一下地砸那些石碑，有的已经碎成了四六块倒放在地上，还有大块的石碑躺在那里，等着石锤的来临。石碑上的字迹清明方俊，就好像那个死去的人俊朗的容颜，碑文的内容也是那么的妥帖、那么的文采飞扬，可是就因了那些文字，要了那么多人的性命，那些躺在地上的石碑也是一副戴罪的模样。

眭夸站在不远处静静地看着，那些人举着石锤，一下一下地砸那些躺倒在地上的石碑，那些碑不是砸成三五块了事，而是砸成了拳头大小的碎石块才罢休，有个角落已经堆起高高的一堆碎石。

有一个举着石锤的工匠砸累了，便靠在那石堆坐下来，眭夸趁机靠过去，问那个工匠："兄弟，这好好的石碑，放到俺们乡村，盖房子、铺台基都不赖，干嘛要砸了，还砸得那么碎。"那个工匠嘟囔着："上面说这些石碑有罪，不能留在世上，那上面的字就是我们花了好几年工夫刻凿上去的，我们还得负责把它砸了，你说这事干的，真是倒霉……"眭夸故意表示出恍然大悟的样子："昂，我知道了，那就是前些天处决的那些犯人，就因为这些石头要的命。大哥你说，那些跟石碑有关联的人，死了那么多，还是一家一家的，谁给埋呢？埋在哪里呢？"那个工匠说："老哥，你是不知道，都死绝户了，谁给埋呢。当天处斩了之后，那些官府的人在城南那乱坟岗子里就地挖了个坑，把无人收的死尸扔进去集体埋了，要说那些人，也真是可怜。"那人说完后，警惕地看了眭夸一眼，便说："哎，你这个外乡人，问这些干吗？看让牵扯进去的。"说完后，不再理眭夸，便又站起来，拿起了石锤。眭夸趁人不注意从那石头堆里捡起两块有字的石头揣在怀里，那石头上面刻着几个字，那些字可能就是崔浩书丹上去的，也可能是他手下的人干的，看起来字形差不多，但肯定曾经付出过崔浩的心血。

眭夸又踱步到崔浩的府邸大门外，看到崔家府邸大门紧闭，外面有官府的人走来走去。太阳渐渐西斜，夕阳没过沉静肃穆的崔家宅院里，看着那露出墙外的翘角飞檐的房屋，看着太阳投射到了土黄色的院墙上，映照出一种很不真实的感觉。他知道官府人守在外面，就是单等那些不知情的亲朋好友推开大门自投罗网的，眭夸看了一眼便离开了。

平城再无留恋，眭夸出了平城后，跨上马便飞驰而去。

回到了东武城，崔家老宅相当破败，门上的锁锈迹斑斑，院墙将院子严严实实地围了起来。眭夸好不容易才打开了锁，也打开了一个荒芜了的世界。院子里疯狂地生长着一人多高的杂草，那些草封锁了院子里原来的小径，那些草儿们曾经也芳草如茵，因为等不回主人，早已变得杂乱无绪，一根根的枯草纠缠在一起。打开那两扇大门，也就好像打开了旧日时光，眭夸内心一阵难过，当年桃简将家门钥匙留给他，还让他给照料，只是后来他搬离了东武城回到了家乡，再加上几十年了崔家也没人回来，也就彻底遗弃了这个老宅院。他推开门时，门轴的转动声惊动了把这里当作巢穴的鸟儿，众多的麻雀扑簌簌飞向天空，那声音就好像是一下子拨动了沉寂许久的旧琴弦。眭夸看到那些还在直立着干枯了的树木，枝杈间有一个硕大的草窠，再看老树下还有一堆堆干硬的树枝、树叶，散乱无序。蜘蛛在屋檐下结了许多细细密密的网，这院子简直就是老屋家。

"桃简呀，树高千尺还不忘根呢，你不知每天在外作务些个啥，咋把自己的家彻底遗弃了，作务的结果是那么多人跟着你被砍了头。唉，你呀，真不值当的！"眭夸边清理院子里的野草，一边自言自语。他又用了一天的时间，将积下了厚厚灰尘的老屋打扫干净，还找出张桌子，摆到堂屋地上，将从平城城南带回来的带着血的土倒进一个木盒子里，并将从平城西郊拾回的带着文字的碎石放在桌子上，这是他能找到的所有的与崔浩相关的东西。眭夸在那里给崔浩以及他的家小设置了个灵堂，用纸写上"故友崔浩之位""妻郭氏、妾柳氏之位"等灵牌位，每日眭夸身穿素服去祭吊。听说崔家老宅设有崔浩的灵堂，东武城众多的乡亲也前去吊唁。眭夸还写了一篇《朋友篇》在崔浩灵前大声吟诵过之后，将其点燃，看着那纸一点点烧成灰烬。之后他又将放在桌上供着的一杯酒撒到地上，自己端起了另一杯酒大叫着："桃简，归来吧，你的家乡人并没有忘了你，你的老友眭夸没有忘了你……"说罢老泪纵横，他独自饮下一杯又一杯酒，嘴里还念叨着："这个世上哪个高官能容得下我这等草民在他面前放肆呢，哪能容得下我拍着他的肩还叫着他的小名呢，也只有你。桃简，来，喝一杯，咱再一起饮酒、作诗、写字。"

闻听得好友们悄悄说起东武城的故居里有崔浩的灵堂，那日身在平城的崔宽回到了东武城，为崔浩守灵。崔宽因为和崔浩是同姓远族没有受到牵连。而从东武城出去的冀州刺史崔赜、荥阳太守崔模是因为和崔浩有过节而幸免于难。崔宽和眭夸聊起往事，崔宽说起崔浩生前的诸多好来，崔宽说崔浩生前对那些文人们特别敬重，而且提携了众多有才华的文人士子，比如当年崔浩给改了名送到中书学读书的高闾后来也成了中书博士。崔宽当年初到平城就受到过崔浩的礼遇，此时是到了报答司徒大恩的时候了。

"五七"过后，眭夸将崔家老宅院里的灵堂撤了后，便将从平城带回来的那两块带字的石头连同那些带血的土埋在崔家老坟，为崔浩筑了个坟墓。眭夸想虽然崔浩死后尸骸难以回到故土，相信他的灵魂跟着这些土石回到了家乡，可怜的崔浩终于也能享受到普通百姓死后，有人在坟前燃一炷香的待遇了。

过了段时间，崔宽听到平城里人们传出皇上对于斩杀崔浩后悔了的消息，这让崔宽感觉到欣慰，而官府对于逃脱的崔、郭、卢、柳四大族人家的追捕力度已经不大了，崔宽向官府里的人打听这个说法的真伪，有人回复说是真的。崔宽跟眭夸讲起来他听到的京城的消息：崔浩是六月初十被诛杀的，在六月十一日的早朝中，皇帝拓跋焘在朝堂上说完"众爱卿有事早奏，无事退朝"之类的话之后，文武两班都低头无语，这是多少年来少有的事呵，可是谁也没料到皇上当下不假思索地就脱口而出"崔司徒……"文武两班臣子们惊得面面相觑，拓跋焘也自觉失言了，下朝前拓跋焘宣布他要去巡幸阴山。到了阴山行宫，同行的大臣看到了拓跋焘长久地站在广德殿廊下立着的石碑前沉默不语。阴山下，清风过野，却再无人声。那碑上是崔浩撰写的碑文：

> 肃清帝道，振慑四荒。
> 有蛮有戎，自彼氐羌。
> 无思不服，重译稽颡。
> 恂恂南秦，敛敛推亡。
> 峨峨广德，奕奕煜煌。

广德碑碑阴题的是宣城公李孝伯、尚书卢遐等一干从臣的姓名。

只是尚书卢遐作为崔浩的女婿也被斩杀于平城城南了。微风遍野，再无故人来。突然间有下人奏报说，京城传来消息，说是宣城公李孝伯染病故去了。拓跋焘头也不回地说："李宣城可惜！"停顿了一下又说，"朕失言，崔司徒可惜，李宣城可哀。"说完之后，拓跋焘望着广德殿默然不语。

崔宽跟眭夸说完，两人一阵唏嘘，可惜崔浩官高至司徒，却是如此下场，真是聪明一世、糊涂一时，受他牵连，崔家这一门连个后代根苗也没有留下。眭夸问崔宽："崔家的女眷可有活命的？"崔宽说："好像同辈里只有崔览的妻子封氏因为年高体迈，再加上亲家李顺的死恼恨崔浩，和崔浩再无来往而没有被杀，她的儿子们也都没了。"眭夸说："崔家这一脉就剩一个寡妇老人了，她一个人在平城可怎么活呀。"崔宽说："就是，要不将封氏也接来崔家老宅吧，好歹有个人给守着这个宅院。"

不久之后，崔宽将封氏接回了东武城，并把自己的小儿子过寄到封氏名下，服侍封氏，让崔家这一门也算有了后人，最主要的是让崔家老宅院的烟囱冒起了烟，崔宽的做法也让眭夸十分欣慰。

东武城崔家老坟，崔浩的坟没有墓碑，只有个凸起的坟堆。眭夸的妹妹眭陌前去祭奠，她是拄着根桃木棒子去的坟上，祭奠完要走了，眭陌便将那根有枝杈的木棒插到坟茔上面，那桃木棒是眭陌从自家门前的桃树上砍下来的，本来是随手当作拐杖的，走时突然感觉到坟头光秃秃的，连个碑石也没有，便把那手中的那根桃木棒顺手插到坟头上，就让那根木棒陪着她少年伙伴桃简去吧，好让他不孤单。只是没想到第二年清明再去时，却见那桃木棒居然见土成活了，到了后来再去时，看那桃树又长高了，还生出了新枝丫。眭陌去坟前抚摸着那纤细的桃树枝干，回想起儿时的情景，她蹦蹦跳跳地吟唱着儿歌去桃简家。想着的时候，嘴里不由得轻轻哼了起来：

> 梨花开　桃花落
> 梨花管桃花叫姐姐……

哼着哼着的时候，便想起两人嬉戏玩耍的情景，想起桃简逗她时说的：

> 眭陌哭　桃简乐
> 眭陌管桃简叫哥哥……

崔浩大事年表

381 年（东晋孝武帝太元六年）辛巳年，崔浩出生于冀州郡清河郡东武城，属蛇，小名桃简。其父崔宏在前秦冀州任征东功曹。

385—388 年，童年时代的崔浩跟母亲在家习书识字。父亲崔浩寄身在黎阳的翟辽部。

389—396 年，崔浩在东武城书馆学习。少年同学有睦夸、李顺、本族人崔模、崔颐（小名周儿）。父亲崔宏出仕后燕国并到中山任上。396 年年底或 397 年年初，北魏攻伐后燕大胜，父亲崔宏外逃被北魏将士阻拦，后跟随北魏将士赴盛乐，出仕了北魏（当时称代国或代魏），官职为黄门侍郎。北魏要定国号崔宏引经据典，建议国号称"魏"，为拓跋珪所采纳，开始称魏国。

398 年，北魏定都平城，崔宏到平城为官，百官要将家眷迁往平城。崔浩和弟弟崔览、崔恬以及母亲、祖母一起到了平城。

399 年，崔浩出仕魏国，因书法出众任直郎，常侍皇帝左右。

400 年，升为给事秘书不久后转为著作郎，主要是撰写诏令。父亲崔宏任吏部尚书，总裁律令、朝仪、官制，通制三十六曹，崔浩与父亲都是慎守职事。同年崔浩娶并州别驾郭逸长女为妻。

409 年，清河王拓跋绍弑父篡权被杀，同年拓跋嗣即位后，崔浩任博士祭酒，并赐爵武城子，他还经常为皇帝讲经。这一年原配郭氏故去。

410 年，续弦并州别驾郭逸小女儿小郭氏。

415 年，阻止迁都到邺城。

416 年，秋天庄稼丰收，皇帝赐崔浩妾柳氏，柳氏是河东大族。另赐御衣一套，绢五十匹，绵五十斤。

416 年，东晋刘裕为顺利进军关中，派人假道于魏，崔浩建议可放行，但被皇帝否决了。

418 年，父亲崔宏去世，崔浩袭白马公爵位。

420 年，参与处理司马国璠和司马道赐叛逃案，崔浩为保护律法的尊严，力主将被皇帝赦免的封磨奴施以宫刑。

420 年，南方刘裕代晋称帝，国号为"宋"。拓跋嗣正在平城东南的泻卤池射鸟，听到下人奏报，想起崔浩以前的预测，特意派驿使把崔浩召去痛饮。

421 年，崔浩献计立东宫，不久他作为六位辅政首辅之一，任右弼坐西厢。

423 年，为相州刺史，加授左光禄大夫。同年年底，新皇拓跋焘登基，由于朝臣进言，崔浩以公归第，赋闲在家。

424—425 年，为母写《食经》，撰写《女仪》，为世人写《急就篇》，还结识了寇谦之，并向皇帝上疏《赞明寇谦之受神诰事》。

425 年底，朝廷重新启用了崔浩，晋爵东郡公，拜为太常卿。

427 年，出奇计破大夏，并救下夏国著作郎天水人赵逸。

429 年，排众议力主破柔然。这一年拓跋焘初次组织修撰国史，崔浩及弟弟崔览，还有当时有名的才俊高谠、邓颖、晁继、范亨、黄辅等共参著作。

430 年，崔浩力谏讨伐大夏国继任皇帝赫连定。

431 年，崔浩从侍中、特进、抚军大将军升为司徒。有乐工演唱"智如崔浩，廉若道生"的歌谣。同年，他奉诏修订律令。

436 年，崔浩为少年伙伴眭夸在皇帝面前求得中郎之职，眭夸奉命来京与崔浩相见，欢聚几天后，不辞而别。

439 年，崔浩力主讨伐北凉，还戳穿李顺谎言，让四部尚书李顺失宠。由于皇帝对于成书的《国书》三十卷不太满意，平凉后崔浩开始以司徒监秘书事，重组修史班子续修国史。

442 年，同僚李顺受人弹劾而被皇帝赐死，崔浩夜里梦到了用火烧李顺的房子，而内心不安。这一年，他还随皇帝赴阴山却霜，崔浩撰写了广德殿碑颂。

443 年，皇帝要攻打柔然，崔浩与尚书令刘洁意见有分歧，皇帝听取崔浩的计谋出兵柔然，之后刘洁以诸将失期，遇贼不击之事诬陷崔浩，崔浩识破了刘洁篡改日期的阴谋。同年，崔浩辅佐太子，成为监国四辅之一。

444 年，拓跋焘下诏：所有有疑问的诉讼案件都移交中书省，让中书省凭借典籍和律法裁定，让崔浩更忙碌。

446 年，卢水胡人盖吴举兵叛乱，崔浩随军平叛，皇帝在长安城中发现了佛寺的异象，要灭佛，崔浩受命代皇帝写了灭佛诏书。

447 年，崔浩代皇帝到沮渠牧犍居所，赐死沮渠牧犍。同年《国记》完成后，著作令史闵湛、郗标建议崔浩把《国记》内容刊刻在石头上，以彰直笔，同时还刊刻崔浩所注的《五经注》，经监国的太子同意，开始取石，并选择在西郊离大路不远处刊刻石经石史碑。

449 年，崔浩呈上历时三十九年编撰的《五寅元历》。还呈上《议军事表》，建议招募迁徙豪强大族充实原北凉所在的姑臧之地。

450 年 4 月 13 日，皇帝征南失败回到平城，有朝臣弹劾西郊碑林国史刊刻的内容有不雅之处，皇帝一怒之下因"备而不典，暴扬国恶"之名将崔浩等一干修史的人下狱。

450 年 6 月初 10 日，因国史事件崔浩被诛杀，清河崔氏同族，姻亲范阳卢氏、太原郭氏、河东柳氏被连坐灭族，参与修史的著作郎吏 128 人被处斩。

附录

崔浩家庭关系列表

崔浩（381—450），字伯渊，小名桃简，清河郡东武城人，官至北魏司徒。

妻 并州别驾郭逸的女儿郭氏，在郭逸长女去世后，继室小郭氏以少女继婚。

妾 河东柳氏，为皇帝赐婚。

父亲崔宏（？—418），字玄伯，历任前秦征东功曹、后燕吏部郎、尚书左丞、高阳内史，北魏吏部尚书、天部大人之职，统辖三十六曹，赐爵白马公，妻卢氏为卢谌孙女。

祖父崔潜，仕慕容暐，任前燕黄门侍郎，擅长书法。

曾祖父崔悦（？—349），字道儒，后赵司徒左长史、关内侯，以书法闻名后世，师法卫瓘和索靖。为西晋名士刘琨内侄，有子崔浑、崔潜、崔湛、崔液。

高祖 未知 本家同辈人有崔玮，西晋太子右卫率。

天祖 崔参，崔参有女崔氏嫁太原温峤之父温襜。

列祖 崔林（？—244年），字德儒。魏文帝时，历任幽州刺史、大鸿胪、司隶校尉。长子崔述，承崔林爵，袭安阳乡侯，次子崔随，三子崔参。

崔浩的兄弟

二弟 崔览，字冲亮，历任中书侍郎、征虏将军，爵为五等侯，参与著史。与高谠等同僚共参著作，叙成《国书》三十卷。娶妻李氏、封氏。

三弟 崔恬，小名小白，历任上党太守，荆州刺史。娶妻并州别驾郭逸之女郭氏。

崔浩的同辈族人：

崔颐，字泰冲，小名周儿，清河郡东武城人。崔逞之子，崔諲之弟，初为太子洗马，后升散骑常侍，赐爵清河侯。

崔模，曹魏时中尉崔琰的兄长崔霸的后代，神䴥年间归附北魏，后来赐爵为武陵男，加授宁远将军。

崔宽，崔彤之孙。初随祖父崔彤避难陇右，后归附北魏。崔浩被诛族之后，崔宽将一个儿子出继给崔浩之弟崔览的妻子封氏，其子侍奉封氏如同亲生。

崔浩的小辈：

卢遐，女婿，北魏尚书

王宝兴，外孙女婿，封爵长社侯、龙骧将军。

（注：本列表只列出了史书中有记载的人物。）

崔浩文章集锦

《魏书》本传称："朝廷礼仪，优文策诏，军国书记，尽关于浩。"清代嘉庆年间文人严可均收集整理的《全后魏文》里面收录了崔浩所著的《册封沮渠蒙逊为凉王》《议军事表》《上"五寅元历"表》《上疏赞明寇谦之受神诰事》《注易叙》《食经叙》《论诸葛武侯》《广德殿碑颂》《女仪》等九篇文章，收录在内的文章皆来自《魏书》《水经注》《太平御览》《北史》等史学著作，笔者将《全后魏文》选录的文章附在书后，以供读者分享。

1. 册封沮渠蒙逊为凉王

昔我皇祖，胄自黄轩，总御群才，慑服戎夏，叠曜重光，不殒其旧。逮于太祖，应期协运，大业唯新，奄有区宇，受命作魏。降及太宗，广辟崇基，政和民阜。朕承天绪，思廓宇县，然时运或否，雾雾四张，赫连跋扈于关西，大檀陆梁于漠北，戎夷负阻，江淮未宾，是用自东徂西，戎轩屡驾。赖宗庙灵长，将士宣力，克翦凶渠，震服强犷，四方渐泰，表里无尘。王先识机运，经略深远，与朕协同，厥功洪茂。当今运钟时季，僭逆凭陵，有土者莫不跨峙一隅，有民者莫不荣其私号，不遵众星拱极之道，不慕细流归海之义。而王深悟大体，率由典章，任土贡珍，爱子入侍。勋义著焉，道业存焉。惟王乃祖乃父，有土有民，论功德则无二于当时，言氏族则始因于世爵。古先帝王，褒贤赏德，莫不胙土分民，建为藩辅，是以周成命太公以表东海，襄王锡晋文大启南阳。是用割凉州之武威、张掖、敦煌、酒泉、西海、金城、西平七郡封王为凉王。受兹素土，苴以白茅，用建冢社，为魏室藩辅，盛衰存亡，与魏升降。夫功高则爵尊，德厚则任重，又加命王入赞百揆，谋谟帏幄，出征不怀，登摄侯伯。其以太傅行征西大将军，仗钺秉旄，鹰扬河右，远袪王略，怀柔荒隅，北尽于穷发，南极于庸岷，西被于昆岭，东至于河曲，王实征之，以夹辅皇室。又命王建国，署将相群卿百官，承制假授，除文官刺史以还、武官抚军以下。建天子旌旗，出入警跸，如汉初诸侯王故事。钦哉惟时，往践乃职，祗服朕命，协亮天工，俾九德咸事，无忝庶官，用终尔显德，对扬我皇祖之休烈。（《魏书·沮渠蒙逊传》，崔浩之辞也。）

2.议军事表

昔汉武帝患匈奴强盛，故开凉州五郡，通西域，劝农积谷，为灭贼之资。东西迭击，故汉未疲而匈奴已敝，后遂入朝。昔平凉州，臣愚以为北贼未平，征役不息，可不徙其民，案前世故事，计之长者。若迁民人，则土地空虚，虽有镇戍，适可御边而已，至于大举，军资必乏。陛下以此事阔远，竟不施用。如臣愚意，犹如前议，募徙豪强大家，充实凉土，军举之日，东西齐势，此计之得者。（《魏书·崔浩传》）

3.《五寅元历》表

太宗即位元年，敕臣解《急就章》《孝经》《论语》《诗》《尚书》《春秋》《礼记》《周易》。三年成讫。复诏臣学天文、星历、《易》式、九宫，无不尽看。至今三十九年，昼夜无废。臣禀性弱劣，力不及健妇人，更无余能，是以专心思书，忘寝与食，至乃梦共鬼争义。遂得周公、孔子之要术，始知古人有虚有实，妄语者多，真正者少。自秦始皇烧书之后，经典绝灭。汉高祖以来，世人妄造历术者有十余家，皆不得天道之正，大误四千，小误甚多，不可言尽。臣愍其如此。今遭陛下太平之世，除伪存真，宜改误历，以从天道。是以臣前奏造历，今始成讫。谨以奏呈。唯恩省察，以臣历术宣示中书博士，然后施用。非但时人，天地鬼神知臣得正，可以益国家万世之名，过于三皇五帝矣。（《魏书·崔浩传》）

4. 上疏赞明寇谦之受神诰事

臣闻圣王受命，必有天应。而《河图》《洛书》，皆寄言于虫兽之文。未若今日人神接对，手笔粲然，辞旨深妙，自古无比。昔汉高虽复英圣，四皓犹耻之，不为屈节。今清德隐仙，不召自至。斯诚陛下俦踪轩黄，应天之符也，岂可以世俗常谈，而忽上灵之命。臣窃惧之。（《魏书·释老志》。崔浩独异寇谦之言，因师事之，授其道术。于是上疏，赞明其事。）

5. 注易叙

国家西平河右，敦煌张湛、金城宗钦、武威段承根，三人皆儒者，并有俊才，见称于西州。每与余论《易》，余以《左氏传》卦解之，遂相劝为注。故因退朝余暇，而为之解焉。（《魏书·张湛传》）

6. 食经叙

余自少及长，耳目闻见，诸母诸姑所修妇功，无不蕴习酒食。朝夕养舅姑，四时供祭祀，虽有功力，不任僮使，常手自亲焉。昔遭丧乱，饥馑仍臻，饘蔬糊口，不能具其物用，十余年间，不复备设。先姑虑久废忘，后生无所知见，而少不习业书，乃占授为九篇，文辞约举，婉而成章，聪辩强记，皆此类也。亲没之后，值国龙兴之会，平暴除乱，拓定四方。余备位台铉，与参大谋，赏获丰厚，牛羊盖泽，资累巨万。衣则重锦，食则粱肉。远惟平生，思季路负米之时，不可复得，故序遗文，垂示来世。（《魏书·崔浩传》。又《北史》二十一）

7. 论诸葛武侯

承祚之评亮，乃有故义过美之誉，案其迹也，不为负之，非挟恨之矣。何以云然？夫亮之相刘备，当九州鼎沸之会，英雄奋发之时，君臣相得，鱼水为喻，而不能与曹氏争天下，委弃荆州，退入巴蜀，诱夺刘璋，伪连孙氏，守穷崎岖之地，僭号边夷之间。此策之下者。可与赵他为偶，而以为管、萧之亚匹，不亦过乎？谓寿贬亮，非为失实。且亮既据蜀，恃山险之固，不达时宜，弗量势力。严威切法，控勒蜀人。矜才负能，高自矫举。欲以边夷之众抗衡上国。出兵陇右，再攻祁山，一攻陈仓，疏迟失会，摧衄而反。后入秦川，不复攻城，更求野战。魏人知其意，闭垒坚守，以不战屈之。知穷势尽，愤结攻中，发病而死。由是言之，岂合古之善将见可而进，知难而退者乎？（《魏书·毛修之传》）

8. 广德殿碑颂

肃清帝道，振慑四荒。有蛮有戎，自彼氐羌。无思不服，重译稽颡。恂恂南秦，敛敛推亡。峨峨广德，奕奕焜煌。（《水经·河水注》三。太平真君三年，刻石树碑，勒宣时事，碑颂云云。侍中、司徒、东郡公崔浩之辞也。碑阴题宣城公李孝伯、尚书卢遐等从臣姓名。）

9. 女仪

近古妇人，常以冬至日上履袜于舅姑，践长至之义也。（《太平御览》二十八，又六百九十七。）

崔宏《国号议》

三皇五帝之立号也，或因所生之土，或即封国之名。故虞夏商周始皆诸侯，及圣德既隆，万国宗戴，称号随本，不复更立。唯商人屡徙，改号曰殷，然犹兼行，不废始基之称。故《诗》云"殷商之旅"，又云"天命玄鸟，降而生商，宅殷土茫茫"。此其义也。昔汉高祖以汉王定三秦，灭强楚，故遂以汉为号。国家虽统北方广漠之土，逮于陛下，应运龙飞，虽曰旧邦，受命惟新，是以登国之初，改代曰魏。又慕容永亦奉魏土。夫"魏"者大名，神州之上国，斯乃革命之征验，利见之玄符也。臣愚以为宜号为魏。

主要参考文献

陈寿．三国志 [M]．北京：中华书局，2006.

郦道元．水经注 [M]．北京：中华书局，2009.

魏收．魏书 [M]．吉林：吉林人民出版社，2006.

沈约．宋书 [M]．北京：中华书局，1974.

萧子显．南齐书 [M]．北京：中华书局，2017.

房玄龄．晋书 [M]．北京：中华书局，1996.

李延寿．北史 [M]．北京：中华书局，1974.

司马光．资治通鉴 [M]．北京：中华书局，2011.

王华山．汉晋之际清河崔氏思想文化性格的形成 [N]．山东：聊城大学学报，2002.

孙峰．西晋风云 [M] 重庆．重庆大学出版社，2011.

沈起炜．细说两晋南北朝 [M] 上海：上海人民出版社，2013.

王银田．北魏平城考古研究 [M]．北京：科学出版社，2017.

蒲亨强　关孟华．老君戒经及老君音诵诫经中的道乐史料研究 [J] 四川大学．宗教学研究，2007.

道教著作老君音诵诫经．正统道藏 [M]．北京：文物出版社，1987.

朱大渭　刘驰　梁满仓　陈勇．魏晋南北朝社会生活史 [M]．北京：中国社会生活出版社，2018.

后记

　　在一个月色如水的夜晚，我站在御河桥上，轻倚斜栏，望着月光下的御河闪着银光，风乍起时，御河水波光粼粼，含蓄而又典雅，一副素肌冰骨的模样，河水缓缓流淌着，似乎深藏着一段幽深的过往。这条叫御河的河水一千五百多年来也就是这么缓缓地流着，一如流淌着的时光。彼时，这条河叫如浑水，如浑水西侧有一个叫作平城的繁华京城。一千五百年前，那个身材清瘦的叫作崔浩的大魏国司徒多次踱步到这条如浑水的河畔沉思，深锁的眉宇间隐隐掠过无人知晓的心事，那形象就同如今在东城墙外带状公园内端坐着的那尊雕塑一般。我不止一次地前往带状公园去拜谒那尊雕像，那个头戴风帽、身着大袖翩翩的袴褶装、手握竹简端坐在文昌阁前的崔浩凝视着远方，恬静逸致的神情中涵养着神闲气定的睿智，城墙外波映重阁的景象给人一种似梦似真的感觉，不远处高高挺立的二猴疙瘩那是今人得见北魏最直观的遗存了，有专家认为那是当年静轮天宫或者大道坛庙的基座。此情此景不由得让人暗自庆幸，不管历史如何的薄凉，但是千年之后，在曾经北魏京都平城，毕竟有他的一尊塑像存在，让今天的人们记住当年北魏司徒的神情和模样。

　　时光流逝，那些在史册里有名有姓的人物传记不过薄凉的百几十行文字，却又是多少人的风起云涌，又是谁和谁的尘埃落定。通读《魏书》，大魏国的谋臣崔浩的一生那真是风华绝代，可那场"国史之狱"却又是那么的惊涛骇浪。透过那些文字看历史，我不知道发生在太平真君十一年的那个事件是怎样的地动山摇，又是如何的血流浮杵。也不知那场杀戮伤了多少文人士子的心，之后又是多少年北魏国的文人们在万籁俱寂里泣不成声，不再言史，不再著书立说。

某个单位收藏了一些从大同古城内出土的残碎石块，虽无缘目睹石之芳容，但也从一个微信平台上的一篇叫《平城出土北魏残碑初考及鲜卑习俗"魂人"浅议》的文章中读到了大概内容。文中揣测有可能那些残碎石碑是一千五百年前被砸碎了又深埋于地下受"国史之狱"牵连了的石经石史碑的一部分。据撰文者说这批残碑，碑文有隶、楷两种书法，内容多言征战之事，还有一块似祭祀之碑。那些碎石上的文字书体不同，书风不同，明显不是一人所为，但总体的印象是那些字是硬气的，有鲜卑的荒蛮风骨存在。其中有一块内容是"屈孑遗其（后残），温破之裕乃（后残），前温等（后残）"。还有一块"（右第一行，残），推勒（残缺），（从右至左数第二行）赵人张宾（残缺）"，另有一块"（前残缺）仗魂人乘马车（后残缺），器械皆限以七（后残缺），骨（后残缺）"。文中提到的"屈孑"是大夏皇帝赫连勃勃。第二块残石记的"赵人张宾"为后赵右长史，为后赵基业的奠定者。"推勒"的"勒"为石勒，十六国中后赵的建立者。那块写有"仗魂人乘马车（后残缺），器械皆限以七（后残缺），骨（后残缺）"的残石疑似为祭天或为祭祖场面的描写，在北魏时，鲜卑人的祭祀是频繁的。如果叙事的残碑所记之事是北魏《国记》中的内容，这些残碑很可能就是当年立于平城西郊方圆一百三十步、用工三百万的碑林中的一部分。

笔者也曾在另一家单位，亲眼看到了三块带字的残石，有一块有八个竖排字，这几个字为"拟思影范由散竭家"，另一块上有三个字可辨认："道事关……"还有一块只能看得清是个"切"字，这三块残石，均为带着碑意的隶书体。低头看那些残碑碎块上的文字，那些字迹清晰如昨，抬头望天上的云，那云阴郁好像背负了多少眼泪，太阳还是一千五百年前的那轮太阳，一如既往地挂在天上，只是一阵又一阵的沙尘刮过后，有点遮天蔽日之感，很长时间感觉不到阳光明媚的样子，一如我看到那些残碑碎块的心情。

一阵风卷着沙刮了过来，风过处隐隐似有悲鸣之声，可是再细听，什么也没有了，只是那位写在各种史志里的人物却又恍然浮现在眼前。那个面庞白皙、洒脱不羁、玉树临风，带着几分自得或者孤傲的文人崔浩，提笔写下一句句珠玑诗文，或是洋溢的书法，或是上奏的奏折，或是修史的文章，字里行间带着萧萧文气，一如他的面容。彼时他内心的江河湖海里装的全都是那个叫大魏的国家，只为"魏"是美好之意，他倾尽一生才华，都想把大魏国拉上盛世繁华的快车道，无论文功武治都期望超越南朝宋，一生他都愿做大魏国驾辕的头驴。可就是因了把修编好的国史刻在石头上惹下了滔天大祸，不说三百万工匠如何地日夜劳作，不说写史人如何在浩如烟海的故纸堆里艰难地爬梳，并将一条条内容罗列出来排列重组是如何辛苦。只因天子一怒，便得血流百步，清河崔氏同族、范阳卢氏、太原郭氏、河东柳氏、修史的郎吏们数百口人便没了性命，想来那些残碑上面不知有多少文人和无辜者的鲜血，想来成为罪过的那百通石碑又被多少人用钝器暴打碎裂并将其连同那段历史一起深埋。

看着手机里拍摄的残碑碎块图片，有如与古人隔空对话，有时候写着写着的时候，内心便会向残石发问，当时的情景是这样的吧，当时的您是这样想着的吧。

要不然呢？

石虽无言，似知我意。

城南的草，一岁一枯荣，莺飞过，寒来又暑往。时间的车轮碾压过历史，将无数朝代的无数人无情地埋葬，历史的老人从来不告诉你故事的结局，只是冷眼旁观着事态的发展，并记录下每一个成王败寇者的痕迹。

飞鸟从头顶上飞掠而过，留下一个迅捷的影子。被寒冬冻枯了的野草，春风一吹又齐刷刷地泛起了绿意，只是地下那些被屈辱的灵魂，多少年来寄居在史书中，寄身于碎石之间，等待着那些被砸碎了的石碑横空出世，那可是三百万工匠的心血，那可是百余文人的血泪。如果有一天那些碎石碑拼贴在一起也像云冈石窟的佛像那样站成不朽的姿势，也就不枉了那么多人的卿卿性命。只是近年来虽有碎石面世，但都是零星的，而且还是七零八落的散落在民间，也只能是一声叹息。

本书中除了眭陌、清淼儿、崔朗，其余人物大都是有史可查的与崔浩相关联的人物。书中地名也基本无虚构，只求尽可能地还原接近那个朝代的那个人的原貌。

我在想如果把那段历史写成一出戏，该如何落笔，宗教之争？权力之争？种族之争？在那高低起伏、孤独、绝望的故事里，如果要给人们画上脸谱，谁该是红脸，谁又是那个白脸大奸臣呢？

崔莉英

2019 年 2 月 26 日